교육방법 및 공학의 이론과 적용

강이철 저

학지사

머 리 말 FOREWORD

대학에서 교직과목으로 '교육방법 및 교육공학'을 강의한 지 10년이 지났다. 그동안 교직과목의 성격에 대해서 어떤 형태로든 변화를 하지 않을 수 없는 최근의 사회적 상황을 경험하면서, 이 책을 집필하게 되었다. 수년 전까지만 해도, 저자는 대학의 교직과목이 예비교사에게 교직의 사회적 책무성과 전문성을 강조하고, 이상적인 교사로서 자리매김할 수 있는 다양한 지적 · 정의적 역량을 길러 주는 일에 목적을 두어야 한다는 생각을 가지고 있었다. 그런데 최근 들어서는 이런 목적보다는 오히려 임용고사의 한 과목으로서 지필 검사에서 요구하는 수준의 높은 점수를 받으면 되는 단순한 암기과목으로 인식되고 있음을 부인할 수 없는 상황에 직면하게 되었다. 이런 상황에서 이 책은 두 가지 목적을 달성할 수 있는 절충안을 모색해 보고자 하는 시도의 결과물이라고 할 수 있다.

이 책을 집필하게 만든 또 다른 상황은 10여 개에 달하는 교직과목의 위계적 성격과 관련이 있다. 저자가 강의하는 '교육방법 및 교육공학' 강좌는 교육심리, 교육과정, 교육평가와 같은 강좌를 먼저 이수하고 수강하면 교육효과를 극대화할 수 있다는 것이 저자의 견해다. 그 이유는 교육방법이나 공학적 접근은 교육의 목적과 학습자에 대한 이해, 그리고 교육내용과 평가에 관한 기준이 설정된 후에 교육의 목적을 효과적 · 효율적 · 매력적 · 안정적으로 달성하기 위한 수단으로서의 성격을 띠고 있기 때문이다. 그런데 저자가 경험한 바에 따르면, 이들 과목을 이수하지 않았거나, 선행 지식이 매우 부족한 학생이 '교육방법 및 교육공학' 과목을 수강하게 됨으로써 본 강좌의 목적을 달성하는 데 많은 어려움을 겪고 있다.

이런 이유에서 두 가지 목적을 모두 달성할 욕심으로 집필을 시작하였지만, 이론적 지식의 부족함과 실제적 경험의 일천함을 느끼는 계기가 될 뿐이었다. 이상적인 목적이라고 생각하는 것을 위해서는 한 걸음의 작은 시도도 발전을 위한 것이라고 스스로 위안을 삼고 이런 부족함을 무릅쓰고 이 책을 집필했다. 교직과목의 이상적인 목적을 달성하기 위해 더욱 노력할 것을 약속하며, 이 책의 발전을 위해 선후배 동학들의 유익하고 건설적인 비판과 조언을 기대한다.

이 책은 12장으로 구성되어 있다. 제1장에서는 교육과 방법, 그리고 공학에 대한 개념 정의를 하고, 교수공학의 정의와 영역을 제시하고, 제2장에서는 신규교사와 경력교사를 구분하여 각각에게 요구되는 효과적인 교사 역량을 규명하고, 교수와 학습의 개념을 분석했다. 제3장과 제4장에서는 대표적인 학습이론과 교수이론을 소개하고, 제5장에서는 교육의 궁극적인 대상인 학습자의 특성을 이해하는 방안과 그 방안에 따른 수업 적용방안을 제안하였다. 제6장은 수업을 설계하는 체계적인 접근의 대표적인 예를 소개하고, 체계적인 접근과 체제적인 접근을 비교하여 분석하고 있다. 제7장은 수업을 통해 달성하고자 하는 명세적인 목표의 영역과 각 목표영역에 타당한 검사문항의 예를 소개하고, 명세목표를 진술하는 방식을 제시하고 있다. 제8장은 교수의 원리를 기본 원리와 각 학습성과 영역별 원리로 구별하여 제시하고, 창의성을 함양하기 위한 한 방안으로서 비유를 활용한 수업의 예시를 소개하고 있다. 제9장은 목표 달성을 위한 수단으로서 교수 매체의 특성과 매체가 발달해 온 역사를 개관하고, 수업사상별 매체 활용방안을 제안하고 있다. 제10장은 효과적 · 효율적 · 매력적 · 안정적인 코스웨어를 설계하고 개발하기 위한 체계적인 절차 모형을 제안하고, 스토리보드 작성 예시를 소개하고 있다. 제11장은 수업활동의 효과성을 평가하는 수업평가의 정의 및 유형과 절차, 그리고 스스로 자신의 수업계획을 성찰해 볼 수 있는 자기 성찰 도구를 객관주의적 관점과 구성주의적 관점으로 나누어 소개하고 있다. 마지막 제12장은 교육의 미래를 교육방법 및 공학적 입장에서 전망하는 u-스쿨 모델 관련 연구를 소개한다.

이 책이 나오기까지 여러 모양으로 도움을 준 고마운 분들에게 감사의 말씀을 전한다. 게으른 저자에게 집필을 독려한 제자들과 저서의 구성에 의미 있는 제안을 해 준 박기용 박사, 바쁜 일정에도 저자의 요청을 너그럽게 이해해 준 학지사 김진환 사장님, 박용호 상무님, 이세희 과장님께 감사드린다. 한 학기 동안 '교육방법 및 교육공학' 교직과목 교재로 사용하면서 여러 가지 제언을 해 준 학생들에게 고마운 마음을 전한다. 교육에 대한 열정이 학생에 대한 사랑과 다름이 없다는 이념과 신념을 공유하는 학생들에게 이 책을 바치고 싶다. 끝으로 이 책의 초고를 정리할 때부터 마무리될 때까지 내 삶의 원동력이 되어 준 가족에게 무한한 신뢰와 사랑과 감사의 마음을 전한다.

2009년 2월
강이철

차 례

제1장

교육 · 교육방법 · 교수공학

이 장은 교육과 방법, 그리고 공학을 각각 정의하고, 그 관련성을 분석한다. 철학적 · 사회적 관점에서 교수공학의 출현 배경을 정리하고, 교수공학의 정의와 하위 영역을 소개한다. 교육의 효율적인 발전을 위한 두 가지 방식의 교수공학적 접근을 제안하고, 교수공학의 각 하위 영역별로 기저 이론들을 소개한다. 이 장에서는 교육과 방법, 그리고 공학의 개념적 관련성을 파악하기를 기대한다.

이 장을 학습한 후, 최소한 다음의 학습목표가 성취되기를 기대한다.

- 교육에 대한 정범모, Peters, Durkheim의 정의를 설명할 수 있다.
- 방법을 정의할 수 있다.
- 교육방법의 의미를 기술할 수 있다.
- 교수공학의 출현배경을 개관할 수 있다.
- 아르테(arté)와 테크네(techné)를 구별할 수 있다.
- 교수공학을 정의할 수 있다.
- 교수공학의 하위영역을 열거할 수 있다.
  - 설계영역의 하위영역을 설명할 수 있다.
  - 개발영역의 하위영역을 설명할 수 있다.
  - 활용영역의 하위영역을 설명할 수 있다.
  - 관리영역의 하위영역을 설명할 수 있다.
  - 평가영역의 하위영역을 설명할 수 있다.
- 교육의 공학적 접근과 교육에서의 공학적 접근을 비교할 수 있다.
- 교수공학의 기저이론을 설명할 수 있다.
  - 설계영역의 기저이론을 설명할 수 있다.
  - 개발영역의 기저이론을 설명할 수 있다.
  - 활용영역의 기저이론을 설명할 수 있다.
  - 관리영역의 기저이론을 설명할 수 있다.
  - 평가영역의 기저이론을 설명할 수 있다.

제1장

교육 · 교육방법 · 교수공학

1. 기본 개념

1) 교육의 정의

교육에 대한 무수한 개념이 있어 왔다. 그 개념은 주장하는 학자의 학문적 배경에 따라 다양한 양상을 보이면서 전개되어 왔다. 이홍우(1991)는 교육의 개념으로서 대표적인(서문, iv) 3가지를 제시하고 있다. 정범모(1976)의 공학적 또는 조작적 교육의 개념을 집약해서 표현하고 있는 교육의 정의는 "인간 행동의 계획적인 변화."다. Peters(1966)는 "문명된 삶의 형식에로의 성년식"으로 교육을 정의하여 성년식(education as initiation) 개념을 정립하였고, Durkheim(1956)은 "어린 세대를 대상으로 하는 체계적 사회화"라는 사회화 개념으로 교육을 정의하였다. 이 장에서는 정범모의 관점을 중심으로 논의를 전개해 갈 것이다. 이 3가지 개념 중 교육의 방법과 가장 밀접하게 관련되어 있는 관점이 정범모의 정의이기 때문이다(p. 34).

"인간 행동의 계획적인 변화"라는 교육의 정의에는 최종적으로 이루고자 하는 어떤 이상적이고 바람직한 상태가 전제되어 있다. 물론 이상적이고 바람직한 상태는 상대적인 개념이며, 그러한 상태는 교육을 통해 달성하고자 하는 목적이 된다. 그런데 이 정의에 따르면, 교육의 목적은 '인간 행동'과 '계획', 그리고 '변화'에 대한 이론과 실제의 체계적인 이해가 반드시 선행되어야 달성될 수 있음을 짐작할 수 있다. [그림 1-1]은 교육의 목적과 정의와의 관련성을 제시하고 있다. 교육은 학습자의 현재 상태에 대한 체계적인 이해를 통하여(즉, 인간행동에 대한 이해) 각 학습자의 상태에 적합한 학습활동이나 교육처방을 설계하고 활용함으로써(즉, 체계적인 계획의 수립) 소기의 성과인 이상적이고 바람직한 상태에 이르게 한다(즉, 원하는 상태로의 변화).

이 책은 [그림 1-1]에 제시된 모든 개념을 다루고자 한다. 특별히, 그중에서 '화살표'의 의미, 즉 현재 상태에서 이상적인 상태에로의 변화를 가져다주는 과정에 대한 논의에 집중을 하고자 한다. 화살표로 그 모양을 나타낸 이유는 그 행위가 '지속적인 과정'이고 '유목적적인 과정'이기 때문이며, 효과성과 효율성을 극대화하기 위해 노력하고 있는 과정임을 의미하기도 한다. 일상의 교육상황에서 이 과정은 매우 다양하고 복잡하게 전개된다. 이 책은 그처럼 다양하고 복잡하게 전개되는 이 과정을 구성하고 있는 요소들을 면밀하게 분석해 보고자 한다.

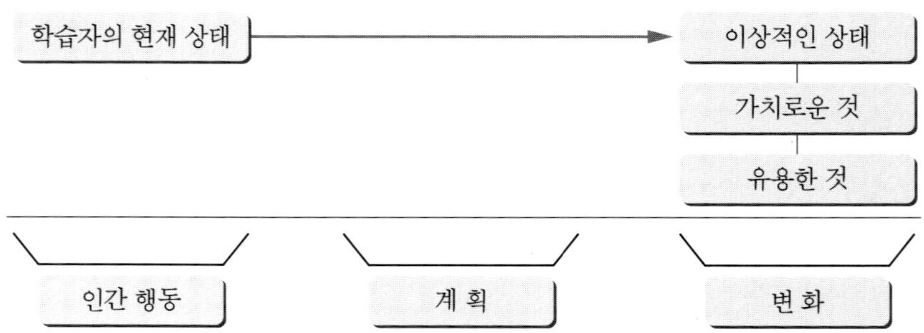

[그림 1-1] 교육의 정의와 목적

2) 방법의 정의

방법은 "어떤 일을 해 나가거나 목적을 이루기 위하여 취하는 수단이나 방식"(다음 국어사전)으로 정의된다. 우리는 일상생활에서 '방법' 이라는 말을 자주 사용하고 있다. 그런데 그렇게 자주 사용되고 있는 방법이라는 말에는 몇 가지 중요한 전제가 상정되어 있다. 위의 정의에서 '수단이나 방식' 에 전제되어 있는 내용을 보다 면밀하게 분석해 보기 위해 '교육학을 공부하는 방법' 을 예로 들어 보자. 이 예에는 첫째, 그 방법을 통해 성취하고자 하는 목적(시험의 통과나 교육학 이론 및 실제의 이해 등)이 상정되어 있으며, 둘째, 그 목적을 달성하는 데 보다 효율적이고 체계적인 지식과 기능(교육학의 영역을 어떤 순서로 공부하는 것이 이상적이며, 각 영역별로 최적의 학습방법을 활용하는 것 등)이 있음을 함의하고 있다. 즉, 보다 효과적이고 효율적이며 매력적이고 안정적인 수단이나 방식이 있음을 전제로 하고 있다. 이러한 방식은 일반인들이 일상적으로 수행할 수 있는 수준의 수단이나 방식을 능가하는 보다 전문적인 것임을 짐작할 수 있다. 이런 관점에서 보면 '방법' 에 대한 다음의 정의가 보다 더 큰 설득력을 지닌다.

> [방법은] 욕구의 달성 혹은 성취의 과정에서 발생하는 문제해결의 원리로 정의된다. Dewey에 의하면, 목적지향적인 인간행위의 과정이 방해를 받을 때 이를 문제 상황이라고 한다면, 지력의 작동, 즉 사고에 의해서 그것을 극복하는 원리를 방법이라고 한다. 말하자면, 주어진 수단에 의해서 목적을 실현시키는, 즉 수단과 목적을 연결짓는 원리다(교육학용어사전, 1981, pp. 220-221).

이 정의에 따르면 방법을 단순한 수단이나 방식으로 보기보다는 그 수단과 방식을 통하여 목적을 달성하는, 즉 수단과 목적을 연결짓는 원리로 규정하고 있다. 요컨대, 현재 성취하지 못한 목적 상태를 성취하기 위하여 의

도되고 계획된 '사고'가 수반되는 수단과 방식을 강조하고 있다. 우리가 추구하는 방법은 이처럼 보다 정제되어 그 효력이 예상되는 수단이나 방식을 의미한다. '사고가 수반된다'는 의미는 위의 정의에서 밝히고 있듯이 '지력이 작동'하고 있음을 의미한다.

'특정 문제 상황에서 지력의 작동에 의하여 문제를 극복하는 원리'로서 방법은 불가피하게 문제 상황에 구속될 수밖에 없다. 다시 말하면, 방법은 내용에 종속된다는 것이다. 따라서 그 종속의 정도에 따라 일반 방법론과 특수방법론으로 나누어질 수 있다. 예를 들어, 문제해결방법에는 그 문제의 종류와 내용과는 어느 정도 독립적으로 적용될 수 있는 방법이 있는가 하면, 문제의 내용과 종류에 상당히 의존적으로 구속되어 있는 방법이 있을 수 있다. 이 책은 교육에 있어서 특수방법론보다는 일반방법론에 대한 이론과 기법을 다루고 있다. 즉, 각 교과의 문제에 구체적으로 적용되는 교육방법이 아니라, 교과의 경계를 넘나드는 일반적이고 보편적인 교육방법에 대한 이론과 기법을 다루고 있다는 것이다.

3) 교육방법의 의미

앞 절에서 규정한 교육에 대한 '정범모'의 정의인 "인간행동의 계획적인 변화"와 방법에 대한 정의인 "사고를 통해 문제상황을 극복하는 원리"를 단순히 통합하면 교육방법은 다음과 같이 정의될 수 있다. 즉, 교육방법은 "인간행동을 계획적으로 변화시키기 위한 과정에서 발생하는 여러 문제를 지력을 활용하여 극복하는 원리"로 정의된다. 여기서 '교육의 과정에서 발생하는 여러 문제'란 학습자의 현재 상태와 교육을 통해 성취하고자 하는 이상적인 상태사이에 있을 수 있는 격차를 의미한다. 즉, 교육의 과정에서 생기는 문제란 학습자를 이상적인 상태로 변화시키는 과정에서 발견하게 되는 학습자의 지적 · 정의적 · 심동적 면에서의 부족 상태라고 할 수 있다. 결국, 이러한 부족 상태를 극복하여 충족된 상태로 변화시키는 데 활용되는 다양한 원리들이 교육방법인 것이다.

교육학을 하나의 체계적인 학문으로 정립시키려고 노력한 현대 '과학적 교육학'의 아버지인 헤르바르트(1776~1841)는 그의 저서 『교육학강의 강요(*Outlines of Educational Doctrine*)』의 서론에서 교육학에 대한 자신의 견해를 다음과 같이 밝히고 있다. "하나의 학문으로서의 교육학은 윤리학과 심리학에 바탕을 두고 있다. 전자는 교육목적을 보여 주고, 후자는 교육의 방법과 수단과 장애 요인을 보여 준다."(이환기, 1995, p. 13) 이 견해에서, 교육의 방법과 수단이 심리학에 바탕을 두고 있다는 주장은, 심리학의 학문적 성격에 비추어 보면, 결국 교육상황에 관여하는 사람인 가르치는 사람과 배우는 사람의 심리를 이해하는 일에서부터 교육의 방법에 대한 연구가 출발해야 함을 의미한다.

홍성윤과 진위교(1978)는 교육방법의 영역을 크게 세 가지로 나누고 있다. 첫째, 최적의 조건하에서 학습자들의 학습활동을 최대한으로 돕고 지도함으로써 학습자 입장에서 학습효과와 교사의 입장에서 교수효과를 극대화하려는 교수 · 학습 지도. 둘째, 학생들의 다양한 개인적 문제해결을 공감적 이해와 수용으로써 돕고 지도하는 과정인 생활지도. 그리고 셋째, 교수와 학습, 그리고 개인적인 문제해결 활동이 보다 큰 성과를 달성하도록 하기 위해 교수 · 학습장면과 환경적 조건의 조성, 정비 및 운영을 중심 문제로 다루는 학급경영 등으로 나누고 있다.

이칭찬(1987, pp. 23-25)은 교육방법이 크게 3개의 단계로 변천해 왔음을 제안하고 있다. 첫 번째 단계는 '학습자들의 학습활동 중심의 교육방법'으로서, 주어진 교육 목표를 효과적으로 달성하기 위해서 학습자들의 학습조건을 정비하는 데 더 많은 노력을 해야 함을 강조하는 단계다. 둘째 단계는 '교사들의 교수활동 중심의 교육방법'으로서 가르치는 활동이 일률적이고 단순한 활동이 아니라 학교장면에서 일어나는 교수 · 학습지도, 생활지도, 학급경영을 포괄하는 종합적인 활동임을 강조하는 단계다. 셋째 단계는 '교수 · 학습과정으로서 교육방법'을 규정하는 단계로서, 교육목표의 효율적인 달성을 위해 단지 학습자들만의 문제나 교사들만의 문제로 분리해서는 곤란하며 이들의 문제를 함께 고려해야 한다는 관점을 강조하는 단계다.

이상의 논의에 비추어 보면, 교육방법은 교육의 목적을 달성하는 데 효과적이고 효율적이고 매력적이고 안정적인 원리가 될 때 그 가치를 인정받게 된다. 이러한 관점은 교사의 가르치는 방법과 학생의 배우는 방법에 동일하게 적용되어야 한다. 비교적 최근에 등장한 교수공학의 개념에 따르면, "공학은 기계적 생산품 또는 발명품 이상의 체계적 사고의 과정이며 방식"(Finn, 1964)이다. 공학과 방법의 개념이 너무나도 닮아 있음을 알 수 있다. 교수공학은 교육방법이 추구하고자 하는 목적을 보다 총체적인 관점에서 접근하고 있는 학문 분야다. 대학에서 개설되고 있는 이 분야에 관한 교과목 이름이 '교육방법 및 교육공학' 이라는 사실이 바로 두 분야의 학문적 유사성을 인정하고 있음을 반증한다. 이제 계속해서 교수공학이라는 학문이 출현하게 되는 배경과 정의 및 탐구 영역을 살펴보자.

2. 교수공학

1) 교수공학의 출현배경

교육의 성격과 공학의 성격은 전통적인 관점에서 보면 매우 이질적이라고 할 수 있다. 일반적으로, 교육은 철학적이고 사변적이며 그 효과가 비교적 장기적인 시간이 지나고 난 후에 달성될 것으로 예측하고 수행하는 활동이다. 이에 반해, 공학은 과학적이고 객관적이며 그 효과가 비교적 단기한내에 이루어질 것으로 예측하고 수행하는 활동이라고 할 수 있다. 교육과 공학은 고대 철학의 중요한 두 개념인 덕(arté)과 기예(techné)의 관점에서도 그 차별적인 특성이 독특하게 드러난다. 교육의 목적은 그리스어의 아레테(arté), 라틴어의 비르투스(virtus; 프랑스어의 vertu, 영어의 virtue는 여기서 파생), 독일어의 투겐트(Tugend) 등으로 모두 근원적인 뜻이 있다. 아레테는 각 사물이 지닌 우수한 기능을 뜻하였다. 이를테면, 나이프의 아레테는 잘 잘리는 것이고, 말의 아레테는 빨리 달리는 것이다. 이런 의미에서 인간의 아레테는 우수한 능력을 뜻하게 되었고, 이것이 윤리화되고 내면화되어 가는 데 그리스 윤리사상의 발전이 있었다.

이와 같이 덕은 본디 자연적 능력의 우수성을 뜻하고 있었으나, 이것이 윤리덕(倫理德)으로서 명확하게 체계화된 것은 소크라테스, 플라톤의 사색을 거친 후, 아리스토텔레스에 와서다. 아리스토텔레스는 덕을 인간이 후천적으로 획득한 일정한 행위능력을 말한다. 다시 말해서, 인간에게는 생래적으로 몸에 지닌 본성적인 덕, 또는 선에 대한 호의적 태도가 있지만 이것은 정서적인 것으로서 확고한 기초는 갖고 있지 않다. 이러한 소질을 이성적 선택에 따라 자각적 행위로 반복함으로써 부동의 행위능력으로 형성되었을 때 본래의 뜻으로서의 덕이 생긴다.

고대 그리스에서 인간의 제작활동 일반에 따른 지식이나 능력을 의미하는 테크네라는 말이 공학의 어원이다. 아리스토텔레스는 『니코마코스 윤리학』에서 테크네는 제작자를 원천으로 하여 어떤 존재를 만들어내는 방법을 연구하는 작업을 뜻하며, "참된 로고스를 수반하는 제작능력" 이라고 정의하였다. 즉, 테크네란 단순한 지적 능력이 아니라 학문적 인식과 경험적 판단 사이에 있어 보편과 개별적인 것에 관련되는 진리 인식의 능력이다(야후 백과사전).

이처럼 이질적인 두 분야를 결합하여 교육(교수) 공학이라는 새로운 학문으로 탄생하게 만든 근본적인 원인은 어디에 있을까? 여러 분야에서 혁명적인 변화를 가져온 산업혁명은 교육 분야에서도 마찬가지로 엄청난 변화를 가져오는 계기가 되었다. 무엇보다도 산업혁명은 양질의 노동력에 대한 필요성을 극대화시키는 계기가 되었다. 이후 양대 세계 대전을 거치면서 교육은 개인의 발전은 물론이고 국가의 발전과 국민의 안녕, 더 나아가

인류의 발전에 지대한 영향을 끼치는 개인적 · 사회적 · 국가적 · 세계적 사업이라는 데에 전반적인 공감대가 형성되었고, 각 가정은 물론이고 국가도 앞서서 엄청난 관심과 투자를 하게 된다. 이런 관심과 투자는 교육에 대한 철학적이고 사변적이며 추상적인 성격뿐만 아니라, 장기적인 기대를 무한정 기다려야만 하는 상황을 더 이상 좌시하지 않는 사회적인 분위기를 형성하게 된다. 이런 분위기는 교육에 대한 사회적인 압력으로 작용하게 되고, 그런 압력에 대한 해결방안으로 모색하게 된 것이 교육의 성격과는 상반되지만, 사회적 요구를 잘 반영할 수 있는 분야로서 techné적 성격을 가진 공학과의 접목을 시도하게 된다. 이런 시도의 결과물로 등장하게 된 것이 교육공학적 개념이라고 할 수 있다.

교육공학의 전신인 시청각 교육 분야는 제2차 세계 대전 중 미국의 군대 훈련에서 광범위하고 효과적인 매체 활용 사업을 통해 하나의 학문 분야로 정립되기 시작했다. 이와 때를 같이하여 교수의 과학화에 관한 개념이 발전되었다. 교수공학 분야의 초기 주창자들은 학습자 특성과 학습과정 그 자체가 메시지의 전달방법보다 우선한다고 주장한다. 집단학급에서의 학습이라는 개념을 해체해 버리고, 수업 형태를 근본적으로 개편하여 개별 학생중심 학습을 하고자 시도한 대표적인 예가 프로그램 학습이다. 티칭머신과 프로그램 학습에 관한 Skinner의 연구를 통해 시청각 분야 전문가들은 이 분야가 심리학에 그 이론적 기저를 두고 있었다는 사실을 인식하게 되었다.

미국에서 출현한 프로그램 학습 운동은 교수 공학 전반에 지대하고도 장기적인 영향을 끼쳤다. 1960년대 말에서 1970년대 초반 경에 학습환경이나 학습조건을 개별 학습자의 특성에 적합하게 조정하게 되면 모든 학생이 완전학습에 이를 수 있다고 믿는 교육자(Bloom의 학습자 변천관)들이 많아지기 시작했다. 이 같은 생각은 곧바로 학습의 개별화 운동으로 연결되었고, 1970년대 들어 수많은 개별화 방안들이 등장하게 되는 계기를 제공하게 되었다. 이후 Bruner, Glaser, Gagné 등의 연구를 통하여 이 분야에

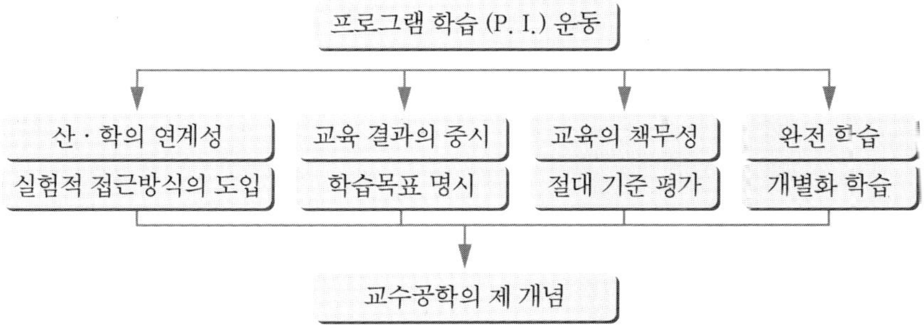

[그림 1-2] 프로그램 학습과 교수공학과의 관계

인지심리학의 참여가 이루어지게 되었다. 오늘날 교수공학 분야는 인지적 정보처리 과정을 보다 중요하게 생각하고 있으며, 교수 · 학습상황에서의 정보처리 과정의 역할과 개별 학습자의 지각 등에 대해서도 크게 관심을 가지고 있다. 최근 교수공학 분야는 그 영역을 초 · 중등교육에서 군대, 성인, 기업체 사원교육에까지 크게 확장하고 있는 중이다. 교수공학의 출현과 관련된 요인들이 [그림 1-2]에 도식되어 있다.

2) 교수공학의 정의와 영역

공학(technology)은 "지식과 이론의 체계적인 적용" 또는 "과학적이고 조직화된 지식을 실제 과제에 체계적으로 적용하는 연구 분야" '기계적 생산품 또는 발명품 이상의 체계적 사고의 과정이며 방식"과 같이 간결하게 정의할 수 있으며, 또한 "기계 · 아이디어 · 다양한 절차 · 관리(管理)들로 구성되는 복잡하게 통합된 조직"으로 규정되기도 한다. 여러 학자들에 의해 다양하게 정의되어 온 공학의 특성을 김종량(1992)은 다음과 같이 종합하고 있다.

첫째, 공학은 기계류 등의 산업 또는 공업 분야에만 국한되는 것이 아니다.

둘째, 공학은 합리적 사고과정이며 체계적 문제해결 과정으로서 과학적 지식을 적용하는 모든 분야에 해당한다.

셋째, 공학은 의도하는 목표의 달성을 위해 요구되는 실천적 원리 및 기법을 설계 과정에 유용하게 적용한다.

넷째, 공학은 개별적이고 부분적인 산물이 아니라 총체적이고 통합적인 과정이다.

따라서 교수공학이란 "인간학습의 모든 측면에 관여하는 여러 문제를 분석하고, 이들 문제에 대한 해답을 창안하고 실행하며 평가하고 관리하는 인간요원, 절차, 아이디어 및 조직을 포함하는 복잡하고 통합된 과정"으로 정의될 수 있으며(AECT, 1977), 최근에는 "학습과정 및 학습자원의 설계,

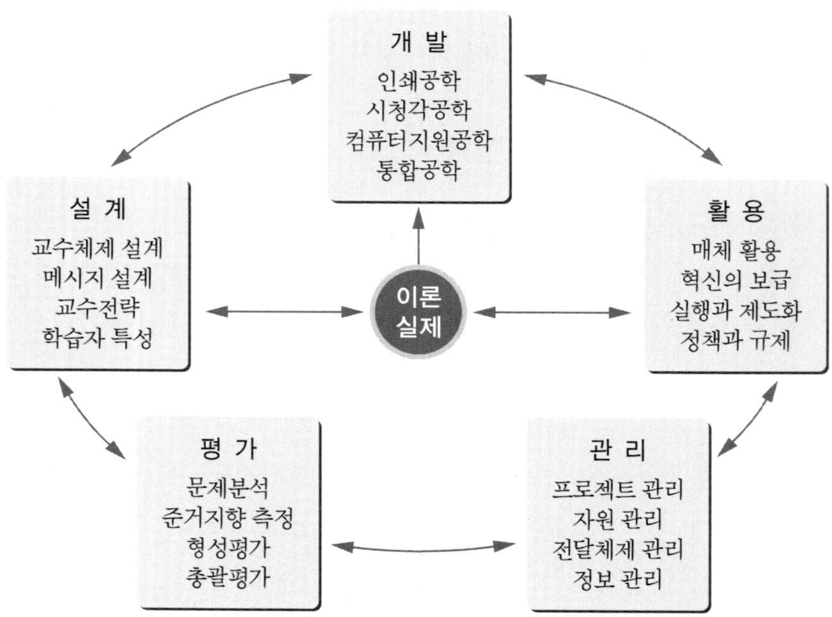

[그림 1-3] 교수공학의 영역 및 상호관련성

개발, 활용, 관리 및 평가에 관한 이론과 실제"(AECT, 1994)로 정의하고 있다. 이 미국교육공학회에서 규정하고 있는 정의에 따르면, 교수공학은 교수설계, 교수개발, 교수활용, 교수관리 그리고 교수평가의 5대 탐구영역으로 개념화되고 있으며, 각 영역은 각각의 하위 영역을 포함하고 있다(Seels & Richey, 1994, pp. 26-27).

(1) 설계 영역

설계 영역은 크게 두 가지의 이론적 기초를 가지고 있다. 하나는 교수심리학 운동이고, 다른 하나는 체제이론인데, 먼저 교수심리학은 학습에 관한 심리학적 이론을 '교수'라는 활동에 적용시킬 방법을 탐구하는 분야이며, 교육공학에 있어서 교수설계와 교수전략 분야는 교수심리 연구 결과와 방법론을 공학적으로 재구성한 것이다. 여기에 체제이론은 다양한 교수·학습이론이 교육문제 해결과정에 어떻게 통합적으로 활용될 것인가를 안내하는 틀을 제공하여 주었다. 설계 영역은 교수체제 설계, 메시지 디자인, 교수전략, 학습자 특성의 하위 영역으로 구성되어 있다.

교수체제설계(Instructional Systems Design: ISD)는 교수의 분석, 설계, 개발, 실행 그리고 평가의 단계가 포함된 조직적인 절차다. 분석은 무엇을 배워야 하는지를 정의하는 과정이고, 설계는 어떻게 배워야 하는지를, 개발은 교수자료를 제작 또는 개발하는 과정이고, 실행은 교수상황 안에서 자료와 전략을 실제로 활용하는 것이며, 평가는 교수의 적절성을 결정하는 과정이다. ISD의 특징은 설계과정이 일반적으로 철저함과 일관성을 요구하는 선형적인 과정인 동시에 순환적인 과정이라는 것이다.

메시지 디자인(Message Design)은 메시지의 실물화를 위한 계획을 포함하는 과정으로 교수 장면에서 어떻게 메시지를 설계하는 것이 학습의 효과를 가져올 것인지를 연구한다. 지각, 기억 등과 같은 관련된 인간의 인지 과정에 관한 연구 결과를 바탕으로 문자, 기호, 그림 등을 어떠한 형태와 순서로 제시할 것인가에 관한 연구가 수행되고 있다.

교수전략(Instructional Strategy)은 하나의 단위수업 안에서 사건과 활동을 선택하고, 계열화를 구체적으로 하는 것이다. 최근에는 상황학습을 위한 방법, 문제 중심학습을 위한 방법 등 학습에 관한 구성주의적 관점에 기반한 교수 · 학습환경 설계 전략 등이 많이 소개됨으로써 이 영역에 대한 활발한 연구가 진행되고 있다.

학습자 특성은 학습 과정의 효과에 영향을 미치는 학습자의 경험적 배경(연령, 지능, 사회 · 경제적 환경, 동기 등)과 성취하기를 기대하는 학습과제와 관련된 선수학습수준을 의미한다. 이것은 학습과제의 특성과는 관계없이 학습의 성패에 영향을 미칠 수 있다. 그래서 학습자 특성은 교수전략뿐만 아니라 학습상황이나 맥락, 그리고 학습내용의 선정에 영향을 미치는 주요 요인이다.

(2) 개발 영역

개발 영역은 교수를 위한 매체의 제작 및 개발에 대한 관심에서 시작되는 연구다. 개발은 설계과정을 통해 산출된 항목들을 자료(물리적)의 형태로 바꾸는 과정을 말하며, 이 영역에서는 교수에 사용되는 다양한 테크놀로지가 포함되어 있다. 개발 영역은 이론과 밀접한 관계가 있고 다른 영역, 특히 활용, 평가, 관리와 관계가 깊다. 즉, 개발은 이론과 설계에 기반하고, 형성적 평가과정을 통해 개발이 완성되며, 개발된 매체의 활용실습을 거쳐, 개발된 매체의 관리까지도 신중히 고려되어야 한다. 개발 영역은 인쇄 테크놀로지, 시청각 테크놀로지, 컴퓨터 기저 테크놀로지, 통합 테크놀로지의 하위영역으로 구성되어 있다.

인쇄 테크놀로지는 기계를 사용하거나 사진 인화 절차를 사용하여 책이나 정화상 자료를 제작하고 전달하는 방법이다. 이는 가장 기본적이며 널리 보급된 공학적 요소로 크게 문자자료와 시각자료로 나뉜다. 이 두 가지 형태의 자료 개발은 시각 지각, 읽기 및 인간의 정보처리에 관련된 이론과 학습이론에 기반하고 있으며 가장 일반적으로 활용되는 인쇄자료는 문자와 시각정보가 결합된 형태의 교재다.

시청각 테크놀로지는 음성과 시각 메시지를 제시하기 위하여 기계와 전기를 사용하여 제작하고 전달하는 방법이다. 시청각 기자재는 영상자료를 투시하거나 소리 재생, 대형 시각자료의 전시도 가능하게 한다. 특히 과거 OHP나 텔레비전, 비디오 등의 단방향 제시 형태에서 최근에는 컴퓨터에 기반한 공학의 출현으로 좀 더 상호작용적이고, 학습자 참여적인 환경이 제공되고 있다.

컴퓨터 기저 테크놀로지는 마이크로 프로세서에 기반을 둔 자원을 사용하여 자료를 제작하고 전달하는 방법이다. 즉, 컴퓨터를 교육 매체로 활용하는 것을 의미한다. 일반적으로 컴퓨터 기저 테크놀로지의 적용 방법은 컴퓨터 기반학습(CBI), 컴퓨터 보조수업(CAI), 또는 컴퓨터 관리학습(CMI) 등이 있다. 컴퓨터 기저 테크놀로지는 행동주의뿐만 아니라 인지주의 학습원리 및 구성주의 학습원리에 기반하여 효과적인 프로그램의 개발에 노력한다.

통합 테크놀로지는 컴퓨터 제어 하에 몇 가지 다른 유형의 매체들을 포함하여 자료를 개발하고 전달하는 방법이다. 첨단화된 고성능 하드웨어, 소프트웨어에 다양한 주변기기들로 구성된 통합시스템은 평면적 자료 제시에서 입체적 제시로, 단편적 자료 제시에서 통합적 제시로 그 수준을 한 단계 더 끌어올리고 있다.

(3) 활용 영역

활용 영역은 교육공학의 제 영역 중 가장 오랜 역사를 가지고 있는 것으로 학습에 절차나 자원을 사용하는 행위에 관한 연구 영역이다. 이것은 학습자와 교수자료, 체제 사이의 상호작용을 말하는 것으로 매우 중요하다. 그 이유는 '학습자의 사용' 이라는 점이 교수자료의 존재이유이기 때문이다. 활용 영역은 매체 활용, 혁신의 보급, 수행과 제도화, 정책과 규제의 하위영역으로 구성되어 있다.

매체 활용은 학습을 위한 자원의 체계적 활용을 의미한다. 모종의 절차에 따라서 기대하는 학습 목표를 달성하기 위하여 최적의 교수 매체를 선정하여 활용하는 방법에 관한 의사 결정을 포함하고 있다.

혁신의 보급은 채택을 목적으로 하여 계획적인 전략을 사용하는 의사소통의 과정이다. 보급의 궁극적 목표는 변화를 가져오는 것으로 이 과정은 지각, 관심, 시도 그리고 채택과 같은 절차를 포함한다. 그러므로 이 과정은 절차 모형, 즉 Gatekeeper와 여론 선도층과의 의사소통을 포함한 다단계의 흐름 모형이다.

수행과 제도화는 교수자료나 전략을 실제 환경에서 사용하는 것을 뜻하는 수행과, 한 조직 내에서 교수 혁신을 지속적으로 추진하는 것을 뜻하는 제도화를 연결하는 것, 즉 새로운 교육공학을 특정의 조직 내에서 적절하게 사용하고 이런 사용을 지원하는 것을 의미한다.

정책과 규제는 교육공학의 보급과 사용에 영향을 미치는 사회(또는 사회가 지정한 대리인)의 규칙과 행위다. 교육방송, 교육용 소프트웨어의 개발과 활용에 관련된 각종 정책과 규제에 대하여 교육공학적 기준과 표준을 제공하거나 또한 불필요한 규제에 대하여 문제점을 지적하는 활동이 포함된다.

(4) 관리 영역

앞서 살펴본 설계 · 개발 활동이 대체로 프로젝트 형태를 띠고 있다는 점

과, 각종 미디어 센터와 학습지원센터 같은 조직의 체계적 관리가 필요하다는 현실적 요구에 의해 나타났다. 관리활동은 일의 성질과 환경에 따라 상이하나 기본적 관리 기술은 제반 여건에 관계없이 일정한데 주된 관리활동의 요소는 프로그램 조직, 직원관리, 예산과 시설의 기획 · 집형, 변화수행 등이 있다. 관리 영역은 프로젝트 관리, 자원 관리, 전달체제 관리, 정보 관리의 하위 영역으로 구성되어 있다.

프로젝트 관리는 계획, 점검 그리고 교수 설계와 개발 프로젝트를 조정하는 것을 포함한다. 프로젝트 관리자는 교수설계나 다른 프로젝트 기능을 기획하고, 예정표를 만들고, 조절하는 책임을 가진다. 그들은 교섭하고, 예산을 짜고, 정보 관리 체제를 설정하고 그 진도를 평가한다. 특히 성공적인 프로젝트의 실행을 위해서는 방해요소의 분석 및 해결을 담당해야 한다.

자원 관리는 자원 지원 체제와 서비스를 기획하고, 감시하고 조정하는 것을 포함한다. 자원은 요원, 예산, 재료, 시간, 시설, 교수 자원 등을 포함한다. 자원 관리에 있어서 중요한 것은 비용 효과성과 학습효과의 정당성이다.

전달체제 관리는 교수자료를 전달할 때 조직하는 방법에 대하여 계획하고, 감독하고, 조정하는 것을 말한다. 특히 이것은 원격교육 프로젝트에서 잘 나타난다. 하드웨어와 소프트웨어의 요구조건, 사용자와 관리자에게 지원할 기술, 설계자와 강사에게 제시할 지침 등의 문제를 다룬다.

정보 관리는 학습 자원을 공급하기 위하여 정보를 기획, 감사하고 적절히 저장하며 정보를 전달하거나 처리하는 것을 포함한다. 정보 관리는 학습자가 쉽게 그리고 용이하게 정보를 사용하게 해 줄 수 있다는 점에서 매우 중요하다. 정보 관리를 어떻게 하느냐에 따라서 교육과정의 교수설계 분야가 새롭게 규정될 수 있다.

(5) 평가 영역

평가는 문제의 분석에서 시작되는 교수 · 학습의 적절성을 결정하는 과정이다. 그리고 교육공학 영역에 있어서 평가 영역은 교육공학적 과정 및 산물에 대하여 가치를 부여하는 활동 영역이다. 평가 영역에는 문제 분석, 준거지향 측정, 형성평가, 총괄평가의 하위 영역으로 구성되어 있다.

문제 분석은 정보 수집과 의사결정 전략을 사용하여 문제의 성질과 변인을 결정하는 것을 포함한다. 평가를 위한 문제 분석은 요구를 확인하고, 문제가 교육적인 것으로 분류될 수 있는가를 검토하고 직면할 장애나 필요 자원 및 학습자 특성을 확인하고 목표와 우선순위를 결정하는 작업을 포함한다.

준거지향 측정(Criterion-referenced measurement)은 사전에 정해진 내용에 대한 학습자의 완성도를 정하는 기술을 포함한다. 준거지향 측정은 목표에 관련된 학습자의 지식, 태도 또는 기술의 완성도에 대한 정보를 제공해 준다. 한마디로 준거지향 측정은 준거에 비해 학습자가 얼마나 잘했는지를 알 수 있게 한다.

형성평가는 적절성에 대한 정보를 수집하여 이 정보를 향후 개발을 위한 기반으로 이용하는 것으로, 프로그램이 개발되는 과정에서 실행되는 활동이다.

총괄평가는 유용성의 결정을 위해 적절성에 대한 정보를 수집하고 이 정보를 사용하는 것으로, 모든 프로그램이 완성된 후 시행되는 평가다.

3) 교육에서의 공학과 교육의 공학적 접근

(1) 교육에서의 공학적 접근

교육에서의 공학(technology in education)은 교육 상황에서 정보나 지식을 전달하는 데 사용되는 수단으로서의 공학, 즉 시청각 매체를 의미한다. 하드웨어와 소프트웨어로 대별되는 시청각 매체를 교육목적의 효율적 달성을 위한 수단으로 활용하는 접근법을 일컫는다. 다시 말하면, 다양한 매체의 채택(adoption)에 주안점을 두고 있는 접근법이라 할 수 있다. 이러한 매체의 활용은 어떤 장기적인 교육적 목적이나 교육현상 전반에 대한 시각에서 이루어진 것이 아니라, 매체가 등장함에 따라 일시적으로 이루어진 것이다. 따라서 공학의 발전과 맞물려 다양한 공학기기들이 교육장면에도 신속하게 채택되어 왔다. 이런 관점에서, 교육에서의 공학적 접근이 교육의 발전에 상당한 기여를 해 온 것은 부인할 수 없는 사실이다.

그러나 하드웨어의 보급이 충분히 이루어진 상황에서, 그 매체를 통해 전달될 내용인 코스웨어가 부족하다는 사실을 인식하게 되면서 보다 종합적인 대책을 모색하게 되었다. 즉, 신속히 보급된 첨단 하드웨어에 걸맞은 코스웨어가 제때에 개발 · 보급되지 못한 상황에서 그 매체들이 점차 구식화되어 가는 현상을 방지하기 위해서라도 교육에 공학을 적용함에 있어 보다 거시적인 관점의 접근이 필요함을 느끼게 되었다. 따라서 단순한 기계적인 접근을 지양하고 보다 이론적이고 체계적으로 교육의 질을 개선하려는 노력이 자연스럽게 이루어지게 되었는데 이러한 접근이 '교육의 공학'적 접근이다.

(2) 교육의 공학적 접근

교육공학은 교수 · 학습과정의 전반적인 효율성을 향상시키는 데 그 목적이 있다고 할 수 있다. 허운나(1986)는 효율성의 향상을 다음의 네 가지로 설명할 수 있다고 한다(p. 19).

첫째, 학습의 질이나 완전학습의 정도를 증가시킨다.

둘째, 학습목표의 성취에 필요한 학습시간을 단축시킨다.

셋째, 교육의 질을 저하시키지 않은 채 더 많은 학생을 가르친다.

넷째, 교육의 질을 저하시키지 않은 채 교육비를 줄인다.

이상과 같은 교육의 질 보장과 생산성, 효율성 및 비용-효과성을 성취하기 위해서는 교육체제를 총체적으로(system as a whole) 분석하는 일이 반드시 선행되어야 한다. 즉, 최적의 교수 · 학습 체제를 창출해 내기 위해서는 교육체제에 영향을 끼치는 주변학문인 심리학, 사회학, 경영학 및 커뮤니케이션 공학 등의 이해가 병행되어야 한다는 것이다. 이러한 측면은 교육공학의 불가시적(intangible) 측면으로서 보다 가시적인 시청각 매체보다는 교수 · 학습의 기법(techniques)을 더욱 중시한다(허운나, 1986, p. 19). 교육공학의 가시적인 측면인 하드웨어와 소프트웨어의 중요성이 강조되면 될수록 불가시적인 측면의 중요성 또한 그에 비례하여 더욱 강조될 수밖에 없다. [그림 1-4]는 이상의 내용을 도식으로 나타낸 것이다.

이런 총체적이고 체계적인 접근의 필요성은 앞서 살펴본 교육공학이라는 용어에 담긴 '공학(technology)'의 개념을 통해서도 엿볼 수 있다. 교육

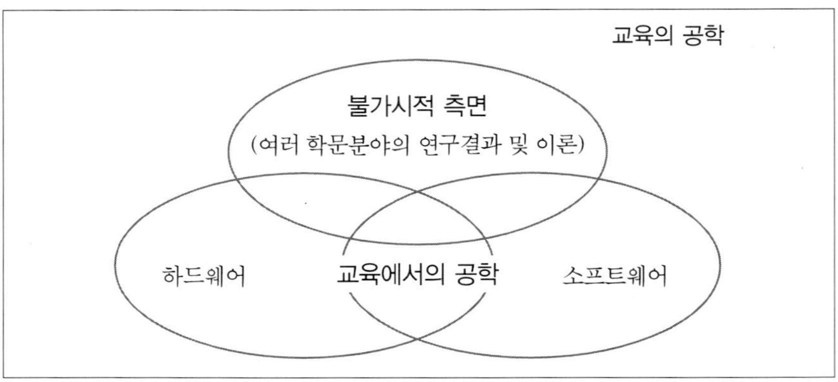

[그림 1-4] 교육공학의 여러 측면

의 공학적 관점은 교육 문제의 해결에 있어 공학의 총체적이고 통합적인 측면을 강조하고 있다고 할 수 있다. 교육의 공학적 접근은 교육이라는 행위를 '서로 상호작용하는 요소들로 구성되어 있으면서 정해진 기능을 협동적으로 수행하는 하나의 조직체 또는 통일체' 로 인식하며, 교육적 목적이나 목표를 달성하기 위해 각 요소적 활동이 전체 교육체제에 주는 효과와 영향을 감안하면서 문제해결기법을 활용하는 하나의 과정인 체제접근(systems approach) 방식을 강조하고 있다. 앞 절에서 살펴본 바와 같이, 체제접근은 서술적이라기보다는 처방적인 성격을 지니고 있어 교수를 설계하고 개발하는 과정에서 합리적인 절차를 제시해 준다. Thompson 등(1992)은 체제접근의 특성을 다음과 같이 요약하고 있다.

첫째, 과학적 방법과 유사한 논리적인 문제 해결 방법을 학습에 적용한다.

둘째, 복잡한 조직의 문제를 탐구하기 위해 여러 가지 방안을 통합한다.

셋째, 체제접근법을 통해 설계 · 개발된 교수는 자기교정(self-correcting)의 과정을 수행한다.

넷째, 체제접근법은 문제 해결을 위한 목표가 성공적으로 달성될 수 있도록 합리적인 절차를 통하여 교수 프로그램을 설계한다.

3. 교수공학의 기저이론

교수공학은 여러 학문 분야의 영향을 받아 왔다. 크게 심리학, 공학(engineering), 커뮤니케이션, 컴퓨터 과학, 경영학, 교육학 등의 영향을 받았으며, 교수공학의 주된 역할은 교수 · 학습과정(teaching-learning process)의 전반적인 효율성(efficiency)을 향상시키는 데 있다고 할 수 있다. 교육의 전반적인 효율성 제고 방안은 현 교육체제를 총체적으로(system as a whole) 분석한 후 이루어진다. 특히, 교실 수업 향상을 위한 방안으로서, 교수공학은 컴퓨터를 비롯한 각종 교수 기자재의 효율적인 활용 방안을 제시함으로써, 궁극적으로 모든 학습자가 자신에게 적합한 교육 처방을 받고 그에 따라 최상의 학습결과를 성취하는 그러한 이상적인 교수 · 학습 상황을 제공하는 것을 목적으로 하고 있다.

Seels와 Richey(1994)는 미국 교육공학회(AECT)의 공식적인 '교수공학의 정의와 영역'에 대한 입장을 밝힌 저서에서 교수공학의 출현에 영향을 끼친 여러 이론과 학문 영역으로 심리학, 공학(engineering), 커뮤니케이션, 컴퓨터 과학, 경영학, 교육학을 지적하고 있다. [그림 1-5]는 교수공학 분야의 이론적 기저와 교수공학 영역간의 관련성을 제시하고 있으며, [그림 1-6]은 교수공학 분야의 연구와 교수공학 영역 간의 관계를 보여 주고 있다. [그림 1-5]는 교수공학과 그 하위 영역과 관련 있는 모든 이론을 열

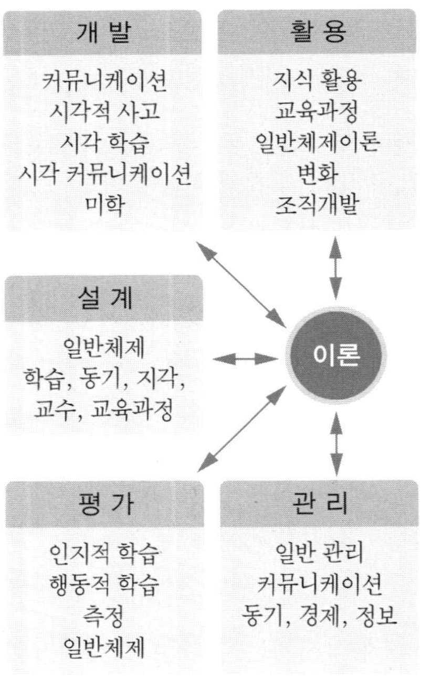

[그림 1-5] 교수공학의 이론적 기저와 영역 간의 관계

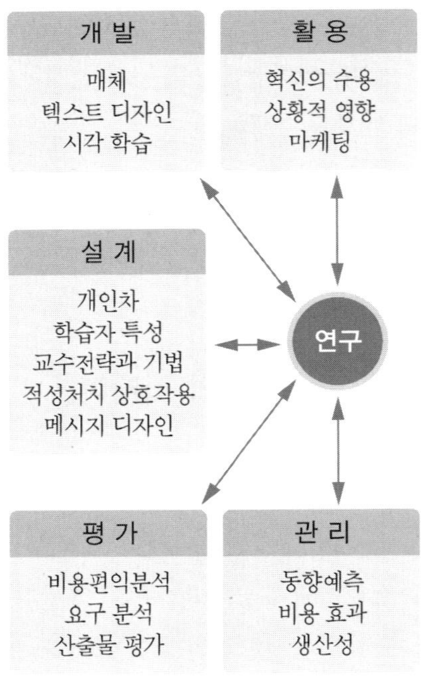

[그림 1-6] 교수공학의 연구와 영역 간의 관계

거하기 위한 것이 아니라, 중요한 이론들이 여러 영역에 중복되어 영향을 미치고 있으며, 이 이론들이 교수공학 분야를 지지하고 있다는 사실을 제시하려는 의도를 가지고 있다. Seels와 Richey(1994)가 기술하고 있는 내용을 중심으로 각 영역을 간략히 소개한다.

1) 설계

교수설계의 특징은 그 원리와 절차가 다양한 연구를 통해 지지될 수 있다는 것이다. 다양한 연구에는 전통적인 실험 통제 연구와 발달 연구, 그리고 사례의 정성적 분석 방법 등이 포함된다. 설계와 관련된 이론과 연구 중, 우선 일반체제 이론은 앞 절에서 소개한 체제접근의 이론적 토대를 제시하는 것으로서 교수체제설계(ISD: Instructional Systems Design) 모형을 통해 교수공학 분야에 적용되고 있다. 하나의 체제는 여러 개의 구성요소로 이루어져 있고, 각 요소들은 공동의 목적달성을 위해 서로 상호작용하면서 각자의 독립적인 기능을 수행한다. 즉, 이 요소들은 전후 단계들과 피드백(feedback)과 피드포워드(feedforward)를 주고받으면서 체제 전체의 최적화(optimization)를 위해 통합적 기능을 수행한다.

교수설계의 많은 원리와 이론들은 여러 심리학적 이론과 연구에서 도출되었다. 초기 외현적인 행동변화를 야기하는 학습자료의 기능을 강조하는 행동주의 학습이론에서 비롯하여, 학습자가 정보를 지각하고 처리하고 저장 · 인출하는 과정과 방법을 강조하는 인지주의 학습이론, 그리고 학습이 일어나는 맥락의 중요성과 다양한 정보의 공유과정을 통한 관점의 확대를 강조하는 구성주의 학습이론에 이르기까지 학습이론은 교수설계의 발전에 지대한 영향을 미쳐 왔다. 교수설계 절차에 영향을 끼치는 또 하나의 중요한 원천으로서 동기학습이론을 들 수 있다. 교수 · 학습과정에서 학습자의 동기를 창출하고 유지하기 위한 동기설계 절차는 교수설계의 효과를 보다 강화시키는 방안을 제시하고 있다.

대부분의 교수이론과 교수설계 모형이 취하고 있는 기본적인 가정은 학습과제의 유형에 따라 교수전략이 차별화되어야 한다는 것이다. 학습과제의 유형을 분류하는 방안은 대표적으로 Bloom(1956)의 인지적 영역(지식–이해력–적용력–분석력–종합력–평가력), Krathwohl 등(1964)의 정의적 영역(수용–반응–가치화–조직화–인격화), Harrow(1972)의 심체적 영역(반사적 운동–초보적 기초동작–운동지각능력–신체적 기능–숙련된 운동기능–동작적 의사소통), Gagné(1985)의 학습된 능력 5대 영역(언어정보–지적 기능–인지전략–태도–운동기능), Merrill(1983)의 요소시연이론의 내용 영역(사실–개념–절차–원리) 등을 들 수 있다. 최적의 교수전략을 선정하는 일은 학습과제 분석을 통하여 규명된 각 과제의 속성에 근거하여 이루어진다.

교수설계의 산출물인 각종 인쇄자료와 컴퓨터 학습자료의 매력성을 제고하기 위해서는 시 · 지각 이론과 커뮤니케이션 이론으로부터 도출된 원리나 기법 등이 요구된다. 학습자료의 시각적 · 개념적 구조화에 관한 페이지 배열 원리, 한정된 크기의 컴퓨터 화면에 다양한 멀티미디어 요소를 배치하는 방안에 관한 화면 설계 원리, 최적의 가독성을 확보하는 데 필요한 글씨의 크기와 모양을 결정하는 서체 설계 원리, 흥미와 동기유발 및 실사성을 높이기 위한 색상의 전략적 활용 원리 등 학습자의 주의 집중과 학습과정 통제를 위한 미시적 설계(micro design) 원리들은 지각 심리학이나 커뮤니케이션 이론 등에서 이미 밝혀진 것들로서, 교수설계의 중요한 기저이론이 된다.

2) 개발

교수를 개발하는 과정은 그 직전 단계인 설계 과정에 영향을 받으나, 개발 분야의 일반적인 원리들은 학습과정에서 발생하는 커뮤니케이션 양상에 크게 의존하고 있다. 교수 · 학습과정을 이루고 있는 요소들의 관련성과 요소들이 수행하는 기능들 간의 관계를 커뮤니케이션 모형으로 도식화하

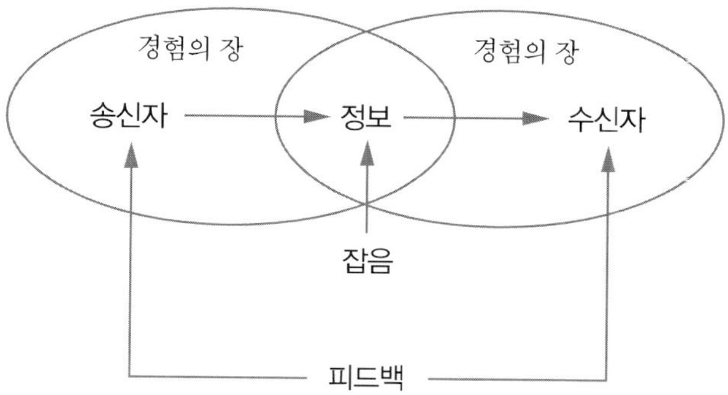

[그림 1-7] 쉐논과 슈램의 통신 모형

면 [그림 1-7]과 같다. Schannon과 Schramm의 모형(1964)은 송신자(sender), 메시지(message), 전달 수단(channel), 수신자(receiver), 잡음(noise) 등으로 구성되어 있으며, 송신자는 보다 의미 있는 미시지의 창출을 위해 약호화(encoding) 과정을 수행하며, 수신자는 수신된 정보의 의미를 이해하기 위해 약호해(decoding) 과정을 수행한다. 이 과정들은 커뮤니케이션 도중 양자 간에 부득불 발생할 수밖에 없는 잡음(noise)을 최소화하기 위한 노력이라고 할 수 있다. 여기서 잡음은 기계의 오작동이나 환경의 부조화로 인한 물리적 요인뿐만 아니라, 학습자의 지적 수준이나 개인차 변인 등을 적절하게 고려하지 못함으로 해서 발생하는 심리적 요인을 포함한다.

교수개발 영역에 영향을 끼친 여러 이론 중 시지각 이론이 가장 구체적인 내용을 제시하고 있다. '시각적 메시지를 정확하게 이해하고, 창출할 수 있는 학습된 능력' (visual literacy)을 기르기 위한 다양한 원리와 기법들이 시지각 이론에서 도출되며, 이 이론들에 기초하여 한 페이지나 한 화면의 공간에 다양한 시각 자료를 설계 · 배치하는 시각 디자인 전략들이 개발된다. Heinich, Molenda와 Russell(1993)은 시각 디자인 예술의 핵심요소(선, 형태, 질감, 색상)와 미적 디자인의 원리(배열, 균형, 통합)를 제시하고 있다.

이처럼 개발 영역은 인쇄공학이나 시청각 공학, 그리고 컴퓨터 기저 공학의 발전과 발맞추어 크게 성장해 왔다. 특히 교수 매체의 역할에 관한 연구는 이 분야의 발전에 지대한 영향을 끼친 것으로, 매체 간의 상대적인 효과를 검증하는 연구와 매체를 활용한 수업과 그렇지 않은 수업의 효과를 검증하는 연구인 매체비교 연구가 주종을 이루고 있다. 최근에는 학습자 개인차 변인과 매체 속성변인 간의 관련성을 분석하여, 학습자의 정보처리 특성에 알맞은 매체를 설계 · 개발 · 활용하는 방안의 처방에 대한 연구가 이루어지고 있다.

3) 활용

활용의 개념은 초창기 교육 현장의 실무가들에게는 단순한 매체의 사용 방식에 관한 것으로 인식되어 왔으나, 현재는 지식의 보급과 활용 그리고 제도화 등 공공의 역할 수행에까지 확대되었다. 활용에 대한 연구는 매체 사용을 위한 최적 환경, 학습의 경제적 요인과 학습시간에 대한 매체의 영향(Thompson, Simonson, & Hargrave, 1992)과 같은 이슈를 다루고 있으며, 특히 교수체제설계의 원리와 기법이 일선 학교에서 광범위하게 활용될 수 있는지에 대한 실행가능성(Martin & Clemente, 1990)에 관심을 가지고 있다.

활용의 성공 여부는 혁신적인 내용을 어떻게 확산 · 보급할 것인지에 달려있다. 많은 사람에게 교수공학의 활동과 산출물은 새로운 것, 즉 혁신적인 것으로 인식되고 있다. Rogers(1983)는 확산(diffusion)을 "특정 사회체제의 구성원 간에 새로운 아이디어(혁신)가 특정 채널을 통해 의사소통되는 과정"으로 정의하면서, 혁신의 확산(diffusion of innovation)에 대한 5단계 의사결정 과정을 소개하고 있다. 지식 단계에서는 현 상태에서 혁신의 존재와 기능을 이해하려 하고, 설득 단계에서는 혁신에 대한 일정한 태도를 형성하고, 결정 단계에서는 그 혁신을 수용할 것인지의 여부를 결정하고, 시행 단계에서는 혁신을 활용하여 일상화 · 제도화될 때까지 지속하고, 확인 단계에서는 혁신에 대한 심리적 보상을 얻고, 수정 · 보완 과정을 거쳐 재창조 현상을 경험한다.

Molenda(1993)는 활용 과정의 3단계를 제안하고 있다. 사용(usage)－설치(installation)－제도화(institutionalization). 가장 단순한 단계인 사용 단계는 교수자료나 기법을 자발적이든 계획적이든 한 번 사용해 보는 수준을 의미한다. 설치 단계는 자료나 기법이 수업체제에 포함되어 있거나 교육과정 내에서 영속적인 실행으로 고려될 때 발생한다. 가장 상위 수준인 제도화 단계에서는 수업 혁신사항(자료, 기법, 시스템)들을 조직의 구조와 문화 속에 뿌리내리게 하기 위한 의식적인 노력을 한다. Molenda는 활용에 관한 대부분의 문헌들이 남들에게 혁신의 사용을 설득하는 제공자(provider)의 관점을 반영하고 있거나 아니면 혁신의 잠재적인 채택자인 사용자(user)의 관점을 반영하고 있음을 지적한다. 전자는 잠재적인 사용자가 실재적인 사용자가 되도록 설득하는 수단과 방법을 모색하는 일에 관심이 있고, 후자는 최적의 자료와 기법을 선정하여 가장 유용하게 사용하는 수단과 방법을 강구하는 일에 관심이 있다.

4) 관리

관리는 현장 실무로부터 크게 영향을 받은 분야로서, 도서관과 매체 자원의 관리, 프로젝트 관리, 시설 관리 등에 대한 실제가 중요한 기반이 되었다. 관리와 관련된 대부분의 원리들은 경영학에서 비롯되었으며, 교수공학 분야에서 독자적으로 이루어진 관리이론과 연구의 구축은 거의 없다. 사실 관리 분야에 가장 중요한 영향을 끼친 것은 교수공학 이론가라기보다는 수년간 현장에서 각종 자료와 시설, 프로젝트 등을 관리한 경험이 있는 실무자로부터 비롯되었다.

역사적으로 자원관리 분야는 처음에는 시청각 자료나 도서관 자료 · 매체의 관리에서 크게 확장되어 현재는 환경적 자원과 인적 자원까지 포함하게 되었으며, 특히 비용-효과 측면의 자원관리가 교육 · 훈련 환경에서 강조되고 있다. 자원 관리는 전달체제의 관리 문제로 자연스럽게 확장된다. 즉, 하드웨어나 소프트웨어적 요구사항, 사용자에 대한 기술적 지원, 공학 시스템의 운영특성 등 제작(product)과 관련된 문제다. 따라서 이 분야는 실무가 이론적 분석을 오히려 선도하고 있는 신흥 분야라 할 수 있다.

관리 영역을 구성하고 있는 또 하나의 요소는 정보 관리 분야로서, 이는 정보를 전달, 수용, 저장하기 위해 컴퓨터 네트워크를 설계하고 유지하는 방법을 다루는 정보이론의 영향을 받았다. 정보이론은 구어 · 문어체의 언어를 내용의 의미를 고려하지 않고 일련의 정보단위로 처리하는 방법을 제공하는 것으로서, 컴퓨터를 이해하고 프로그래밍하기 위한 토대를 구축한다. 정보이론은 새로운 정보전달 과정으로서 업무 현장이나 교육기관 등에 적용되고 있으며, 특히 교수 설계자가 전자수행지원 시스템이나 기타 관리 분야의 개발을 연구하는 방식을 급속히 변화시키고 있다.

5) 평가

분석, 사정, 평가는 교수설계 과정과 교수공학에 있어 중추적인 역할을 한다. 평가는 교수공학자들이 복잡한 의사결정을 하는 데 필요한 객관적이고 타당한 수단을 제공하기 위하여, 다양한 연구도구를 사용하는 하나의 연구형태로 인식된다. 학문적 탐구형태의 하나로서 교육평가는 체계적이고 준거지향적이며 주로 실증주의적인 지향점을 지니고 있다.

평가는 교수설계의 행동주의적인 관점과 일반체제 이론의 입장과 가장 관련되어 있다. 일반체제 이론은 전체 설계 과정을 인도하는 것으로 교수공학자들이 직면하는 대부분의 평가과제에 대한 논리를 제공해 주고 있다. 즉, 요구사정, 형성평가, 총괄평가, 준거지향검사 등은 모두가 다 체제접근적 사고를 통해 촉구되었다. 뿐만 아니라, 이들 모두는 자기규제 시스템의 창안에 대한 필요성과 피드백의 긍정적인 역할에 대한 신념에 의해 촉구되었다.

행동주의적 과정으로서 교수설계의 출현은 행동목표의 일상적인 사용을 가져오게 되었고, 목표지향 수업은 논리적으로 준거지향 검사를 할 수밖에 없는 상황으로 확장된다. 이런 상황에서 보다 인지주의적인 접근법을 지지하는 진영에서조차도 이 두 가지 기법은 설계실무 과정에서 확고한 입지를 굳히게 되었다. 목표기반 수업과 준거지향검사의 장단점에도 불구하고 모든 교수설계 절차에서 규준지향 기법보다는 준거지향검사 구축을 옹호하고 있다.

최근에는 수업체제 설계 과정의 분석 및 평가과제 수행에 있어 인지주의적, 때로는 구성주의적 관점이 게재되는 경향, 예를 들면 학습에 있어 맥락이 끼치는 영향을 고려하는 경향 등이 점차 증가하고 있다. 인지주의적 진영에서는 '아주 독특하고 개인적인 지식의 조직'을 요구하는 상황에서는 행동목표가 제 기능을 수행하지 못하기 때문에, 이의 사용과 측정에 대한 신뢰성에 의문을 보이고 있다. 이런 이유에서 학습요구를 진단하고 유의미하고 복잡한 상황 맥락 내에서 학습성취를 측정하는 방안을 제안하고 있는 인지적 관점은 측정 · 사정 · 평가 절차에 대한 중요한 함의를 제시할 것이다.

기출문제(중등)

1. 교육공학 발전에 기초가 된 이론들에 대한 설명 중 바르게 된 것은?
   ① 호반(Hoban)의 시각자료 분류에 의하면, 슬라이드는 모형보다 더 구체적이다.
   ② 핀(Finn)의 검은 상자 모형은 개별적인 시청각 매체들의 효과를 해독하는 것을 목적으로 한다.
   ③ 일리(Ely)의 시청각 커뮤니케이션 모형에서의 방법은 메시지 전달 수단으로서의 교재나 교구를 말한다.
   ④ 데일(Dale)의 경험의 원추 모형에 의하면, 극화된 경험은 TV나 영화를 보는 것보다 더 구체적인 학습경험을 제공한다.

2. 미국교육공학회(AECT)는 1994년에 교육공학(교수공학)의 정의를 내린 바 있다. 이 정의에 포함된 영역은?
   ① 교수, 학습, 통신, 체제, 매체
   ② 설계, 개발, 활용, 관리, 평가
   ③ 시각 매체, 청각 매체, 교육방송, 컴퓨터
   ④ 교수방법, 교수 매체, 학습환경, 학습전략

정 답

1. ④ 2. ②

제2장

효과적인 교사의 역량

이 장은 효과적인 교사에 대한 미국의 기준과 한국의 기준을 제시한다. 신규교사와 경력교사를 구분하여 각각에게 요구되는 효과적인 교사 역량을 규명하고, 교사에게 요구되는 중요한 역량으로서 교수와 학습에 대한 명확한 개념적 해석을 제시한다. 특별히 교수의 3대 변인과 교사의 역량과의 관련성을 제시하고, 각 변인별로 하위 역량을 소개한다. 이 장에서는 교사의 핵심 역량들을 이해하기를 기대한다.

이 장을 학습한 후, 최소한 다음의 학습목표가 성취되기를 기대한다.

- 전미신규교사자격평가및지원협회(INTASC)의 교사자격기준을 열거할 수 있다.
- 교사전문성기준국가위원회(NBPTS)의 경력교사기준을 열거할 수 있다.
- 정진곤, 황규호, 조동섭의 교사자격기준을 열거할 수 있다.
- 한 시간 수업 중에 발생하는 학습의 과정을 설명할 수 있다.
- 학습을 정의하고, 3가지 기준을 확인할 수 있다.
- 동물학습과 인간학습의 차이점을 구별할 수 있다.
- 수업의 정의하고, 그 핵심 구성요소를 해석할 수 있다.
- 교수의 하위영역을 분류할 수 있다.
  - 교수설계 영역의 이론과 실제를 약술할 수 있다.
  - 교수개발 영역의 이론과 실제를 약술할 수 있다.
  - 교수실행 영역의 이론과 실제를 약술할 수 있다.
  - 교수관리 영역의 이론과 실제를 약술할 수 있다.
  - 교수평가 영역의 이론과 실제를 약술할 수 있다.
- 교수의 3대 변인을 도식으로 제시할 수 있다.
  - 교수의 조건변인을 열거하고, 하위 요소의 특성을 정리할 수 있다.
  - 교수의 방법변인을 열거하고, 하위 요소의 특성을 정리할 수 있다.
  - 교수의 성과변인을 열거하고, 하위 요소의 특성을 정리할 수 있다.
- 효과성과 효율성의 차이점을 비교할 수 있다.

제2장

효과적인 교사의 역량

1. 효과적인 교사

교육의 질은 교사의 질을 능가하지 못한다. 교사의 질을 결정하는 요인은 다양한 시각에서 규정될 수 있을 것이다. 이 절에서는 교사의 질을 객관적인 관점에서 규정하고 있는 세 가지 기준을 소개한다.

첫째, 전미신규교사자격평가및지원협회(INTASC: Interstate New Teacher Assessment and Support Consortium)가 제시하고 있는 신규 교사가 알아야 하고 또 할 줄 알아야 하는 지식 · 기능 · 태도에 대한 10가지 기준이다. Borich(2007)는 INTASC의 신규교사 자격기준을 다음의 10가지 원리로 설명하고 있다. 이 원리들은 교사가 수업의 목표와 학생의 일상 삶을 연계하는 이상적인 목적을 달성할 수 있도록 교과에 대한 지식과 학생 및 지역사회에 대한 지식을 통합할 수 있는 역량을 요구하고 있다. 뿐만 아니라, 이 원리는 교사가 알아야 할 필요가 있는 것뿐만 아니라 그들이 알고 있는 것을 문화적으로 풍부하고 다양한 교실 상황에 적용하는 방법을 규정하고 있다(pp. 31-32).

원리 1: 교과에 대한 지식(Knowledge of the Subject Matter): 교사는 담당 교과의 주요 개념과 탐구 수단 및 구조를 이해하고, 학습자가 그것들의 의미를 이해할 수 있도록 학습경험을 창안한다.

원리 2: 아동의 발달과 학습에 대한 지식(Knowledge of Human Development and Learning): 교사는 학생이 어떻게 학습하고 어떻게 발달하는지를 이해하고, 그들의 지적 · 사적 · 개인적 발달을 지원하는 학습기회를 제공한다.

원리 3: 개별 학습자에 적합한 교수전략 적용(Adapting Instruction for Individual Needs): 교사는 학생들의 학습방식이 어떻게 다른지를 이해하고, 다양한 학습자에게 적합한 수업기회를 창안한다.

원리 4: 다양한 교수전략(Multiple Instruction Strategies): 교사는 학생들의 비판적 사고, 문제해결 및 성취 수행 기능의 발달을 조장하는 다양한 수업전략을 이해하고 활용한다.

원리 5: 동기 부여와 학급 관리기술(Classroom Motivation and Management Skills): 교사는 긍정적인 사회적 상호작용과 학습에의 적극적인 참여, 그리고 자기동기 유발을 조장하는 학습환경을 창안하기 위하여 개인 및 집단의 동기와 행동을 이해하고 활용한다.

원리 6: 의사소통과 공학(Communication and Technology): 교사는 교실에서 적극적인 탐구와 협력 그리고 지원적인 상호작용을 촉진하기 위해 효과적인 언어적 · 비언어적 및 매체를 활용한 의사소통 기법에 대한 지식을 활용한다.

원리 7: 수업 계획 기술(Instructional Planning Skills): 교사는 교과, 학생, 지역사회, 교육과정 목표에 대한 지식 기반에 입각하여 수업을 계획한다.

원리 8: 학생 학습의 평가(Assessment of Student Learning): 교사는 학생의 지속적인 지적 · 사회적 · 신체적 발달을 평가하고 보장하기 위하여 형식적 · 비형식적 평가 전략을 이해하고 활용한다.

원리 9: 전문 직업에 대한 사명감과 책임감(Professional Commitment and Responsibility): 교사는 자신의 선택과 행동이 타인(학생, 학부모, 학습공동체의 전문가들)에게 끼치는 영향을 지속적으로 평가하고, 전문가로서 성장하기 위한 기회를 적극적으로 추구하는 성찰적 실무가다.

원리 10: 협력 관계(Partnerships): 교사는 학생의 학습과 복지를 지원하기 위해 동료 교사와 학부모, 그리고 지역사회 유관기관과의 협력 관계를 조성한다.

둘째, 미국의 교사전문성기준국가위원회(NBPTS: National Board for Professional Teaching Standards)가 제시하고 있는 경력교사에게 요구되는 기준으로서 이는 교사가 갖추어야 할 최소 기준이 아니라 우수한 교사가 갖추어야 할 지식 · 기능 · 태도에 대한 비전이다. NBPTS가 구정한 자격(certification)은 인증(licensure)과는 확실히 차이가 있는 것으로 다른 전문직종의 위원회 인정 자격처럼 인증 시 충족시켜야 하는 규정 이상의 전문적 자질이 있음을 말한다. 자격증이 교사로서 갖추어야 할 기능들을 갖추었음을 인정해 주는 것이라면 인증은 실제로 가르칠 수 있도록 허락하는 일종의 절차라 할 수 있다(Roth, 2008).

미국 교육에 대한 위기의식이 고조되었던 1980년대에 전문적 활동으로서 교수(teaching)에 대해 카네기 포럼의 교육 및 경제 특별위원회가 제안한 '준비된 국가: 21세기 교사들' 을 공표한 지 몇 년 후인 1987년에 창립된 NBPTS는 그 첫 번째 정책성명서, 즉 '교사가 알고 있어야 할 것과 할 수 있어야 할 것(What Teachers Should Know and Be Able to Do)' 을 발표했다. 이 정책은 숙련된 교수활동을 위한 위원회의 비전을 공표하고 있다.

전국공인교사위원회(NBCTs: National Board Certified Teachers)의 특성을 반영하고 있는 교사의 지식 · 기능 · 성향 · 신념의 토대를 구축하고 이들 간의 유기적인 통합을 구성하고 있는 5대 핵심 신조는 다음과 같다.

신조 1: 교사는 학생과 학생들의 학습을 위해 헌신한다.

- NBCTs는 모든 학생들이 지식을 쉽게 이해할 수 있도록 헌신한다. 그들은 모든 학생이 학습할 수 있는 능력을 지니고 있음을 믿는다.
- NBCTs는 학생을 공평하게 대한다. 그들은 학생의 개인차를 인정하고 이 차이를 고려하여 가르친다.
- NBCTs는 학생이 어떻게 발달하고 어떻게 학습하는지 이해한다.
- NBCTs는 학생이 교실에서 보이는 문화적 · 가정적 차이를 존중한다.
- NBCTs는 학생의 자아개념과 동기, 그리고 학습이 또래 관계에 끼치는 영향에 관심을 가진다.
- NBCTs는 학생의 품성과 시민적 책임감의 발달에 관심을 보인다.

신조 2: 교사는 가르치는 교과를 숙지하고, 그 교과를 학생에게 가르치는 방법을 이해한다.

- NBCTs는 자신이 가르치는 교과에 정통하다. 그들은 교과의 역사와 구조, 그리고 현장에의 적용방안에 대해 깊은 이해를 하고 있다.
- NBCTs는 교과를 가르치는 기예와 경험을 지니고 있으며, 학생이 그 교과에 대해 품고 있는 선입견과 기능상의 차이를 인식하는 데 아주 정통하다.
- NBCTs는 교과내용이 이해되도록 가르칠 수 있는 다양한 교수전략을 구사할 수 있다.

신조 3: 교사는 학생의 학습을 관리하고 점검해야 하는 책임이 있다.

- NBCTs는 효과적인 수업을 구사할 수 있다. 그들은 다양한 교수기법

들을 능숙하게 구사하며, 학생들의 동기를 지속적으로 유발하여, 수업에 참여하게 하고 몰입하게 한다.

- NBCTs는 학생이 정제된 학습 환경을 확보할 수 있도록 보장하는 방법과 수업목표 달성을 위해 수업을 조직하는 방법을 안다.
- NBCTs는 개별 학생뿐만 아니라 학급 전체의 진척 상황을 평가하는 방법을 안다.
- NBCTs는 학생의 성장과 이해의 정도를 측정하는 다양한 방법을 활용하고, 학생의 성취를 학부모에게 명료하게 설명할 수 있다.

신조 4: 교사는 자신의 교육적 실행에 대해 체계적으로 사고하고 경험을 통해 배운다.

- NBCTs는 교육받은 사람이 된다는 것이 의미하는 바를 모범적으로 보여 준다. 즉, 그들은 읽고, 질문하고, 창조하고 새로운 것을 자발적으로 시도한다.
- NBCTs는 학습이론과 교수전략에 정통하고 미국교육이 직면하고 있는 현안에 지속적인 관심을 가진다.
- NBCTs는 지식을 심화하고 기능을 확장하며 새로운 발견을 그들의 교육적 실행에 통합시키기 위해 비판적으로 자신의 교육적 실행을 고찰한다.

신조 5: 교사는 학습공동체의 구성원이다.

- NBCTs는 학생의 학습 향상을 위해 타인과 협력한다.
- NBCTs는 지도자이며, 학습 공동체의 구성원과 기업인과의 제휴관계를 모색하고 구축하는 방법을 적극적으로 이해한다.
- NBCTs는 교수의 방침과 교육과정의 개발, 그리고 전문요원의 개발에 대해 타 분야 전문가와 협력한다.
- NBCTs는 주정부와 지역의 교육 목표를 달성하기 위해 학교의 발전과

자원의 할당 정도를 평가할 수 있다.

- NBCTs는 학교 업무에 학부모를 생산적으로 참여시키기 위하여 그들과 협력하는 방법을 안다.

셋째, 정진곤, 황규호와 조동섭(2004)은 「교원양성체제 개편 종합방안 연구」에서 교사자격기준을 다음과 같이 제시하고 있다.

① 교직인성

- 교직에 헌신할 수 있는 사명감을 지닌다.
- 자긍심을 가지고 솔선수범하는 희생정신을 지닌다.
- 인간의 존엄성을 생각하는 인간사랑 정신을 지닌다.

② 교과지식

- 교과의 기본 개념과 원리를 심층적으로 이해한다.
- 교과와 인접교과, 생활경험과의 관련성을 이해한다.
- 담당교과 및 관련교과의 국가 교육과정 내용을 이해한다.

③ 학습자 이해

- 학습자의 인지적 · 정의적 · 신체적 발달과정을 이해한다.
- 학습의 과정과 학습을 촉진하기 위한 조건을 이해한다.
- 학습자의 교육적 요구의 다양성을 이해한다.

④ 수업 및 평가능력

- 교과지식을 학습자의 수준에 맞게 변환할 수 있다.
- 효율적인 수업을 설계하고 운영할 수 있다.
- 학생들과 풍부하고 정확한 의사소통을 할 수 있다.
- 적절한 평가방법과 도구를 선택 · 개발 · 활용할 수 있다.

• 평가결과를 기록 · 분석하여 학생 성장과 수업 개선에 활용할 수 있다.

⑤ 학생지도 및 학급관리 능력

• 학생문화를 이해하고, 학생상담과 생활지도를 효과적으로 할 수 있다.
• 건강한 학습풍토를 조성하여 민주적인 학급공동체를 형성할 수 있다.

⑥ 미래사회 대처능력

• 미래사회의 변화에 능동적으로 대처할 수 있는 정보활용 능력과 현장 연구 수행능력을 갖춘다.
• 교직전문성 신장을 위한 지속적인 노력을 기울인다.

이상에서 제시한 교사의 자격기준에 따르면, 교사의 역할에 대한 우리 사회의 기대가 얼마나 큰가를 짐작할 수 있다. 교사에게 요구되는 자격기준 및 핵심 역량들 중에서 가장 많은 영역을 차지하고 있는 것이 '교육방법' 과 관련된 영역임을 알 수 있다. 즉, 제1장에서 교육방법의 영역으로 논의한 교수 · 학습지도와 생활지도 그리고 학급경영 영역에 해당되는 내용이 가장 많다는 것이다. 요컨대, 교사에게 요구되는 중요한 자격 요건 및 핵심 역량이 교육방법 분야와 밀접하게 연계되어 있다는 것이다. 그런데 앞 장에서 언급한 바와 같이 교육방법과 교육공학의 개념적 유사성 또한 매우 밀접하다. 교육방법과 교육공학적 관점에서 효과적인 교사에게 요구되는 역량은 이 분야와 관련된 핵심 개념을 이해하고 그 개념에 근거하여 교수 · 학습활동을 전개하는 것이다. 다음 절에서는 이러한 개념 중 가장 핵심적인 학습과 교수, 그리고 교수의 3대 변인에 대해 살펴본다.

2. 학습의 과정 및 정의

1) 학습의 과정

학습자가 학습을 할 때 본능적으로 또는 직관적으로 어떤 인지적 과정이 발생하는 것일까? 의식적이거나 또는 무의식적으로 발생하는 이 정신 활동들에 대한 심리학자들의 연구 결과를 Smith와 Ragan(2005)은 다음과 같이 요약 · 정리하고 있다. 우선, 학습자는 청각, 시각, 촉각, 후각, 미각 등 수많은 감각적 입력자극에 몰두한다. 이 과정에서 학습이 일어나기 위해서는, 학습자는 옆방에서 들리는 TV 소리나 창 너머에서 들리는 음악 소리와 같은 경쟁적 자극은 무시하고, 학습과제나 수업과 관련된 학습 환경에 속한 자극에 주의를 집중하려는 인지적 노력을 선택해야만 한다. 이 과정을 선택적 지각(selective perception)이라고 한다. 이런 지각에 뒤 이어, 정보는 아주 짧은 순간 동안 작동기억(working memory)에 저장된다.

다음으로, 학습자는 이미 알고 있는 것들 중에서 그 새로운 정보를 이해하는 데 도움을 줄 수 있는 것을 이용하여 수업과정 속으로 그 정보를 끌어들인다. 이제 이 새로운 정보는 학생의 장기기억 속에 이미 저장되어 있는 것들 중 이 정보와 관련된 내용지식이나 가치, 신념, 전략에 기초하여 해석된다. 이처럼 학습자가 이미 알고 있는 것과 새로운 것을 관련짓는 과정에서 새로운 많은 정보가 장기기억 속으로 저장(약호화)됨으로써, 학습자가 이미 알고 있는 것에 새로운 것들이 추가되기도 하고, 때로는 이미 알고 있는 것들이 수정 · 보완되기도 한다. 이 후 학습자는 질문에 답하고, 문제를 해결하고, 훨씬 더 새로운 정보를 이해하기 위해서 새롭게 학습한 것들을 장기기억으로부터 인출하게 된다.

이처럼 학습의 과정은 인간이 환경과의 상호작용을 통하여 정보를 수용하고 처리하고 저장한 뒤, 필요한 상황에서 적절한 정보를 인출해 내는 총체적인 과정으로서 매우 직관적이고 본능적인 과정이라고 할 수 있다. 인간은 누구나 자기 나름대로의 독특한 학습의 과정과 방법이 있다는 사실에 입각하여 보면, 이 과정을 이해하는 일이 중요한 이유는 이 독특한 과정과 방법을 잘 이해하는 것이 교수의 효과성과 효율성을 확보하는 데 근본적인 토대의 역할을 하기 때문이다. 요컨대, 모든 교수활동은 이 학습의 과정과 방법을 지원하는 범위 내에서 이루어져야 그 효용가치를 인정받을 수 있다. 본 장에서 논의하는 교수와 학습은 이러한 관계성, 즉 '교수의 과정과 방법은 학습의 과정과 방법에 의존한다' 는 전제에 기초하여 논의될 것이다.

2) 학습의 정의

앞 절에서 살펴본 직관적인 학습의 과정을 보다 실증적으로 살펴보기 위해 학습에 관해 가장 널리 알려진 두 가지 정의를 소개하고, 그 정의에 담겨진 의미를 살펴보자. 첫째, 학습은 "연습이나 경험의 결과로 발생하는 비교적 영속적인 행동상의 변화" 로 정의된다(Morgan, King & Robinson, 1979, p. 112). 둘째, 학습은 "개체가 주어진 상황에서 경험을 반복함으로써 그 상황에 대한 개체의 행동과 행동잠재력이 변화하는 것으로, 이 같은 행동변화는 개체의 생득적 반응경향이나 성숙 또는 일반적 상태(가령, 피로, 마취, 만취, 충동 등)에 의하여 설명될 수 없는 것" 으로 정의된다(Bower & Hilgard, 1981, p. 11).

위의 두 정의를 통해서 학습이라는 개념을 구성하고 있으며 학습의 기준이 되는 3가지 중요한 요소를 확인할 수 있다. 우선 학습이 일어났다고 판단하기 위해서는 학습의 결과로 인한 변화가 행동으로 나타나야 한다는 것이다. 즉, 변화의 부위(locus of change)가 자연적인 성숙에 의한 신체상의 변화나 생득적인 반응 경향은 학습의 범주에 포함시키지 않고, 일반적으로 교육 분야에서는 Bloom과 Krathwohl 등이 교육목표분류학에서 제시하고 있는 인지적 영역, 정의적 영역, 심동적 영역에 있어서의 행동상의 변화

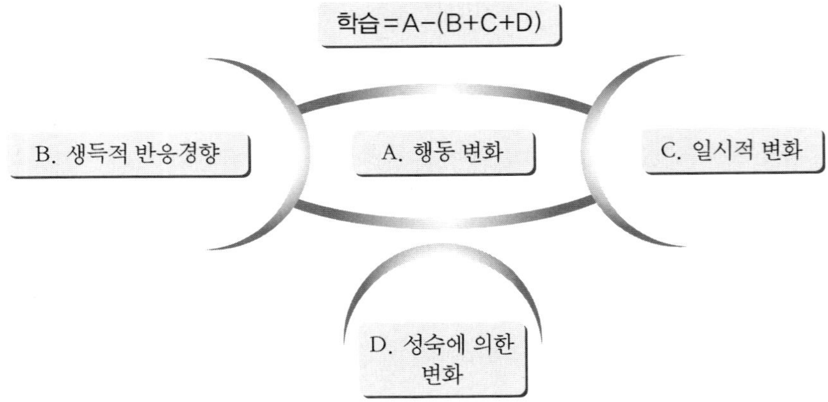

[그림 2-1] 학습의 범주

를 의미한다. 다음으로, 그러한 행동의 변화가 장기간 지속되어야 한다는 것이다(duration of change). 벼락치기나 밤샘 시험 공부로 잠깐 기억 속에 있다가 시험이 끝난 즉시 완전히 망각되어 버리는 경우는 학습이 일어났다고 할 수 없다. 또한 피로나 약물, 사고 등으로 인한 일시적인 변화 역시 학습이라 할 수 없다. 끝으로, 변화를 야기시킨 원인(cause of change), 즉 학습의 수단이나 방법은 연습이나 훈련, 경험에 의한 것이어야 한다. 국제적인 운동 경기에서 약물 중독 검사를 실시하는 이유는 약물로 인한 기록상의 변화는 순수한 학습의 결과가 아니기 때문이다. 이상의 내용을 도식으로 나타내면 [그림 2-1]과 같다.

초창기 학습의 법칙과 이론들은 실험실이라는 인위적인 공간에서 동물 피험자를 대상으로 학습심리학자들에 의해 발견되었다. 따라서 인간 학습자를 대상으로 하는 학교 교육에 그 법칙과 이론들이 곧바로 적용되기 어려운 경우가 많이 있다. 일찍이 Dewey도 이 양자 간의 괴리를 접목하여 연계시킬 수 있는 연계 학문(linking science)의 필요성을 주장하였다. 이 같은 주장은 이후에 교수심리학(Snowman & Biehler, 2006; Gredler, 2005; Driscoll, 2004)이라는 새로운 영역의 학문이 출현하게 되는 촉발제가 되었

〈표 2-1〉 동물학습과 인간학습의 차이점

비교 요목	동물학습(실험)	인간학습(실험)
학습자, 피험자	동물	인간
과거 경험과의 연계성	없음	많음
학습의 기준	낮고, 무의미	높고, 유의미
학습과제의 질	단순, 무의미, 짧음	복잡, 고부가가치
학습장의 통제 기술	엄중	자유
개인차 관	모두 동일	다양성 고려
학습자의 수	소수	다수
학습과제의 기능	무의미, 무용, 무가치	유목적적, 고효용

다. Bugelski(1964)는 동물을 대상으로 하는 실험실 학습과 인간을 대상으로 하는 학교 학습의 차이점을 8개 항목에 비추어 설명하면서, 학교 학습의 상황과 특성을 고려한 이론의 필요성을 강조하고 있다. 그 내용이 〈표 2-1〉에 제시되어 있다.

3. 수업(교수)의 정의 및 하위 영역

수업 또는 교수는 영어의 instruction을 번역한 것으로 이 책에서는 문맥에 따라 혼용해서 사용한다. 영어 어휘의 번역상 teaching을 교수로 instruction을 수업으로 사용하는 경우도 있으나, 이 책에서는 teaching은 교사의 수업활동을 의미하는 것으로만 한정하고, instruction은 수업 전 · 중 · 후의 모든 활동을 의미하는 것으로 사용한다. 즉, 교사 한 개인에 의해 전개되는 사상이 아니라, 인간 학습에 직접적인 영향을 끼칠 수 있는 모든 사상을 기술하기 위해 teaching보다는 instruction 용어를 사용한다 (Gagné & Briggs, 1979, p. 3). 교수가 teaching을 의미하는 상황에서는 영문을 별도로 병기한다.

수업(교수)에 대한 정의는 다양하게 있을 수 있다. 지금까지 대표적으로 인용되고 있는 2가지 정의를 제시하고, 그 정의에 포함되어 있는 핵심 개념을 분석한다. 첫째, Corey(1971)는 “개인이 구체적인 조건하에서 또는 구체적인 상황에 대한 반응으로서 특정 행동을 나타내게 하거나 그 행동에 관여할 수 있게 하기 위하여 그의 환경을 의도적으로 조작하는 과정”으로 정의한다(the process whereby the environment of an individual is deliberately manipulated to enable him to learn to emit or engage in specified behaviors under specified conditions or as responses to specified situations). 둘째, Gagné(1975)는 “학습자의 내적 학습과정을 지원하기 위해 의도적으로 설계·정렬된 외적 사상의 집합”으로 정의한다(a deliberately arranged set of external events designed to support internal learning process).

위의 정의에는 수업에 대한 핵심 아이디어들이 간결하게 제시되어 있다. 첫째, 수업은 행동유형의 변화, 즉 바람직하고 가치 있는 행동으로의 변화를 목적으로 하는 유목적적인 활동이라는 것이다. 여기에서 행동이란 지식, 기능, 태도(KSA: knowledge, skills, attitude)를 포괄하는 것으로서, 그러한 행동들이 바람직하고 가치 있는 것들로 변화되기를 기대하면서 행해지는 교육행위가 수업이라는 것이다. 둘째, 수업은 학습자의 내적 학습과정에 맞추어서 이루어져야 하는 활동이라는 것이다. 즉, 학습자의 개별적인 특성을 적극 고려한 교육행위가 이루어져야 함을 강조하고 있다. 학습자의 개별적인 특성은 ‘차이심리학(differential psychology)’의 ‘개인차’ 연구를 통해 매우 다양하게 밝혀지고 있다. 개인차와 수업의 관련성은 제3장에서 상세하게 다루고 있다. Gagné(1985)는 학습자의 내적 학습과정을 ‘주의 → 기대 → 작동기억 → 선택적 지각 → 의미의 약호화 → 반응 → 강화 → 재생 단서 → 일반화’에 이르는 9가지로 기술하고 있다. 셋째, 수업은 학습자가 처한 외적 조건과 상황을 설계·개발·관리하는 적극적인 과

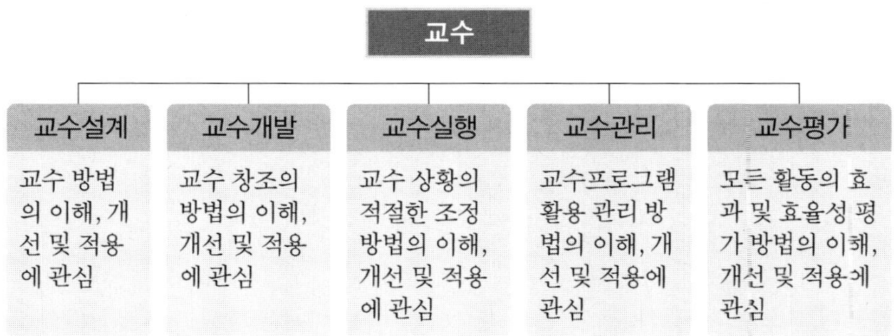

[그림 2-2] 교수의 하위영역

정이라는 것이다. 일반적으로 한 시간의 단위수업에서 전형적으로 나타나는 외적조건을 Gagné(1985)는 '주의집중 → 목표통지 → 선행학습 상기 → 학습내용 제시 → 학습안내 → 연습 → 피드백 제시 → 형성평가 → 파지 · 전이 향상'의 9가지로 제시하고 있다.

이상에서 살펴본 바와 같이 수업은 상당히 포괄적인 교육 행위를 포함하고 있다. 수업의 대표적인 하위 영역이 [그림 2-2]에 제시되어 있다.

1) 교수설계

교수설계는 교수개발과정의 기획단계에 해당된다. 한 교과영역을 구성하고 있는 내용의 자연적인 상호관련성을 밝혀 준다는 점에서 교수설계는 기술적(descriptive)이다. 또한 교수설계는 학습자의 특성, 지식 구조로서의 내용, 매체 및 그 속성, 교사의 기능, 비용을 포함한 교육적 맥락, 가용한 시간과 같은 요소들에 기초하여 여러 사상들에 관한 정보와 계열을 조직하고 재조직하는 절차들을 추천한다는 점에서 보면 처방적(prescriptive)이다.

교수설계 분야는 일반체제이론, 학습이론, 교수이론 및 커뮤니케이션 이론 등에서 많은 영향을 받아 왔다. 일반체제이론은 교육목적, 학습목표, 교수전략 및 평가와 같은 제 요소 간의 상호관련성을 설명하는 하나의 틀을 제공한다. 일반체제이론의 핵심 요소인 피드백 과정을 통하여 교사가 매체를 통해 전달한 교과 내용에 대한 학습자의 독특한 반응 양식을 밝힐 수 있는 정보를 교수 설계자에게 제공해 준다. 학습이론에서 기술한 조건을 충족시키기 위하여 교수이론이 처방적 전략을 결정지어 주는 데 반하여, 학습이론은 교수설계의 기술적인 측면을 제공해 준다. 커뮤니케이션 이론은 송신자와 수신자사이에 주고받는 메시지의 내용과 전달방법에 있어 발생하는 현상을 기술해 주는 기능을 한다. 메시지 설계의 원리를 제공해 주는 것은 바로 이 커뮤니케이션 이론에서 비롯되는 것이다.

가용한 자원을 최대한 활용하여 최적의 학습활동 계열을 수립하는 일이 이 설계단계에서 이루어진다. 설계단계의 산출물은 학습의 조건을 규정하고, 교수와의 적절한 관련성을 기술해 주고, 수업활동(instructional episodes)의 개발, 실행 및 관리를 위한 전략 및 절차를 처방해 주는 세부 기획안이 된다.

대표적인 교수설계의 실제는 다음과 같다.

- 교수의 대안을 제안한다.
- 개념적인 모형을 실제 활용을 위한 처방들로 대체한다.
- 상황분석을 수행한다.
- 요구분석 및 학습자 분석을 수행한다.
- 교수의 범위, 의도, 목적을 결정한다.
- 적합한 교수전략을 선정한다.
- 목표를 설정하고 계열을 결정한다.
- 과제분석, 내용분석, 절차분석 등의 교수분석을 수행한다.
- 형성평가 및 총괄평가 계획안을 수립한다.
- 교수계획서의 초고를 준비한다.
- 교과전문가와 협의한다.

2) 교수개발

교수개발은 세부적인 교수 설계안을 참고하여 수업활동을 지원하고 계열지어 주는 절차 및 매체를 산출하는 과정이다. 이 개발 단계 동안, 설계안에서 확증된 학습목표를 토대로 하여 교수절차 및 매체가 개발되고 검증된다. 이 같은 선정 전략이나 제시 방략뿐만 아니라, 설계 단계에서 처방된 교수 방략들은 개발단계에서 여러 번 반복실행을 통한 결과를 토대로 개정되고 확정된다.

대표적인 교수개발의 실제는 다음과 같다.

- 교수설계안을 검토하고 논평한다.
- 교수설계자와 교과전문가의 협의 하에 교수설계안을 교정한다.
- 제안된 교수 아이디어와 전략 및 자료에 대한 현장실습을 수행한다.
- 실습결과에 따라 교수 아이디어와 전략 및 자료를 교정한다.
- 각종 매체를 제작한다.
- 기본 교수안을 개발한다.

3) 교수실행

교수실행은 수업개발에서 완성된 수업방법이나 자료들을 실제로 활용하는 방법을 고안하고 개선하려는 목적을 가진 과정이다. 특정 교수·학습(teaching-learning) 프로그램이 특정한 수업상황에서 최적의 효과를 얻기 위해서는 수업절차들이 효과적으로 활용되어야 한다. 즉, 개발된 교육 프로그램을 실제 현장에서 활용하고, 이를 기존의 교육과정에 통합하여 유지하는 과정이다.

대표적인 교수실행의 실제는 다음과 같다.

- 프로그램을 현장에 설치한다.

- 새로운 프로그램에 대한 지원을 확보한다.
- 프로그램을 운영할 강사를 확보한다.
- 관련자들에게 시범을 보임으로써 여론을 파악한다.
- 장기적인 유지 계획을 수립한다.
- 프로그램의 설치 및 유지가 제도화되도록 지속적으로 관리한다.

4) 교수관리

교수관리는 교수공학의 모든 영역을 결합시키는 통합자 역할을 하는 것으로 일련의 교수활동을 지원하는 인적 · 물적 자원뿐만 아니라, 수업 전 · 후 활동을 포함한 교수활동 전반을 감독하는 일을 주관한다. 교수설계, 개발 및 평가과정에 관련되어 있는 입법, 관리, 조정 및 검토 등은 이 수업 관리를 통해서 승인되어야 한다. 이와 같은 지침들은 교수를 실시하는 데 관련된 모든 과정들을 원활히 수행하는 데 필수적으로 요구되며, 이 지침들을 도입하여 확산하는 데 필요한 방법들 또한 요구된다. 관리뿐만 아니라 조직행위론, 기획 및 개발, 팀빌딩, 혁신의 보급, 조정 및 평가 등의 영역에 대한 지식 및 기능 또한 아울러 요구된다.

대표적인 교수관리의 실제는 다음과 같다.

- 비용-효과 분석을 관리한다.
- 관련 인원을 선발한다.
- 시간계획을 수립한다.
- 예산을 관리한다.
- 프로젝트 추진과정 보고회를 주도한다.
- 필요자원을 공급한다.
- 교수진행 관리를 주도한다.
- 계획이나 인원, 시설과 같은 자원 지원체계를 조직한다.

- 기록을 관리한다.
- 보고서를 준비한다.
- 업무진과 집단적, 개별적으로 상담한다.

5) 교수평가

교수평가는 학습자가 다양한 교수 조건하에서 특정 내용정보를 학습하는 방법에 관한 데이터를 수집하는 인공지능적 과정이다. 이 데이터는 입안된 교수활동의 잠재력을 판단하기 위해 여러 가지 방법으로 분석되고 종합된다. 설계 및 개발 단계에서 수집된 평가 데이터는 실제 교수를 수행하기에 앞서 교수방략 및 교수매체의 교정을 위한 기본 자료로 활용된다. 또한 교수평가를 통해 교수설계 및 개발 과정을 착수, 보급 및 종결짓는 데 필요한 의사결정 정보를 확보하게 된다.

지식 획득과 성취수행 개선에 필요한 정보는 초기 설계 단계부터 상황평가를 통해 제공된다. 교수평가 절차를 통해 교수가 최선의 해결방안이 되는 상황과 문제가 도출된다. 따라서, 전체 개발과정 동안 평가는 지속적으로 이루어지며(형성평가), 교과 전문가들은 교수 산출물을 개정하기 위하여 다양한 입력정보를 제공한다. 교육목적 달성에 교수가 효과적으로 기여하는지를 알아보기 위하여 교수 산출물의 현실성을 확증하기 앞서 중요한 데이터 수집활동을 하며(파일럿 평가), 실제 교수가 이루어진 후 전문가의 판단과 현장검증이 수행된다(총괄평가).

대표적인 교수평가의 실제는 다음과 같다.

- 상황평가를 수행한다.
- 성취수행 문제를 분석한다.
- 형성평가를 수행한다(일대일, 소그룹, 현장검증).
- 파일럿 검증을 관리한다.

- 현장검증과 외부 전문가의 판단을 통해 총괄평가를 수행한다..
- 평가도구와 절차를 수립하고 타당도를 검증한다.
- 교수개발 과정과 그 결과물에 대한 정성 및 정량자료를 수집한다.
- 특정 교수활동의 가치를 판단한다.
- 이해 관련자들과의 상호접촉을 통해 정보를 교류한다.
- 투입자원과 수업목표 달성도와의 비율을 통해 수행비용을 사정한다.

4. 교수의 3대 변인과 교사의 역량

앞 절에서 이상적인 교수활동은 학습자의 학습활동을 지원해 주는 것이라고 했다. 교수자는 우선 학습자의 특성과 교수내용의 특징에 적합한 교수방법을 고안하여 최대의 학습 성과를 달성하려는 시도를 끊임없이 해야 한다. 즉, 이와 같은 교사의 역할을 교수설계 관점에서 규명해 보면, 특정 학습자 집단에게 특정 내용을 가르치기 위한 최적의 교수 처방전을 산출하는 것이 그 역할이라고 할 수 있다. 이상적인 교사의 요건을 교수(instruction)의 변인(Reigeluth, 1983; Reigeluth & Merrill, 1979; 1978)에 근거해서 규명해 보자. 원래 Reigeluth와 Merrill(1978; 1979)이 교육공학의 하위영역 중 교수설계 분야의 내부 변인들로서, 체계적인 교수설계 행위가 이루어지기 위해서 반드시 고려해야 하는 변인들로 제시한 것이 교수의 3대 변인이다. 교수설계자로서 교사는 우선 학습자의 특성과 교수내용에 적합한 교수방법을 고안하여 최대의 학습 성과를 달성하려는 시도를 끊임없이 해야 한다. 즉, 교수설계 관점에서 교사의 역할을 규명해 보면, 특정 학습자 집단에게 특정 내용을 가르치기 위한 최적의 교수 처방전을 산출하는 것이 그 역할이라고 할 수 있다. 이런 역할을 충실히 수행하기 위해서는 교수의 3대 변인에서 제시하고 있는 여러 지식 및 기능들을 최대한 수행할 수 있어야 이상적인 교사라고 할 수 있다. 결국, 교수설계 분야의 내부 변인들은 이상적인 교사의 역량을 결정짓는 변인으로도 고려될 수 있다는 것이다.

이제 Reigeluth와 Merrill이 제시한 교수의 변인을 살펴보자. 교수의 변인은 3가지 범주로 분류된다. 조건(conditions), 방법(methods), 성과(outcomes). 우선 교수설계 관점에서 이들 3가지 범주를 기술하면 다음과 같다(정인성, 나일주, 1992).

> 교수의 조건이란 교수방법과 상호작용을 하지만 교수설계자나 교사에 의해 통제될 수 없는 제약 조건을 의미한다. 만약 조건이 설계자에 의해 통제될 수 있다면 그것은 방법의 영역에 속한다고 볼 수 있다. 따라서 교수조건이란 "교수방법의 효과와 상호작용을 하는 교수방법 처방에 중요한 요소"라고 정의될 수 있다. 교수의 방법은 '서로 다른 조건하에서 다른 결과를 성취하기 위한 다양한 방법'을 의미한다. 조건과는 달리 방법의 변인은 교수설계자와 교사에 의해 조정될 수 있다. 조건의 변인이 조정될 수 있을 때 방법이 되고, 방법이 교수설계자나 교사에 의해 조정될 수 없이 고정화될 때 이는 조건이 된다. 즉, 조건과 방법은 처음부터 고정화되어 구분되어 있는 것이 아니라 상황에 따라 변화될 수 있는 것이다. 교수의 결과는 서로 다른 교수의 조건하에서 사용된 여러 가지 교수의 방법들이 어떤 면에서 어느 정도의 효과가 있었는지를 나타내는 교수활동의 최종 산물이다(p. 9).

교수설계자로서 교사는 교수의 조건 변인, 교수의 방법 변인, 그리고 교수의 성과 변인에 포함된 하위 요소들에 대해서 체계적인 지식과 기능을 획득하고 수행할 수 있어야 한다. Reigeluth(1983)는 교수의 3대 변인에 속해 있는 하위 요소들 간의 상호관계를 도식으로 나타내었다.

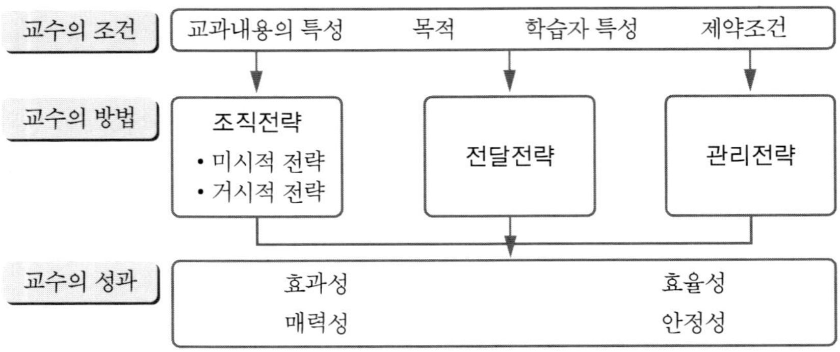

[그림 2-3] 교수의 3대 변인

1) 교수의 조건 변인

교수의 조건 변인은 교사라면 누구나 완벽하게 갖추고 있어야 할 요소들로 구성되어 있다. 이 요소들은 교사라는 전문직의 자격을 수여할 때 필수적인 선발 기준으로 고려해야 할 요소라고 할 수 있다. 여기에는 ① 교과내용의 특성 ② 교과의 목적 ③ 학습자 특성 ④ 제약 조건이라는 4가지 하위 요소가 포함된다.

(1) 교과내용의 특성

우선 교사라면 자신의 전공교과 내용이 어떤 지식을 다루고 있는지에 대해 완벽한 지식을 갖추고 있어야 한다. 교과내용의 특성이라 함은 특정 내용이 어떤 지식을 포함하고 있으며 그 지식은 어떤 구조로 이루어져 있는지를 의미한다. 교과내용에 포함되는 지식으로는 개념, 원리, 절차, 기법 등을 비롯하여 명제적 지식과 절차적 지식 등 다양한 지식이 있을 수 있다. 물론 이 지식의 유형에 따라 그 가르치는 전략들 또한 다양하다고 할 수 있다. 따라서 교사는 가르치는 교과내용의 특성을 완벽하게 이해해야 할 뿐만 아니라 그 내용을 가르치는 데에 가장 적합한 전략들 역시 완벽하게 구사할 수 있어야 한다.

(2) 교과의 목적

교사가 가르치는 교과는 보다 포괄적인 의미에서 보면 궁극적으로 인간을 가르치기 위한 하나의 수단으로 생각된다. 너무 추상적이고 일반적인 진술이지만, 교사는 항상 그런 마음가짐을 가지고 학생들을 대하고 교과내용을 전달해야 한다. 교사는 교과를 통해서 학생을 어떻게 변화시킬 것인지에 대한 거시적인 목적의식을 가지고 있어야 한다. 이것이 교과의 목표에 해당하는 구성요소다. 교과의 목표에는 상대적인 차이가 있을 수는 있으나, 인지적 영역의 목표를 비롯하여 정의적 영역의 목표와 운동기능 영역의 목표를 모두 포함하고 있다고 할 수 있다. 뿐만 아니라, 교사가 가르치고자 하는 지식이나 기능의 적절한 수준이나 정도 등을 결정하는 것도 교사의 중요한 역량이라고 할 수 있다. 교수활동을 통해 달성해야 할 목표와 그 수준이나 정도를 정확하게 이해하는 것은 차후 어떤 교수방법을 선정할 것인가를 결정하는 중요한 기준이 되기 때문이다.

(3) 학습자 특성

앞 절에서부터 계속해서 강조한 대로 교사가 가르치는 궁극적인 대상은 교과 내용이 아니라 인간 학습자다. 따라서 학생의 여러 가지 상황을 고려하지 않고 교육을 하는 행위는 모래위에 집을 짓는 것과 같이 허망한 결과를 나을 뿐이다. 교육을 하기에 앞서 교사가 가장 먼저 수행해야 할 일은 학생의 현재 상태를 확인하고 그 상태를 고려하여, 모든 교육행위의 수준과 정도를 결정하는 것이다. 학습자의 현재 상태는 적성, 학습동기, 흥미와 태도, 학습유형 및 성격을 비롯하여 선수학습의 정도와 선수지식의 구조화 정도 등도 포함된다.

그런데 학습자 특성에 대하여 교사가 취해야 할 태도는 그 특성의 형태나 수준이 어떠하든지 관계없이 교사는 있는 그대로를 수용해야 한다는 것이다. 즉, 학습자의 특성은 교사가 그 가치를 판단할 수 있는 평가의 대상이 아니라는 것이다. 예를 들면, 학습동기가 아주 낮은 학생은 그렇기 때문에 교사는 그에 적합한 방법을 모색해야 하는 대상이고, 학습동기가 아주 높은 학생의 경우 또한 그에 적합한 방법을 모색해야 하는 대상이라는 의미다. 요컨대, 학습자 특성 변인은 교사에게 있어서 가치가 배제된 개념(value-free concept)이다. 그래서 교사가 통제를 할 수 있는 변인이 아니라, 있는 그대로를 수용해야 하는 조건변인에 해당된다. Dewey는 『민주주의와 교육』에서 '방법의 성격'을 논하면서 다음과 같은 의미 있는 주장을 하고 있다.

> 한 학생의 능력이 양적으로 다른 사람의 능력보다 많은가 적은가 하는 것은 교사의 관심사가 아니다. 그것은 교사가 하는 일과 하등 관련이 없다. 교사가 해야 할 일은 각각의 학생이 자신의 능력을 의미 있는 활동을 하는 데에 사용할 기회를 갖도록 하는 것이다(이홍우 역, 1996).

(4) 제약 조건

교수의 조건 변인 중 네 번째 하위 요소인 제약 조건 역시 교사가 통제할 수 없는 요인으로서 사전에 그 상태를 확인하여 교수 · 학습 상황에 적절히 반영하는 교사가 이상적인 교사라고 할 수 있다. 예를 들어, 다양한 학습자료를 개발하여 교수 상황에서 활용하려고 하는 교사의 경우를 생각해 보자. 고화질의 멀티미디어 학습 자료를 수업시간에 활용하기 위하여 교실의 컴퓨터를 확인해 본 결과, 컴퓨터의 사양이 그 학습자료를 운영하기에는 턱없이 부족하다는 사실을 발견하여 수업을 예상대로 할 수 없게 되었다면, 그것은 교사의 사전점검 미숙 때문이라고 결론지을 수밖에 없다. 이 경우, 컴퓨터의 사양은 조건 변인의 성격을 띠는 것으로 교사가 사전에 그 사양을 확인하여 그에 적합한 학습 자료를 개발하고 활용하기 위한 처방안을 설계하고, 그에 근거해서 교수활동을 전개해야 하는 것이다. 뿐만 아니라, 교사는 본인이 속해 있는 교육상황의 여러 요인, 즉 기자재, 교수 · 학습자료, 재정, 자원, 인원 등이 제약 조건이라는 사실을 인정하고, 그러한 상황을 수용하여 그 범위 내에서 교수활동을 전개해야 한다. 요컨대, 이상적인 교사란 교과내용의 특성과 그 교과를 통해서 궁극적으로 가르치고자 하는 목적의식을 갖고서 각각의 학습자 특성에 맞게 교수방법을 구안해야 할 것이다.

2) 교수의 방법 변인

교수의 방법 변인은 교사마다 개인적 차이가 심하게 나타날 수 있는 영역이다. 조건 변인들이 교사가 수용해야 할 절대적인 성격의 변인들이라면, 방법 변인은 교사가 개인적인 노력과 창의적인 발상에 의해 무한대로 발전이 가능한 상대적인 성격의 변인이라고 할 수 있다. 따라서 교육방법적 차원에서 교사의 상대적인 우월성을 판단할 때 적용할 수 있는 요소라고 할 수 있다. 교수의 방법은 여러 가지 기준에서 구별을 할 수 있다. 각 교과별, 내용별로 적합한 방법이 있을 수 있고, 학습자 연령과 선수지식의 수준에 따라서도 그에 적합한 방법이 있을 수 있으며, 교사와 학생 간의 상호작용 유형에 따라서도 다양한 방법이 있을 수 있다.

이 절에서는 교사가 교수 · 학습 상황에서 직접적으로 수행하는 교수방법의 종류에 근거하여 구별하고자 한다. 즉, 교과의 내용을 그 구조와 학습자의 수준에 적합하게 조직하는 방법인 조직전략과, 그렇게 조직한 내용을 효과적이고 효율적으로 학생에게 전수하는 방법인 전달전략, 그리고 교수 · 학습의 전체 과정을 통제하고, 언제 어떤 조직전략과 전달전략을 사용할 것인지를 결정하고, 수업 중에 활용하게 될 각종 교수 · 학습자료를 점검하는 방법인 관리전략으로 그 하위요소를 구별하여 분석한다.

(1) 조직전략

가르칠 내용은 그 종류와 크기에 따라 매우 다양하다. 이상적인 교사는 내용을 분석하여 내용의 성격, 학습자의 수준, 그리고 시간 일정 등을 고려하여 최적의 상태로 조직할 수 있어야 한다. 어떤 내용은 그 성격상 연역적으로 조직하는 것이 가장 이상적이고, 어떤 경우는 연대순으로, 또 어떤 경우는 학습자의 친숙성 정도에 근거하여 조직하는 것이 좋을 때가 있다. Reigeluth(1983)는 조직 전략의 하위 요소로 미시적 조직전략과 거시적 조직전략을 제안하고 있다. 미시적 조직전략은 단 하나의 아이디어를 가르치는 경우에 고려해야 할 전략으로서, 하나의 개념이나 사례, 그리고 연습문제 등을 제시할 때 어떻게 조직하는 것이 최상의 방안인지를 처방하는 전략이다. 대표적인 이론인 Merrill(1983)의 내용요소제시이론[1](Component Display Theory)은 사실, 개념, 절차, 원리를 조직하고 그에 가장 적합한 제시전략을 제안하고 있다.

거시적 조직전략은 복잡한 여러 아이디어를 가르치고자 할 때 고려해야 할 전략으로서, 여러 개의 아이디어들을 선택하고, 계열지우며, 종합하고, 요약화하는 데 기여한다. 대표적인 이론인 Reigeluth(1983)의 정교화이론(Elaboration Theory)[2]은 교수내용을 선정, 계열화, 활성화, 종합화, 요약화하기 위해 적절한 방법을 제공하는 거시적 수준의 조직 전략들로 이루어진 이론이라 할 수 있다. 요컨대, 교사는 교수방법적 역량으로서 가르칠 내용을 거시적이고 미시적으로 조직할 수 있어야 한다.

(2) 전달전략

전달전략은 교사가 교과 내용을 학습자에게 전달하고 그 전달이 옳게 되었는지를 평가하고 그 상태에 따라 다양한 종류의 효과적인 피드백을 제시

1) 이 책 4장 Merrill의 내용요소제시이론 절 참조.
2) 이 책 4장 Reigeluth의 정교화이론 절 참조.

하는 방안에 관한 전략들이다. 이러한 전달 전략은 교사의 수업을 직접 관찰함으로써 그 우수성을 확인해 볼 수 있다. 교사의 설명을 통한 강의식이나 설명식 방법은 물론이고, 학생의 이해력을 증진시키기 위하여 다양한 매체를 활용할 수도 있으며, 때로는 소그룹 학생의 상호교수를 통해서도 내용을 효과적으로 전달할 수 있다. 대표적으로 많이 활용되고 있는 교수 모형으로는 개념 획득 모형, 탐구 훈련 모형, 인지발달 모형, 비지시적 교수 · 학습 모형, 창의적 문제해결법, 학급회의 모형, 역할놀이 모형, 법률적 탐구 모형, 사회과학탐구 모형, 완전학습 모형, 모의학습 모형, 주장성 훈련 모형 등을 열거 할 수 있다.

최근 들어 컴퓨터를 통한 개별화 수업방안이나 ICT(information & communication technology) 활용 수업 등도 교과의 내용과 학생의 수준에 따라 효율적으로 활용할 수 있는 전달 전략이라 할 수 있다. 따라서 교사는 다양한 교수법과 다양한 종류의 매체를 활용할 수 있는 지식과 기능을 지니고 있어야 할 뿐만 아니라, 어떤 교수법과 어떤 매체가 어떤 유형의 학습자와 어떤 교과내용에 적합한 지에 대한 지식과 기능도 갖추고 있어야 한다(Joyce, Weil, & Calhoun, 2004; Eggen & Kauchak, 2001; Ormrod, 2000; Gunter, Estes, & Schwab, 1999).

(3) 관리전략

방법 변인 중 또 하나의 중요한 하위 요소는 관리전략으로서, 교사는 교수 · 학습과정을 설계하고, 개발하고, 실행하며, 그 후 평가하는 모든 행위를 체계적인 절차와 원리에 따라 관리할 수 있어야 한다. 앞서 언급한 조직전략과 전달 전략의 많은 내용들을 언제 어떻게 활용할 것인지를 결정하는데 필요한 체계적인 정보를 제시해 주는 전략이다. 즉, 어떤 매체를 어떤 내용의 과제를 설명할 때 활용할 것이며, 어떤 조직전략이 어떤 학습자에게 가장 효과적이었는지, 그리고 어떤 전달전략이 어느 정도 수준의 학습자에게 가장 효과적이며 어떤 종류의 내용에 가장 효과적이었는지에 대한 정보를 체계적으로 관리하는 전략을 의미한다.

예를 들어, 한 교사가 평소에 자주 사용하던 교수법이 있는데 그 교수법으로는 학생들을 충분히 이해시키지 못한다고 판단하여, 설명력을 높이기 위해 시각자료를 활용하기로 결정하고 인터넷을 통해 관련 시각자료를 입수하여 활용하였다. 그 결과, 특정 몇몇 학생의 이해력이 크게 개선되었다고 하자. 이 경우, 교사는 어떤 자료가 어떤 학생에게 도움을 주게 되었는지를 체계적으로 기록하여, 차후 수업과정에 적절하게 활용하기 위해 그 정보를 관리하여 개선하려는 노력을 해야 할 것이다. 이런 과정을 수행하는 교사가 교육방법 측면에서 이상적인 교사라고 할 수 있다.

3) 교수의 성과 변인

교수의 성과 변인은 교수 활동의 결과로 얻어지는 성과를 의미한다. 교사는 항상 이 성과 변인들을 고려하면서 교수 활동을 전개해야 한다. 교수의 성과변인에는 ① 효과성 ② 효율성 ③ 매력성 ④ 안정성의 4가지 하위요소가 포함된다.

(1) 효과성

효과성(effectiveness)이란 학습자가 교수 · 학습과정을 통해 습득한 지식 및 기능의 정도로 측정되며, 그것을 통해서 의도한 교육목표가 달성되었는지의 여부와 관계가 있다. 즉, 교사의 교수 · 학습활동이 이상적이었는지를 판단하는 궁극적인 기준은 학습자가 소기의 목표를 달성하였는지의 여부에 달려 있다. 교육은 목적지향적인 활동이기 때문에 그 성과로서 효과성을 확보하는 일은 매우 중요한 일이라고 할 수 있다. 일단 효과성이 보장되고 난 후에야 효율성의 정도가 의미를 갖게 된다.

(2) 효율성

효율성(efficiency)은 교육의 효과성으로 확인된 목표달성을 이루는 데 어느 정도의 노력, 비용, 시간이 투자되었는지와 관계가 있다. 즉, 소기의 목적을 달성하는 데 가능한 적은 비용과 시간, 그리고 노력이 투자될수록 효율적이라고 할 수 있다. 따라서 교사는 보다 다양한 방법과 매체를 사용해서 더 많은 시간과 노력이 들 수도 있었던 목표를 보다 빠른 시간에 적은 노력으로 달성할 수 있도록 노력해야 한다. 효과성과 효율성은 '의도한 바로 그 일을 하는 것(doing the right things!)' 과 '일을 올바르게 하는 것(doing things right!)' 으로 구별할 수 있다. 일반적으로 효과성은 타당성과 관련되어 있는 개념이고, 효율성은 신뢰성과 관련되어 있는 개념으로 규정할 수 있다. 요컨대, 교사는 교수활동을 통해 학생들이 의도한 목표를 달성하게 하고, 그 과정에서 교육을 받기 전보다는 보다 짧은 시간에 보다 적은 비용과 노력으로 소기의 목표를 달성할 수 있도록 해야 한다.

(3) 매력성

교수활동의 성과는 학습자가 교수 · 학습활동과 학습자료 등에 매력을 느끼도록 해서 더 많은 학습을 더 자주하게 만들고, 학생이 습득한 지식과 기능이 과거의 것보다 더 매력적이어서 학습 이후부터는 계속해서 그 지식과 기능을 사용하게 되는 성향을 갖추게 해 주어야 한다. 교수의 성과 요인으로서 매력성(appeal)은 바로 이러한 교수의 효과를 의미한다. 따라서 교사는 교수자료, 매체, 교수방법 등을 가능한 학습자가 매력적인 것으로 느낄 수 있도록 설계하고 개발해야 한다. 이러한 매력성은 결국 학습자의 동기를 유발하게 되고, 그 결과로써 보다 많은 학습을 이루게 하는 동력으로 작용하게 된다. Keller의 ARCS 이론은 동기전략요소를 처방해 주는 훌륭한 이론이다.

(4) 안정성

끝으로, 안정성(safety) 요인은 교사를 통해 학습자가 습득한 지식이나 기능은 물리적인 안정과 정서적인 안정을 저해하는 요인이 되어서는 안 된다는 것이다. 즉, 도덕적으로 비윤리적이고 반사회적인 내용이나 기능이어서는 안 되며, 정치적으로 특정 정당의 이념을 지지하거나 비난하는 내용이어서도 안 되며, 지역적으로도 특정 지역을 비하하는 내용이어서도 안 된다. 뿐만 아니라 종교적으로 특정 종교를 폄하거나 비난하는 것이어서도 안 되며, 신체적으로도 위험을 초래하는 것이어서도 안 된다. 요컨대, 교사의 교수행위를 통한 최종 산물은 학습자에게 매력적인 것이어야 하며, 물리적이고 정서적으로 안정적인 것이어야 한다. 따라서 이상적인 교사는 그 교수활동의 최종 산물이 효과적이고 효율적이며, 매력적이고 안정적이 되도록 끊임없이 노력해야 한다.

기출문제(초등)

1. 교육공학의 영역 중 학습자의 개별 특성을 고려한 수업을 시행하기 위하여 학습자의 특성을 연구하는 영역은?

① 설계　　② 개발
③ 활용　　④ 관리

2. 〈보기〉는 수업이론에 대한 브루너(J. S. Bruner)의 견해다. (가)와 (나)에 알맞은 단어들을 순서대로 연결한 것은?

〈 보기 〉

> 수업이론은 주어진 교육목표를 달성하기 위한 가장 효과적인 수업의 절차를 제시해야 한다는 점에서 (가) 이다. 또한 학습자가 어떤 조건에서 어느 정도 학습해야 하는지 그 조건과 준거를 제시해야 한다는 점에서 (나) 이다.

① 간접적-기술적　　② 규범적-간접적
③ 처방적-규범적　　④ 처방적-기술적

3. 그림은 처방적 교수이론의 특징을 묘사한 것이다. 이에 대한 설명으로 잘못된 것은?

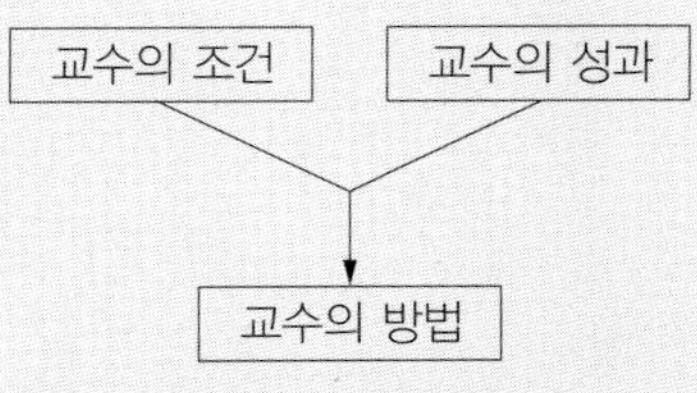

① 브루너(J. S. Bruner)가 말하는 교수이론의 특징이다.
② 교수의 결과는 사전에 기대했던 학습결과를 의미한다.
③ "~을 하기 위하여 ~을 해야 한다."는 규범적이고 당위적인 판단이 이루어진다.
④ 주어진 교수조건과 적용된 교수방법이 어떤 결과를 가져왔는지를 기술하는 데 중점을 둔다.

4. 던킨(M. J. Dunkin)과 비들(J. Biddle)이 제시한 다음의 '교실 내 수업과정의 연구모형'에서 (가)에 대한 설명으로 옳은 것은?

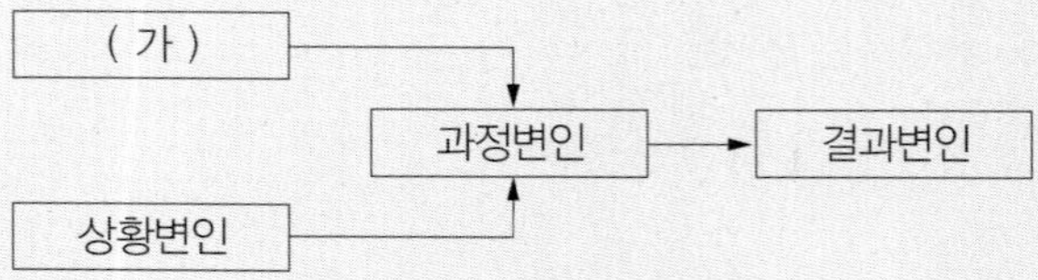

① 교사와 학습자의 교실행동 요인들이다.
② 학습자의 특성과 경험 등을 의미하는 학습자 요인들이다.
③ 교사의 특성 및 훈련 경험 등 교사와 관련된 요인들이다.
④ 학교 및 지역사회의 특징을 포함하는 물리적 환경 요인들이다.

정답

1. ①　2. ③　3. ④　4. ③

제3장

학습이론

이 장은 교수활동을 이해하고 계획하는 데 근간이 되는 원천 이론으로서 학습이론의 성격을 규명하고, 대표적인 학습이론을 개관한다. 행동주의를 대표하는 고전적 조건형성이론과 조작적 조건형성이론, 인지이론을 대표하는 형태 · 인지발달 · 기억 · 정보처리이론, 그리고 구성주의 학습이론을 소개하고 각각의 교육적 의의를 분석한다. 이 장에서는 수업활동의 근원이 되는 학습현상을 설명하는 이론들을 이해하기를 기대한다.

이 장을 학습한 후, 최소한 다음의 학습목표가 성취되기를 기대한다.

- 학습이론의 성격을 교수의 3대 변인과 관련지어 규명할 수 있다.
- 행동주의 이론의 특징을 개관할 수 있다.
  - Pavlov의 고전적 조건형성이론을 정리할 수 있다.
  - 조건화와 소거, 일반화와 차별화의 개념을 확인할 수 있다.
  - Skinner의 조작적 조건형성이론을 정리할 수 있다.
  - 강화계획을 설명할 수 있다.
  - 벌과 부적 강화를 구별할 수 있다.
  - 인출행동과 방출행동의 차이점을 비교할 수 있다.
- 인지이론의 특징을 개관할 수 있다.
  - 형태이론, 인지발달이론, 기억이론, 정보처리이론을 개관할 수 있다.
- 구성주의 학습이론을 개관할 수 있다.
  - 구성주의가 주장하는 교육의 가치를 해석할 수 있다.
  - 구성주의가 주장하는 현행 학교교육의 문제점을 확인할 수 있다.
  - 구성주의 교수 · 학습방안을 개관할 수 있다.
  - 구성주의의 가정을 진술할 수 있다.
  - 참과제의 속성을 설명할 수 있다.
  - 협력학습의 과정을 설명할 수 있다.
  - 지식구축 경험의 의의를 약술할 수 있다.
  - 다양한 견해 확보의 중요성을 해석할 수 있다.
  - 구성주의 학습의 평가 원칙을 해석할 수 있다.
- 전관과 쪽관의 특징을 구별하여 설명할 수 있다.
- 유의미 학습의 속성을 열거할 수 있다.

제3장

학습이론

1. 학습이론의 성격

제2장에서 설명한 교수의 3대 변인을 구성하는 변인들은 그 상호관계 유형에 따라 교수이론과 학습이론의 성격을 규정하는 데 활용될 수 있다. "특정 조건하에서 특정 방법을 사용하면 그 결과로 특정성과가 달성되었다."는 진술은 명확한 목적의식을 가지지 않은 채 가용한 여러 가지 방법들을 사용해 보니 예상 밖의 성과가 발견된 경우다. 이처럼 자연스럽게 일어나는 현상을 관찰을 통하여 기술하는 형식을 취하는 것이 학습이론의 성격이다. 따라서 학습이론은 특정 상황에서 일어나는 현상을 관찰을 통하여 기술하는 성격을 띠고 있다.

이에 반해, "특정 조건하에서 특정성과를 얻기 위해서는 반드시 그 특정 방법을 사용해야 한다."는 진술은 명확한 목적의식을 가지고 있으며, 그 특정 목적을 달성하기 위해서는 가용한 많은 방법들 중 특정 방법을 선택해서 활용해야 하는 경우다. 이처럼, 달성해야 할 뚜렷한 목적의식을 가지고

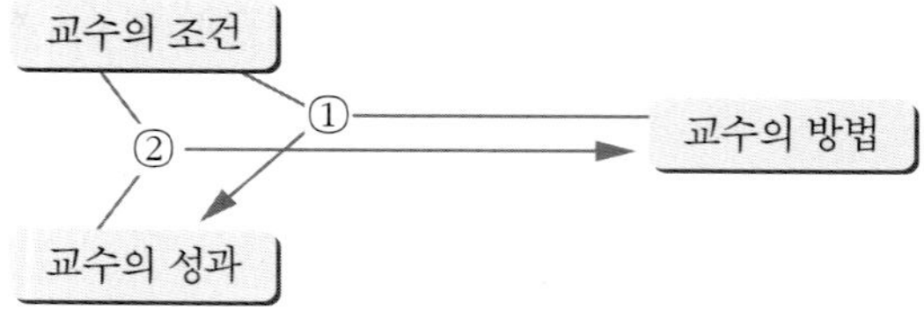

① 기술적 이론: 독립변인(조건과 방법)−종속변인(성과)
: a라는 조건하에서 A라는 교수방법을 실행하면, α라는 성과가 나타날 것이다.
② 처방적 이론: 독립변인(조건과 성과)−종속변인(방법)
: a라는 조건하에서 α라는 성과를 얻으려면, A라는 교수방법을 사용해야 한다.

[그림 3-1] 기술적 이론과 처방적 이론

그에 가장 적합한 방법을 처방하는 형식을 취하는 것이 교수이론의 성격이다. 따라서 교수이론은 특정 목적을 달성하기 위하여 최적의 방법을 처방하는 성격을 띠고 있다. [그림 3−1]은 학습이론의 기술적 성격과 교수이론의 처방적 성격을 예시하기 위해 교수의 3대 변인 간의 관계를 보여 주고 있다.

학습의 현상은 누구나 관찰할 수 있다. 그러나 드러난 현상의 내면에서 무엇이 일어났는지를 말하는 '학습' 은 미루어 짐작해 볼 수 있을 뿐 객관적으로 관찰해 볼 수 있는 것은 아니다. 학습이 일어나는 과정을 기술하고 설명하기 위한 것이 학습이론(theories of learning)이다. 학습이론이란, 어떠한 '학습의 결과(현상, 사실, 원리)' , 즉 행동의 변화를 일으키게 한 학습의 과정, 즉 행동 기제 또는 유기체의 내적 기제가 무엇인지를 설명하고 해석하는 것이라 말할 수 있다(한국심리학회, 1997, p. 198). 이 장에서는 대표적인 학습이론을 개관해 본다. 첫째, 행동주의 학습이론으로는 Pavlov의 고전적 조건형성이론과 Skinner의 조작적 조건형성이론을 둘째, 인지주의 학습이론으로는 형태와 인지발달 · 기억 · 정보처리에 관한 이론을, 그리고 끝으로 구성주의 학습이론을 각각 살펴본다.

2. Pavlov의 고전적 조건형성이론

Pavlov는 먹이에 의하여 인출되는 타액분비는 훈련(학습)이 필요 없이도 일어나기 때문에 무조건 반응(UR: unconditioned response)이라 한다. 반면에 종소리를 듣고 타액을 분비하는 것은 훈련의 결과이기 때문에 조건반응(CR: conditioned response)이라 부른다. 마찬가지로 먹이는 훈련이 없어도 개가 침 흘리는 반응을 인출해 내는 자극이기 때문에 타액분비에 대해서는 무조건 자극(US: unconditioned stimulus)이라 한다. 훈련을 통하여 조건화된 종소리는 타액 분비 반응을 일으킬 수가 있기 때문에 이를 조건자극(CS: conditioned stimulus)이라 한다. 그리고 CS를 US와 짝지어 CS에 대한 반응을 증가시키게 되는 전체의 과정을 고전적 조건화라 부르는데 조건화의 과정을 [그림 3-2]와 같이 도시해 볼 수 있다(한국심리학회, 1997, p. 202).

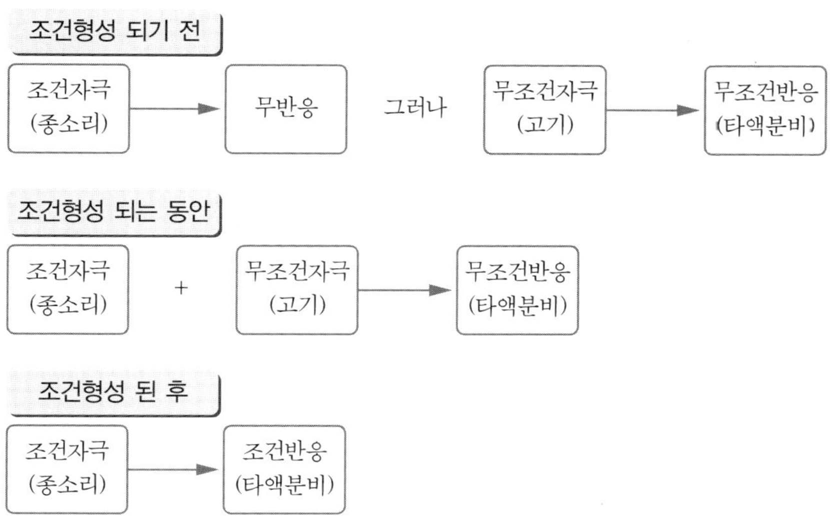

[그림 3-2] 고전적 조건형성 과정

1) 조건화와 소거

조건 반응의 습득을 위한 기본적인 절차에서 핵심적인 사항은 종소리와 같은 중성자극과 특정 반응(예컨대, 타액분비)을 유발하는 어떤 자극을 짝짓는 것이다. 조건 반응의 습득 과정은 이미 존재하고 있는 반사에서 시작된다. Pavlov의 경우 이 반사는 동물에게 음식(UCS: unconditioned stimulus 무조건 자극)이 제시될 때 타액을 분비하는 무조건 반사(UCR: unconditioned reflex)였다. 조건화 절차에는 중성자극을 제시하고 이어서 UCS를 제시한다. 이 중성자극을 Pavlov는 조건자극(CS: conditioned stimulus)이라고 하였는데, 그 이유는 이로 인해 나타나는 반사가 CS-UCS 짝짓기에 의존하기('조건적' 이기) 때문이다. 이 조건화절차를 시행한 결과로 나타나는 반사를 조건반사(CR: conditioned reflex)라고 한다.

Pavlov는 조건화 습득 과정을 설명하고 난 후에, 음식(UCS)이 뒤따르지 않은 채 종소리(CS)만 울릴 경우 CR의 소거(extinction)가 어떻게 이루어질 수 있는가를 보여 주었다. Pavlov는 종소리를 2분 간격으로 30초 동안 작동시키면서 분비된 타액의 양과 '잠재기(latent period)'를 기록하였는데, 잠재기란 종소리의 작동 개시 시점과 타액분비가 시작된 시점 사이의 시간 간격이다. Pavlov가 기술한 바와 같이, "강화 없이 특정 횟수만큼 반복적으로 제시된 조건자극에 대하여 반사가 약화되는 것을 조건반사의 실험적 소거라고 할 수 있다." 소거 기간이 지속되면서 동물이 타액분비를 시작하는 데 걸리는 시간이 증가하고(즉, 잠재기가 더 길어지고) 타액 분비량이 꾸준히 감소한다(박소현 외, 2004, pp. 360-361).

2) 일반화와 차별화

여러 가지 다양한 조건화 현상을 증명하기 위한 절차에서 일반화(generalization)는 자극 A에 대하여 조건화된 어떤 반응이 자극 A와 유사한 자극에 대하여도, 적어도 어느 정도는 나타나는 것이다. 만약

60cps(cycles per second)의 소리자극인 CS가 8방울의 타액을 분비하도록 하였다면, 그 동물은 또한 70cps의 소리자극에 대하여도 아마 6방울 정도의 타액은 분비할 것이다. 차별화(differentiation)는 60cps의 소리자극에는 먹이를 짝지어 제시하는 반면에 70cps의 소리자극에는 먹이를 짝짓지 않고 제시할 때 일어난다. 그러한 절차를 시행하면 개는 결국 60cps의 소리자극에만 타액을 분비하게 된다(박소현 외, 2004, pp. 360-361).

3) 의의

조건화는 우리가 학습으로 얻게 되는 두려움에도 어떤 역할을 할 수 있다. 그것은 그 두려움의 독특함과 특이함에 대한 설명도 될 수 있을 것이다. 예를 들어, 존은 개를 무서워한다. 반면에 제임스는 개를 무서워하지 않는 대신에 사람들 앞에 서서 연설하는 것을 두려워한다. 똑같은 반응(두려움)이 서로 다른 자극 혹은 상황으로 일어나는 것이다. 이것 역시 조건화의 역사에 나타나는 차이에서 비롯되었을 것이다. 제임스가 다른 사람들 앞에서 이야기를 하다가 여러 차례 조롱을 당했을 수도 있는 일이다. 아마도 그런 조롱과 연결된 나쁜 감정이 대중 앞에서 연설하는 상황으로 인해 촉발되는 조건 반응이 되었다. 반면에 존은 개와 어떤 아픈 경험을 했을지도 모른다. 아니면 다른 사람이 개에게 무섭게 반응하는 모습을 보면서 자신도 그런 식으로 조건화된 두려움의 반응을 얻게 되었을지도 모른다. Pavlov 시대 이후로, 우리는 이런 종류의 '대리적 조건화(vicarious conditioning)'가 일어날 수 있고 실제로 일어난다는 것을 배웠다.

만약에 조건화가 어떤 두려움의 형성에 역할을 맡을 수 있다면, 그 두려움을 없애는 데도 조건화가 이용될 수 있을 것이다. 달리 말하면, 조건화는 치료의 과정으로 이용될 수도 있다는 뜻이다. 이리하여 파블로프의 조건화라는 개념과 방식은 폭넓은 분야에 영향을 미치고 있다. 그것들은, 그렇지 않았다면 지금까지 수수께끼로 남아 있었을 인간 행동의 몇 가지 측면을 설명하는 데 도움이 될 것이다(진성록 역, 2007, pp. 83-84).

3. Skinner의 조작적 조건형성이론

조작적 조건화는 특정한 자극에 의해 반응이 인출(elicit)되는 것이 아니라, 피험자에 의해 방출(emit)되어야 할 어떤 행동이나 반응을 실험자가 기다려야 한다. 이는 실험자의 엄격한 통제하에 있는 피험자에게 특정한 자극을 제시하여 그에 따르는 반응을 유도하는 Pavlov의 고전적 조건화와 뚜렷이 구분된다.

1) 인출행동과 방출행동

Skinner『유기체의 행동』(1938)에서 'S형 조건화'와 'R형 조건화'를 구분하여 설명하고 있다. S형 조건화(Type S conditioning)는 Pavlov가 제안한 것으로, 한 자극은 처음부터 특정 반응(예: 침)을 유발하는 자극(예: 고기)이고, 다른 자극은 그 반응을 유발하지 않는 자극(예: 종소리)인 두 자극을 짝지어 제시하는 절차를 통하여 어떤 확인 가능한 자극이 확인 가능한 반응을 인출하게(elicit) 된다. 이 경우 강화물(먹이)이 인출자극(eliciting stimulus, 종소리)과 상관되어 있기 때문에 'S형'이라고 한다. Skinner는 이를 반응 조건화(respondent conditioning)이라고도 하였는데, 그 이유는 이 행동이 특정 자극에 대한 반응이기 때문이다. S형 조건화는 어떤 행동의 원인을 설명해 주지만, Skinner는 이 조건화가 쉽게 확인할 수 있는 자극이 없는 많은 행동은 설명하지 못한다고 주장하였다. 다시 말해서, 어떤 행동은 유기체에 의해서 방출되며(emit) 행동의 즉각적인 결과에 의해서 통제된다. 설사 인출자극이 존재한다 하더라도, 그것을 정확하게 규명하기가 불가능한 경우도 있다(박소현 외, 2004, pp. 423-424).

R형 조건화(Type R conditioning) 또는 조작적 조건화(operant conditioning)에서는 특정 행동이 일어나고, 이어서 어떤 결과가 나타나며, 그 행동이 다음에 다시 일어날 확률이 그 결과들에 의해 결정된다. 이 경우, 강화물(예: 먹이)이 방출된 반응(예: 레버 누르기)과 연합되기 때문에 R형이라고 한다. 예를 들어, 스키너 상자에서 쥐는 레버를 누르고 먹이를 얻는다. 그러므로 레버 누르기가 강화되었으며, 이제 다시 출현할 것이다. 만약, 레버 누르기가 그 동물에게 전기 충격이 제시되는 결과를 초래하였다면, 다시 말해서 벌이라는 부정적인 결과를 초래하였다면, 그 행동이 다시 일어날 확률은 감소할 것이다. Skinner는 이 유형의 조건화를 조작적(operant) 조건화라고 불렀는데, 그 이유는 그 행동이 결과를 가져오도록 환경을 조작하였기 때문이다(박소현 외, 2004, pp. 423-424).

2) 강화계획

Skinner는 지렛대와 먹이통, 전구 등이 장치된 Skinner Box라는 조그만 상자를 만들어 그 속에 배고픈 쥐를 넣어 여러 가지 행동을 연구하였다. 쥐는 그 상자 속에서 탐색적 행동을 하다가 우연히 지렛대를 누르게 되고, 그 결과로 그때마다 먹이가 나온다는 사실을 알게 된다. 그 후 먹이를 보다 자주 얻기 위해 지렛대를 누르는 빈도가 점점 빈번해진다는 사실을 확인하게 되었다. 즉, 쥐는 만족스러운 보상을 얻기 위해 자신이 처한 환경을 조작하는 것을 학습하게 되었다. 이 조작적 행동은 피험자에 의해 수행되며, 먹이와 같은 보상이 제공됨으로써 강화되고 반복된다. 조작적 조건화에서는 방출된 반응인 '지렛대 누르기'와 '먹기'에 의하여 원하는 행동이 강화되는 과정이 중요하다. 조작적 조건화의 형성 과정이 [그림 3-3]에 제시되어 있다.

Skinner는 '보상'이라는 용어와 '강화'라는 용어를 유사한 의미로 혼용

지렛대를 눌려야, 먹이가 나온다
(R1) – (S2)

S1	→	R1	S2	→	R2
(지렛대)		(누르기)	(먹이)		(먹기)
(조건자극)		(조건반응)	(강화자극)		(무조건반응)

[그림 3-3] 조작적 조건화 형성 과정

〈표 3-1〉 강화와 벌의 관계

	유쾌한 자극	불쾌한 자극
제공하는 경우	정적 강화	벌: 유형 1
박탈하는 경우	벌: 유형 2	부적 강화

하여 사용하고 있다. 실험자는 원하는 모든 행동을 미리 결정하여, 피험자가 원하는 행동과 같은 반응을 수행할 때마다 강화를 제공한다. 즉, 특정 행동을 강하게 유지시키기 위해 강화를 사용함으로써 소기의 반응이 지속적으로 일어날 수 있는 가능성을 증대시키게 된다. Pavlov와 Skinner에 있어 가장 중요한 차이점은 고전적 조건화에서 강화가 조건반응의 출현과 무관한 반면, 조작적 조건화에서 강화는 조건반응의 출현에 의존하고 있다는 점이다.

강화와 함께 이해되어야 할 개념 중 벌(punishment)이 있다. 벌은 혐오스러운 자극을 제시함으로써 반응 확률을 감소시키는 것으로 정의할 수 있다. 벌은 두 가지 형태로 작용한다. 첫째 형태는 특정 반응에 대하여 부적 강화물을 제공하는 것이다(유형 1). 지각생에게 그날 당번을 시키는 것이 여기에 해당된다. 둘째 형태는 특정 반응에 대하여 정적 강화물을 제거하는 것으로서(유형 2), 시험 성적이 나쁜 학생에게 일찍 집에 가지 못하도록 하는 것이다.

Skinner는 특수한 강화스케줄을 통하여 원하는 행동의 반응률을 증대시킬 수 있다는 사실을 증명함으로써 강화의 효과를 실증하였다. [그림 3-4]는 강화계획의 종류를 제시하고 있다. 비율강화계획에서는 방출되는 반응들의 횟수에 따라 강화가 주어진다. 간격강화계획에서는 반응의 횟수보다는 마지막 강화를 받은 후 경과한 시간에 따라 다음 반응의 강화 여부가 결정된다. 이 두 형태의 강화계획은 강화 요건이 고정되어 있는가 또는 변하는가에 따라 다시 두 가지로 각각 나누어진다. 고정비율 강화계획(fixed-ratio reinforcement schedule)은 정해진 횟수의 반응, 즉 매 5번째나 매 7번째의 반응마다 강화를 주는 것이다. 그 결과, 반응은 지속적이었으며 반응비율도 비교적 높았다. 변동비율 강화계획(variable-ratio reinforcement schedule)은 일정한 반응이 아니라 무작위로 7번째, 20번째, 21번째에 강화를 주는 것이다. 그 결과는 위의 고정비율 강화계획의 결과보다 더 장기간 높은 반응률을 나타냈다. 고정간격 강화계획(fixed-interval reinforcement schedule)은 정해진 시간마다 이루어진 반응에 대하여 강화를 주는 것이다. 그 결과는 강화 후 즉시 반응이 감소되는 경향을 보였으며 낮은 비율의 반응이 계속되다가 다음 강화 이전에 점차 높아졌다. 끝으로 변동간격 강화계획(variable-interval reinforcement schedule)은 일정한 시간이 아니라 무작위로 10초, 50초, 52초에 강화를 주는 것이다. 이 역시 비교적 장기간의 높은 반응률을 나타내었다.

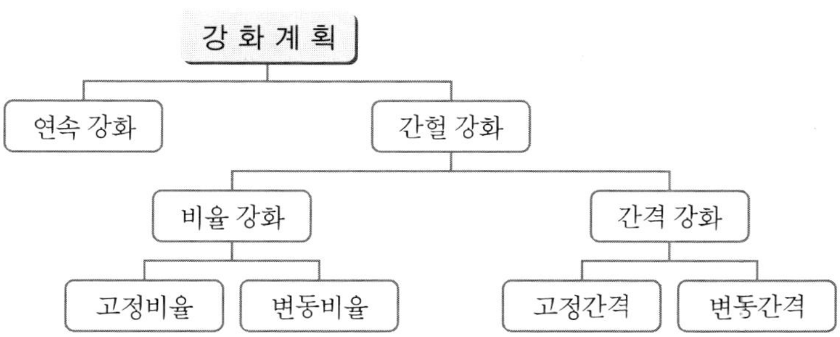

[그림 3-4] 강화 계획의 종류

3) 의의

Bell-Gradler(1986)는 Skinner의 조작적 조건화 이론을 교실 수업에 적용할 수 있는 방안을 구체적으로 제시하고 있다. 즉, 강화의 원리를 활용하여 교실의 학습 분위기를 조성하는 방안이다.

초등학교 학생들에게는 그 아이의 자긍심을 높여주려는 노력의 하나로 기회만 나면 찬사와 벌점을 안겨주는 것이 관행이었다. 자긍심은 성취와 상호 관련이 있는 것처럼 보인다. 그러나 자긍심은 성취의 결과로 형성되는 것이지 성취의 원인은 아니라는 증거가 있다. 어린이가 무슨 일을 하든 관계없이 강화를 하는 것은 Skinner에게는 쥐들이 무슨 짓을 하든 관계없이 수시로 먹이를 던져 주는 것과 똑같은 행위로 받아들여진다. 그런 식으로

〈표 3-2〉 Skinner의 강화이론을 적용한 교실 환경 조성

긍정적이고 고무적인 교실 환경 조성	
단계 1:	현재의 교실환경 분석
1.1	현재 교실에서 강화를 받는 긍정적 행동과 바람직하지 않은 행동은 무엇인가?
1.2	어떤 행동이 처벌받는가?
1.3	처벌의 빈도는 어떠한가?
단계 2:	잠재적이고 긍정적인 강화인의 목록을 개발하라.
2.1	학생들이 선호하는 활동에는 어떤 것이 있는가? (학생들이 목록을 만들 수 있다.)
2.2	앞의 1.2에서 처벌받는 행동으로 확인된 것이 혹 강화인으로 사용되는가?
2.3	자연스런 분위기에서 관찰된 활동 중에 혹 다른 행동을 위해서 강화인으로 사용될 수 있는 것이 있는가?
단계 3:	교실에서 기본적으로 수행된 행동계열을 선정하라. 변별자극과 강화를 포함시켜라.
3.1	앞의 1.2에서 밝혀진 처벌된 행동들이 긍정적인 행동으로 재구성될 수 있는가?
3.2	앞의 1.2 목록에서 긍정적 행동 중 어느 것이 자주 발생하지 않는가?
단계 4:	행동계열을 실시하라. 일화적인 사건은 기록을 하고, 필요하다면 계열을 수정하라.
4.1	긍정적 행동과 바람직하지 않은 행동은 무엇인가?
4.2	어떤 행동이 처벌되는가?
4.3	처벌의 빈도는?

길러지는 쥐가 레버를 누르는 경우를 자주 목격하기란 쉽지 않을 것이다.

그런 한편 오늘날의 전문가들은 생각이 많이 다르다. 대부분의 심리학자들은 Skinner가 인지를 멀리함으로써 심리에서 너무 많은 것을 무시해 버렸다고 느낀다. 인지지도에 대한 연구와 이런 연구에서 나온 결과들은 우리는 상황만 고려할 것이 아니라 그 유기체(쥐나 인간)가 그 상황을 어떻게 파악하는가 하는 문제까지 고려할 필요가 있다는 점을 보여 준다. 더구나 외적 강화 요인을 사용하다가 기대에 어긋난 결과를 부를 수도 있다. 비록 외적 강화 요인이 효과적이라 할지라도, 그것은 창조하고 탐험하는 행위 자체에 들어 있는 보상을 훼손시킨다(진성록 역, 2007, pp. 105-106).

4. 인지이론의 이해

인간행동에 대한 행동주의의 해석과는 대조적인 해석이 제2차 세계 대전 이후에 급속히 일어나기 시작했다. 즉, 조건화의 기본 법칙에 대한 탐구에 몰입하고 있는 행동주의가 관심을 보이지 않았던 유기체의 주관적인 지각, 기억, 주의, 심상, 사고와 같은 인지과정이 연구의 대상으로 더욱 크게 부각되게 되었다. 사실 인간행동에 대한 이런 해석은 행동주의의 출현보다 훨씬 더 앞서서 정서나 내성 등에 관한 연구로 이미 이루어져 왔다.

1) 형태와 인지발달

M. Wertheimer(1880~1943)와 W. Köhler(1887~1967), K. Koffka (1886~1941)로 대표되는 형태주의 심리학이 주장하는 학습이론인 통찰학습은 인간은 세계를 유의미한 전체로 지각한다고 믿고 "전체는 부분의 합 이상"이라는 구호를 제창했다. 천장에 달린 바나나를 먹어야 하는 상황에서 침팬지의 행동을 관찰한 실험을 통해 유기체는 문제 상황에서 일정 기

간 문제를 숙고한 다음 문제해결에 필요한 모든 요소가 충족되면 순간적으로 구조적 이해에 이르러 문제를 해결하게 되는 통찰적 해결을 하게 된다는 사실이 밝혀졌다. Köhler에 따르면, 인간은 문제라는 전체의 장을 조망하여 문제의 요소들을 하나의 새로운 형상으로 재배열할 수 있을 때 문제에 대한 해결책이 발생한다고 한다(박소현 외, 2004, p. 326).

대표적인 인지이론가인 J. Piaget(1896~1980)에 따르면, 유기체는 환경과의 상호작용을 통하여 인지적인 발달을 지속하는데, 그 과정에서 유기체는 항상성을 유지하려는 경향을 띤다. 이 항상성이 깨어지면 유기체는 평형상태를 유지하기 위하여 환경에 적응하는 기제를 발휘하게 된다. 적응기제는 두 가지 협력적인 과정인 동화와 조절로 이루어지는데, 동화는 새롭게 이루어지는 경험들이 기존의 쉐마에 통합되는 과정이며, 조절은 기존의 쉐마에서 일어나는 변화 또는 특정 사건이나 대상을 동화시킴의 결과로써 일어나는 변화과정이다(한국심리학회, 1997, p. 341). 아동의 인지는 어른의 인지보다 양에 있어 적게 아는 것이 아니며, 질에 있어 완전히 다른 방식으로 사고한다고 주장했다. Piaget는 인간의 인지발달을 감각운동기(출생에서 2세까지), 전조작기(2세에서 7세까지), 구체적 조작기(7세에서 12세까지), 형식적 조작기(12세 이상)의 불변의 순서를 가진 4단계로 나누었다.

2) 기억

인간의 기억에 관한 중요한 연구결과로서 먼저 H. Ebbinghaus(1850~1909)는 자신을 실험대상으로 하여 무의미 철자의 기억에 관한 연구를 통해 학습과 재학습간의 기간이 20분이 지나면 40%의 학습된 자료가 망각되고, 1시간이 지나면 55%, 그리고 24시간이 지나면 2/3가 망각된다는 사실을 주장했다. 그리고 집중적 연습(massed practice)보다는 분산된 연습(distributed practice)이 유리하다는 사실을 증명했다.

이후 F. Bartlett(1886~1969)은 케임브리지 대학교 학생을 대상으로 한 실험에서 330단어의 북미 원주민 물개 사냥꾼에 대한 전설인 '유령들의 전쟁' 이라는 글을 두 번씩 읽게 한 뒤, 15분 후, 몇 시간 후, 몇 달 후 그리고 최대 6년 후에 피험자들에게 그 이야기를 재생해 보라고 했다. 그 결과 시간이 경과할수록 이야기의 양이 줄어들었을 뿐만 아니라, 기억한 내용의 질 또한 그들이 살고 있는 유럽의 전설 형식을 닮고 있었음을 발견했다. 그들은 자신에게 익숙한 쉐마에 근거해서 실제 이야기와는 다르지만 전개가 일관성 있고 이해하기 쉬운 이야기로 재구성(reconstruction)했다.

비교적 최근의 기억연구로서 E. Loftus(1944~)의 유도심문과 거짓 기억(false memories) 연구가 있다. 동일한 현상을 경험한 피험자들이라 할지라도 실험자가 질문을 어떻게 하느냐에 따라 기억 내용이 달라진다는 사실을 증명했다. 즉, 우리가 묻는 질문이 우리가 얻는 대답에 영향을 미칠 수 있다는 것이다. 자신의 기억의 정확성에 대한 사람들의 확신과 실제 그 기억의 정확성과는 놀랄 정도로 관계가 없다는 점이다. 사람들은 추론이 가능하기에 자신의 기억을 다시 쓸 수 있고 또다시 쓴다. 그러나 그 추론이 틀릴 수 있다는 점을 늘 명심해야 한다. Bartlett과 Loftus가 이룩한 발견은 우리의 기억이 오류에 빠지기가 얼마나 쉽고 날조에 얼마나 취약한지를 잘 보여 준다(진성록 역, 2007, p. 224-248).

3) 정보처리

컴퓨터 과학의 발전과 더불어 인지 현상에 대한 이론과 법칙에 대한 연구는 더욱 가속화되었다. 1948년 수학자인 John von Neuman이 인간의 뇌 기능과 컴퓨터의 정보 처리 과정과의 비유적 유사성을 주창하고, 1968년에 R. Atkinson과 R. Shiffrin이 인간기억의 다중기억저장 모형을 제안하였다. 이 모형에 따르면, 다양한 자극항목들이 감각기관을 통해 감각등록기에 투입되어 짧은 시간동안 감각적인 형태로 유지되다가 형터재인이라는 분석과정을 통해 단기기억으로 전이된다. 단기기억은 작업기억(working memory)으로서 현재 사용가능한 제한적인 수의 정보만을 유지할 수 있으며, 반복하여 시연하지 않을 경우 30초 이내에 상실되어 버린다. 시연을 한 자극들은 무한대의 양을 의미 있는 부호화 형태로 저장할 수 있는 장기기억으로 전이되며, 이 정보는 적절한 인출 단서만 주어지면 영구히 상실되지 않는다. 이 모형에서 감각등록기는 컴퓨터의 입력장치를, 단기기억은 제한된 용량을 지니고 있는 RAM을, 장기기억은 영구적 저장 장치인 Hard Disk를 비유하고 있으며, 자료를 암기하는 것은 '단기기억에서 장기기억으로 자료를 전이' 하는 것이고, 자료를 회상하는 것은 '장기기억에서 자료를 인출' 하는 것으로 개념화한다.

투입자극의 지각을 촉진하기 위해서는 감각등록기에 저장되어 있는 감각정보를 장기기억에 이미 저장되어 있는 선행의 지식과 비교해 보도록 한다. 이전에 습득한 정보의 양과 질에 따라 새롭게 경험하는 정보에 부여하는 의미가 달라진다는 것이다. 뿐만 아니라, 특정 맥락에서 우리가 예측할 수 있는 상황과 기대의 수준에 따라 새롭게 투입되는 정보는 보다 빠르고 쉽게 처리된다. 단기기억은 주로 청각적 부호로 저장되며, 저장시간이 매우 제한적이어서 반복 시연을 하지 않으면 빠르게 사라진다. 뿐만 아니라, 저장 용량 또한 제한적이어서 7±2개의 항목(단어, 철자, 숫자)만큼을 기억한다(Miller, 1956). 그러나 이 항목들을 집단화, 조직화하여 군집(chunking)시키면 기억할 수 있는 용량은 증가된다. 장기기억은 의미론적 부호로 저장되고, 무제한의 용량을 저장하며 쉽게 망각되지 않는다. 장기기억의 정보는 연합적 구조(associative structure)로 표상되는데, 이 구조는 마디(node)와 링크(link)로

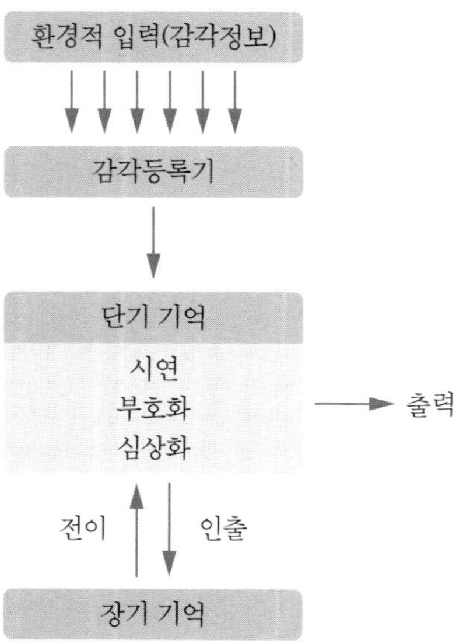

[그림 3-5] 다중기억저장 모형

구성된 상호관련적인 세트(set)로서 그물모양의 명제적 망상(propositional networks)으로 이루어져 있다(한국심리학회, 1997, pp. 253-257).

기계적인 기억 단계와 구조적인 요소의 설정 등 인간기억과정의 융통성을 반영하고 있지 못하다는 다중기억저장 모형의 단점을 극복하고 보다 간명하게 기억의 과정을 설명하는 정보처리수준 모형(Level of Processing Model)에 따르면 정보는 여러 가지 방법이나 수준으로 분석(처리)될 수 있다고 제안한다(Craik & Lockhart, 1972). 처리수준에는 물리적(표면적), 청각적(음성적), 어의적(의미론적)인 것들이 있다. 물리적 처리는 기억 자료의 감각적인 속성에 의존하여 기억하는 것으로 처리수준이 가장 얕다. 어의적 처리는 기억자료의 의미를 판단하는 복합적인 과정으로서 가장 깊은 수준의 정보처리 방식이다. 이 모형에 따르면, 자료를 더 깊게 처리하면 더 오래 동안 기억할 수 있다. 일반적으로, 어떤 자극에서 많은 의미를 추출해 낼수록 처리 깊이는 더 깊어진다. 처리수준 모형은 학습자가 재료를 더 깊은 수준에서 처리할수록 이해를 더 잘하며, 그 결과 기억을 더 잘하게 된다고 주장한다. 예를 들어, 의미와는 관계없이 시연을 하는 유지 시연보다는 서로의 관련성을 분석하고 예시를 제공하는 정교화 시연이 의미를 풍부히 하기 때문에 기억에 더 도움이 된다(한국심리학회, 1997, pp. 248-249).

5. 구성주의의 이해

1) 교육의 가치: 지적 안목의 확대

교육을 받은 사람은 교육으로 인한 가치 있는 변화, 즉 지식과 이해와 지적 안목이 확대되어야 한다(Peters, 1966). 단순히 기계적인 기능이나 단편적인 사실을 익히는 것이 아니라, 문제 상황과 관련된 개념과 원리를 이해하고 그것들을 문제해결 과정에 응용할 수 있을 때 교육받은 사람으로서의 가치를 인정받을 수 있다. 따라서 교육받은 사람은 교육 연한이 길어짐에 따라, 특정 현상을 이해하고 해석하는 안목이 보다 객관적이고 신뢰로운 것으로 확대 · 변화되어야 마땅하다. 예를 들어, 하늘에서 별똥별이 떨어지는 현상에 대하여 교육을 받지 못한 사람은 그 분야의 교육을 받은 사람보다 그 현상을 더 주관적이고 자의적으로 해석할 개연성이 높고, 그러한 개연성은 비과학적이고 미신적인 관점으로까지 악화될 가능성을 지니고 있다. 우리가 알고 있는 원시 사회는 바로 이런 상태에 있었을 것이다.

이러한 원시사회로부터 오늘날과 같은 문명사회로 발전할 수 있었던 것은 근본적으로 다양한 형태의 교육을 통한 지적 안목의 확대로 인한 것이라 할 수 있다. 즉, 새롭고 복잡한 현상이 발생할 때마다 그 분야의 전문가들은 교육을 통해 습득한 새로운 이론과 현장의 문제 상황에 대한 경험을 토대로 보다 객관적이고 포괄적인 해결방안을 제시해 왔고, 그 결과 오늘날과 같은 문명사회의 출현이 가능했던 것이다. 특별히 학교 교육에서 여러 교과목의 이름으로 다양한 내용과 경험을 가르치는 것의 중요한 내재적 가치 역시 현상을 보는 다양한 안목을 길러 주고 확대해 주기 위한 것으로 해석할 수 있다. 예를 들어, 과학교과에서는 현상을 과학적으로 보는 안목이나 '눈'을 길러 주고, 사회교과에서는 현상을 사회적인 안목으로 이해하고 해석할 수 있도록 교육시키는 것이 중요한 목적 중의 하나가 된다는 것이다(West, Farmer, & Wolff, 1991, pp. 236-237).

이 글은 우리의 현행 학교 교육이 학습자에게 여러 가지 현상을 보다 객관적이고 총체적으로 이해할 수 있는 안목을 길러 주는 일에 소홀해 왔다는 구성주의자들의 비판을 전향적으로 분석하고, 대안적 방안으로서 그들이 주장하는 구성주의 교수 · 학습의 원리들의 교육적 의미를 구체적으로 탐구해 본다. 아울러, 이 글은 구성주의자들이 중요한 교육의 목적으로 제시하고 있는 '지식을 스스로 구성하는 과정'의 가치와 제한된 관점을 극복하고 보다 객관적인 다양한 관점을 확보하기 위한 '지식 공유 과정'의 중요성을 강조한다.

2) 학교교육의 문제점: 쪽관의 한계

구성주의 진영에서는 학교교육이 현장 문제해결에 필요한 지식이나 기능을 가르치는 데 소홀해 왔다는 이유로 학교학습 과정을 비판하고 있다. 즉, 기존의 행동주의 교육관이나 인지주의 교육관으로 대표되는 객관주의적 학습관에서는 학습의 맥락이나 상황, 개인적 자각, 인지적 유연성, 다양한 관점(Resnick, 1987; Brown et al., 1989a, 1989b; Bednar et al., 1991)과 같은 교육적으로 중요한 특성들이 무시되어 있다는 것이다. 특히 탈맥락화, 과도한 단순화, 사실적 정보의 기계적 재생은 가장 심각한 문제로 지적되고 있다. Von Glasersfeld(1977)에 따르면 객관주의는 "우리가 학습하는 것은 우리와는 독립적으로 존재하고 그 구조가 정형적으로 잘 조직된 세상사를 복제한 것들이며, 이 독립적으로 존재하는 존재론적 실체가 우리의 경험을 규정한다."(p. 34)는 비논리적인 전제에 근거하고 있다.

객관주의의 영향을 받고 있는 학교는 주로 성적을 측정하고, 검사를 실시하고, 등위를 정하는 일에 관심을 갖고 있으며, 기계적인 암기나 재생과 같은 피상적인 학습행위에 치중하고 있다. 그러나 그와 같은 피상적인 수준의 재생 위주 학습은 학습자들이 문제해결이나 적용력을 요구하는 문제상황에서 큰 어려움을 경험하게 한다. 학습자 자신들은 피상적으로 과제를 재생하려 하거나 때때로 과제를 완전 습득하려고 철저하게 원리이해 위주의 학습을 하기도 한다. 그러나 불행하게도 우리의 학교체제는 전자를 보다 훌륭한 것으로 보상을 하며, 후자의 학습행위를 등한시 해 왔다(Candy, 1990). 학교 학습에 관한 비판을 하면서, Spiro 등(1991)은 비구조적인 교과영역(ill-structured domains)에 있어 고차학습의 실패이유를 분석한 결과, 다음의 두 가지를 지적하고 있다.

(1) 지식의 과도한 단순화

Spiro 등(1991)은 학습내용의 과도한 단순화(oversimplification)가 고차

학습의 실패를 야기하는 가장 대표적인 원인이라 하면서, 이에 대한 한 예로 오직 한두 개의 제한된 관점으로 개념이나 현상을 파악하는 것을 지적했다. 비구조적 교과영역에 있어, 한 가지 관점만을 견지할 경우 개념적 이해를 위해 필요한 중요한 측면을 놓치게 되고, 보다 밀도 있고 포괄적인 이해를 위해 고려해야 할 내용을 오해하게 되어 결국 새로운 상황에 적용되었을 때 생길 수 있는 변화에 능동적으로 대처할 수 없게 된다(Spiro et al., 1989). 이와 같은 '환원적 편향성(reductive bias)' 경향은 다음의 세 가지 경우로 대표된다.

① **부가적 편향**(additive bias): 복잡한 실체의 각 부분들이 별도로 학습되었을 경우, 부분들을 통합하였을 때 그 실체의 전체 속성을 견지하게 된다.
② **불연속성 편향**(discreteness bias): 영속적인 차원을 지닌 속성(길이나 시간)들이 그 양대 축으로 분할되어 마치 불연속성을 지닌 속성으로 처리된다.
③ **구획성 편향**(compartmentalization bias): 실제로 아주 상호의존적인 개념요소들이 별개로 처리됨으로써 그 요소들 간의 상호작용으로 생기게 될 현상들을 놓치게 된다.

이상의 방략들이 단순하고 구조화된 초등수학과 같은 문제에는 쉽게 적용된다 할지라도, 대부분의 현실 문제들은 비구조화된 영역의 고등 지식을 완전 습득해야 해결할 수 있는 성질의 것들이기 때문에, 이 환원주의적 방략들로는 현상의 포괄적인 이해를 보장받을 수 없다. 이러한 과도한 단순화로 인해 여러 가지 중요한 정보요소들을 담고 있는 문제의 맥락을 간과하게 되거나 놓치게 되는 경우가 많다.

(2) 지식의 탈맥락화

지식의 탈맥락화 또한 학교 학습에 있어 심각한 문제 중 하나다. 유의미한 맥락을 제시하지 않을 경우, 여러 가지 다양한 관점에서 문제의 중요성을 파악하기 어려운데, 이는 맥락 없는 지식은 고립되기 쉬우며 따라서 쉽게 잊어버리게 될 뿐만 아니라, 새로운 상황에 전이되기도 어렵기 때문이다. 비록 학습자들이 암기하여 기억하고 있는 내용이 있다 하더라도, 현장에 적용될 경우 필요한 지식으로 활용되지 못한다. Jonassen(1991b)은 이런 문제점을 다음과 같이 비판하고 있다.

> 학교에서 가르치는 대부분의 정보내용은 그 맥락상의 적합성이 간과되어 버린 채 진리나 실체로 받아들이도록 강요된다. 학습자들은 그들이 관심 있어 하고 필요로 하는 내용을 학교에서 전달받을 수 없기 때문에 아무런 중요성이나 적합성, 유의미성이 없는 헤아릴 수 없이 많은 정보를 매일 주입받고 있는 실정이다(p. 36).

결과적으로, 학교학습과 사회적 문제해결 상황에서 필요한 유용성과 적용가능성 사이에는 큰 괴리가 있다는 것이다. Resnick(1987)은 학교의 학습 활동과 현장의 인지적 활동과의 불연속성에 관해 다음의 특성을 지적하고 있다.

> 학교는 개인의 학업성취에 초점을 두고 있으나, 현장의 지적 활동들은 사회적으로 공유된 집단활동이다. 학교학습은 도구나 수단의 도움을 받지 않는 정신작용을 성장시키려 하나, 현장의 지적 작업들은 대체로 인지적 수단이나 도구를 활용한다. 학교는 상징적 사고작용을 육성하려 하나, 현장의 지적활동들은 대상이나 상황과의 직접적인 교류를 통해 이루어진다. 끝으로, 학교학습은 일반적인 지식이나 기능을 가르치려 하나, 현장에서는 상황에 특수한 역량이 지배적으로 요구된다(p. 16).

이 같은 불연속성은 부분적으로 전통적인 학교학습이 개별적이고, 고립된 학습활동, 현장경험과는 동떨어진 상징학습 그리고 탈맥락화된 기능에 주안점을 두고 온 것에 기인한다(Resnick, 1987, p. 18). 이에 덧붙어, Resnick(1987)은 구성된 지식(constructed knowledge)과 교수된 지식(instructed knowledge)을 구별하면서 교수된 지식은 Glaser(1984)의 용어를 빌면 교육학적인 지식을 일컬으며, 그러한 지식은 '생존을 기대할 수 없는 것' 으로 규정된다(p. 47).

3) 구성주의 교수 · 학습 방안: 지식의 구성

구성주의자들은 실험실 학습이론과 교실 수업 실제 사이의 관련성을 확립하는 데 구성주의 학습이론이 중요한 역할을 해야 한다고 믿고 있다. 그들에 따르면, 우리 사회에서 현재 일어나고 있는 두 가지 큰 변화—방대한 정보 처리의 필요성과 공학의 발달로 인한 현상파악의 가능성 확대—가 우리로 하여금 구성주의에 다시 관심을 기울이게 한다고 주장한다. 이 같은 근본적인 사회의 변화로 인해 학습과정을 재 개념화해야 하고 새로운 교수법을 설계해야 할 필요성이 대두된 것이다.

실험실에서 도출된 학습원리들은 장차 그 원리들이 활용될 상황이나 맥락을 충분히 고려하지 않은 채 학교 학습에 적용되어 왔다. 즉, 행동주의 패러다임에 근거하여 도출된 원리들은 대체로 구조화가 잘 되어 있는 학문 영역에서 초보적인 지식이나 기능을 가르치는 데 효과적이나, 학습장면에서 중요한 입 · 출력 요소로 여겨지는 학습자의 개별특성, 즉 개인의 경험과 한 현상에 대한 다양한 해석 및 관점을 신장시키기에는 불충분하다. 따라서 구성주의 진영에서는 지식의 과도한 단순화나 정보의 탈맥락적 제시와 같은 현행 학교 학습방식을 특정 현상이나 이슈에 대해 다양한 관점이 피력되고 허용되는 학습환경을 구축하는 방향으로 전환시키기를 주장한다.

(1) 구성주의의 가정

Merrill(1991)은 구성주의의 교육적 가정을 다음과 같이 요약했다.

> 지식은 경험의 소산이다. 학습은 경험에 대한 개인적 해석의 형태로 나타나며, 학습과정이란 경험에 근거한 적극적인 의미구축 과정이다. 또한 학습은 다양한 견해의 공유와 협상을 통해서 이루어진다. 개념발달은 다양한 견해에 대한 내적 표상을 끊임없이 변환하는 과정을 통해서 이루어진다(pp. 46-47).

Cunningham(1991b) 역시 교육의 역할이란 다양한 견해를 공유하고, 그 결과 학습자 자신이 견지하고 있는 입장을 검증하기 위해 타인과 끊임없이 상조하는 과정을 촉진시키는 것으로 규정한다. 따라서 학습은 실제적이고 박진감 있는 상황에 정치되어야 하며, 현실적인 맥락을 반영하는 것이어야 한다. 검사는 학습과제와 분리된 독립적 과정이 아니라 과제에 자연스럽게 통합되어야 한다. 즉, 학습정도를 측정한다는 것은 특정 분야에 있어, 학습자의 지식구조가 얼마나 효과적으로 사고를 촉진하느냐를 알아보는 것이다.

이상의 가정들에 따르면, 인간은 외부 환경으로부터 정보를 받아들여 자신의 기존 이해체계와 인지구조에 그 내용을 동화시키는 지식 구성과정을 통해서 독자적인 세계관을 구축하게 된다.

(2) 참과제: 문제중심학습(authentic tasks: problem-based learning)

구성주의자들은 현실 문제를 통한 경험상황에서 정보를 학습하는 것이 최상의 수업 방략이라고 주장한다. Jonassen(1991b)은 가장 중요하고 효과적인 학습상황은 문제나 사례중심(problem or case-based)의 학습활동이 가미된(activity oriented) 환경이며(p. 36), 그러한 환경을 통해서 학습자는 학습이 일어나는 실재상황에 몰입할 수 있게 된다고 주장한다. 이 같은 학습경험을 통해서 학습자는 문제를 해결하고 상황을 조작하는 데 필요한 지식이나 기능을 스스로 획득하게 된다. Simons(1993)는 학습동기를 부여하고 정보의 맥락화를 보장하기 위해서는 문제해결중심의 사례와 관련된 학습환경을 조직하는 것이 최상의 전략인데, 이는 사례(case or problem)는 삽화적 맥락(episodic context)뿐만 아니라 의미론적인 표상(semantic representation)을 서로 관련 지어 제시해 주기 때문이라고 주장한다(pp. 293-294).

(3) 협력학습(collaborative learning)

구성주의에 따르면, 학습자들이 특정문제에 대하여 새로운 지식이나 이해를 확립하기 위해서는, 그 문제에 대한 가설 수립을 통해 결과를 예측하고, 여러 관련대상을 조작하고, 질문을 제기하며, 해결안을 찾기 위해 연구방법을 고안하고, 대안을 창안하며, 검증해 보는 경험을 해야 한다고 주장한다(Fosnot, 1992, p. 20). 따라서 그 문제에 대한 각자의 견해나 선험적인 개념들을 서로 공유하고 타협해 볼 수 있는 협력적 학습환경이 제공되어야 한다. 상조 학습을 위한 환경은 다음과 같이 구성될 수 있다(Bednar et al., 1991; Patel, 1991; Scott, 1987). ① 문제에 대한 자신의 반응을 스스로 작성하게 한다. ② 작성된 자신의 반응이나 의견을 설명, 변호, 정당화할 수 있는 기회를 제공한다. ③ 자신의 지각이나 견해를 또래 집단과 공유할 수 있는 기회를 제공한다. ④ 대안적인 관점에 관하여 교사(전문가)의 견해를 제시한다.

(4) 지식구축(knowledge construction) 경험

구성주의는 세상에서 일어나고 있는 현상이나, 주위의 환경, 다양한 관점을 해석하는 데 있어 인간 마인드의 중요한 역할을 강조하며, 그러한 해석은 개인적이면서 주관적이라고 한다. 결국 주관과 주관 사이에서 합의된 객관을 추구하는 간주관적 객관성(intersubjective objectivity)을 확보하는 과정이 바로 지식구축을 경험하는 과정이라는 것이다. Resnick(1989)은 다음의 세 가지 상호 관련된 학습현상으로 인해 과거 연상주의나 행동주의 심리학에서 도출된 이론과는 판이하게 다른 수업이론이 필요하다고 주장한다. 즉, 학습은 지식구축 과정이지, 지식암기나 습득과정이 아니며, 학습은 지식내용에 밀접하게 관련되어 있어서 새로운 지식을 구축하기 위하여 현재 지니고 있는 지식을 활용해야 하며, 또한 학습은 학습이 일어나는 상황과 밀접하게 관련되어야 한다. 따라서 구성주의는 교사에 의해 교수된 지식의 불활성(inertness)을 비판하고, 학습자 스스로 자신의 기존 지식과 경험에 근거하여 의미 있는 지식을 구성하는 과정을 보다 강조한다.

(5) 다양한 견해(multiple perspectives) 확보

다양한 견해를 성취하기 위한 방략은 학습자 자신의 견해를 피력하고 서로 공유할 수 있는 협력적 학습환경을 구축하는 것이며, 이는 집단의 다른 구성원들과의 대화를 통해서 가장 쉽게 이루어질 수 있다. 따라서 과제를 서로 분담하여 처리한다거나 의견의 일치를 구하고자 하는 것이 아니라, 한 이슈에 대하여 다양한 관점을 서로 전개하고, 비교하며, 이해하려고 노력하는 과정이 협력적 학습과정이라고 할 수 있다. 한 가지 현상을 여러 관점에서 해석하고, 각 관점의 장단점을 평가하여 그 문제 상황에 유용하고 적합한 관점들을 확보하게 됨으로써 현상을 이해하는 안목이 확대되게 된다. 결국 개념적 성장은 이런 과정을 통하여 초기의 편협되고 제한된 견해(쪽관)가 보다 객관적이고 전문적이며 보편적인 견해(전관)로 확대될 때 이루어지는 것이다.

(6) 구성주의 학습평가(constructivist learning evaluation)

대부분의 구성주의자들이 가장 어렵게 생각하고 있는 평가 부분은 학습이 이루어지는 과정에 대한 평가의 중요성을 강조하는 수행평가 방안과 그 맥을 같이 하고 있다. Jonassen(1991c)은 명세적인 학습목표의 도달 여부에 관심이 있는 준거지향 평가 방법과 같은 객관주의적 평가방법은 구성주의에서 강조하고 있는 학습을 평가하는 데는 적합하지 못하다고 한다. 구성주의 평가는 보다 탈목적적이어야(goal-free) 하며, 현실 상황에서 다양한 관점과 견해를 나타낼 수 있는 실재 학습과제를 수행하면서 자연스럽게 표출되는 지식구축 과정과 다양한 관점의 확보 정도를 여러 명의 평가자가 평가해야 한다고 주장한다(p. 32). 물론 학습자의 반응에 대한 판단은 정·오(correct · incorrect)가 아니라 완전·불완전(complete · incomplete)으로 평가하여, 보다 객관적이고 다양한 관점으로 현상을 이해하고 있는지에 초점을 두어야 한다.

4) 전관(全觀)의 가치: 지식 공유의 중요성

지금까지 논의한 구성주의 교수·학습 방안은 다음과 같이 요약할 수 있다. ① 학생에게 지식 구축 과정에 관한 경험을 제공하고 ② 다양한 관점을 경험하게 하고 그 견해를 소중히 여기게 하며 ③ 현실적이고 적합한 상황에서 학습이 일어나도록 하며 ④ 학습과정에서 개인의 독자적인 견해 피력을 장려하며 ⑤ 사회적인 경험 상황과 학습을 연계시키고 ⑥ 다양한 형태의 정보제시 유형을 권장하며 ⑦ 지식 구축 과정에서 자각 과정을 고무한다. 즉, 지식구축 과정을 통하여 보다 객관적이고 다양한 관점을 공유·확보하는 방안을 강조하고 있다.

이러한 방안을 구체적으로 반영하고 있는 수업방략 중 대표적인 것을 제시하면 다음과 같다. 첫째, Vygotsky(1978)의 '근접발달영역(ZPD: zone of proximal development)' 이라는 개념은 실제 발달수준과 잠재 발달 수준 간의 차이로 규정되는데, 학생이 외부의 도움 없이 학습자료를 해결할 수 있는 수준을 그대로 방치하는 것보다 주위의 부모나 선생님, 그리고 또래의 유능한 학생으로부터 힌트나 암시, 가르침과 같은 도움을 통하여 보다 나은 수준의 학습 성취를 확보하게 하는 방략이다. 둘째, Lave와 Wenger

(1989)의 '합법적 주변 참여'(LPP: legitimate peripheral participation)라는 개념은 교사 또는 우수학생(전문가)과 함께 실제 상황의 문제해결 과정에 참여한 학생(초보자)이 처음에는 단순한 방관자의 입장에서 시작하여 점차 탐구 내용이나 방법에 이르기까지 참여 정도를 점진적으로 넓혀 가면서 결국 전문가로서의 정체의 변화를 겪게 하는 방략이다. 셋째, Dansereau (1988)의 '2인 협동 학습전략(dyadic cooperative learning strategies)'과 Fantuzzo 등(1992)의 '호혜적 또래 교수(reciprocal peer tutoring: RPT)'가 있다. '2인 협동 학습 전략'에서 한 학생은 재생자로서 그가 공부한 것을 기억하여 말로 요약하고 다른 학생은 청취자 또는 촉진자로서 틀린 것을 고쳐주고 더 나아가 학습자료를 조작하고 기억하는 것을 도와준다. 짝들은 재생자와 청취자/촉진자의 역할을 바꾸면서 계속 학습한다. '호혜적 또래 교수'에서 학생들은 교사와 학생의 역할을 번갈아 하면서 서로 격려하고 가르치며 점검하고 평가하는 역할을 한다.

[그림 3-6]은 구성주의에서 강조하는 학습의 속성을 나타내고 있다. '적극적'은 주의집중을 통한 정보처리과정에의 몰입, '구성적'은 자신의 경험·지식에 부합하는 이치에 닿는 의미 구축, '협력적'은 개별 또는 공동

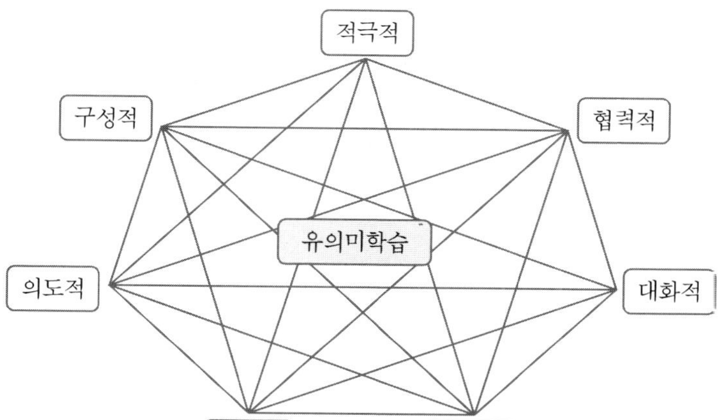

[그림 3-6] 유의미 학습의 속성

목표 성취를 위한 공생공멸의 노력, '의도적' 은 보다 거시적인 목표의 성취를 위한 계획적인 시도, '대화적' 은 사회적으로 공인된 지식의 구축을 위한 정보 공유(설득, 타협, 논박), '맥락적' 은 현장 문제의 원인 및 경과 과정에 대한 총체적 상황 이해, '성찰적' 은 기지의 경험 · 지식을 토대로 한 사고의 명료화 및 정교화 과정을 각각 강조하는 학습이다.

지금까지 논의한 구성주의 교수 · 학습 방안을 통하여 우리가 성취하고자 하는 교육의 목적은 서두에서 밝힌 것처럼 '지적 안목의 확대' , 즉 '쪽관을 극복하고 전관을 확보하는 것' 으로 규정할 수 있다. 우리는 자신의 지적 역량 범위만큼 현상을 이해하고 해석할 뿐이다. 우리가 (통일 또는 경제) 전문가라고 하는 사람들은 결국 그 분야에 대해 학문적으로 사회적으로 인정받는 객관적인 관점을 가장 많이 지닌 사람들이다. 구성주의에서 기르고자 하는 사람은 바로 이러한 전문가가 아닐까?

기출문제(초등)

1. 구성주의 수업방법과 거리가 먼 것은?
   ① 학생들에게 예제의 풀이에 따라 문제를 풀게 한다.
   ② 학생들에게 5W 전구를 켤 수 있는 풍차를 설계하도록 한다.
   ③ 학생들에게 영화를 보게 하고 다양한 관점과 측면에서 토론하도록 했다.
   ④ 학생들에게 환자의 임상 사례를 읽게 한 후 증상과 치료 방법을 제한하도록 한다.

2. 다음은 메릴(M. D. Merrill)의 '내용요소제시이론(componert display theory)'의 일차제시형이다. (가)와 (나)에 해당하는 것은?

	설명	탐구식 질문
일반성	(가)	회상
사례	예시	(나)

	(가)	(나)
①	법칙	연습
②	시범	법칙
③	법칙	시범
④	연습	법칙

정답

1. ① 2. ①

기출문제(중등)

1. 구성주의에 입각한 교수 · 학습활동과 가장 거리가 먼 것은?
   ① 학생 입장에서 중요하고 의미 있는 과제를 제시한다.
   ② 학생들이 알고 있는 지식을 최대한 활용하도록 장려한다.
   ③ 학생들이 토론을 통해 서로의 학습에 기여할 수 있도록 한다.
   ④ 학생들에게 학습목표에 도달할 수 있는 최적의 방법을 분명하게 제시한다.

2. 문제해결학습에 대한 정보처리이론과 구성주의 관점을 비교 · 설명한 것으로 옳지 않은 것은?

	정보처리이론	구성주의
① 문제에 대한 가정	문제의 성격, 문제상황 및 개인차에 관계없이 표준적인 해결절차가 있다.	문제의 성격, 문제표상, 개인차에 따라 문제해결 과정이 다를 수 있다.
② 학습목표	정답을 산출하는 문제해결 절차의 학습을 강조한다.	개별적 · 협동적인 학습과정을 통해 실제적인 문제해결 경험을 강조한다.
③ 주요 학습 과제	모든 요소가 학습자에게 제시 되고, 규칙적이고 구조화된 해결책이 있는 과제다.	알려지지 않은 요소가 있을 수 있고, 여러 가지 해결책이 있는 실제적인 과제다.
④ 교사의 역할	학습자가 스스로 문제에 관한 지식베이스를 구축하도록 지원하고, 메타인지적인 코치를 한다.	광범위하게 적용되는 문제해결 모형을 제시하고, 그 과정에 해당 문제해결 절차를 적용하도록 연습시킨다.

3. 객관주의적 교수설계와 구성주의적 교수설계 활동에 대한 단계별 비교 설명으로 옳은 것을 〈보기〉에서 고른 것은?

〈 보기 〉

	객관주의	구성주의
분석	ㄱ. 수업목표를 사전에 명세화하여 기술한다.	ㄴ. 학습과제의 구조를 상세히 분석하여 계열화한다.
설계	ㄷ. 실제적 문제를 상황 맥락적으로 해결할 수 있는 학습자 중심의 학습환경을 설계한다.	ㄹ. 절충(negotiation)과 의미 만들기를 위한 학습환경을 설계한다.
개발 및 구현	ㅁ. 현실의 복잡함을 반영하는 실제 문제를 개발하고, 코칭과 모델링을 위주로 하는 학습환경을 개발한다.	ㅂ. 문제 해결에 초점을 맞추어 학습자의 능동적 지식 구성을 촉진하는 학습환경을 개발한다.

① ㄱ, ㄴ, ㄹ　② ㄱ, ㄹ, ㅂ　③ ㄱ, ㅁ, ㅂ
④ ㄴ, ㄷ, ㄹ　⑤ ㄴ, ㅁ, ㅂ

정답

1. ④　2. ④　3. ②

제4장

교수이론

이 장은 교수활동의 이론적 틀을 제공해 주는 교수이론의 성격을 규명하고, 대표적인 교수이론 네 가지를 개관한다. 가네(Gagné)의 목표별 학습조건이론과 메릴(Merrill)의 내용요소제시이론, 라이겔루스(Reigeluth)의 정교화이론, 그리고 비고츠키(Vygotsky)의 교수이론을 상세하게 살펴본다. 이 장에서는 효과적이고 효율적인 교수활동의 기저가 되는 핵심 교수이론들을 이해하기를 기대한다.

이 장을 학습한 후, 최소한 다음의 학습목표가 성취되기를 기대한다.

- 교수이론의 성격을 교수의 3대 변인과 관련지어 규명할 수 있다.
- 가네(Gagné)의 목표별 학습조건이론을 개관할 수 있다.
  - 학습성과 영역을 구별할 수 있다.
  - 학습성과 영역별 학습조건을 구성할 수 있다.
  - 학습위계를 정의할 수 있다.
  - 수업사상을 열거하고, 수업의 도입부 전개부 정리부로 구별할 수 있다.
  - 수업사상 및 학습성과 영역별 학습조건을 확인할 수 있다.
- 메릴(Merrill)의 내용요소제시이론을 개관할 수 있다.
  - 수행 X 내용 매트릭스의 의미를 설명할 수 있다.
  - 수행과 내용의 범위를 약술할 수 있다.
  - 수행 X 내용의 예시를 구별할 수 있다.
  - 일차적 자료제시 형태와 이차적 자료제시 형태를 개관할 수 있다.
- 라이겔루스(Reigeluth)의 정교화이론을 개관할 수 있다.
  - 7가지 수업전략을 약술할 수 있다.
  - 메릴(Merrill) 이론과 라이겔루스(Reigeluth) 이론을 비교할 수 있다.
- 비고츠키(Vygotsky)의 교수이론을 개관할 수 있다.
  - 근접발달영역의 의미를 해석하고 적용할 수 있다.
  - 지식구축 경험 과정을 설명하고, 그 의의를 해석할 수 있다.
  - 교수의 이중적 전개 과정을 도식화하여 설명할 수 있다.

제4장

교수이론

1. 교수이론의 성격

앞 절에서 언급한 교수의 3대 변인들은 그 상호관계 양상에 따라 학습이론의 성격과 교수이론의 성격을 규명해 준다. 교수이론의 성격은 [그림 4-1]의 ②에서처럼 성과에 대한 구체적인 목적의식에서 출발하고, 그 목적을 달성하기 위해서는 많은 방법들 중에서 가장 효과적이고 효율적인 특정 방법을 활용해야 한다는 당위성을 내포하고 있다. 따라서 교수이론은 구체적인 교수성과 영역을 설정하고 있으며, 그 영역별로 최적의 교수방법들을 제공하고 있다는 점에서 처방적이라고 할 수 있다. 처방적 이론에 따르면 교수·학습과정에서 교사의 역할이 명확하게 규명된다. 즉, 교사는 교수의 조건 변인에 해당하는 교과의 특성과 내용을 숙지하고, 교과를 통해 달성하고자 하는 목적과 학습자의 여러 가지 특성을 이해하고, 그러한 조건변인을 고려한 최적의 다양한 조직전략과 방법전략, 그리고 관리전략들을 선정하여 활용할 수 있어야 한다. 그에 반해 학습이론은 이런 저런 방법을 사

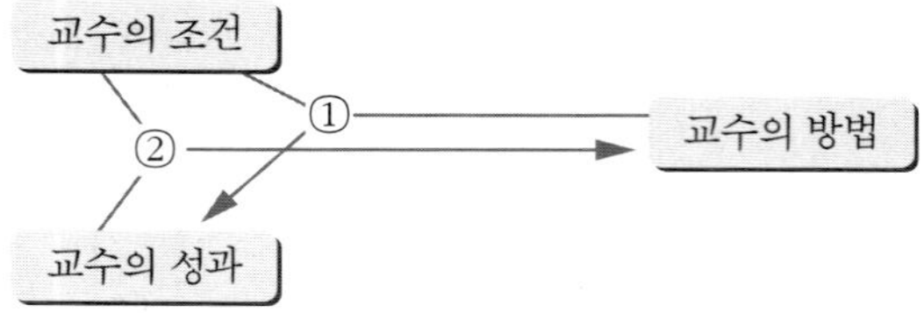

① 기술적 이론: 독립변인(조건과 방법)−종속변인(성과)
: a라는 조건하에서 A라는 교수방법을 실행하면, α라는 성과가 나타날 것이다.
② 처방적 이론: 독립변인(조건과 성과)−종속변인(방법)
: a라는 조건하에서 α라는 성과를 얻으려면, A라는 교수방법을 사용해야 한다.

[그림 4-1] 기술적 이론과 처방적 이론

용하면서 그때 일어나는 현상을 관찰하여 단순히 기록하는 기술적 성격을 띠고 있다.

2. Gagné의 목표별 학습조건론

1) 학습성과 영역

Gagné의 교수이론은 인간 학습의 영역을 세분하여 포괄적으로 다루고 있으며, 각 영역을 가르치고 배우는 최적의 방법을 처방하고 있는 가장 널리 알려진 이론 중 하나다. 학습은 누가적이며 따라서 선행학습은 후속학습에 긍정적으로 전이된다는 기본 가정을 전제하고 있는 Gagné는 인간의 학습된 능력, 즉 학습결과를 크게 언어정보, 지적 기능, 인지전략, 태도, 운동기능의 다섯 영역으로 구분한다. 특히 Gagné는 이 다섯 영역의 학습능력들을 학습하는 데 가장 적합한 내적 조건과 외적 조건을 각각 제시하고 있다. 내적 조건은 현재의 학습에 필수적이거나 보조적인 것으로서 학습자가 이전에 습득한 선수능력들의 회상이나 획득을 의미하고, 외적조건은 학습자 주위의 수업사상(instructional events)을 통해서 학습자의 내적 인지 과정을 활성화시켜 주고 지원해 줄 수 있는 다양한 방법들을 의미한다.

다섯 가지 학습성과 영역 중 언어정보 영역과 지적 기능 영역은 다시 3가지와 5가지로 각각 세분되어, 총 11가지 학습 성과 영역을 구성한다. 각 영역에 해당되는 학습목표를 진술할 때 사용되기를 권장하는 표준 능력동사, 즉 학습을 통하여 새롭게 성취할 수 있기를 기대하는 행동들과 그 표준 동사를 지원해 주는 행위동사, 즉 별도의 학습을 하지 않고서도 이미 할 수 있는 행위를 의미하는 동사를 각각 제안하고 있다. 〈표 4-1〉는 Gagné가

〈표 4-1〉 11대 학습성과 영역 및 표준 능력동사

학습성과 영역 및 하위영역	표준 능력동사	대표적인 행위동사	목표 진술 예시
언어정보(Verbal Information)			
1. 축어적 학습; 이름, 명명, 시	열거하다(list) 암송하다(recite)	구두로; 글로 써서	구구단을 구두로 암송할 수 있다.
2. 사실학습	진술하다(state)	구두로; 글로 써서	3 · 1운동의 주요 요인을 구두로 진술할 수 있다.
3. 요지학습	요약하다 (summarize)	구두로; 글로 써서	독립선언서의 내용을 글로 써서 요약할 수 있다.
지적 기능(Intellectual Skills)			
1. 대상, 위치 또는 대상의 속성 간의 감각적 변별	변별하다 (discriminate)	지적하여; 분류하여; 밑줄을 그어; 짝지어서	같은 모양의 도형을 짝지어서 변별할 수 있다.
2. 구체적 개념	확인하다 (identify)	분류하여; 지적하여; 밑줄을 그어; 대상을 짝지어서	저항기와 축전기를 확인할 수 있다.
3. 정의된 개념	분류하다(classify)	(정의를 내리는 것이 아니라) 정의를 활용하여 정확한 예와 부정확한 예를 분류하여	포함된 원소에 따라 유기물과 무기물을 분류할 수 있다.

4. 원리 (원리활용)	시범보이다 실증하다 (demonstrate)	구두로, 글로 써서, 또는 실제로 원리를 적용하여 수행함으로써	최소공배수를 활용하여 두 개의 분수를 합하는 방법을 시범보일 수 있다.
5. 고차원리 (문제해결)	산출하다 (generate)	몇몇 원리의 활용을 요하는 결과를 구두로 또는 글로 써서	수질오염 방지를 위한 해결안을 구두로 산출할 수 있다.
인지방략 (Cognitive Strategy)	창안하다 (originate) 채택하다(adopt)	새로운 문제해결을 말로, 글로 써서 또는 직접 고안함으로써	작가와 작품을 기억하는 새로운 방법을 채택할 수 있다.
운동기능 (Motor Skills)	실행하다 (execute)	새로운 운동계열을 실제로 수행함으로써	이단 넘기를 실제로 수행하며 실행할 수 있다.
태도 (Attitude)	선택하다 (choose)	자발적으로 행동에 참여함으로써	자신의 취미에 맞는 특별 활동을 자발적으로 선택할 수 있다.

권장하고 있는 표준동사와 행위동사의 목록과 각 영역별 목표진술의 예[1]를 제시하고 있다.

2) 성과영역별 학습조건

이처럼 교수이론으로서 Gagné의 이론은 명시적인 학습성과 영역을 5가지로 제시하고, 그 성과영역 각각의 달성 여부를 확인하기 위한 능력동사를 포함하고 있는 목표진술 방식을 매우 구체적으로 제안하고 있다. 뿐만 아니라, 교수이론이 갖추어야 할 또 다른 중요한 특징으로서 각 성과영역별 최적의 학습조건을 제안하고 있다. 즉, 학습성과 영역의 성격이 상이하고 다양한 것처럼, 각 성과영역을 달성하는 방법 또한 그에 적합하도록 다양하게 처방되어 있다. 〈표 4-2〉는 5가지 학습성과 영역별로 그에 적합한 학습조건을 제안하고 있다(Driscoll, 1994, pp. 345-346).

1) Gagné식 목표진술의 원리와 예는 제7장을 참고하기 바람.

〈표 4-2〉 학습성과 영역과 학습조건

학습성과 유형	학습조건
언어정보	• 글이나 말에 변화를 주어 독특한 특징에 대해 주의를 끈다. • 정보가 유목화될 수 있도록 제시한다. • 정보의 유의미 약호화를 위해 유의미 맥락을 제공한다. • 정보의 효과적인 회상과 일반화를 위하여 단서를 제공한다.
지적기능	• 독특한 특징에 대해 주의를 환기한다. • 작동기억의 범위 내에 머무르게 한다. • 이미 학습한 요소기능의 상기를 자극한다. • 구체적이고 다양한 정례와 부정례를 제시한다. • 요소기능의 순서 또는 결합에 대한 언어적 단서를 제시한다. • 연습과 분산복습을 위한 기회를 제공한다. • 전이를 증진시키기 위한 다양한 맥락을 사용한다.
인지방략	• 방략을 기술하거나 시범 보인다. • 방략을 사용하는 연습의 다양한 계기를 제공한다. • 방략이나 성과의 창의성 또는 독창성에 관한 정보적 피드백을 제공한다.
태도	• 바라는 태도와 관련하여 성공의 기대감을 갖도록 한다. • 존경하는 인물에 대한 동일시를 확신시켜 준다. • 개인적인 행위선택을 위한 의사소통이나 시범을 제공한다. • 실행성공에 대한 피드백과 존경하는 인물로부터 피드백을 받도록 한다.
운동기능	• 실행의 하위 단계에 단서가 되는 언어적 또는 그 밖에 학습안내를 제시한다. • 반복 연습을 하도록 한다. • 실행의 정확성에 관한 즉각적 피드백을 제공한다. • 마음속으로 연습하도록 격려해 준다.

3) 학습위계

학습의 누가적 특성과 긍정적 전이를 가정하고 있는 이 이론은 특별히 선수학습 요소의 확인 및 처방과 학습위계(learning hierarchy)의 중요성을 강조하고 있다. 효과적인 학습을 보장하기 위해서는 후속학습에 반드시 요구되는 필수적 선수학습요소(essential prerequisite)뿐만 아니라 후속학습을 촉진시켜주는 지원적 선수학습요소(supportive prerequisite)의 완전습득이 이루어져야 한다는 것이다. 이들 필수학습요소들의 상호관련성을 도식으로 표현하고 있는 것이 학습위계도로서 최상부에 최종 목표가 위치하고 최하부에는 그 목표를 도달하는 데 필요한 출발점 행동목표가 위치하고 있다. 학습위계의 분석 절차는 최상부부터 하향식으로 이루어져야 하며, 수업의 절차는 최하부부터 상향식으로 이루어져야 한다. 학습과제의 위계적인 관계가 가장 분명한 지적 기능 영역의 위계도는 [그림 4-2]와 같다.

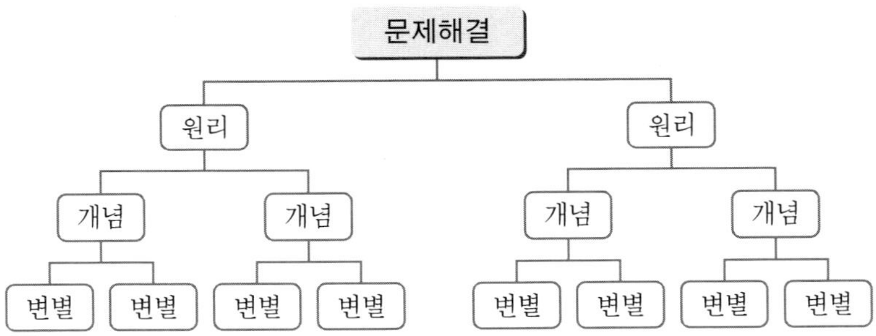

[그림 4-2] 지적 기능 영역의 위계적 관계

4) 수업사상

Gagné의 교수이론에 포함된 또 하나의 중요한 요소에 수업사상(授業事象, instructional events)이라는 개념이 있다. 수업사상은 학습자의 내적 학습과정을 지원해 주는 외적 학습조건이나 상황을 의미한다. 한 시간의 단위 수업에서 수업성과를 극대화하기 위해 전형적으로 적용할 수 있는 일종의 단시수업 운영원리라 할 수 있다. 일반적으로 도입부, 전개부, 정리부로 크게 나누어지는 한 단위의 수업은 보다 세부적인 사상(事象)들로 구성되어 있다. 〈표 4-3〉의 9개 수업사상은 모든 수업에 일괄적으로 적용되는 것은 아니다. 수업의 내용과 특성, 시간과 학습자의 수준, 수업환경 등에 따라 9개 중 전부 또는 일부가 적용되기도 하고, 그 순서 역시 융통성 있게 변형되어 적용될 수 있다. 물론 이러한 변형은 폭넓은 내용 이해와 풍부한 교수 경험을 갖춘 교사의 경우에 해당되며, 그렇지 않은 경우 이 단계를 순서에 따라 체계적으로 적용하는 수업을 계획하고 실행해야 한다. 〈표 4-3〉은 학습성과 영역에 따른 한 시간의 수업운영 방안을 9가지 수업사상별로 제안하고 있다.

(1) 수업의 도입부

① 주의 집중

수업은 학습자의 주의를 환기시키는 일부터 시작된다. 따라서 학습자의 흥미를 유발하거나 관심을 끌 수 있는 자극적인 자료, 즉 교과내용과 관련된 시사 정보나 간단한 사건 · 사고 이야기, 역사적인 인물의 일화 등을 활용하는 것이 효과적이다.

② 목표 제시

수업을 통해 할 수 있게 되기를 기대하는 '새로운 행동'을 알려 줌으로써, 수업이 진행되는 동안 나침반의 역할을 하게 된다. 즉, 모든 학습활동은 구체적으로 명시된 학습목표를 달성하기 위해 의도적으로 설계 · 개발 · 적용되어야 한다.

③ 선행학습 상기

교육은 영속적이고 누적적인 활동이기 때문에 이전의 학습내용에 대한 숙달 여부가 중요한 의미를 갖는다. 따라서 이번 시간의 내용을 학습하는데 꼭 필요한 내용을 확인하여 후속 학습에 지장이 없도록 적절한 처방(보충 · 심화학습)을 제시해야 한다.

〈표 4-3〉 수업사상 및 학습성과 영역별 학습조건

수업사상	5대 학습성과(목표)의 유형				
	지적 기능	인지방략	언어정보	태도	운동기능
1. 주의집중	감각 양식의 다양한 변화를 포함하여, 여러 가지 멀티미디어 자극을 다양하게 제시				
2. 목표 통지	• 기대하는 성취수행을 설명하고 예를 제시	• 기대하는 해결방안의 일반적 특성을 명료화	• 해답해야 할 언어적 질문의 종류를 명시	• 의도하는 행동선택의 종류를 제시	• 기대하는 성취수행의 시범을 제공
3. 선행학습 상기	• 선행요건이 되는 하위개념과 원리의 상기를 자극	• 인지방략 및 관련 지적 기능의 상기를 자극	• 조직된 정보의 맥락을 상기하도록 자극	• 관련 정보와 기능 및 동일시하고자 하는 인간모델의 상기를 자극	• 실행의 하위절차와 부분기능의 상기를 자극
4. 학습내용 제시	• 개념 또는 원리의 예를 제시	• 신기하고 참신한 새로운 문제를 제시	• 정보를 명제의 형태로 제시	• 인간모델을 제시하고 개인적 행위의 선택을 실증	• 성취수행을 위한 도구 또는 실행을 포함한 외적 자극을 제공
5. 학습안내 제공	• 문제해결을 돕는 언어적 단서를 제공	• 참신하고 새로운 해답을 위한 힌트나 단서를 제시	• 보다 큰 유의미 맥락에 언어적 관련성을 제공	• 모델의 선택행위와 모델로 인한 강화의 관찰을 제공	• 수행행동의 성취에 대한 피드백과 함께 연습기회를 제공
6. 연습	• 학습자에게 새로운 예를 제시하고, 규칙과 개념을 적용하도록 요구	• 문제에 대한 해결안을 요구	• 학습자에게 정보를 부연 설명하거나 자기 자신의 말로 진술하도록 요구	• 학습자에게 실지 또는 모의상황에서 행위선택을 하도록 요구	• 성취수행의 실행을 요구
7. 피드백 제시	• 규칙 또는 개념적용의 정확성 여부를 확증	• 문제해결의 독창성 여부를 확인	• 정보의 정확성 여부를 확인	• 행위선택에 대한 직접적인 또는 간접적인 강화를 제공	• 성취수행의 정확성과 타이밍의 정도에 대한 피드백을 제공
8. 형성 평가	• 학습자에게 개념이나 원리의 적용 여부를 실증하도록 요구	• 학습자에게 새로운 해답을 창출하도록 요구	• 학습자에게 정보를 부연설명 형태로 재진술하도록 요구	• 실제 및 모의상황에서 개인적 행위의 바람직한 선택을 요구	• 학습자에게 전체 기능의 수행을 실행하도록 요구
9. 파지/전이 향상	• 여러 가지 다양한 예를 가지고 분산적 복습의 기회를 제공	• 다양하고 참신한 문제해결의 기회를 제공	• 정보의 부가적 복잡성에 대한 언어적 연결을 제공	• 대안적 행위선택에 대한 부가적인 여러 상황을 제공	• 학습자에게 지속적인 기능 연습을 제공

(2) 수업의 전개부

① 학습자료 제시

수업을 통해 학습할 구체적인 자료를 제시하는 단계다. 일제수업 형태로 이루어지는 학습활동으로서 내용에 따라 다양하고 효과적인 제시 방안을 고안하여 학습자료를 선택적으로 지각할 수 있도록 차별성 있는 제시방안을 고려해야 한다.

② 학습 안내 및 지도

제시한 내용에 대한 학습자의 이해 수준에 따라 보다 개별적인 학습 안내와 지도를 제공하는 단계다. 즉, 학습자료가 효과적으로 개개인의 장기기억에 유의미하게 저장될 수 있도록 다양한 상황과 맥락을 이용하여 구조적으로 제시해야 한다.

③ 연습

학습자에게 배운 내용을 스스로 연습하고 실행해 볼 수 있는 기회를 제공하는 단계다. 이론적인 수준에서 체계화된 학습내용을 여러 가지 문제해결 상황에 반복적으로 적용해 봄으로써 내용을 보다 깊이 있게 이해할 수 있는 기회를 제공해 준다.

④ 피드백 제공

연습의 결과에 대한 지식(knowledge of results)을 제공하는 단계로서, 학습자의 수준이나 결과의 정확성에 따라 정·오 확인 피드백, 설명적 피드백, 오류 교정 피드백 등 다양한 형태의 피드백을 제시하여 개별 처방식 수업이 이루어지도록 한다.

(3) 수업의 정리부

① 형성평가

수업의 종결 시점에서 학습목표로 설정한 '새로운 행동'이 성취되었는지의 여부를 확인하기 위하여 목표 관련 평가를 실시하는 단계다. 평가의 결과는 차기 수업을 개선하기 위한 자료로 활용되어야 하며, 학생의 성취를 평가하기 위한 것은 아니다.

② 파지 및 전이의 향상

수업의 마지막 단계로서, 학습한 지식 및 기능들이 영구히 기억되도록 요약 · 정리하고, 아울러 다음 시간의 내용과 관련지어서 학습한 내용이 주변의 새롭고 유사한 문제 상황에도 긍정적으로 적용이 되는 경우를 소개하여 일반화 가능성을 증진시킨다.

3. Merrill의 내용요소제시이론

Merrill(1983)의 내용요소제시이론(CDT: Component Display Theory)은 처방적 교수이론으로써 인지적 영역 중 하나의 개념이나 원리와 같은 단일 아이디어들을 가르치는 미시적(micro) 수준, 즉 학습 대상인 여러 아이디어를 몇 개의 종류로 구분하고 그 종류별 교수방법을 구체적으로 제시하는 미시적 교수설계이론이다. 대부분의 교수이론 혹은 교수설계이론이 다루는 '교수'는 크게 목표, 학습활동(방법), 평가의 세 부분을 대상으로 한다.

목표는 가르치고 배우는 내용에 관한 것이고, 학습활동(방법)은 목표 달성을 위해 학습자가 수행하는 경험이나 활동을 의미하며, 평가는 학습자가 의도한 목표를 효율적으로 달성하였는지의 여부를 판단하는 것을 말한다. 메릴의 내용요소제시이론은 이들 중 학습활동(방법)을 설계하고 개발하는 구체적인 처방들을 제시하는 이론이라고 규정할 수 있다.

1) 수행(P)×내용(C) 매트릭스

Merrill은 다양한 범주의 학습결과가 있으며, 각 범주의 능력을 촉진하고 성취수준을 평가하기 위해서는 각기 다른 절차가 사용되어야 한다는 가정을 하고 있다. Merrill은 세 가지의 수행수준과 네 가지의 내용유형으로 구성된 이차원적 분류체계를 제시하였다(Merrill & Boutwell, 1973; Merrill & Wood, 1974).

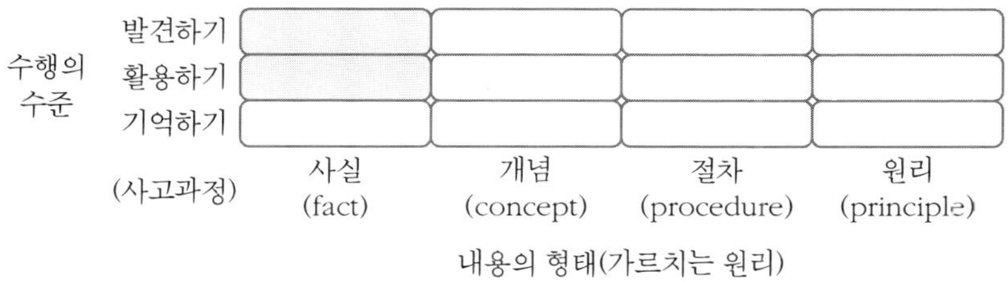

[그림 4-3] 수행×내용 매트릭스

2) 수행과 내용의 범위

수행수준에 분류된 기억은 기존의 저장되어 있는 정보를 재생하거나 재인하기 위하여 학습자가 기억된 정보를 탐색하는 수행을 뜻한다. 활용은 추상적인 학습내용(개념, 절차 및 원리)을 구체적인 실제 상황에 적용하는 수행을 뜻하며, 발견은 새로운 내용을 도출하거나 창안하는 수준의 수행을 의미한다(Merill, 1944). 내용 형태를 구성하고 있는 사실은 이름, 사건, 명제 등과 같은 선언적 내용이고, 개념은 공통적인 속성을 지니고 있고 동일한 명칭으로 불리는 사물, 사건, 기호들의 집합이며, 절차란 특정한 목적을 달성하거나, 특정한 문제를 해결하거나, 산출물을 만드는 데 필요한 단계들을 순서화한 것이다. 그리고 원리는 현상이나 사건을 설명하기 위한 인

〈표 4-4〉 수행×내용 행렬표

수행의 수준					
	발견		• 책상 위의 돌들을 몇 개의 그룹으로 분류하시오. 그리고 누구라도 여러분이 한 것과 동일하게 분류할 수 있도록 각 그룹의 특성을 밝히시오. • 곤충이 주는 생활 의 이점과 피해를 찾을 수 있다.	• 카드를 사용해 주소록 데이터베이스를 만들고, 이를 컴퓨터 프로그램으로 작성해 보시오. • 다양한 물질을 현미경으로 관찰하는 방법을 찾을 수 있다.	• 담배연기가 식물의 성장에 미치는 효과를 분석하기 위한 실험 장치를 만들고, 이를 이용하여 실험한 후 그 결과를 보고하시오. • 일식이 일어날 때 일어나는 현상을 설명할 수 있다.
수행의 수준	활용		• 이 사진에 나타난 산은 단층으로 된 산의 예인가? • 곤충의 특성에 적합한 종류를 분류할 수 있다.	• 양파 껍질 세포를 관찰하기 위해서 현미경을 사용하는 방법을 시범해 보시오. • 현미경을 조작하여 솔잎의 세포 구조를 관찰 할 수 있다.	• 다음의 사례에서 나타난 것과 같이 이 생태계에서는 설치류 동물의 숫자가 증가하고 있다. 위의 생태계를 중심으로 종(種) 상호 간의 의존성과 세대의 순환 등에 대하여 여러분이 알고 있는 지식을 토대로 몇 가지 가능한 가설을 설정해 보시오. • 일식이 일어나는 원리에서 월식이 일어나는 원리를 이해한다.
	기억	• 지도에서 교회를 나타내는 기호는 무엇인가? • 6.25전쟁은 1950년 6월 25일 오전 4시에 일어났다.	• 침엽수의 특성은 무엇인가? • 곤충의 개념을 말할 수 있다.	• 현금지급기를 사용해서 통장의 돈을 인출하려면 어떻게 해야 하는가? • 현미경을 조작하는 절차를 말한다.	• 세계지도를 만들 때 사용하는 세 가지 투사기법에 대해 설명하시오. • 일식이 일어나는 원리를 말한다.
	사고과정	사실 (fact)	개념 (concept)	절차 (procedure)	원리 (principle)
		내용의 형태 (가르치는 원리)			

과관계나 상호관련성을 해석하고 장차 발생하게 될 사태에 대하여 예측하는 것이다. 〈표 4-4〉는 수행×내용 행렬 표를 나타내며, 각 칸별로 적합한 학습과제의 보기를 제시하고 있다(이화여자대학교 교육공학과, 1998; 최동근 외, 1999).

3) 제시형

제시형이란 교사에 의한 전달이나 인쇄매체, 전자매체 등을 통하여 학습자들에게 제시되는 교수의 형태를 말한다. 이것은 일차 제시형과 이차 제시형을 통해서 구체적으로 제시된다. 일차 제시형이란 목표로 설정한 학습이 일어날 수 있기 위해 필요한 최소한의 기본적인 자료를 제시하는 가장 기본적이며 보편적인 방식을 의미한다. 즉, 일차적 자료 제시형태는 수업의 주요 수단으로 볼 수 있다. 이차 제시형이란 일차 제시형에 추가하여 학습을 보다 더 용이하게 할 수 있도록 지원해 줄 수 있는 부가적인 자료를 제시하는 방식을 의미한다. Merrill은 일차 제시형에서, 자료 제시형태를 일반성과 사례를 한 차원으로, 설명적 제시형과 질문적 제시형을 또 다른 차원으로 2차원화한 네 개의 범주를 제안하고 있다.

(1) 일차적 자료 제시형태

교과내용(개념, 절차, 및 원리)은 두 개의 차원, 즉 일반적인 수준(generality)과 구체적인 수준인 사례(instances)를 통해서 제시될 수 있다. 교과내용의 특성인 통칙(generality)과 사례(instances)는 다시 설명 방식과 질문 방식으로 제시될 수 있다. 개념, 절차, 원리에 관한 통칙이나 사례는 설명식 방법이나 탐구식 방법으로 제시할 수 있다. 설명식 방법에는 설명하기, 예시하기, 보여 주기 등이 있고, 탐구식 방법은 동일한 내용을 질문의 형태로 제시하는 것으로서, 학생이 진술문을 완성하기, 통칙을 특수한 사례에 적용하는 문제를 제시하기 등이 있다.

	설명 Expository(E)	질문 Inquisitory(I)
통칙 Generality(G)	E-G '원리'	I-G '회상'
사례 Instance(eg)	E-eg '예'	I-eg '연습'

[그림 4-4] Merrill의 일차적 자료 제시형

(2) 이차적 자료 제시형태

이차 제시형이란 일차 제시형에 추가하여 학습을 보다 더 용이하게 할 수 있도록 지원해 줄 수 있는 부가적인 자료를 제시하는 방식을 의미하며, 일차 제시형을 정교화시켜 주는 제시방법이다. 이차 제시형은 주요 교수전략에 추가하여 학생들의 정보처리 과정을 촉진시켜 주거나, 혹은 맥락, 배경과 같이 흥미 있는 요소를 제공해 주는 정교화의 기능을 지닌 자료형태를 말한다. 이차적 자료 제시형태의 목적은 동기유발을 시키거나 인지과정을 활성화하여 학습이 용이하게 이루어지도록 하는 데 있다. Merrill은 맥

일차 제시형 정교화의 형태	EG	Eeg	Ieg	IG
맥락(c)	EG′c	Eeg′c	Ieg′c	IG′c
선수학습(p)	EG′p	Eeg′p		
기억술(mn)	EG′mn	Eeg′mn		
학습촉진도움(h)	EG′h	Eeg′h	Ieg′h	IG′h
표상(r)	EG′r	Eeg′r	Ieg′r	IG′r
피드백(FB) (ca) 정답 (h) 도움 (u) 사용			FB/ca FB/h FB/u	FB/ca FB/h FB/u

[그림 4-5] Merrill의 이차적 자료 제시형

락(c: context), 선수학습(p: prerequisite), 기억술(mn: mnemonic), 도움말(h: mathemagenic help), 표상(r: representation) 및 피드백(FB: feedback)의 여섯 가지의 정교화를 이차적 자료 제시형을 위한 전략으로 이용하고 있다. 예컨대, 설명식 통칙 형태에서는 피드백이 적용되지 않는다. 일차 제시형과 여섯 가지 정교화 유형을 관련시켜 제시한 [그림 4-5]에 이차적 자료 제시형이 나타나 있다.

4. Reigeluth의 정교화이론

정교화이론은 Merrill의 내용요소전시이론을 거시적 수준으로 확장시키기 위해 Reigeluth가 개발한 것(Reigeluth, 1979, 1983, 1987)으로, 교수내용을 선정, 계열, 종합, 요약하기 위한 적절한 방법을 처방하는 수업설계이론이다(Reigeluth & Stein, 1983; Reigeluth, 1987). 이 이론은 교수 내용을 단순 또는 간단한 것에서부터 시작하여 보다 세부적인 것으로 조직하는 계열화 원리에 의해 구축되었다. 정교화의 계열화 원리는 카메라의 '줌렌즈'에 비유된다(Reigeluth & Stein, 1983). 대상을 효율적으로 관찰하기 위해 줌 렌즈를 이용하여 전체를 조감한 후, 특정 부분을 선택하여 상세히 살펴볼 것이다. 그런 후 다시 렌즈를 뒤로 빼서 전체 속에서 다시 한 번 부분을 파악하려 할 것이고, 이런 행동은 완전히 사물이 파악될 때까지 계속된다. 교수이론으로서 정교화이론은 이와 유사하게 교수내용 중에서 가장 간단하면서 기본적이고, 일반적이며 핵심적인 대요(大要, epitome)를 살펴본 후, 이 대요에 구체성, 복잡성 그리고 난이도를 높여 가는 형태로 교수내용을 계열화하는 방안을 제시하고 있다. 이는 수업내용을 계열화하기 위한 거시적 조직전략을 포함하는 수업설계이론 중 하나라고 할 수 있다.

Bruner, Ausubel, Merrill 등이 제시한 계열화 전략은 지식의 구조나 교수 · 학습의 과정에서 정교화이론과는 달리 교수 · 학습내용의 일부 측면만을 설명하고 있다. 즉, Bruner는 원칙, Merrill은 절차, 그리고, Ausubel은 개념에 대한 계열성을 주장하고 있다. 이는 교수 설계자들에게 학습내용을 계열화하는 데 종합적인 시각을 제공할 수 없다고 보고, Reigeluth(1983)는 이러한 이론들을 통합함으로써 하나의 거시적 수준의 이론을 구축하였다.

1) 7가지 수업전략

정교화이론(Reigeluth, 1979; Reigeluth & Stein, 1983)은 교과과정이나 코스가 가져야 할 이상적인 학습구조나 계열성에 대한 통합적 연구를 통하여 교수설계자들에게 수업설계의 방향을 제시하였다. 정교화이론에서 제시하고 있는 수업설계의 원리는 한 코스 내 레슨들의 내용조직을 위한 정교화 계열(elaborative sequence), 한 레슨 내의 선수학습 요소 및 내용조직을 위한 정교화 계열(learning-prerequisite sequence), 요약자(summarizers), 종합자(synthesizers), 비유(analogies), 인지적 전략 활성자(cognitive strategy activators) 그리고, 학습자 통제 유형(learner-control format) 등의 일곱 가지를 포함하고 있다(Reigeluth, 1987).

(1) 정교화 계열

정교화 계열은 내용조직전략으로서 학습내용을 단순한 것에서부터 복잡한 것으로 제시하는 방법이다. 정교적 계열화는 '줌렌즈'로 비유(Reigeluth, 1987)되는데, 처음에 전체를 먼저 학습하고, 줌인(zoom-in)하여 세부부분과 그들의 상호 관계를 학습하고, 다시 전체 영상의 다른 부분을 복습하고 전체 영상 내에서 한 부분의 맥락을 복습하기 위해 줌렌즈를 뒤로 빼서 광각렌즈로 접근한다. 그런 후 다시 줌인(zoom-in) 활동을 반복하면서 점차로 자세한 부분을 학습하게 된다. 정교화이론을 바탕으로 한 수업은 가장 간단(simple)하고 가장 근본적인(fundamental)인 아이디어를 담고 있는 전체개관(overview), 즉 '대요(大要, epitome)'의 제시로부터 시작된다. 그 후 수업은 정교화의 수준에 따라 학습내용을 개관하게 된다. 즉, 대요에서 제시된 각 항목에 복잡성(complexity)과 상세함(detail)이 더해 간다.

(2) 선수학습의 계열

선수학습이란 어떤 학습과제의 학습을 위해 미리 학습 또는 습득하고 있어야 할 학습이다(Reigeluth, 1983). 즉, 주어진 시간에 배우게 될 학습과제의 성격상 위계적으로 하위에 해당하는 과제나 목표가 선행지식이 되며, 이를 습득하는 것이 선수학습이 된다. Reigeluth와 Stein(1983)에 의하면 선수학습의 계열화는 학습의 구조(learning structure)에 기초를 두고 있다. 학습의 구조란 새로운 정보를 학습하기 전에 어떠한 지식이나 정보를 먼저 학습해야만 하는지를 나타내주는 구조를 언급한다. 예를 들어, 시장의 가격형성원리를 알기 위해서는 수요곡선, 공급곡선, 수요, 공급 등에 대한 학습이 먼저 이루어져야 하는데 이러한 지식의 체계를 보여 주는 것이 학습의 구조다. 선수학습의 계열화는 지식의 세 가지 형태, 즉 개념, 절차, 이론에 따라 달라진다(Gagné, 1968; Reigeluth & Stein, 1983). 개념학습의 선수학습은 개념을 결정짓는 속성과 그들 사이의 상호관계를 파악하는 것이고, 절차학습의 선수학습은 행해야 할 절차의 각 단계에 속하는 행동들의 구체적 서술과 그 행동들과 관련된 개념이나 다른 요인들 또는 결정을 내릴 수 있도록 안내하는 규칙이며, 원리학습의 선수학습은 각종 개념들과 그러한 개념들의 변화를 나타내주는 관계라고 할 수 있다. 선수학습내용의 배치는 각각의 선수학습내용이 선수학습으로 요구되는 내용의 바로 직전에 제시되어야 한다.

(3) 요약자

요약자란 이미 학습한 것을 체계적으로 검토 또는 복습하기 위해 사용되는 수업전략으로서 다음의 세 가지 방식으로 구성된다(Reigeluth & Stein,

1983; Reigeluth, 1987; Reigeluth & Curtis, 1987). 이미 배운 각 아이디어나 사실에 대한 간결한 진술, 전형적이거나 기억하기 쉬운 실례 그리고 각 개별 아이디어에 대한 진단적, 자기평가적 연습문제들을 제공한다.

요약자의 유형에는 수업 내에서 제시위치와 다루는 내용 범위에 따라 단시수업의 내부 요약자와 세트 또는 단원 요약자가 있다. 단위수업의 내부 요약자(internal summarizer)는 단위 수업의 마지막 부분에 제시되면서 그 특정수업에서 가르쳤던 아이디어나 사실을 요약해 주는 것이다. 반면에 세트 또는 단원 요약자(set or unit summarizer)는 단위수업들을 포함하는 단원 전체에서 가르쳤던 모든 아이디어나 사실을 요약한다. 여기서 수업(lesson)이나 한 단원(unit)의 '세트(set)' 란 하나의 특정한 수업단원을 직접적으로 정교화시킨 모든 수업들이다.

(4) 종합자

종합자는 개개의 아이디어들을 서로 연결시키고 통합시키기 위한 수업전략이다(Reigeluth, 1987). 종합자는 학습자들에게 그 자체로서 가치 있는 지식을 제공하고, 개개의 아이디어를 비교함으로써 개개의 아이디어의 깊은 이해를 촉진시키며, 수업의 전체적 윤곽 속에서 아이디어들이 어떻게 연결되어 있는지를 제시해 줌으로써 수업의 의미성과 동기를 증진시키고(Ausubel, 1968; Keller, 1983), 파지를 증가시킨다. 정교화이론에서는 학습내용의 형태, 즉, 개념적, 절차적, 이론적 내용에 따른 세 가지 종류의 종합자가 있으며, 이들은 수업이나 단원의 내용범위와 제시시점에 따라 구분되기도 한다.

(5) 비유

비유는 새로운 정보(topic)를 학습자에게 친숙하거나, 학습자가 이미 소유하고 있는 조직화된 지식에 좀 더 의미 있는 맥락(vehicle)과 연결시켜 좀 더 쉽게 이해할 수 있도록 도와주는 수업전략이다(Ortony, 1979; Verbrugge

& McCarrell, 1977). 비유는 학습자가 그들의 경험 내에서 보다 구체적인 것을 상기하도록 한다. 비유는 학습자가 좀 더 추상적이고 복잡한 아이디어를 이해할 수 있도록 준비시킨다(Curtis & Reigeluth, 1984; Reigeluth, 1983). 양질의 비유를 판단하고 선정하는 데 논제(topic)와 전달수단(vehicle) 간의 적합성을 고려해야 한다. 공유된 유사성은 학생들이 전달수단을 숙지하고 있는 정도를 의미하는 친숙성(familiarity)의 기준에 비추어서도 중요하다. 논제의 심상(imagery) 또한 비유의 질을 결정하는 또 하나의 중요한 기준이 된다. 비유의 질을 결정하는 또 다른 기준은 신기성(novelty)이다.

(6) 인지적 전략 활성자

인지적 전략 활성자는 새로운 지식을 이미 알고 있는 지식에 관련시킴으로써 의미 있는 학습을 하도록 돕는 중요한 교수전략이라고 할 수 있다. 다시 말해, 학습하는 시점에서 의미 있는 학습자의 일반적 기능(generic skill)의 사용을 활성화시키는 것으로서 개념적, 절차적, 이론적 내용에서 사용될 수 있다. 인지적 전략 활성자의 종류는 두 가지로서, 기억조성술, 비유, 변형문이 내용과 함께 제시되는 잠입전략 활성자(embedded strategy activator)와 학습자에게 인지적 전략을 제시해 주는 것이 아니라 "비유해서 생각해 보시오." "기억법을 사용해 보시오." 등과 같이 단지 이전에 학습한 인지적 전략을 사용하는 지시문만 제공하는 독립된 전략 활성자(detached strategy activator)가 있다. 이 전략은 Reigeluth 이전의 수업이론에서는 간과되었던 수업전략요소다(1987). Reigeluth(1980)는 의미 있는 수업이 되도록 하기 위해서는 학습자가 기존에 가지고 있던 지식을 활성화시키는 전략이 필요하다고 주장하였다.

(7) 학습자 통제 유형

학습자 통제는 학습자가 자신이 학습할 내용과 수업전략을 선택, 계열화

〈표 4-5〉 Reigeluth 이론과 Merrill 이론의 비교

	Reigeluth 정교화이론	Merrill의 CDT 이론
성격	거시적 수준의 조직이론(교수내용을 선택하고 계열화하고 종합, 요약하기 위한 적절한 방법을 제공)	미시적 수준(교수방법을 크게 조직전략, 전달전략, 관리전략으로 나눈다면, CDT는 조직전략의 범주에 포함되며, 그중에서도 낱낱으로 떨어진 아이디어를 교수하는 방법을 처방하는 미시적 접근)
발전배경	정교화이론은 주제를 조직하고 계열화하는 데 초점이 맞추어져 있는 수업설계의 거시적 전략으로서 미시적 수준의 교수에 대한 단서가 없기 때문에 교수 설계의 부분적 이론이라고 할 수 있다. 따라서 정교화이론은 CDT 이론과 같은 미시적 전략과 함께 사용하는 것이 좋다. 실제로 ET는 CDT를 거시적 수준으로 확장하는 방법으로 Reigeluth와 Merrill에 의해 개발됨	학업수행결과의 다양한 형태는 다양한 학습조건을 요구한다는 Gagné 이론에서의 기본 가정을 확대. Gagné의 학습결과 범주의 일차원적 분류체계가 너무 제한적이라는 비판에서 Merill은 이차원적 분류체계를 제안
핵심개념	– 정교화(Elaboration) – 7대 전략 – 대요(Epitome) – 정교화 모델(개념적, 절차적, 이론적)	– 수행(기억, 활용, 발견)×내용(사실, 개념, 절차, 원리) 매트릭스: 학습 결과의 범주를 수행, 내용 매트릭스를 통해 이차원적으로 규정함. – 제시형: 일차 제시형, 이차 제시형, 과정 전시, 절차 전시형
기본전략	– 조직적 구조 – 간단 → 복잡한 것으로의 계열화 – Within-Lesson sequencing – 요약자 – 종합자 – 비유 – 인지적 전략자 – 학습자 통제	
특징	– 기존의 수업이론(Ausbel, Bruner 등)과 ISD 이론을 통합 – 줌렌즈를 가진 카메라로 비유(epitome → 정교화 → 요약화 → 종합화) – 단계적 계열화 – 하이퍼미디어는 수업을 전달하는 개념의 수레바퀴로 나타나고 ET 이론은 거대한 정보 덩어리를 효과적이고 효율적으로 만드는 설계 사양을 설명해 준다는 측면에서 하이퍼미디어가 요구하는 거시적 수준의 교수이론에 ET 이론이 적합	– 단위수업활동의 처방적 설계 · 개발 – Gagné에 비하여 학습능력을 내용과 지식으로 분류하고, 분류된 각각에 대한 최적의 교수전략을 처방하는 데 초점을 둠

하여 어떻게 학습할 것인가를 결정할 수 있는 통제력을 갖는다는 것이다 (Merrill, 1983, 1984; Reigeluth & Stein, 1983). 학습자 통제 유형의 종류는 학습내용에 관한 통제와 수업전략에 대한 통제로 나누어 볼 수 있다. 학습내용에 대한 학습자통제는 습득한 선수지식을 이미 가지고 있는 학습자에게 수업의 선택권을 제공하는 것이고, 반면 수업전략에 대한 학습자 통제는 실례, 연습문항, 선택적 표현과 같은 미시적 전략요소의 형태, 순서, 개수와 요약자, 종합자, 비유와 같은 거시적 전략요소의 형태와 시기에 대한 선택을 제공한다.

5. Vygotsky의 교육방법[2)]

1) 근접발달영역의 활성화

교수 · 학습과정은 기본적으로 교사와 학생 간, 그리고 학생과 학생 간의 상호작용을 통하여 정보를 공유하는 과정이다. 학습자가 보다 성숙한 또래나 교사, 부모와의 상호작용을 통하여 새로운 지식을 재구성한다는 입장이 비고츠키의 입장이다. 비고츠키에 따르면, 교사는 학습자가 어느 누구로부터의 도움을 받지 않은 상태, 즉 '실제적 발달수준', 즉 학습자의 인지적 · 정의적 출발점 행동 수준을 고려하는 것에서 교수는 시작되어야 한다고 한다. 따라서 어떤 방식으로 어느 정도의 교수처방을 할 것인지는 다분히 이 수준에 따라 결정된다고 할 수 있다. 교사나 보다 우수한 또래 학습자의 도움을 받으면서 발달할 수 있는 최상의 수준을 '잠재적 발달수준' 이라고 하는데, 이 수준 또한 학습자의 실제적 발달수준이라고 할 수 있는 학습자의 개별적인 수준에 따라 다양하게 결정된다.

2) 이 절은 정성희(2006). 지성과 감성의 상생적 통합: 연극에 대한 교육적 탐구. 경북대학교 교육학 박사학위 청구논문을 참고하였음.

비고츠키는 이 두 수준 간의 차이를 '근접발달영역(zone of proximal development)'이라는 개념으로 규정했다(Vygotsky, 1978). 이 영역은 어느 누구로부터의 도움을 받지 않은 독립적인 문제해결에 의해 결정된 학습자의 실제적 발달수준과 교사나 부모와 같은 성인의 안내나 더 유능한 또래들과의 협력으로 문제를 해결함으로써 결정되는 잠재적 발달수준 간의 차이로 정의된다(Wertsch & Tulviste, 1998). 즉, 이 영역은 학습과 인지 발달이 일어나는 중요하고 역동적인 지대로서 교사가 적극적으로 활성화시켜야 할 민감한 교육의 장이라고 할 수 있다. 여기서 활성화란 그 지대가 고정적이고 정적인 상태로 머물러 있는 것이 아니라, 교수가 이루어지는 과정동안 끊임없이 변동되고 조정되어야 한다는 의미다. 요컨대, 교사는 교수행위가 이루어지는 동안에도 학습자의 근접발달영역은 계속해서 변하고 있으며, 그에 따른 처방 또한 지속적으로 다양하게 제공되어야 한다는 사실을 주지하고 있어야 한다.

비고츠키는 근접발달영역의 교육적 함의에 비추어 수업을 어떻게 조직할 것인지를 논의했다. 그에 따르면, 수업은 실제적 발달수준보다는 잠재적 발달수준에 기준을 두고 조직해야 한다고 주장한다(Wertsch & Tulviste, 1998). 즉, 학습자의 출발점 행동을 확인하고 그에 따른 교수 처방을 실행하는 것보다, 학습자의 최대 발달수준을 염두에 두고 그 수준을 달성하기 위해서 어떤 교수 처방을 설계하고 제공해야 하는지가 더 중요하게 고려되어야 한다는 것이다. 근접발달영역을 활성화함으로써 교사는 학습자의 실제적 발달수준을 정확하게 확인할 수 있게 되고, 그런 상황이

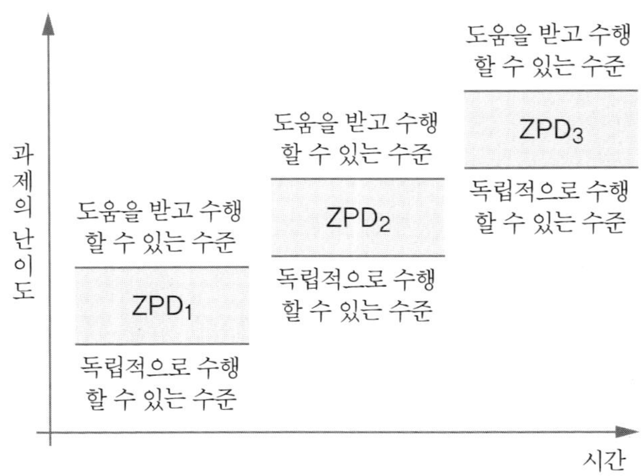

[그림 4-6] 근접발달영역의 역동적인 특성

되어야 학습자와의 도움주고 받기 활동이 서로 공유할 수 있는 이해수준에서 이루어질 수 있다. 따라서 이상적인 교수가 갖추어야 할 요소로서, 학습자의 선행학습 수준을 고려하고, 학습자가 도달해야 하는 이상적인 수준을 설정하고, 적합한 교수처방을 활용해야 한다. 또한, 피드백을 제공하는 활동들이 반드시 근접발달영역 내에서 이루어져야 하고, 그 영역은 지속적으로 활성화되어야 한다는 것이다.

2) 지식 구축 경험 공유

근접발달영역 내에서 일어나는 대부분의 활동은 교사와 학생간의 도움주고 받기이다. 이 과정은 교사와 학생이라는 개별적인 두 주관이 만나서 의견을 공유하고 협상하고 타협하는 과정, 즉 너의 주관과 나의 주관이 만나 합의된 객관을 추구하는 간주관적 객관성(intersubjective objectivity)을 확보하는 과정이 바로 지식 구축을 경험하는 과정이라는 것이다. 따라서 특정인에게 권위가 부여되어 있는 상황이 아니다. 엄밀히 말하면 의견공유 과정에 참여한 모든 사람에게 권위가 균등하게 분산되어 있다고 할 수 있다(Steffe & Gale, 1995). 비고츠키가 주장하는 근접발달영역 내에서의 협력적 교수상황의 요체는 학습자가 교사와의 사회적 성격의 상호작용을 통하여 교사의 문제해결 방법을 반영한 학습자 자신의 독특한 문제해결 방법을 확보하게 하는 것이다. 교사의 도움을 받되 그 도움을 자기화시켜서 자신만의 방법을 창안하는 것을 요구하고 있다. 구성주의자들에 의하면, 교사와의 상호작용 과정을 통하여 학습자들이 특정문제에 대하여 새로운 지식이나 이해를 확립하기 위해서는, 그 문제에 대한 가설수립을 통해 결과를 예측하고, 여러 관련대상을 조작하고, 질문을 제기하며, 해결안을 찾기 위해 연구방법을 고안하고, 대안을 창안하며, 검증해 보는 경험을 하도록 교사가 유도해야 한다고 주장한다(Fosnot, 1992, p. 20).

따라서 그 문제에 대한 각자의 견해나 선험적인 개념들을 서로 공유하고 타협해 볼 수 있는 협력적 학습환경이 먼저 제공되어야 한다. 협력적 환경은 전통적인 교육환경과 비교해서 교사와 학습자 간의 관계가 훨씬 활성화되는 효과를 기대할 수 있다. 교사와 학생 간에 근접발달영역 내에서 이루어지는 관계가 활성화되면 교사 주도의 일방적인 지식 전달방식을 벗어나 문제해결에 필요한 지식 및 기능들에 대해 보다 실제적인 의미가 창출될 것이다(Steffe & Gale, 1995). 이처럼 권위가 분산되고, 관계가 활성화되며, 실제적인 의미가 창출될 수 있는 환경에서 이루어지는 협력 학습은 다음과 같은 절차에 따라 이루어질 수 있다(Bednar et al., 1991; Patel, 1991; Scott, 1987). 첫째, 문제에 대한 자신의 해결방안을 스스로 작성하게 하고, 둘째, 작성된 자신의 반응이나 의견을 설명, 변호, 정당화할 수 있는 기회를 제공한다. 셋째, 자신의 지각이나 견해를 또래 집단과 공유할 수 있는 토론 기회를 제공하고, 넷째, 대안적인 관점에 관하여 교사(전문가)의 견해를 제시하고, 그에 대해 의견을 공유하게 한다.

이런 협력 학습을 위한 새로운 교수이론의 필요성을 강조하는 Resnick (1989)은 다음의 세 가지 상호 관련된 학습현상으로 인해 과거 연상주의나 행동주의 심리학에서 도출된 이론과는 판이하게 다른 교수이론이 필요하다고 주장한다. 즉, 학습은 지식구축 과정이지, 지식암기나 습득과정이 아니며, 새로운 지식을 구축하기 위해서는 현재 지니고 있는 지식을 적극 활용해야 하며, 또한 지식이 실용적 가치를 확보하기 위해서는 학습이 일어나는 상황과 밀접하게 관련되어야 하고, 반드시 참여자들과의 지식공유 과정을 통하여 참여자들 사이에서 합의된 관점을 도출하는 과정을 경험해야 하고, 도출된 관점을 존중해야 한다는 것이다. 비고츠키 또한 세상에서 일어나고 있는 현상이나, 주위의 환경, 다양한 관점을 해석하는 데 있어 그 상황에 함께 참여한 사람들의 공유된 이해를 강조한다. 공유된 이해란 토론에 참여한 사람들이 개인적 기준에서 토론 내용을 자기화했음을 의미한다. 지식이 자기화된 상태는 바로 지식구축이 이루어졌음을 의미한다. 지식은 남으로부터 전달되는 객관적인 대상이 아니라 스스로 구축해야 할 주관적인 것이라는 것이 지식구축 과정의 근거에 깔려 있는 전제다. 따라서 비고츠키는 교사에 의해 교수된 지식의 불활성(inertness)을 비판하고, 학습자 스스로 자신의 기존 지식과 경험에 근거하여 의미 있는 지식을 구성하는 과정을 보다 강조한다.

3) 교수의 이중적 전개

비고츠키는 특별히 교수를 어떻게 전개해야 하는지에 대해 직접적으로 연구하고 제안하지는 않았다. 따라서 교수에 대한 구체적인 접근법은 그의 저서 어디에서도 찾아보기가 어렵기 때문에, 그의 저서에서 언급한 관련연구들과 후대 학자들이 해석한 연구에 의존하여 간접적으로 도출할 수밖에 없다(Gredler, 2005). 교사는 일반적인 것에서 구체적인 것으로, 학습자는 구체적인 것에서 일반적인 것으로 교수 · 학습의 과정이 반대로 전개되는 교수의 과정을 Hedegaard(1990)는 '교수의 이중적 전개(double move in teaching)' 라고 표현했다. [그림 4-7]은 교수의 이중적 전개와 근접발달영역의 관련성을 도식으로 표현한 것이다. 교수의 흐름은 우선 교사주도의 연역적 계열방식으로 출발한다. 즉, 교사는 학습자의 잠재적 발달수준을 예측하고, 그 수준을 달성하기 위한 목적을 가지고 일반적인 원리와 개념부터 가르치기 시작한다. 이후 내용의 수준을 학습자에게 친숙하고 구체적인 사례로 점점 축소해 가는 방식을 취한다. 이런 방식의 교수를 전개해 가면서, 그 내용이 학습자의 실제적 발달수준에 이르렀다고 판단되는 순간, 즉 학습자가 매우 친숙해하고 숙달해 있으면서 최대의 흥미가 유발되어 있는 순간까지 계속된다. 이 순간에서 교사 주도의 연역적 계열 수업이 끝나고 학습자 주도의 귀납적 계열 학습이 시작된다. 요컨대, 교사는 학습자의 잠재적 발달수준을 염두에 두고 교수를 시작해서 그 내용이 학습자의 실제적 발달 수준에 이르렀을 때까지 주도적으로 교수를 전개해 나간다.

이 과정 동안 학습자의 의식 영역은 교사의 주도적 활동 정도와 반비례

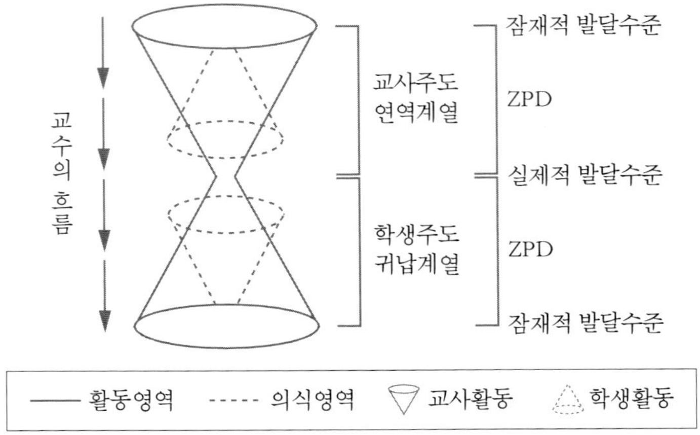

[그림 4-7] 교수의 이중적 전개

해서 증가한다. 즉, 교수과정의 초기에 교사는 학습자의 잠재적 발달수준을 고려해서 일반적인 원리와 개념을 도입하는데, 이 시기에 그 내용에 대해 학습자가 지니고 있는 의식 정도는 아주 미미한 상태에 있다고 할 수 있다. 그런 과정을 지나 교사가 설명하는 내용의 수준이 점차 학습자의 경험과 흥미에 근접해감에 따라 학습자가 의식할 수 있는 영역은 증가하게 된다. 이 같은 증가는 교수내용이 학습자의 실제적 발달수준에 이르게 될 때 극대화된다고 할 수 있다. 이때부터 교수과정은 학습자 주도로 변환된다. 즉, 학습자는 자신이 가장 친숙해하는 상황을 기반으로 해서 교사가 의도하는 잠재적 발달수준에 도달하기 위해 적극적이고 주도적으로 학습활동을 이끌어가게 된다. 이 학습활동은 귀납적 계열을 따르면서, 학습자에게 친숙하고 구체적인 내용으로부터 학습이 이루어지고, 궁극적으로는 교사가 의도하는 잠재적 발달수준인 일반적이고 원리적인 주제와 개념을 습득하게 되는 지점에 이르는 것이다.

[그림 4-7]에서 실선으로 묘사된 교사 주도의 연역적인 교수활동이 이루어지는 동안 점선으로 묘사된 학생의 인식활동은 그 정도에 있어 반비례

해서 이루어지고 있으며, 학습자 주도의 귀납적인 학습활동이 이루어지는 동안 교사의 인식활동 정도 또한 반비례해서 이루어지고 있다. 즉, 주도적인 역할을 한다는 것이 교사만의 활동이나 학생만의 활동으로 진행되는 것이 아니라, 모든 과정 동안 교사와 학생이 상호작용하면서 교수 · 학습과정을 전개해 가는데, 다만 그 과정에서 교수의 전반부에는 교사가 주도를 하고, 후반부에는 학생이 주도한다는 것이다. 이것이 바로 교수의 이중적 전개 활동이다. 요컨대, 학습자는 처음에는 선경험자인 교사의 도움을 받고, 그 도움에 근거하여 처음에는 추상적이었던 지식이 점차 구체화되는 경험을 하게 되고, 결국에는 그 지식이 학습자 자신의 언어로 표현하게 되는 단계인 '지식의 자기화' 단계에 이르게 된다. 이 과정이 바로 비고츠키가 강조하고 있는 교육의 과정이다.

기출문제(초등)

1. 다음의 내용은 켈러(Keller)가 명명한 동기화전략 중 무엇을 지칭하는가?

CBI(computer-based instruction)의 끝부분에서, 해당 프로그램을 통해 학습한 기능이나 지식을 적용하는 교육용 게임이나 시뮬레이션을 제공하기

① 관련성(relevance) ② 자신감(confidence)
③ 만족감(satisfaction) ④ 주의집중(attention)

2. 고든(Gordon)의 시넥틱스(Synectics) 교수법에 대한 설명 중 올바른 것은?
① 새로운 것을 창조하기 위한 전략의 첫 단계는 탐색활동이다.
② 창의력을 창출하는 과정에는 지적 · 합리적인 요소가 정의적 · 비합리적인 요소보다 더 중요하다.
③ 두 가지 사물들 간의 직접적인 단순 비교를 스스로 해 낼 수 있도록 유도하는 대인유추가 중요하다.
④ 창의성은 학습자가 비유법을 활용하여 고정관념을 깨뜨리고 새로운 대안을 창출하는 과정 속에서 발달된다.

3. 〈보기〉에 제시된 학습목표를 메릴(Merrill)의 구인제시이론(compo-nent display theory)의 내용×수행 이원 분류 행렬로 바르게 나타낸 것은?

〈 보기 〉
- 논설문 작성 방법을 사용하여 자신의 의견을 주장하는 글을 쓸 수 있다.
- 인터넷을 사용해 과제 수행에 필요한 자료를 찾을 수 있다.

① 개념 × 발견 ② 원리 × 발견
③ 절차 × 활용 ④ 사실 × 활용

4. 상황학습이론(situated learning theory)을 적용한 수업 방법과 가장 거리가 <u>먼</u> 것은?
① 교과 간 통합적 과제나 문제를 제시한다.
② 매체를 활용하여 구체적 사례들을 다양하게 제시한다.
③ 지식이나 기능이 사용되는 구체적 맥락을 제시한다.
④ 복잡한 지식과 기능은 되도록 단순화하여 명료하게 제시한다.

5. '고차적 사고능력은 사회적 상호작용을 통해서 개발된다.' 라는 주장과 가장 관련이 큰 것은?

① 교수 기계 ② 프로그램 학습
③ 비계 설정(scaffolding) ④ 컴퓨터 보조 수업(CAI)

6. 〈보기〉와 같은 교사의 경험을 가장 잘 설명하고 있는 이론은?

〈 보기 〉

지난해 소집단 토론 수업을 실시한 결과 학생들의 학습참여도와 학업 성취도가 설명식 수업 방법에 비해 크게 향상되어, 소집단 토론 수업 방법이 설명식 수업 방법보다 효과적이라는 확신을 갖게 되었다. 이런 확신 때문에 새로운 학교로 전근을 와서도 소집단 토론을 중심으로 수업을 진행하였다. 그러나 기대와는 달리 학생들의 학습참여도와 학업성취도가 설명식 수업을 실시하고 있는 다른 반 학생들보다 오히려 떨어졌다. 그래서 다시 설명식 수업 방법으로 전환하게 되었다.

① 정교화이론 ② 행동수정이론
③ 유의미 학습이론 ④ 적성-처치 상호작용이론

7. 〈보기〉에서 제시한 교사의 수업과 관련이 깊은 학습형태는?

〈 보기 〉

오늘은 고래에 대해서 학습해 봅시다. 고래는 우선 생물체에 속하고, 생물체 중에도 동물, 그리고 물속에서 살고 있지만 사람과 같은 포유류에 속합니다. 그럼, 이제 오늘 수업 주제인 고래에 대해서 살펴봅시다.

① 블룸(Bloom)의 완전학습
② 브루너(Bruner)의 탐구학습
③ 오수벨(Ausubel)의 유의미학습
④ 스키너(Skinner)의 프로그램 학습

8. 교수 · 학습이론 중 〈보기〉는 어떤 이론에 대한 설명인가?

〈 보기 〉

먼저 광각렌즈를 통해 사물의 전체적인 모습을 관찰함으로써 각 부분들이 서로 어떠한 관계를 형성하고 있는지 파악할 수 있을 것이다. 그 다음 각 부분별로 확대해 들어가 세부 사항들을 관찰할 수 있을 것이다. 한 단계 줌인해서 세부 사항들을 관찰한 다음 다시 줌아웃해서 전체와 부분 간의 관계를 다시 반복적으로 검토할 수도 있다.

① 정교화이론　　② 처방적 교수이론
③ 내용요소 제시이론　　④ 구성주의 교수이론

9. 〈보기〉에서 밑줄 친 단어들이 공통적으로 의미하는 것은?

〈 보기 〉

- Cronbach와 Snow의 ATI 모형에서 Aptitude
- Tobias의 ATI 모형에서 Attribute
- Salomon의 TTI 모형에서 Trait
- Berliner와 Cahen의 TTTI 모형에서 Trait

① 수업목표의 특징에 맞게 수업 방법을 적용해야 한다.
② 학습자들의 적성을 고려하여 수업 방법을 적용해야 한다.
③ 학습과제의 특징을 고려하여 수업 방법을 적용해야 한다.
④ 교사는 자신의 적성에 알맞은 수업 방법을 적용해야 한다.

10. 〈보기〉의 진술과 가장 관계 깊은 개념은?

〈 보기 〉

- 실제 사례를 '있는 그대로' 학습하도록 한다.
- 영화 등 하이퍼미디어를 활용하는 것이 효과적이다.
- 맥락을 벗어난 지식은 지나친 단순화와 일반화의 오류에 빠지기 쉽다.
- 동일한 자료를 다른 시기에 다른 목적과 관점으로 검토함으로써 다양한 차원에서 지식을 이해하게 한다.

① 인지적 유연성　　② 수단-목적 분석
③ 일반화된 문제 해결　　④ 지식의 위계 구조

11. 강 교사는 새로운 학습내용을 제세하기에 앞서 학생들의 사전 지식과 경험을 활성화하여 동기를 유발하였다. 켈러(J. Keller)의 ARCS 이론 중 강교사가 사용한 수업전략과 가장 관계가 깊은 요소는?

① 주의(attention)　　② 관련성(relevance)
③ 자신감(confidence)　　④ 만족감(satisfaction)

12. 다음과 같은 박 교사의 조리실습 수업을 가장 잘 분석한 것은?

> 박 교사는 학생들이 다양한 활동을 통해 조리를 경험해 볼 수 있도록 하였다. 조리 재료의 이름을 넣어 노래를 만들어 보도록 하였으며, 조리과정을 몸동작으로 표현해 보도록 하였다. 또한 학생들에게 조리시간에 따른 온도의 변화를 재고 이들 간의 관계를 그래프로 나타내 보도록 하였다. 수업의 마지막 정리 단계에서는 조리과정에 대한 설명과 느낌을 담은 글을 지어 보게 하고 이를 서로 이야기해 보도록 하였다.

① 근접발달영역을 고려해 다양한 비계를 설정해 주려고 하였다.
② 대리적 강화이론을 활용해 조리에 대한 긍정적 태도가 형성되도록 하였다.
③ 다중지능이론에 근거해 학생들의 다양한 지적 능력을 개발시키고자 하였다.
④ 모델링을 통해 조리과정 중의 다양한 인지적 요소가 잘 드러나도록 하였다.
⑤ 다양한 선행조직자를 제공하여 조리 기능을 빠르고 쉽게 익힐 수 있도록 하였다.

13. ARCS 모형의 동기유발 요소별 활용전략으로 적절한 것을 〈보기〉에서 고르면?

〈 보기 〉

ㄱ. 주의집중(Attention): 강의 형태의 일방적 정보 제시와 토론 등의 상호작용 위주의 교수 · 학습 방법을 적절히 혼합하여 수업 방식에 변화를 준다.
ㄴ. 관련성(Relevance): 학습자의 흥미와 일치하고 학습자에게 의미와 가치가 있는 학습과제, 목표, 활동 등을 제시한다.
ㄷ. 자신감(Confidence): 학습자의 호기심과 탐구심을 자극하고 학습에 대한 기대감을 갖게 한다.
ㄹ. 만족감(Satisfaction): 다양한 난이도의 과제를 제공하고, 학습자가 학습 속도, 상황의 복잡성 등을 스스로 조절하도록 한다.

① ㄱ, ㄴ　② ㄱ, ㄷ　③ ㄴ, ㄷ
④ ㄴ, ㄹ　⑤ ㄷ, ㄹ

정답

1. ③　2. ④　3. ③　4. ④　5. ③　6. ④　7. ③　8. ①　9. ②　10. ①
11. ②　12. ③　13. ①

기출문제(중등)

1. 다음 중 라이글루스(Reigeluth)의 정교화이론(Elaboration Theory)에 대한 설명으로 틀린 것은?
   ① 정교화된 계열은 학습자가 사용해야 할 인지전략의 조직이다.
   ② 정교화에는 개념적 정교화, 절차적 정교화, 이론적 정교화의 세 유형이 있다.
   ③ 종합자는 아이디어들을 서로 연결시키고 통합시키기 위하여 사용되는 전략요소다.
   ④ 요약자는 학습자가 학습한 것을 망각하지 않도록 하기 위하여 체계적으로 사용되는 전략요소다.

2. 다음의 내용을 특징으로 하는 교수설계 이론은?

   - 학습결과의 범주를 이차원적인 수행-내용 행렬표로 제시하고 있다.
   - 일차적 자료제시 형태는 일반성과 사례, 설명식과 탐구식으로 이루어져 있다.
   - 이차적 자료제시 형태는 맥락, 선수학습, 암기법, 도움말, 표현법, 피드백을 포함한다.

   ① 상황학습이론(Situated Learning Theory)
   ② 체계설계이론(System Design Theory)
   ③ 내용요소제시이론(Component Display Theory)
   ④ 자기주도학습이론(Self-Directed Learning Theory)

3. 〈보기〉와 가장 관련 깊은 이론은?

   〈 보기 〉
   - 대부분의 지식은 복잡하고 다원적인 개념으로 형성되어 있다.
   - 지식을 단순화 · 구조화하여 제시하는 것은 고차적 지식습득을 오히려 방해한다.
   - 지식의 전이는 지식을 단순히 기억해 내는 것이 아니라 즉각적으로 재구성하는 것이다.
   - 적용 사례들을 제시해 줌으로써 다양한 형태의 지식을 다각도로 체험하게 한다.

   ① 정교화이론(Elaboration Theory)
   ② 신경망이론(Neural Network Theory)
   ③ 내용요소제시이론(Component Display Theory)
   ④ 인지적 융통성 이론(Cognitive Flexibility Theory)

4. 교수설계 이론에 대한 설명으로 옳은 것은?
① 가네(R. Gagné)는 교수목표에 따라 학습조건은 달라져야 한다고 주장하였다.
② 켈러(J. Keller)는 교수내용의 조직전략, 전달전략, 관리전략에 초점을 두고 있다.
③ 메릴(M. Merrill)은 교수 · 학습 상황에서 학습동기를 유발하고 유지시키기 위한 동기설계 전략에 초점을 두고 있다.
④ 라이글루스(C. Reigeluth)는 수행-내용 행렬표, 자료제시 형태, 일관성, 적절성을 교수설계의 주요 개념으로 제시하였다.

5. 다음에 제시된 교수 · 학습활동과 가장 관련이 있는 이론은?

학습목표는 '지구의 내부 구조를 이해한다.'이다. 교사는 학습내용을 체계적이고 계열적으로, 포괄적인 내용에서 점차 세부적인 내용으로 조직하였다. 먼저 파워포인트를 이용하여 지난 시간에 학습한 지구와 관련된 내용을 요약해 주고, 지구 내부의 구조보다 더 포괄적인 내용을 제시하였다. 학습자의 학습동기 유발을 위해 학습자들이 잘 알고 있는 사례를 활용하였다.

① 마시알라스(B. Massialas)의 탐구학습이론
② 오수벨(D. Ausubel)의 설명식 수업이론
③ 콜린스(A. Collins)의 인지적 도제이론
④ 스키너(B. Skinner)의 프로그램 학습이론

6. 노울즈(M. Knowles)의 자기주도적 학습(self-directed learning)에 대한 설명으로 잘못된 것은?
① 초인지 학습전략을 적용한다.
② 성인을 위한 학습전략으로 시작되었다.
③ 개별학습 또는 협동학습 방법을 사용한다.
④ 학습자가 학습의 주도권을 가지나 평가는 교사가 한다.

7. 다음은 중학교 ○○과 수업지도안의 일부분이다. 이 수업에 적용된 교수 · 학습 방법은?

학년	3학년		
학습목표	인구 증가와 자원 고갈의 관계에 대해 설명할 수 있다.		
학습자료	읽기자료, 학습장, 필기도구		
단계	교수 · 학습활동	시간	자료
도입	인구 증가와 자원 이용에 관한 글 읽기	5′	읽기자료
전개	• 읽은 글의 내용을 학생 각자가 요약하기 • 교사와 학생, 학생과 학생이 번갈아가며 질문을 만들고 대답하기 • 대답에 근거하여 요약을 명료화하기 • 다음에 이어질 내용을 예측하기	30′	읽기자료

① 팀 티칭(team teaching)
② 정황 학습(anchored learning)
③ 상보적 교수(reciprocal teaching)
④ 인지적 도제(cognitive apprenticeship)

8. 다음에 제시된 수업전략에 가장 잘 부합되는 것은?

> A 교사는 학생들에게 새로운 사례를 제시하여 지적 호기심을 유발한다. 수업내용이 장래 사회생활에 꼭 필요한 것이고, 선생님의 지도에 따라 열심히 노력하면 좋은 성적을 받을 수 있다고 강조한다. 또한 도전감을 느낄 수 있는 문제를 제시하고, 이를 해결했을 때 기분 좋게 느끼도록 한다.

① 벌로(D. Berlo)의 SMCR 모형
② 켈러(J. Keller)의 ARCS 모형
③ 페이비오(A. Paivio)의 이중부호화이론(Dual-coding Theory)
④ 랜다(L. Landa)의 순차식-발견식 이론(Algo-heuristic Theory)

9. 〈보기〉에 해당하는 반두라(A. Bandura)의 관찰학습 과정의 단계는?

〈 보기 〉

- 인지적 내적 시연(rehearsal)이 이루어진다.
- 관찰된 모델의 행동이 시각적이거나 언어적인 형태로 부호화된다.
- 관찰된 모델의 행동에 따라 자신이 행동하는 것을 마음속으로 상상해 본다.

① 파지　　② 일반화
③ 주의 집중　　④ 동기유발

10. 〈보기〉의 내용과 가장 관련이 있는 교수 · 학습이론은?

〈 보기 〉

- 새로운 지식이나 정보와 선행 학습내용의 통합을 강조한다.
- 학습자의 인지구조에 알맞게 포섭 · 동화되도록 학습과제를 제시한다.
- 일반적이고 포괄적인 지식을 먼저 제시하고, 그 다음에 세부적이고 상세한 지식을 제시한다.

① 블룸(B. Bloom)의 완전학습이론
② 오수벨(D. Ausubel)의 유의미학습이론
③ 콜린스(A. Collins)의 인지적 도제이론
④ 스키너(B. Skinner)의 행동주의 학습이론

11. 브루너(J. S. Bruner)의 발견학습이론에 근거한 교사의 행동으로 가장 거리가 먼 것은?
① 외재적 보상보다 내재적 보상을 강조한다.
② 다양한 학습자료를 준비하여 제시한다.
③ 어떤 사건의 원인과 결과를 찾도록 한다.
④ 모든 교과 학습에 동일한 탐구 방식을 적용한다.

12. 상황학습(situated learning)에 대한 설명으로 적절하지 않은 것은?
① 상황학습에서 활용되는 평가방법에는 포트폴리오 평가가 있다.
② 상황학습은 실제적인 문제를 포함하는 환경에서 이루어지는 문화 적응 과정이다.
③ '실행공동체(community of practice)'와 '정당한 주변적 참여(legitimate peripheral participation)'는 상황학습의 주요 개념이다.
④ 상황학습환경을 설계할 때, 학습자 간의 상호작용은 최소화하고 교사가 개별 학습자에게 정선된 학습내용을 지속적으로 전달할 수 있도록 해야 한다.

13. 〈보기〉는 메릴(M. D. Merrill)의 내용요소제시이론에 대한 설명이다. 옳은 것을 모두 고른 것은?

〈 보기 〉

ㄱ. 인지적 영역의 수업을 설계하는 데 효과적이다.
ㄴ. 목표를 분류하고 이에 따른 교수전략을 구체적으로 처방하는 데 활용할 수 있다.
ㄷ. 개방적 체제로 구성되어서 지식의 전체적 · 통합적 이해를 용이하게 하도록 지원한다.

① ㄱ, ㄴ
② ㄱ, ㄷ
③ ㄴ, ㄷ
④ ㄱ, ㄴ, ㄷ

14. 다음은 조나센(D. H. Jonassen)의 구성주의 학습환경 설계모형이다. □ 안에 들어갈 교수자의 교수활동에 해당하지 않는 것은?

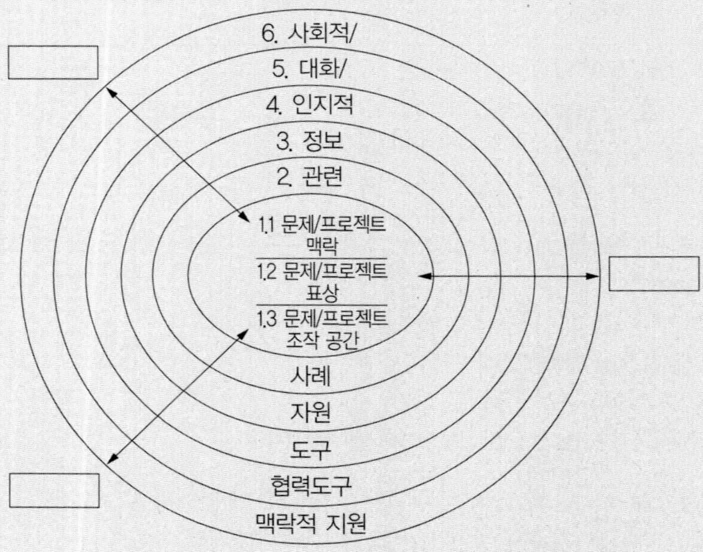

① 코칭(coaching)
② 통찰(insight)
③ 모델링(modeling)
④ 비계설정(scaffolding)

15. 라이겔루스(C. Reigeluth)의 개념학습은 개념의 제시, 연습, 피드백의 순서로 진행된다. '제시' 단계에 해당하는 것을 〈보기〉에서 모두 고른 것은?

〈 보기 〉

ㄱ. 칭찬이나 격려를 하거나 오답에 대해 왜 틀렸는지를 설명한다.
ㄴ. 포유류가 아닌 예와 포유류인 예를 동시에 들면서 변별하게 한다.
ㄷ. 다양한 문항을 통하여 이전에 본 적이 없는 사례에 포유류 개념을 적용해 보도록 한다.
ㄹ. 포유류의 정의나 결정적 속성을 가르치거나, 가장 쉽고 전형적인 예를 가지고 설명한다.
ㅁ. 가변적 속성을 지닌 고래, 말, 캥거루 등의 다양한 사례를 통하여 포유류 개념을 일반화하게 한다.
ㅂ. 포유류와 다른 개념들을 비교하여 분석하게 하거나, 포유류의 특성이 환경에 적응하는 데 어떻게 영향을 미치는지 파악하게 한다.

① ㄴ, ㅂ　② ㄱ, ㄹ, ㅂ　③ ㄴ, ㄹ, ㅁ
④ ㄱ, ㄴ, ㅁ, ㅂ　⑤ ㄴ, ㄷ, ㅁ, ㅂ

정답

1. ①　2. ③　3. ④　4. ①　5. ②　6. ④　7. ③　8. ②　9. ①　10. ②
11. ④　12. ④　13. ①　14. ②　15. ③

제5장

개인차의 이해

이 장은 교수 · 학습활동의 궁극적인 대상인 학습자를 바라보는 관점이 어떻게 변해 왔는지를 시대별로 규명해 보고, 대표적인 학습자 특성을 분석한다. 학습자의 특성에 따라 적합한 수업을 설계하는 방안을 제안하고, 수업설계 과정에서 개인차를 분석하는 구체적인 방법과 활용방안을 제시한다. 이 장에서는 모든 교수 · 학습활동의 목적은 학습자의 특성을 고려할 때 극대화될 수 있다는 사실을 이해하기를 기대한다.

이 장을 학습한 후, 최소한 다음의 학습목표가 성취되기를 기대한다.

- 학습자관의 변천과정을 개관할 수 있다.
  - 1960년대 학습자관을 지지하는 이론을 해석할 수 있다.
  - 1970년대 학습자관을 지지하는 이론을 해석할 수 있다.
- 학습자 특성변인을 열거하고, 특징을 설명할 수 있다.
  - 지적 적성의 의미를 해석할 수 있다.
  - 인지제어와 인지유형의 의미를 해석할 수 있다.
  - 학습 유형의 의미를 해석할 수 있다.
  - 성격의 의미를 해석할 수 있다.
  - 선행학습수준의 의미를 해석할 수 있다.
  - 각 변인들이 학습에 끼치는 영향의 수준을 결정할 수 있다.
- 개인차 적응 수업 방안을 열거할 수 있다.
  - 선호형 적합화 방안을 설명할 수 있다.
  - 교정형 적합화 방안을 설명할 수 있다.
  - 보상형 적합화 방안을 설명할 수 있다.
  - 도전형 적합화 방안을 설명할 수 있다.
- 수업설계 과정에서의 개인차 분석과정을 실행할 수 있다.
  - Kolb의 학습 유형을 분석하고, 결과 활용 방안을 구안할 수 있다.
  - 선행지식을 분석하고, 결과 활용 방안을 구안할 수 있다.

제5장

개인차의 이해

1. 학습자관의 변천과 학습자 특성

1) 학습자관의 변천사

교육의 궁극적인 대상은 교과가 아니라 학습자다. 교과는 그 학습자를 이상적으로 변화시키기 위한 수단으로서의 역할을 할 뿐이다. 따라서 교육자가 교육의 궁극적인 대상인 학습자를 어떻게 인식하는가는 교육의 모든 행위를 결정하는 중요한 기준이 될 수밖에 없다. 왜냐하면, 교과를 가르치는 것이 아니라 인간을 가르치기 때문에, 인간을 어떤 존재로 보는가에 따라 교육 행위는 크게 영향을 받게 된다. 학생을 능동적인 문제해결자로 인식하는 교사와, 학생을 수동적인 내용수용자로 보는 교사는 분명 가르치는 방법에 있어 차이가 있을 것이라는 점을 짐작할 수 있다. 이처럼 학습자를 바라보는 관점에 있어 변화는 바로 교육방법에서의 변화를 야기한다고 할 수 있다. 지난 20세기 중반부터 후반에 이르기까지 교육계에서는 학습자를 바라보는 관점의 변천을 확인했으며, 그때마다 그에 적합한 새로운 교육방법의 개발에 많은 노력을 경주해 왔다.

Bloom(1976)은 『인간의 제 특성과 학교학습』의 서문에서 1950년대부터 1970년대에 이르기까지 30년간 학습자관이 어떻게 변천해 왔으며, 그런 학습자관에 적합한 교육방법으로 어떤 것들이 개발되었는지를 상세히 분석하고 있다. 즉, 1950년대에는 학습능력에 있어 유능한 학습자와 무능한 학습자로 학습자를 규정했으며, 1960년대에는 학습속도에 있어 빠른 학습자와 느린 학습자로, 그리고 1970년대 이후에는 학습자 각자에게 바람직한 학습 조건이 주어지면 대부분의 학습자는 학습능력, 학습속도 그리고 후속 학습을 위한 동기에 있어 상당히 유사해질 것이라는 주장을 피력했다. 이 각각의 변천관은 그에 따른 교수방법의 개발을 촉발하게 되었고, 자연스럽게 교사의 역할 또한 새롭게 규정하는 결과를 초래하게 되었다. 각 시기별 학습자 변천관과 그에 따라 어떤 교수방법들이 개발되었고, 교사의 역할이 어떻게 변화되었는지를 분석한다.

(1) 1950년대의 학습자관

1950년대까지는 그간의 양대 세계 대전으로 황폐화된 경제 부흥에 많은 관심이 집중되었기 때문에 교육에 대한 투자는 있었지만 특별히 어떻게 가르칠 것인가에 대해서는 체계적인 연구가 이루어지지 못했다. 그러나 교육의 중요성에 대한 인식의 증가로 인해 교육에 대한 투자가 점차 늘어나고 있던 시기였다. 이 시기에 학습자를 바라보는 관점은 유전지배적인 사고에 기반을 두고 있는 관점이라고 할 수 있다(강이철, 2001). 즉, 교실에 들어올 때 이미 우수한 학습자가 있고, 열등한 학습자가 정해져 있다는 관점이다. 다시 말해서, 학습자를 변화시키는 데 교육이 기여할 수 있는 역할은 미미하다는 입장이다. 이런 상황에서 교사는 교육이라는 행위를 통해서 학생을 변화시켜야겠다는 의식은 지니지 않은 채, 우수한 학생은 애초부터 유전적으로 우수하기 때문에 그들의 도움이 필요하지 않으며, 열등한 학생 역시 그들의 도움으로는 그 열등성을 극복할 수 없다는 판단을 하게 된다.

학생들이 지닌 유전적인 우수성과 열등성으로 인해 자신들의 도움이 필요하지 않을 것이라는 관점을 지닌 교사들은 학생들을 잘 가르치는 데 필요한 특별한 교수방법을 연구하고 개발할 필요성조차 느끼지 않을 것이다. 그런 이유로 해서, 이 시기에는 특별한 교수모형이나 교수이론이 개발되지 않은 시기이기도 하다. 교육의 결과가 전적으로 학생의 자질에 근거한 것이라고 생각하는 교사들은 학생의 학업성취도가 자신들의 교수행의와는 아무런 관계가 없고, 어떤 교육결과가 얻어지든 그에 대한 책임 역시 그들과는 무관한 일이라고 생각하면서, 극단적으로 표현하면, '교육무용론' 적 사고방식을 가지고 있었던 시기이기도 하다.

그러나 학습자에 대한 이런 관점은 사회적인 요구와 교육계 내부의 성찰을 통해 서서히 변하게 되었다. 사회적인 요구라 함은, 교육이 국가와 사회의 발전에 지대한 영향을 끼치는 요인이 된다는 인식의 확장과 그에 따르는 교육투자의 증대로 인해, 교육의 책무성(accountability)에 따르는 투자회수율[1](ROI: Return On Investment)(Phillips et al., 2001)에 대한 관심을 의미한다. 즉, 증대되는 교육투자에 상응하는 교육효과를 가시적으로 증명할 것을 사회가 요구하고 있다는 것이다. 이런 상황에서 교육계 내부에서는 교육재정의 출처가 되는 사회의 요구를 적극적으로 수용해야 하는 방안을 모색하지 않을 수 없는 입장에 있게 되었다. 새로운 학습자관이 등장하게 된 것은 바로 이러한 상황의 산물이라고 할 수 있다.

(2) 1960년대의 학습자관

1960년대에는 지난 1950년대의 학습자관과는 질적인 면에는 크게 진보된 학습자관을 갖게 되었다. 즉, 학습자를 상대적으로 '빨리 학습하는 자'

1) 투자회수율이란 비용-수익 분석을 통하여 투입된 비용에 근거하여 어느 정도의 이익이 발생했는지를 판단하는 기준치다.

와 '느리게 학습하는 자'로 규정함으로써, 1950년대 질적인 관점으로 학습자를 규정하던 것을 양적인 관점으로 바꾸는 패러다임 전환적 사고를 한 것이다. 학습의 결과를 결정짓는 중요한 요인으로 질적인 속성을 가지고 있으면서 교사가 통제하기 어려운 '유전'이라는 변인이 아니라, 양적인 속성을 가지고 있으면서 교사가 통제할 수 있는 '시간'이라는 변인을 상정했다는 점(Carroll, 1963)이 교육방법적 관점에서 상당한 의의가 있다고 할 수 있다. 학습의 결과가 교사의 통제하에 있게 되었다는 사실은 그만큼 교사의 자질과 노력이 중요하고 필요하다는 점을 인정하는 것이다. 양적인 변인으로서 통제가 가능한 '시간'을 어떻게 활용하느냐에 따라 교육의 효과를 변화시킬 수 있게 됨으로써, 최적의 시간 활용방법에 대한 연구가 자연스럽게 이루어지기 시작했다.

우선 동일한 양의 학습과제를 더 빨리 학습하는 학습자와, 동일한 시간에 더 많은 양의 학습과제를 완수하는 학습자의 특성을 분석하고, 그 결과를 활용하여 그렇지 못한 학생의 문제점을 파악하고, 그에 따른 교육적 처치 방안을 제시하려는 시도가 생기게 되었다. 이 과정에서 가장 우선적으로 고려해야 할 요인은 바로 학습자의 개인차 변인이라는 것이다. 즉, 학습과제를 남보다 빨리 완수하는 사람은 어떤 특성을 지니고 있으며, 그렇지 못한 학생의 특성과는 어떤 차이가 있는지에 대해 심도 있는 연구가 필요하게 되었는데, 이것이 바로 개인차 변인에 대한 연구다. 이런 이유로 해서, 1960년대는 개인차 연구의 황금기라고 할 만큼 수많은 연구가 이루어졌다.

이러한 노력의 일환으로 1960년대 학습자관의 이론적 기반을 제공하는 교수·학습 모형인 Carroll의 학교학습 모형(1963)이 등장하게 되었다. 이 모형은 학습의 결과는 시간의 함수라는 전제하에, 학습과제를 완수하는 데 필요한 시간에 비해서 실제 학습에 투자한 시간의 양에 따라 학습의 성과가 결정된다는 것이다(전성연, 1999). '필요한 시간'을 결정하는 변인에는 학습자의 적성, 수업의 질, 수업 이해력이 포함되어 있고, '투자한 시간'을 결정하는 변인에는 학습의 기회와 학습자의 끈기가 포함되어 있다. 높은 학습 성과를 보장하기 위해서는 필요한 시간은 줄이고, 투자한 시간은 늘여야 한다. 따라서 필요한 시간을 줄이기 위해서는 필요한 시간을 결정하는 변인들을 잘 알아야 한다. 즉, 학습자 개인의 적성을 잘 알수록, 수업의 질이 좋을수록, 수업 이해력이 높을수록 정해진 과제를 완수하는 데 필요한 시간은 줄어들게 된다.

$$L(\text{학습의 정도}) = f\left(\frac{\text{사용한 시간}}{\text{필요한 시간}}\right) = \left(\frac{\text{학습기회} \cdot \text{끈기}}{\text{적성} \cdot \text{수업의 질} \cdot \text{수업 이해력}}\right)$$

위의 양식에 의하면, 첫째, 학업 성적은 학습에 필요한 시간(time needed)에 대한 학습에 실제 사용한 시간(time actually spent)의 비율과 함수관계에 있다. 따라서 분자(학습에 실제 사용한 시간)가 클수록 높은 성적이, 그리고 분모(필요한 시간)가 클수록 낮은 성적이 예상될 것이라는 것을 짐작할 수 있다. 둘째, 이 모형에 포함된 다섯 가지 변인을 분석해 보면, 학습자에게 책임소재가 있는 변인과 교사에게 책임소재가 있는 변인으로 구분을 할 수 있다. 즉, 적성, 끈기, 수업 이해력은 학습자 책임 변인이고, 기회와 수업의 질은 교사 책임 변인으로서, 1950년대와는 달리 학습결과는 교사와 학생의 공동 책임이라는 점을 강조한다.

위의 방정식에서 분모를 가능한 한 최소화하는 수업방략을 상정할 수 있고, 이것이 실행될 경우에 학습의 정도는 100% 또는 그 이상의 수준까지도 이를 것이 이론적으로 가능하다. 이것이 Bloom의 완전습득 학습론(mastery learning theory)의 핵심적인 아이디어다.

(3) 1970년대의 학습자관

1970년대가 되면 학습자관이 획기적으로 변하게 된다. 즉, 학습자 각자에게 바람직한 학습 조건이 주어지면 대부분의 학습자는 학습능력, 학습속도, 학습에 대한 흥미 그리고 후속 학습을 위한 동기에 있어 상당히 유사해

질 것이라고 주장하면서, 학습 실패에 대한 귀인 이유를 학생 자신의 개인 문제로 치부해 버렸던 1950년대의 관행을 비난하고, 교사가 개개 학생의 특성을 파악하여 최적의 환경과 방법을 제공해야 한다는 교사의 책임과 사명을 강조하고 있다. 이 학습자관에 따르면 우선 교사는 학습자의 개인차 변인을 정확하게 파악하는 일부터 착수해야 한다. Bloom(1976)에 의하면 학습자의 특성이 학업 성취도의 약 65% 정도를 결정할 것이라 한다. 학업 성취도를 높이기 위해서 다양한 교수 · 학습활동을 활용하는 것 보다 더욱 중요하게 고려해야 하는 일이 학습자의 특성 변인을 고려하는 일임을 강조하는 것이다. 학습자마다 독특한 특성이 있기 때문에 그에 적합한 교수 · 학습방법을 처방할 수 있는 능력이 교사에게 절대적으로 필요하다는 점을 강조하고 있다.

이런 관점에서 학습자의 특성변인은 그 특성이 어떠하든지 교사가 수용해야 하는 교수의 조건변인이 된다. 따라서 교육결과에 대한 책임이 이제는 전적으로 교사에게 귀인된다고 할 수 있다. 예를 들어, 교사의 입장에서는 지능이 낮은 학습자에게는 그에 적합한 교수 · 학습 처방을 할 수 있어야 하고, 지능이 높은 학습자 역시 그에 적합한 교수 · 학습 처방을 할 수 있음으로써 모든 학생이 동일한 학습능력, 학습속도, 학습흥미 그리고 후속 학습을 위한 동기 수준을 성취하게 된다는 것이다. 따라서 교사는 자신의 모든 지식과 열정으로 학습자 특성을 파악하고 그에 적합한 교수 · 학습 방안을 처방하는 일에 투자해야 한다는 교사의 역할론이 대두되게 되었다. 이와 같은 1970년대의 학습자관의 이론적 기반을 제공하는 교수 · 학습 모형인 Cronbach & Snow의 적성-처치 상호작용 모형(1977)이 등장하게 되었다. 이 모형의 요체는 학습자의 적성을 고려한 최적의 교수 · 학습 처치를 제공함으로써 모든 학습자가 최상의 성취를 달성하게 되는 적성-처치 변인 간의 관계를 규명해 준다는 것이다. 이 아이디어는 전인적 교육에서 강조하는 학습자 각자의 개성, 흥미, 동기를 고려한 수준별 교육을 실시해야 한다는 주장과 동일한 맥락에 있음을 알 수 있다. 1970년대 이후에 개발된 많은 교수이론은 이 학습자관에 근거해서 교수 처방안을 설계하고 있으며, 지금까지도 교육계에서 널리 수용되고 있는 관점이라고 할 수 있다.

예를 들어, [그림 5-1]의 역행상호작용은 창의력이 높은 학습자들에게는 설명식으로 수업을 하는 것보다는 발견식으로 수업을 하는 것이 수업의 성과, 즉 성적이나 동기 등을 더욱 향상시키게 된다는 의미다. 그에 반해 창의력이 낮은 학생들에게는 설명식으로 수업을 하는 것이 수업의 성과를 더욱 높이는 방안이 된다. 따라서 학습자의 적성 수준에 따라 각각의 수업 방법이 정 반대의 수업성과를 달성하게 되는 경우를 역행 상호작용이라고 한다.

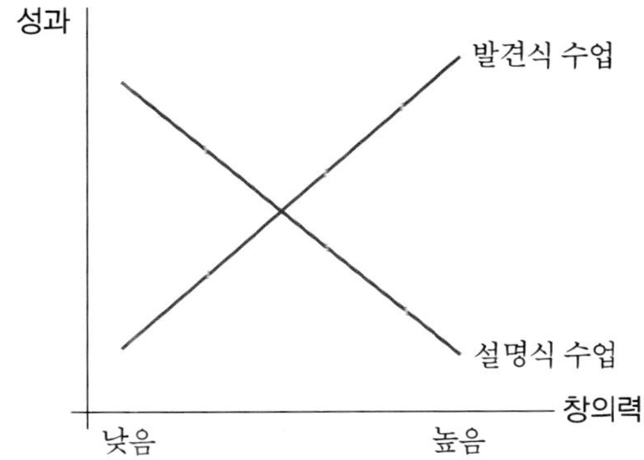

[그림 5-1] 역행 상호작용의 예

[그림 5-2]의 순행상호작용은 성취동기가 높은 학습자들에게는 협동학습 방법을 적용하거나 개별학습 방법을 적용해도 수업의 성과, 즉 성적이나 동기 등을 향상시키게 된다는 의미다. 즉, 둘 중 어떤 방법을 사용해도 그 효과가 동일하다는 것이다. 그에 반해 성취동기가 낮은 학생들에게는 개별학습 방법 보다는 협동학습으로 수업을 하는 것이 수업의 성과를 더욱 높이는 방안이 된다. 따라서, 학습자의 적성 수준에 따라 한 가지 수업방법의 효과가 극도로 불리한 경우를 순행 상호작용이라고 한다.

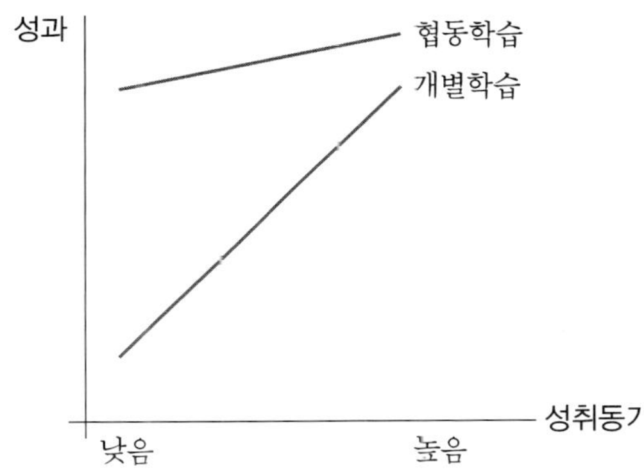

[그림 5-2] 순행 상호작용의 예

지금까지 살펴본 바와 같이 학습자를 어떤 대상으로 인식하는 가에 따라 후속되는 모든 교수 · 학습활동이 크게 영향을 받음을 알 수 있다. 학습자관의 변천 과정을 보면, 학습 결과에 대한 책임 소재가 학생에서 교사로 이

양되어 왔음을 알 수 있다. 교사가 습득한 많은 교수 · 학습전략들은 학습자의 특성에 따라 차별화되어 활용될 때 그 효용가치를 인정받을 수 있다. 마치 환자의 상태에 따라 그에 적합한 치료방안을 선정하고 적용할 수 있을 때 의사의 가치가 인정되는 것과 같은 이치라고 할 수 있다. 요컨대, 교사의 전문성은 학생의 특성을 정확하게 파악하고, 그 특성에 적합한 교수방법을 선정하고, 적용할 수 있을 때 보장받을 수 있다고 할 수 있다. 이제 이런 전문성을 확보하는 데 가장 근본이 되는 학습자의 특성을 이해하기 위해 학습자 개인차 변인의 유형과 종류를 알아보자.

2) 학습자 특성

교육의 궁극적인 목적이 교과를 가르치는 것이 아니라, 인간을 가르치는 것임을 강조했다. 따라서 교육의 출발점은 인간의 올바른 이해에서부터 비롯되어야 한다. 즉, 한 인간의 독특한 특성을 이해하여 그 특성에 가장 부합하는 교수 · 학습방법을 제공할 때 교육의 최대 효과를 보장받을 수 있을 것이다. 교육은 훈련과 달라 인간의 독창성과 창의성을 끊임없이 신장시키는 일을 중요한 목적으로 하기 때문에, 한 인간이 가진 독특한 특성을 일찍 발견하여 그 잠재력을 극대화시키는 일에 노력을 기울여야 할 것이다. 개인차에 관한 연구는 지능이나 인지 유형, 성격과 같은 개인차 요인들이 인간 행동을 이해하는 데 어떤 역할을 수행하는지를 탐구하는 '차이 심리학(differential psychology)'으로 알려져 있다. 인간 행동의 집단적 일반성보다는 개별적 특수성이 주요 연구 대상인 학문 분야다.

(1) 지적 적성

Jonassen과 Grabowski(1993)는 교수 · 학습 상황에서 개인차를 고려하는 일의 중요성을 강조하면서, 개인차 요인을 크게 5가지 범주로 나누어 제시하고 있다. 첫째, 학습을 위한 지적 적성은 기존의 지능이라는 구인이 개인 간 차이(inter-individual differences)를 이론적으로 해석할 수 있으나 개인 내 능력 간의 차이(intra-individual differences)를 드러내지 못하는 단점을 보완하기 위하여 7대 기본 정신능력(언어력, 기억력, 언어유창성, 수리력, 공간력, 지각속도, 추리력)과 그 밖의 여러 능력에 있어 개인의 강약점을 설명하는 구체적인 요인이다. 일반적으로, 지능이란 개인이 지니고 있으면서 학습 성과를 완수하고 수업과의 상호작용 상황에서 활용할 수 있는 정신 능력의 결집체로 정의된다. 이 정신능력들은 개인 간에 있어 가장 구체적이고 근본적인 인지적 차이를 야기하는 것이라 할 수 있다.

기본적으로 '지능적' 이라는 것이 의미하는 바에 대해서는 공유된 이해를 하고 있으나, 그 해석에 있어 사람마다 다양한 시각을 가지고 있을 수 있다. '지능이란 무엇인가?' 라는 질문을 받게 되면, 많은 사람들은 '사고력' 이나 '기억력' '문제해결력' '정신능력' 과 같은 개념들을 연상하나 '지능적인 사람이 행동하는 방식' 과 같은 동의어 반복적인 반응을 보이고 있다. 즉, 지능이 무엇인지는 이해하지 못하나 지능적인 사람이 어떠한지는 알고 있다는 말이다. 여하튼 지능은 학습과 수업에 있어 결정적인 역할을 하고 있으며 개인차를 정의하고 설명하는 데도 아주 중요한 개념으로 등장한다.

(2) 인지 제어와 인지 유형

둘째, 인지 제어와 인지 유형은 환경과의 상호작용을 통하여 필요한 정보를 추출하고 자신만의 지식을 구축하고 조직하여 활용하는 독특한 방법을 기술하는 것이다. 인지 제어는 정신능력과 밀접히 관련되어 있는 데 반해, 인지 유형은 보다 일반적인 지각적 · 정보처리적 특성, 즉 일반적인 경향을 가리킨다. 앞서 언급한 정신능력, 즉 지능은 인지 제어의 근간이 되며, 인지 제어는 인지 유형의 근간을 이루고 있다. 각자의 정신능력의 구조가 다소간 다르기 때문에, 그들의 인지 제어와 인지 유형의 구조 또한 다를 것이다.

이러한 논리를 계속 진행하다 보면, 인지 제어와 인지 유형을 예측할 수 있음으로 인해 각자가 선호하고 성취하게 될 학습성과 유형을 예측할 수 있게 될 뿐만 아니라, 최선의 학습 성취를 가져다줄 수업유형을 예측할 수 있게 될 것이다. 예를 들어, 장의존형 학습자는 최대한의 학습안내가 주어질 때 학습과제를 가장 잘 수행했고, 장독립형 학습자는 최소한의 학습안내와 최대한의 기회가 주어졌을 때 가장 잘 수행했다고 한다(Adams & McLeod, 1979; McLeod et al., 1978). 또한 시각자 인지유형은 이미지가 사라진 후에도 스크린에서 이미지를 볼 수 있고, 더 생생하게 자의적인 이미지를 불러일으킬 수 있다고 한다. 이들은 대개 공상, 판타지, 감각적 경험에 쉽게 몰입하는 경향이 있다고 한다(Matsuoka, 1989).

(3) 학습 유형

셋째, 학습 유형은 특정한 학습이나 수업활동에 대한 학생의 개인적 선호경향을 나타내는 것으로, 자기보고 방법을 통해 측정되며, 일반적으로 보다 능숙하고 친숙한 인지 제어와 인지 유형을 선호해서 사용하기 때문에 이 또한 정신능력과 관련이 되어 있다. Kolb(1984)는 학습 유형(Learning Style)을 학습자가 정보를 지각하고 처리하는 선호 방식으로 정의하며, 인간의 학습 유형을 네 가지로 나누고 있다. 첫째, 경험을 주시하며 개인적인 가치를 기준으로 판단하고, 독특한 사례나 예를 통해 학습하는 경향이 있는 구체적 경험 유형, 둘째, 논리적이며 체계적인 평가를 하고 분석과 논리를 기준으로 판단하는 경향이 있는 추상적 개념화 유형, 셋째, 외향적이면서 자신이 스스로 업무나 작업을 수행하면서 학습하는 경향이 있는 적극적 실험 유형, 넷째, 내성적이고 수동적인 경향이 있는 반성적 관찰 유형으로 구분한다. 이에 따라 각각에게 적합한 교수·학습방법을 처방하고 있다(Jonassen & Grabowski, 1993).

Dunn과 Dunn의 학습 유형은 학습자가 특별히 선호하는 정신집중 유형과 학습을 어렵게 만드는 유형을 측정하기 위한 것으로 환경적, 사회적, 정서적, 물리적 변인과 이 변인들의 하위 요인들을 포함한 여러 요소 간의 상호작용을 고려하고 있다(Jonassen & Grabowski, 1993). 이 학습 유형에 관한 수많은 연구들이 학생의 선호유형과 일치하는 학습상황을 제시하였을 경우 학업성취가 향상된다는 결과를 보고하고 있다. 간단한 자기보고 설문을 통해 학생의 선호유형을 파악하고, 그에 따라 여건이 허락하는 범위 내에서 시간편성이나 집단편성, 환경조성 등에 반영하는 방안을 생각해 볼 수 있다(강이철, 2001).

(4) 성격

넷째, 성격은 자신을 둘러싸고 있는 환경이나 타인과의 상호작용 방식을 설명하는 주요 요인으로 욕구좌절이나 애매모호함에 대한 내성, 불안감, 통제 부위, 모험성/소심성 및 내향성/외향성과 같은 성향을 설명한다. 예를 들어, 내향성 성격과 외향성 성격은 사고와 행동이 내부나 자기 자신에게 향하고 있으면 내향성으로, 사고와 행동이 외부나 주위 환경으로 향하면 외향성으로 정의한다. 연구에 의하면, 내향인은 구체적인 예시보다 규칙이 미리 제시될 때 더 잘 수행했고, 외향인은 예가 먼저 제시되고 규칙이 제시될 때 더 우수했다(Trown, 1970). 또한, 어려운 것을 성취하려는 욕구, 물리적 대상 · 인간 · 현상을 숙련되게 조작 · 조직하려는 욕구, 그리고 재능을 성공적으로 표출하여 자기관리를 증대시키려는 욕구 등을 의미하는 성취동기 역시 중요한 성격 변인 중 하나다. 예를 들어, 성공에 의한 피드백은 쉬운 과제에서는 아무런 영향을 미치지 않고, 어려운 과제의 경우 높은 성취동기를 가진 피험자들에게 정적 영향을 미치며, 낮은 성취동기를 가진 피험자들에게는 부적 영향을 끼친다는 연구 결과가 있다(Latta, 1978). 또한, 높은 성취동기를 가진 사람은 질문에 대해 지속적인 흥미를 가지며, 심지어 타인이 못하도록 중단시키거나, 장시간 질문을 하더라도 흥미를 잃지 않는다고 한다(Heckhausen, 1967).

(5) 선행학습 수준

끝으로, 선행학습 수준은 학생의 선행구조적 지식(즉, 무엇을 알고 있고 어떻게 조직되어 있는지에 관한 정보)과 선행 성취 정도(즉, 이미 습득한 기능이나 학습능력)를 가리킨다. 구조적 지식은 특정영역 내의 내용들이 어떻게 상호 관련되어 있는지를 보여 주는 지식(Diekhoff, 1983)으로서 그러한 상호관련성을 명백하게 인식하고 기술할 수 있는 능력이 바로 사전지식의 필수요소이자 고차원적인 사고의 핵심이라 할 수 있다. 선수지식은 학생들이 수업이 실시되기 전에 학습 장면에 적응할 수 있는 지식, 기능 혹은 능력들로서, 수업의 맥락에서 볼 때, 첫째, 새로운 정보를 이해하는 데 필요한 필수지식인데 이러한 정보가 부족한 학생은 수업을 통하여 이익을 얻을 수 없다(Tobias, 1994). 두 번째 개념은 학습자들이 수업에 적용할 수 있는 총체적인 지식이나 성취로서, 학습자가 학습내용과 직접적으로 연관되어 있는 것으로 인식하고 있는 것이다. 학업성취에 대해 가장 강력하고 일관성 있는 개인차 예견 변인 중 하나인 선수지식은 학습할 정보의 형태와 선수학습 수준을 연결시켜 주는지의 여부에 따라 성취가 증가되거나 방해받게 된다.

[그림 5-3]은 이상의 개인차 변인들 간의 상호관련성을 나타내고 있다(Jonassen & Grabowski, 1993). 가장 아래에 위치한 변인이 보다 원초적이고 직관적인 성격을 가진 개인차 변인으로서 학습에 끼치는 영향력에 있어 더 근원적이라고 할 수 있다. 즉, 성격 변인이 가장 원초적인 변인이며, 다음으로 학습 유형, 그리고 인지 유형과 인지 제어 순으로 이어지고 있다. 학습의 효과를 극대화하고 학습결손의 원인을 규명하기 위한 노력에서, 근본적인 원인을 치유하는 한방적 접근을 도입해야 하는 대상이 성격과 학습 유형 등이며, 보다 직접적이고 피상적인 증상을 치유하는 양방적 접근을 도입해야 하는 대상이 목표나 수업의 유형 등이라고 할 수 있다.

이런 복합적인 변인들이 서로 상호작용함으로써 최종 학습 성과를 결정

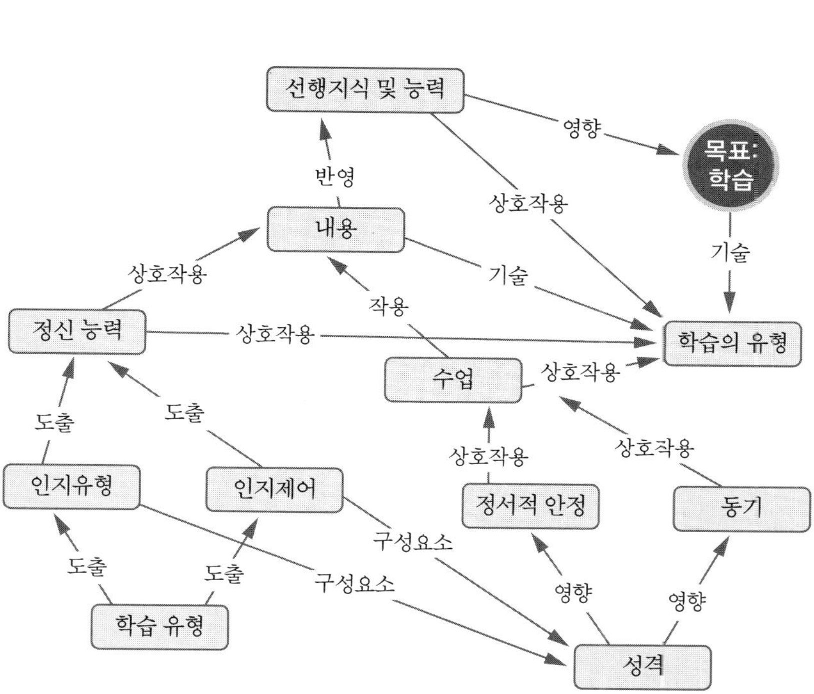

[그림 5-3] 학습자 개인차 변인의 상호작용

짓게 된다. 이처럼 다양한 변인들이 종합적으로 결합되어 있는 학습자를 총체적으로 이해하는 일은 매우 어려운 일이지만, 그만큼 중요하고 의미 있는 일이 아닐 수 없다. 계속해서 후속 절에서는 학습자의 다양한 특성을 고려하여 각자에게 최적의 학습효과가 달성될 수 있도록 개인차에 적응한 수업방안을 제안한다.

2. 적응적 수업 방안

학습자의 개인적 바람이나 요구를 충족시켜 주기 위해 수업의 형태를 다양하게 변경하는 방법을 처방해 주는 적응적 수업(adaptive instruction)은

단 하나의 수업 형태로는 모든 학습자에게 똑같은 성취를 얻을 수 없다는 전제에서 비롯되었다. 즉, 수업은 본질적으로 적응적이어야 하며, 한 가지 이상의 다양한 수업 형태가 학습자에게 가용하도록 해야 한다는 것이다. 적응적 수업과 관련하여 가장 중요하지만 이제껏 간과되어온 문제는 적응적 수업을 통해 성취하고자 하는 것이 무엇인지를 확인하는 것이다. Shuell(1980)은 다음의 3가지 상호 배타적인 목적을 명시하고 있다. 학문적 평등, 개인차로 인한 불이익 제거, 모든 학습자의 성과 극대화. 예를 들어, 두 번째 목표의 경우, 개인차란 개인 내 차이(intra-individual difference)뿐만 아니라 개인 간 차이(inter-individual difference)에까지 확대되고, 따라서 특정 학습자의 요구나 특성만을 고려하여 수업을 하게 된다면 학문적 평등은 감소되게 될 것이다. 이 경우 학문적 평등의 감소로 인한 사회적 책임을 어떻게 감당할 수 있을까? 소수의 요구에 부응하여 수업을 그들에게만 적합하게 함으로써 불평등한 기회를 제공해야 할까?

적응적 수업은 적성-처치 상호작용(ATI: Aptitude-Treatment Interaction) 연구에 관한 이론적 가설을 전제로 하고 있다. 이 연구에 따르면 학습성과상의 차이는 학습자 특성과 수업방법의 함수로 규정하고 있다. ATI 연구가 제시하는 시사점은 학습성과를 극대화하기 위해서는 수업을 학습자의 특성에 적응시켜야 한다는 것이다. Snow(1977)는 다음의 두 가지 수준에서 수업을 학습자의 특성에 적합하게 할 것을 제안하고 있다. 거시적 적응(macro-adaptation)은 수업처치를 다양한 유형의 학습자들에게 적합하게 하는 것이고, 미시적 적응(micro-adaptation)은 단위 수업별, 학생 개개인별로 수업처치를 제공하는 것이다. 거시적 적응은 수업의 개별화를 위한 중다방법적 접근(multiple method approach), 즉 다양한 형태의 정보 처리 방안을 이용하여 다양한 유형의 특성을 공유하고 있는 학습자 집단에게 적합한 수업 처치를 설계하는 일에 관심이 있으며, 미시적 적응은 보다 구체적이고 명세적인 학습자의 요구와 특성에 부응하기 위하여 수업의 과제와 형태를 적응시키는 다양한 처치를 설계하는 일에 관심이 있다(Carrier &

McNergney, 1979).

대부분 ATI에 근거한 적응적 수업설계는 다음의 3가지 적합화 방안 중 한 가지를 활용한다. 학습자의 결함 요소를 교정하는 것, 인지적 행동을 모델화함으로써 결함을 보상하는 것, 학습자의 강점을 이용하는 것(Salomon, 1972). 이 방안들은 ATI 가설 산출을 위해 고안된 발견적 교수법으로 여겨지지만, 수업의 적합화 모형을 위한 이론적 토대를 형성하고 있다. 개인차와 적성-처치 상호작용이 실제로 존재한다는 사실에 근거하여 수업 방법을 학습자에게 적응시키는 또 다른 방법은 위에서 언급한 3가지를 결합한 통합적 방안과 도전적 방안이 있을 수 있다. 도전적 방안은 현재 아주 필요하지만 부족한 지적 기능을 습득할 수 있도록 학습자에게 도전적 자극을 제공하는 방안이라고 할 수 있다(Messick, 1976).

1) 선호형 적합화 방안: 학습자의 강점이나 선호 요인을 활용하는 것

적응수업의 가장 일반적인 접근인 선호형 적합화 방안은 학습자가 이미 지니고 있는 특성이나 정보처리 기능을 이용하는 수업방법을 통하여 학습자를 가르치는 것이다. 즉, 선호형 적합화 방안은 학습자의 강점을 더욱 부각시키기 위한 방법이다. 예를 들어, 시각자로 분류된 학습자에게는 삽화나 그림 등의 학습자료를 이용하는 것이다. 시각자들은 시각자료를 처리하는 데 익숙하고 뛰어나며 시각 매체를 통하여 학습하기를 선호하기 때문에, 개념을 시각적으로 예시하고 있는 삽화나 그림을 사용하여 그들의 강점을 발휘하도록 하는 것이다. 일반적으로 내용학습을 극대화하는 것이 가장 중요한 목표로 인식되고 있기 때문에 선호형 적합화 방안은 3가지 유형 중 가장 대표적인 것이라 할 수 있다. 학습자가 가장 자신 있고 효과적인 것으로 생각하는 특성에 근거하여 가르침으로써 학습자는 크게 부담스러운 지적 노력 없이도 학습내용을 보다 자유스럽게 생각하고 자신의 것으로 동화할 수 있게 된다. 결국, 학습자가 선호하는 정보처리 양식에 따라 수업이 이루어지기 때문에 학업 성취도는 자연스럽게 향상될 것으로 기대된다.

2) 교정형 적합화 방안: 학습자 특성상의 결함을 제거하는 것

적응수업의 또 다른 대표적인 접근으로서 교정형 적합화 방안은 학습자에게 결핍되어 있는 학습 방법이나 기능을 효과적으로 활용하는 방안을 어떻게 학습할 것인지에 대한 지시를 통하여 수업을 강화시키는 아주 널리 사용되고 있는 수업 기법이다. 언어자 성향이 강한 학습자에게 시각자료를 해석하는 방법에 관한 수업을 제공하는 것이 좋은 예가 된다. 교정 수업은 내용학습의 이해를 극대화하려 할뿐만 아니라, 종합적인 학습기능을 습득할 수 있도록 해 준다. 이렇게 습득한 일반적인 기능들은 선호형 적합화 방안이 제공할 수 없는 방식으로 학습 전반을 극대화하는 일을 도와준다. 그러나 아주 유능한 학습자에게 교정 수업이 제공될 경우, 자칫 수업이 반복적이고 따분하게 느껴질 수 있기 때문에 성취 저하를 야기할 수도 있다.

3) 보상형 적합화 방안: 기능이나 학습자 특성을 대체하는 것

보상형 또는 대체형 적합화 방안은 이해하기 어려운 방안으로서, 학습자 특성을 대체한다는 것은 학습자의 결핍된 기능을 상쇄시켜 줄 수 있는 수업방법을 활용한다는 것을 의미한다. 결국 수업 방법이 학습자의 부족한 능력을 대체하게 된다는 것이다. 예를 들어, 협폭 주사자(narrow scanner)는 제한된 양의 시각자료에만 주의를 기울이기 때문에 중요한 정보를 놓치게 된다. 따라서 시각자료 전체를 전후로 체계적으로 훑어 볼 수 있는 영화/비디오로 이루어진 자료를 활용하여 가르치는 것은 그 학습자의 결핍된 주사경향(scan tendency)을 대체할 수 있을 것이다. Salomon(1974; 1976)의 연구에 따르면, 이러한 양식의 수업을 통하여 학습자는 필요한 내용을 습득할 뿐만 아니라, 이 수업이 활용하는 정형화된 정보처리 행동을 모방하게 되는 효과를 얻을 수 있다고 한다.

Ausburn과 Ausburn(1978)은 수업을 학습자의 인지유형상 차이와 보완적으로 적합화해 주는 대체수업설계 모형(supplantation instructional design model)을 제안했다. 첫 번째 단계인 과제분석 단계는 과제의 자극-변환 요건(stimulus-transformation requirements)을 결정한다. 두 번째 단계에서는 학습 유형의 평가 결과에 따라 필요한 인지과정을 대체(보완)하기 위해 처치가 필요한 학습자 집단을 결정한다. 끝으로, 그 능력을 대체하기 위하여, 즉 단계 2에서 규명된 학습자를 단계 1에서 진술된 목표 상태로 이끌기 위하여 그 처치를 어떻게 구조화할 것인지를 결정한다.

4) 도전형 적합화 방안: 학습자 기능에 도전적 자극을 제공하는 것

Messick(1976)은 학습자의 선호요인이나 결함요인에 따라 수업을 조정하는 것이 항상 적절한 것은 아니며, 비록 선호요인은 아니지만 보다 효율적인 방법이 있다면 그것을 활용하여 학습함으로써 학습자에게 도전적인 자극을 주어야 한다고 주장한다. 즉, 학습자가 보다 다양한 교육적 경험을 획득하기 위해서는, 여러 가지 수업방법과 형태에도 적응할 수 있어야 한다는 것이다. 달리 말하면, 새로운 정보탐색 전략과 정보조직 전략을 개발하기 위해서는 여러 가지 다양한 형태의 수업에도 적응할 수 있는 능력이 요구된다. 예를 들어, 언어자에게는 오로지 시각자료 위주의 수업형태를 제공함으로써 시각적 기능을 개발하고 활용할 수 있도록 고무해 주어야 한다는 것이다. 결국, 도전형 적합화 방안의 목적은 수업을 학습자에게 적응하도록 하는 것이 아니라, 학습자를 수업에 적응하도록 하는 것이다. 도전형 적합화 방안을 지지하는 학자들은 학습자들에게 다양한 형태의 수업에 적응할 수 있는 경험을 제공함으로써 삶을 영위하는 데 보다 중요한 기능을 갖춘 학습자를 길러내게 될 것이라고 주장한다.

3. 수업설계 과정에서의 개인차 분석

수업설계에서 무엇보다 중요한 것은 바로 학습자 및 상황의 분석이다. 학습자에 대한 정확한 분석과 이해 없이 효과적인 수업설계란 불가능하다. 이는 마치 의사가 환자의 상태를 모르고 치료하거나 약을 처방하는 것과 같은 결과를 낳을 수 있다.

학습자 분석에는 여러 가지 요인들이 포함된다. 먼저 학습자의 출발점 행동을 분석해야 한다. 출발점 행동은 성취하려는 목표와 관련하여 학습자의 현재 상태를 진단하는 것이다. 학습자에 따라서는 목표의 일부분을 이미 성취한 학습자도 있을 수 있고, 어떤 이는 학습에 반드시 필요한 선수학습 기능이 부족한 경우도 있다. 학습자들의 출발점 행동을 진단함으로써 성취목표를 조정하고 적절한 수업전략을 세울 수 있다. 출발점 행동뿐만 아니라 학습자의 다른 일반적 특성들도 고려해야 한다. 일반적 특성에는 학습자의 지능, 읽기 수준, 이전의 경험 등과 같은 지적 영역과 관계된 것도 있고, 주의 집중력, 동기수준, 수업태도 등 학습자의 성격 면도 있다. 또한 각자가 갖고 있는 인지유형, 학습 유형도 포함된다.

학습자 분석뿐만 아니라 학습 상황도 분석해야 한다. 이른바 수업을 위한 조건이 어느 정도 갖추어져 있는가 하는 점이다. 어떤 기자재나 학습자료가 활용 가능한지를 알아야 그에 따라 수업을 설계할 수 있다. 이처럼 학습자의 특성을 분석하여 그 결과를 교수·학습과정에 어떻게 활용할 수 있는지에 대한 예시를 제시한다.

1) 학습 유형 분석

Kolb는 학습자가 정보를 지각하고 처리하는 선호 방식을 학습 유형이라 정의한다. Kolb는 인간이 학습하는 유형을 구체적 경험(Concrete Experience),

추상적 개념화(Abstract Conceptualization), 적극적 실험(Active Experimentation), 반성적 관찰(Reflective Observation)의 4가지로 구분하였다. CE 유형은 경험을 중시하며 개인적인 가치를 기준으로 판단하고, 독특한 사례나 예를 통해 학습하는 경향이 있다. AC 유형은 논리적이며 체계적인 평가를 하고 분석과 논리를 기준으로 판단하는 경향이 있다. AE 유형은 외향적이면서 자신이 스스로 업무나 작업을 수행하면서 학습하는 경향이 있고, RO 유형은 내성적이고 수동적인 경향이 있다.

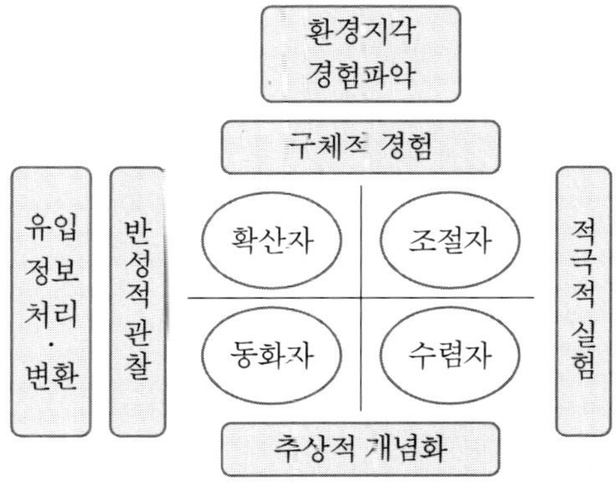

[그림 5-4] Kolb의 학습 유형 분류

조절자는 비구조적 학습과 또래 간 상호작용을 중시하고 교실 내에서 권위적인 인물의 존재를 싫어한다. 동화자는 규칙이나 지시를 잘 따르며 이론적이고 역할연기나 강의방식 등을 중시한다. 확산자는 자기 진단적 활동과 비구조적인 개방형 과제를 중시하며, 규제사항이 많은 강의(과제 제출일, 과제 수 등)와 또래 간의 상호활동을 싫어한다.

〈표 5-1〉 학습 유형별 교수방법 처방

	확산자	수렴자	동화자	조절자
권장사항	• 확산적 예 제시 • 기억조성전략 활용 • 유추를 통한 정교화 • 예제 생성 • 원 전이과제 제시	• 연역 수업계열 사용 • 정보원천선정 요구 • 개요 산출 • 현장의 자극상황 적용	• 귀납수업계열 사용 • 유추/비유를 통한 수업통합 기회 제공 • 정보추론을 통한 정교화 • 정보조직 기회 제공 (개념도, 범주화 등)	• 구체적 예 제시 • 사고보다 행동 위주 • 경험-정보관련 • 이야기 방식 활용 • 구체물 활용 • 개인 사례 산출
처방사항	• 이론적 배경 제시 • 현상 설명용 이론 모형 제시 • 근 전이과제 제시 • 아이디어 현장 적용	• 구체적인 귀납계열 • 확산적 예 제시 • 유추생성과 설명을 통한 정교화 촉진 • 다양한 상황 실습	• 현장의 자극상황 적용 • 정교화 촉진용 이미지 제공	• 추상적 아이디어 설명 • 주요 아이디어 분석 • 정보원천과 학습활동 선정

수렴자는 교사나 전문가의 견해, 독서, 실제 현장문제와의 관련성에 관한 토론을 중시하며, 또래 간 공개 토론이나 집단 자율 학습활동은 싫어한다. 조절자와 확산자는 노트 필기를 중시하지 않으나, 동화자와 수렴자는 교사의 강의 내용을 그대로 옮겨 적는 경향이 강하다. 지식관이나 학습방식에 있어 남녀 간 차이는 없으며 남자보다 여자가 비교적 변함없는 인지발달 형태를 견지하고 있으며 보다 구체적인 경향이 있다. 교사는 자신의 선호 학습 유형을 파악하여 자신의 담당 과목을 설계/강의할 때 적절하게 반영해야 할 것이다. 구체적 경험이나 적극적 실험을 선호하는 학생은 학습 보조 전략으로 전자매개 학습을 선택하는 경향이 있고, 가장 선호하는 수업전략은 역할연기를, 가장 싫어하는 전략은 강의, 자율학습, 컴퓨터 보조 수업으로 밝혀지고 있다. 반성적 관찰을 선호하는 학생은 컴퓨터에 대해 부정적인 반응을 보이는 것으로 알려져 있다. 아래의 표는 Kolb의 학습 유형에 따라 권장하는 교수 · 학습방안과 함께, 각 유형별 특성이 부족한 학습자를 위한 처방 방안을 제시하고 있다.

Kolb가 학습 유형을 측정하기 위해 개발한 설문지(Learning Style Inventory)를 소개한다.

〈표 5-2〉 Kolb의 학습 유형 설문지

문제해결 상황이나 의사결정 상황에서 다음의 9개 문항에서 제시한 행동과 자신의 행동과의 관련성을 판단하시오. 가장 관련이 있는 행동은 4, 다음은 3, 2이고, 가장 관련이 없는 행동일 경우 1로 표기하시오.

1.	discriminating (선별적으로 한다)	tentative (시험적으로 한다)	involved (직접 관여한다)	practical (실질적으로 한다)
2.	receptive (잘 받아들인다)	relevant (적절하게 한다)	analytical (분석적으로 한다)	impartial (공평하게 한다)
3.	feeling (감각)	watching (관찰)	thinking (사고)	doing (행동)

4.	accepting (수용적)	risk-taking (위험 감수)	evaluative (평가적)	aware (의식적)
5.	intuitive (직관적)	productive (생산적)	logical (논리적)	questioning (탐구적)
6.	abstract (추상적)	observing (관찰적)	concrete (구체적)	active (활동적)
7.	present-oriented (현재 지향적)	reflecting (과거 반성적)	future-oriented (미래 지향적)	pragmatic (독단적)
8.	experience (경험)	observation (관찰)	conceptualization (개념화)	experimentation (실험)
9.	intense (집중적)	reserved (유보적)	rational (합리적)	responsible (책임적)

2) 선행지식 분석

〈표 5-3〉은 은행에 가서 예금 계좌를 처음 개설하려는 학습자의 특성을 분석한 것이고, 〈표 5-4〉는 초등학교 3학년의 한 학급의 학습자들을 분석한 것이다. 〈표 5-3〉은 수업설계를 위한 것이기보다는 은행에서 고객을 교육시키려는 목적을 갖고, 고객들을 분석한 것이므로, 수업 상황에 대한 분석이나 수업설계 시에 고려해야 할 점을 생략하였다. 대신 〈표 5-4〉의 분석은 수업 상황의 분석을 병행하여 분석 결과를 수업설계에 고려하도록 하여야 한다.

〈표 5-4〉의 학습자를 대상으로 한 수업 환경을 살펴보면 다음과 같다. OHP, 대형 프로젝션 TV, 컴퓨터, 녹음기, 비디오 등의 다양한 기자재를 활용할 수 있으며 컴퓨터는 학내 망이 구축되어 있고, 교실에서 바로 인터넷에 접속할 수 있도록 전용선이 깔려 있다. 또한 다양한 교육용 소프트웨어가 갖추어져 있으며, 필요한 경우에는 컴퓨터실을 이용한 수업도 가능하다.

이러한 학습자와 환경 분석을 통해 수업설계 시 다음과 같은 점을 고려해야 한다. 학습자의 지적 능력, 이야기 자료에 대한 흥미가 다양하므로 아동 능력에 맞고 각자가 좋아하는 이야기 자료를 선택하여 읽을 수 있도록 한다. 학습자의 인지 유형, 학습 유형이 다양하나 굳어진 것이 아니므로 다양한 학습전략을 사용하여 강점을 높이고 부족한 점을 보충할 수 있도록 한다. 학습 태도, 동기 수준이 낮은 학습자들도 이야기 자료에 흥미를 갖도록 해야 한다. 따라서 읽기 자료에 처음부터 흥미를 가지기 어렵다면 '옛날 이야기 들려주기' 식으로 이야기를 전개하다가 뒷부분을 각자 읽어 보도록 하는 등의 방법을 사용하여 읽기에 흥미를 갖도록 하여야 한다. 대체로 글을 목적 없이 읽거나 내용을 이해할 때 구성 요소별로 이해하는 능력이 부족하므로, 책을 읽기 전에 책에 대한 선행지식을 갖도록 하거나 몇 가지 질문들을 제시함으로써 책의 내용에 대한 주의 집중력이나 내용 이해력을 높일 수 있을 것이다. 위 몇 가지 사항만으로 수업을 설계하기는 어렵다. 그러나 학습자와 환경에 대한 분석이 더 철저하고 이것이 수업설계에 정확히 반영되도록 노력한다면 교수 · 학습의 극대화에 기여할 수 있을 것이다.

〈표 5-3〉 은행에 가서 처음 당좌 예금 계좌를 개설하려는 학습자들의 특성

정보의 종류	정보원	학습자 특성
1. 출발점 행동	면담; 표적학습자 은행원 계좌확인관리자; 사전검사	학습자들은 학습을 시작하기에 충분한 연산기능을 갖고 있다.
2. 제재분야에 대한 선수지식	면담; 표적학습자 은행원 계좌확인관리자; 사전검사	학습자들은 스스로 계좌를 개설하러 은행에 왔으므로, 당좌예금과 그것이 어떤 소용이 있는지 분명히 알고 있다. 사전검사를 통해 대부분의 학습자들은 이미 계좌의 개설과 유지에 필요한 절차적 논리를 이해하고 있음이 드러났다. 그들은 정확한 양식을 사용하는 것만 배우면 된다(예금, 예금회수, 월별 명세서, 금전자동기록기 등).
3. 내용에 대한 태도	면담; 표적학습자 은행원	학습자들은 금전적 손실을 최소화하기 위해 바른 절차와 양식의 사용을 확실히 하도록 돕는 새로운 기술을 학습하는 데 긍정적이며 은행이 손해를 보게 하지는 않을 것이라고 확신한다.

4. 가능한 전달 시스템에 대한 태도	면담; 표적학습자 은행원 계좌확인관리자	가장 비용 효과적이고 능률적인 교수는 학습자가 은행에 계좌 개설을 할 때 얻는 소책자가 될 것이다. 그들은 소책자를 집으로 가져갈 수 있고 예금을 하거나 예금을 회수할 때, 또는 예금 결산을 할 때 안내서로도 활용할 수 있다. 학습자와 은행원들은 소책자가 읽고 셈할 수 있는 사람들을 위해서는 효과적인 교수를 제공한다고 믿는다. 그렇지 못한 사람들은 가족, 친구 또는 은행직원으로부터 도움을 받아야 할 것이다.
5. 동기수준	면담; 표적학습자 은행원 계좌확인관리자	학습자들의 동기수준은 높다. 그들은 자신의 돈을 보호하기 위한 기술을 얻기를 원한다(부도나 부도수표, 또는 벌금으로 인해 돈을 잃음). 그리고 그들은 자신의 계좌를 가질 수 있는 것에 매우 만족해할 것이다.
6. 교육수준과 능력수준	면담; 표적학습자 은행원 계좌확인관리자 사전검사; 성적표	교육수준: 학습자는 대개 고등학교 상급생이거나 대학신입생, 또는 처음으로 자신의 소득을 관리하게 된 신입사원들이다. 다른 고객들은 이 지역에 새로 이주해온 사람들이다. 능력(성취도/적성): 학습자들은 성취도나 적성에 있어 극히 이질적이다. 그러나 대부분은 필요한 기초적인 언어능력과 수학기능을 갖고 있으나 일부는 그렇지 못하다.
7. 학습 선호경향	면담; 표적학습자	학습자들은 시각화된 도해, 예 그리고 삽화 등을 좋아한다. 또 은행이 지속적인 도움을 주기를 바란다.
8. 훈련조직에 대한 태도	면담; 표적학습자	학습자들은 은행에서의 선수 경험이나 훈련 조직이 없다. 그래서 오로지 긍정적인 태도를 갖고 있다.
9. 일반적 집단 특성	면담; 표적학습자 은행원 계좌확인관리자 사전검사; 성적표	a. 이질성: 높음 b. 크기: 개별화 c. 전체적 인상: 동기수준이 높은, 역량 있는

〈표 5-4〉 이야기 책을 읽고 독서 감상문을 써야 하는 학습자들의 특성

정보의 종류	정보원	학습자 특성
• 출발점 행동	면담, 관찰; 표적학습자	• 학습자는 이야기 책을 선정하는 기준을 흥미, 즉 이야기의 내용과 책의 표현형태(문자와 그림의 비)에 의해 선정하는 경향이 있으며 자료를 읽는 목적이나 자료의 수준에 대해서는 인식하고 있지 못하다. 이야기 자료를 읽는 능력은 양호하다. 자료에서 주인공과 부수적 인물을 구별하나 인물의 행동이나 말에서 성격을 찾아내는 데 다소 어려움이 있다. 또한 사건의 흐름을 원인, 결과에 근거하여 요약하는 데 어려움을 느끼며, 배경의 인식에는 다소 수월하다. 책을 읽을 때 자신 나름의 판단을 해야 함을 알고 있으나 비평이나 공감을 구분하지는 않으며 독서 감상문을 쓰는 형식을 모르고 있다.
• 학습자의 일반적 특성		
1. 읽기 수준	사전검사; 표적학습자	• 이야기자료에 나오는 기본적인 어휘를 이해하는 데는 문제가 없다. 또한 문맥을 통해 모르는 어휘의 뜻을 어느 정도 유추할 수 있다. 그러나 모르는 어휘의 정확한 뜻을 알기 위해 사전을 사용하는 능력은 부족하다.
2. 주의집중력	관찰; 표적학습자	• 학습자들은 이야기 자료에 대한 주의집중력에 있어 매우 이질적이다. 이는 동기 수준과도 관련되어 있는데 주의집중력이 우수한 아이들은 30분 이상 이야기 자료에 집중하는 데 우수하였으나, 동기 수준이 낮고 산만한 아이들은 10분 내외의 주의집중력을 보였다.
3. 이전 경험	면담; 표적학습자 학부모 전년도 담임교사	• 학습자들은 낮은 수준의 이야기 자료를 주로 읽었으며 주제는 주로 권선징악에 관련된 것들이었다. 또한 책을 읽고 내용을 요약하는 과제는 적은 편이었고, 주로 그림으로 이야기의 줄거리를 표현하였다. 따라서 독서 감상문을 읽어 보기는 하였으나 자신이 직접 써 본 경험은 없다.
4. 동기수준	면담, 관찰; 표적학습자 학부모 전년도 담임교사	• 학습자들은 동기 수준에서 매우 다양하다. 책 읽기가 습관화되어 있는 아동들은 더 많은 읽기 자료를 읽고 싶어 하고 새로운 읽기 자료에 대해 높은 관심을 보이나 몇몇 아이들은 이야기 자료 자체에 다소의 거부감을 갖고 있으며 다른 아이들의 책 읽기를 방해하는 행동도 나타낸다.

5. 수업태도	관찰; 표적학습자	• 수업을 받는 태도도 다소 이질적이다. 수업 분위기가 다소 자유로울 때, 몇몇 학습자들은 이야기 자료에 집중하고, 책의 내용을 이해하는 데서 벗어나 자신만의 관심사(친구와 장난치기, 이야기하기, 장난감 갖고 놀기, 엎드려 있기)에 빠지려 한다. 그러나 2/3 이상의 학습자들은 이야기 자료를 수용하고 교사의 안내에 잘 따른다.
6. 지적 적성	사전검사; 표적학습자	• 학습자의 지적 능력은 정상분포에 가깝다. 다소 지적 능력이 우수한 아동이 10여 명 정도이고 지적 능력이 낮은 아동도 그 수가 비슷하다. 나머지 학습자들은 평균 정도의 지적 능력을 갖고 있다.
7. 인지유형	관찰, 사전검사; 표적학습자	• 인지 유형도 매우 다양하다. 학습자들은 짧게는 3년에서 길게는 5년 정도(취학 전의 학습 경험을 고려하면)의 이야기 자료 경험 기간을 가졌었다. 따라서 나름의 인지 유형을 어느 정도 갖고 있는 편이다. 그러나 아직 연령으로 볼 때 인지 유형이 고착된 것은 아닌 듯하다.
8. 학습 유형	관찰, 면담; 표적학습자 학부모	• 학습자의 학습 유형은 인지 유형과 같이 다양하다. 그러나 역시 학습 유형이 하나로 굳어진 것은 아니며 다양한 학습 유형에 대한 개방성을 갖고 있는 것으로 보인다.
9. 성격	면담; 표적학습자 학부모	• 학습자 집단은 성격도 매우 이질적이다. 모르는 것을 적극적으로 질문하고 자신의 생각이나 느낌을 적극적으로 표현하는 아동들이 있는 반면, 너무 내성적이어서 수업 시 교사로부터 받을 수 있는 안내를 충분히 받지 못하는 학습자들도 있다. 또한 학습 결과물을 다른 사람에게 보여 주는 태도도 자신감이 부족한 경우가 있다.

기출문제(초등)

1. 다음은 버틀러(K. A. Butler)의 정보처리 접근 양식을 기준으로 학습자를 네 가지 유형으로 구분한 것이다. (나)에 해당하는 학습자의 일반적 특징에 대한 설명으로 가장 올바른 것은?

	계열적 정보처리	비계열적 정보처리
구체적 정보처리	(가)	(나)
추상적 정보처리	(다)	(라)

① 시행착오적이고 탐구적인 수업환경에서 잘 학습하는 경향이 있으며, 게임이나 시뮬레이션과 같은 탐색적인 학습을 선호한다.
② 언어적 · 상징적 메시지를 잘 해독하는 경향이 있으며, 교사중심의 강의식 수업이나 교과서 중심의 직접적 수업방식을 선호한다.
③ 비언어적인 학습내용을 체계적으로 제시해 줄 때 잘 학습하는 경향이 있으며, 체계적 실험과 같은 구조화된 학습환경을 선호한다.
④ 언어적 · 상징적 내용을 체계적으로 제시해 줄 때 잘 학습하는 경향이 있으며, 집단토의와 같은 언어 중심의 비구조화된 수업을 선호한다.

정답

1. ①

기출문제(중등)

1. 장의존적(field-dependent) 학생에게 가장 적합한 학습환경은?

① 선형적인 CAI 프로그램, 구조화된 과제 제공
② 선형적인 CAI 프로그램, 비구조화된 과제 제공
③ 하이퍼텍스적인 CAI 프로그램, 구조화된 자료 제공
④ 하이퍼텍스적인 CAI 프로그램, 비구조화된 자료 제공

정답

1. ①

제6장

수업설계

이 장은 한 단위의 수업을 설계하는 체계적인 과정을 제안하고 있는 수업설계 활동을 정의하고, 대표적인 모형을 소개한다. 우선 체제접근법과 전통적인 접근법의 차이를 분석하고, 수업설계 모형의 일반 모형인 ADDIE 모형과 체계적 접근 모형인 Dick & Carey 모형, 그리고 체제적 수업설계 모형을 각각 개관한다. 이 장에서는 체계적 모형에 따라 수업을 설계하게 되면 교육목적 달성을 극대화할 수 있다는 사실을 이해하기를 기대한다.

이 장을 학습한 후, 최소한 다음의 학습목표가 성취되기를 기대한다.

- 수업설계를 정의 할 수 있다.
- 수업설계 모형을 개관할 수 있다.
  - ADDIE 모형을 개관할 수 있다.
  - 분석 단계를 실행할 수 있다.
  - 설계 단계를 실행할 수 있다.
  - 개발 단계를 실행할 수 있다.
  - 실행 단계를 실행할 수 있다.
  - 평가 단계를 실행할 수 있다.
  - Dick & Carey 모형을 개관할 수 있다.
- 체제접근법과 전통적인 방법을 비교할 수 있다.
- 응용과학과 실무기능의 특성을 비교할 수 있다.
- 체계적 접근과 체제적 접근의 특성을 비교할 수 있다.
  - 체계적 접근의 대표적인 모형을 도식화할 수 있다.
  - 체제적 접근의 대표적인 모형을 도식화할 수 있다.

제6장

수업설계

1. 수업설계의 정의

수업설계(instructional design, instructional system design) 또는 체계적인 수업설계란, 수업 또는 교수 · 학습과정에 있어서 적어도 목적 · 목표와 방법과 평가의 활동이 서로 동떨어진 채 서로 무관하게 전개되는 것이 아니라, 이들을 포함하며, 수업이 시작되어 끝날 때까지 관련되는 대소의 모든 요소 또는 변수 · 변인들이 서로 영향을 주고받으며 유기적이고 상호보완적 관계를 완벽하게 유지하는 하나의 '체제'(여기서는 바로 수업체제)를 계획 · 입안하고 나아가 수업을 실행 · 관리하여 평가하는 전문적인 활동과정을 일컫는다. 이를 통하여 수업개선과 수업효능을 크게 높일 수 있으리라 믿는다.

수업설계란 "학습자 개개인에게 특정한 학습 성과가 나타나는 것을 뒷받침하고 촉진하기 위하여, 학습의 원리와 이론, 그리고 공학적 원리와 기법을 수업과정에 적용하여 수업절차 · 자료 · 방법을 체계적으로 계획하고 개발하는 과정"으로 정의한다. 아울러, 수업설계의 문제를 논의하면서 이 용어에 들어 있는 수업의 개념은 목표로 설정한 행동유형의 변화, 즉 학습이 인간학습자에게 일어나도록, 그의 내적 심리과정에 맞추어 그의 외적 조건과 상황을 설계·개발·관리하는 과정으로 정의할 수 있다. 이 정의에 포함된 세 가지 핵심 아이디어는 다음과 같다. '목표행동 유형의 학습' '학습자의 내적 과정' 그리고 '외적조건 상황의 정비'.

어쨌든 수업설계는 교수공학의 대표적인 적용이며 이 같은 설계 작업은 체제접근에 의해 수행된다. 체제접근(systems approach)이란 선택 결정된 목표를 성취함에 있어서 체제의 각 구성요소와 부분들의 기능 수행이 체제 전체에 주는 효과와 영향 여부를 분석하고 활용하면서 합리적인 문제해결 기법을 구사하는 작업과정으로 규정된다. 아울러 체제란 상호 의존해 있고 유기적 관련을 가지고 있는 구성요소 및 부분들이 상호작용 하면서 선택결정과 목표를 성취하고 효율적으로 기능을 수행하는 하나의 통합된 총체이며, 여기에 크고 작은 여러 상·하위 체제가 있을 수 있다.

요컨대, 교과 교육의 방법 분야에서 가르치고 배우는 과정, 즉 수업을 핵심활동으로 인식하고, 이 핵심작업인 수업과정을 체제접근에 따라 설계하고 개발·운영하면 교수·학습의 성과가 최대화·극대화되는 것을 거의 완벽하게 보장할 수 있다는 가정과 신조에 근거한다. 체제접근에 기초한 수업설계는 바로 수업과정의 설계와 개발에서 공학(과학과 조직된 지식을 실제에 체계적으로 적용하는 것으로, 반드시 기계를 필수요소로 하지는 않는다.)적 원리를 적용하는 작업이라는 의미에서 교수공학의 한 대표적인 영역으로 규정된다.

2. 수업설계 모형

1) ADDIE 모형

지금까지 개발된 모든 교수체제설계 모형의 기본 요소들로 구성된 교수체제설계의 일반 모형으로서 분석-설계-개발-실행-평가의 다섯 단계로 구성되어 있다. 이 모형에 포함된 5가지 요소는 대부분의 모형들이 모두 포함하고 있으나, 5가지 요소 모두를 다 포함하지 않은 모형도 있다. 이 장의 후반부에 논의될 체계적 모형과 체제적 모형에서처럼 반드시 아래의 순서대로 설계 작업이 이루어지지 않을 수도 있다. 각 단계별 요소에 대해 간략히 살펴보자.

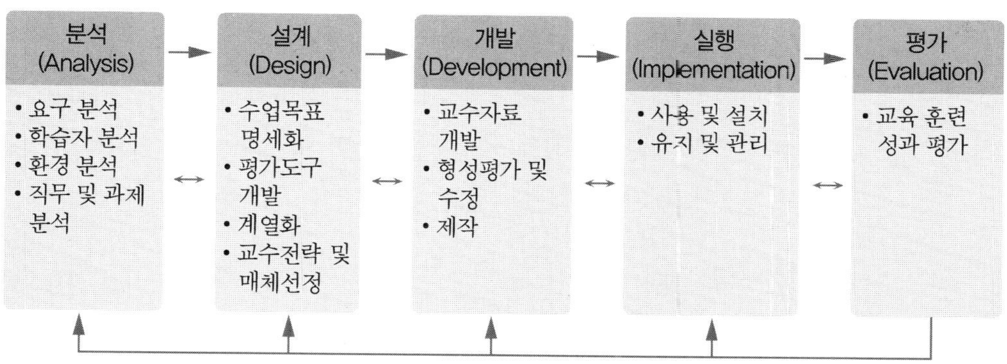

[그림 6-1] 교수체제 설계의 기본 모형(ADDIE 모형)

(1) 분석 단계

분석 단계는 교수체제 설계 과정의 초기 단계로서 설계 상황에서 절대적인 중요성을 지닌 요소들을 분석하는 단계다. 즉, 현재의 학습자들에게 어떤 문제가 있고, 어떤 점이 부족한지를 밝혀서 전체 과정을 수행하는 타당한 근거를 확보하고, 그 문제가 해결된 상태의 진술인 일반 수준의 목표를 도출한다. 계속해서 현재 학습자의 인지적 · 정의적 · 심동적 상태를 밝히고, 교수 · 학습과정이 이루어지는 전반적인 환경을 분석하고, 도출된 일반 목표를 달성하기 위한 하위 역량으로서 필요한 직무와 과제를 적절한 수준의 난이도와 최적의 수행 순서를 고려하여 분석한다. 이 같은 분석의 결과는 다음 단계인 설계 단계를 수행하는 투입요소로서 기능을 한다.

(2) 설계 단계

설계 단계는 분석 단계에서 수행한 요구분석의 최종 산물인 일반 목표를 수행하는 데 필요한 직무와 과제를 분석한 결과를 바탕으로 보다 명세적인 수업목표를 작성하는 일로 시작된다. 계속해서 행동목표가 도출되고 난 후, 그 목표의 달성 여부와 달성 정도를 판단하기 위한 도구로서 평가문항이 작성된다. 평가 문항은 요구하는 목표의 성격에 맞게 타당하고 신뢰할 만한 유형으로 개발되어야 한다. 개발된 명세목표들은 최적의 효과를 달성하기 위하여 이상적인 순서로 계열화되어야 한다. 이제 이 목표를 달성하기 위한 방법으로서 효과적이고 효율적이며 매력적이고 안정적인 교수전략을 선정하고 그 전략들의 수행을 지원해 주는 매체를 선정한다.

(3) 개발 단계

개발 단계는 앞서 설계된 청사진에 따라 필요한 교수 · 학습자료를 개발하는 단계다. 마치 건물의 설계도에 따라 건물을 실제로 짓는 활동을 하는 단계와 같다. 최종의 완성된 자료를 개발하기 위해서는 불가피하게 시행착오를 거치게 되어 있다. 이 과정에서 개발된 여러 가지 초안들은 몇 차례의 수정 · 보완 과정을 거치게 된다. 이와 같은 수정 · 보완의 과정을 형성평가 과정이라고 하는데, 최종의 산출물이 아무런 문제없이 의도한 바를 달성할 수 있는 상태를 유지하기 위해 다양한 수준에서 형성평가가 이루어진다. 전문가의 검토와 다양한 수준의 학습자(사용자)들의 검토, 그리고 현장에서의 검토 과정 등을 거쳐서 최종 산출물이 탄생하게 된다.

(4) 실행 단계

실행 단계는 개발 단계에서 완성된 교수·학습자료와 다양한 매체를 실제 현장에서 활용해 보고, 그 자료를 해당 교육과정에 편성하는 과정을 거친다. 실행 단계는 단순히 개발·완료된 내용을 현장에서 실행해 보는 것으로 끝나는 것이 아니라, 그 자료들이 현장에서 정착·유지되도록 다양한 노력을 경주하는 활동도 포함된다. 예를 들어, 제도와 규정을 정하여 그 자료를 일정량 또는 일정 기간 활용하도록 권장하는 방안을 도입한다. 새롭게 개발된 자료와 매체가 현장에 채택되기 위해서는 자료와 매체가 가진 장점도 중요한 요인이 되지만, 새로운 것에 대한 수용 의지와 정서 또한 중요한 요인으로 작용한다. 이상의 요인들을 적절히 고려하는 과정이 실행단계에서 이루어지는 활동이다.

(5) 평가 단계

평가 단계는 마지막 단계로서 최종 산출물이 의도한 목적을 충실히 달성하였는지를 판단하는 과정이다. 이 과정의 결과에 따라 최종 산출물은 계속해서 사용되기도 하고, 폐기되기도 한다. 일반적으로 외부의 전문가를 통하여 교수체제 설계를 통해 개발된 프로그램의 전반에 대한 가치를 판단하는 평가 보고서를 작성하게 하고 그 결과에 따라 프로그램의 채택과 폐기 여부를 결정한다.

〈표 6-1〉 ISD 과정 및 기능, 활동, 산출물

ISD 과정	역할(기능)	세부단계(활동)	산출물
분석 (Analysis)	학습내용(what)을 정의하는 과정	요구, 학습자, 환경, 직무 및 과제분석	요구, 교육목적, 제한점, 학습과제
설계 (Design)	교수방법(How)을 구체화하는 과정	성취수행목표 진술, 평가도구 개발, 계열화, 교수전략 및 매체선정	성취수행목표, 교수전략 등을 포함한 설계명세서

개발 (Development)	교수자료를 제작하는 과정	교수자료 개발, 형성평가 및 수정, 제작	완성된 프로그램
실행 (Implementation)	프로그램을 실제 상황에 적용하는 과정	프로그램의 사용, 설치, 유지 및 관리	실행된 프로그램
평가 (Evaluation)	프로그램의 효과성과 효율성, 및 적절성을 결정하는 과정	총괄평가	프로그램의 가치 및 평가 보고서

2) Dick & Carey 모형

앞에서 체제접근에 기초한 수업설계 작업을 정의하였으며, 효율적인 수업체제 설계 및 개발을 이끌어 가는 설계 모형의 연구 · 개발이 지난 40여 년간 왕성하게 수행되어 왔다. 우선 체제 접근법이 기존의 전통적인 방법과 어떤 차이점이 있는 지를 살펴보고, 계속해서 대표적인 체제적 수업 설계모형을 소개한다.

〈표 6-2〉 체제접근법과 전통적 방법의 비교

체제접근법	전통적 방법
• 목표는 일상 업무와 같은 외부 참조대상과 밀접하게 연관되어 있다.	• 목표는 교과서나 강사의 지식, 전통적인 교과내용에서 비롯된다.
• 교수전략은 그 효과가 경험적으로 인정된 증거에 기초해 개발된다.	• 교수전략은 관행이나 강사의 기예, 또는 활용상의 편의에 비추어 개발된다.
• 목표와 평가준거는 개발 초기 단계부터 확정되어 있기 때문에 학습자는 한 과정을 마친 후 무엇을 할 수 있게 될지에 대해 분명하게 이해하고 있다. 따라서 학습결과에 대한 당혹감은 없다.	• 학습자는 종종 바람직한 성취가 무엇인지를 추측해야 하는 상황에 처하고, 검사는 예상치 않은 뜻밖의 일로 여겨진다.
• 모든 학습자가 높은 수준의 성취를 수행할 것으로 기대된다.	• 학습자의 성취 수준은 매우 다양하며, 대체로 정상분포를 따른다.
• 학습자의 성취가 만족스럽지 못할 경우, 교정이 필요한 부분은 교수과정 그 자체에 있다.	• 학습자의 성취가 만족스럽지 못할 경우, 학습자나 강사가 더욱 열심히 자신의 업무를 수행해야 할 필요가 있다.

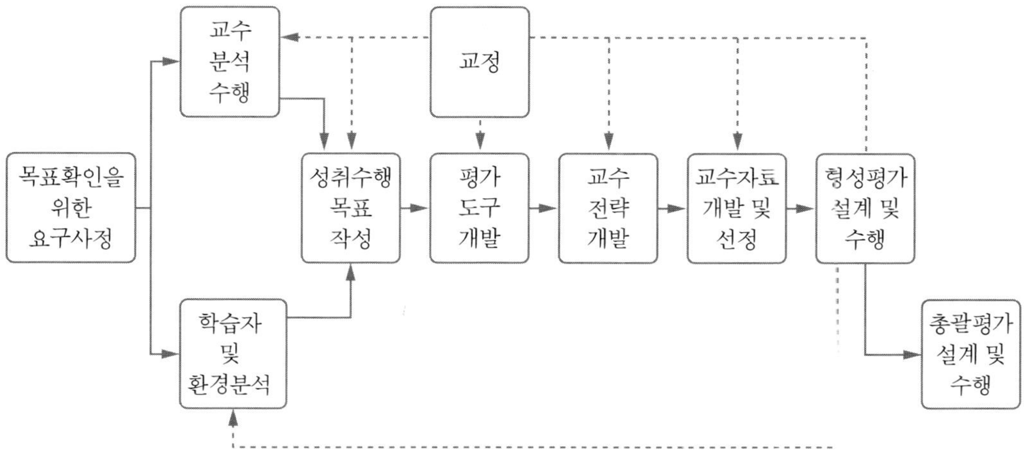

[그림 6-2] Dick & Carey의 교수체제 설계 모형(1996)

이 수업설계 모형은 10개의 활동으로 구성되어 있으며, 가장 처음 활동과 마지막 활동을 제외한 7개의 활동은 '교정' 활동인 피드백 고리로 연결되어 있다. 단계별 내용을 간결하게 기술한다.

(1) 교수목적 · 목표의 확인

이 모형의 첫 단계는 수업이 완결되는 시점에 즈음하여 학습자들이 '할 줄 알게' 되기를 바라는 바가 무엇인지를 결정하는 일이다. 교육목적의 목록 표를 비롯하여, 특정 교육과정에 관한 요구의 분석 및 사정, 교실에서 확인되는 학생들의 학습문제나 장애, 직무수행자의 작업 상태 분석, 또는 새로운 교수학습(수업)에 대한 여러 요구 등을 소재로 하여 교수목적 · 목표를 확인하고 정의하는 일을 하는 것이다. 수업 요구는 5가지 상이한 방식으로 확인될 수 있다(Bradshaw, 1974; Briggs & Wager, 1981; Burton & Merrill, 1977).

I. 목표 확인을 위한 요구분석
1. 문제 상황의 진술
———(규범)———
———(감지)———
———(비교)——(표출)———
———(미래/예견)———
2. 해결된 상태 및 해결 방안
———(교육적 해결 ×)
———(〃 ×)
———(〃 ○)
———(〃 ×)
———(〃 ○)
———(〃 ○)
3. 확인된 일반목표
※ ———

- **규범적 요구**(Normative Need): 현 상황과 그와 관련된 규범과의 비교를 통하여 결정된다. 이 규범에는 전문가가 '정상적' 이거나 '바람직한' 것으로 규정한 것이 포함된다(Farmer, Buckmaster, & LeGrand, 1988).
- **표출된 요구**(Expressed Need): 학습자가 무엇인가를 필요로 하고 그것을 습득하기 위하여 시간과 금전을 기꺼이 소비하겠다는 개개인의 진술에 근거하고 있다.
- **감지된 요구**(Felt Need): 표출된 요구 형태로 요구를 진술하지 않은 학습자와 그러한 요구를 충족시키는 데 시간과 금전을 투입할 수도 없고 또 그렇게 하려는 마음도 없는 학습자가 경험한 결핍상태나 손실상태, 그리고 격차상태 등을 의미한다.
- **비교된 요구**(Comparative Need): 특정 학습자가 제공받은 것과 다른 학습자에게 제공된 이익을 비교함으로써 확인된다. 이 요구는 다른 곳의 유사한 학습자에게 유익한 것이 특정 학습자에게는 결핍되어 있다는 점을 전제로 한다.
- **미래의 예견된 요구**(Future & Anticipated Need): 조만간 미래에 일어날 가능성이 있거나 확인될 것으로 예견되는 요구들이다.

다음은 수업 요구를 확인하는 이상의 5가지 방식이 수업 요구를 확인하는 데 어떻게 사용될 수 있는지를 예시하고 있다. 설계자는 수업요구를 확인하는 각각의 방법으로부터 상황과 수업요구에 대하여 상당히 특이한 내용을 배우게 된다. 사회사업가나 기타 지역사회 전문가들은 그 지역 성인의 평균 독해 수준이 전국 규범에 비추어 상당히 낮다는 사실을 알게 되었다. 이 정보에 근거하여 수업설계자는 그 지역 성인의 독해교육에 대한 규범적 요구가 있다는 결론을 내리게 된다. 어느 지역의 대규모 교회의 관계자에 의하면 교인 중 75%가 기능상 문맹이기 때문에 이들의 문해 능력을 향상시키기 위한 목적으로 주 1회 교육 프로그램을 실시하고 싶다는 의사를 수업설계자에게 알려 왔다. 수업설계자는 이 같은 상황은 표출된 요구로 규정한다. 수업설계자는 지역사회 사회사업가로부터 인근 대규모 주택 단지내의 많은 성인들이 읽고 쓰기에 상당한 문제가 있음을 알게 되었다. 그러나 그들로부터 아무런 수업상 지원 요청이 접수되지 않았다. 그들은 감지된 요구를 가지고 있는 것으로 가정될 수 있다. 이웃 지역의 성인들은 이 지역에서는 제공하지 않는 기능성 문맹 퇴치 프로그램을 통하여 큰 도움을 받았다. 수업설계자는 이 지역 성인들이 그러한 프로그램에 더한 비교된 요구를 느끼고 있다는 결론을 내렸다. 이 지역의 기능상 문맹인 성인들이 읽고 쓰기를 배운 후, 고등학교 졸업에 해당하는 자격을 취득하기 위해 그들을 준비시켜 줄 과정의 필요성을 느끼게 되었다. 이러한 사실에 근거하여 수업설계자는 관련 과정에 대한 미래의 예견된 요구가 있다는 결론을 내리게 되었고, 기존의 기능성 문맹 퇴치 프로그램 내에 고등학교 졸업 자격 취득에 필요한 지식, 태도, 기능이 포함된 프로그램을 설계하기로 결정했다.

수업설계자는 때로는 위에서 소개한 5가지 방식 모두에 근거하여 의미 있는 수업요구들을 확인할 수 있어야 한다. 물론 한두 가지 방식으로는 수업의 필요성에 대한 요구를 결정하는 것이 불가능하거나 실행할 수 없는 경우도 있다. 각 방식이 다른 방식들을 상호 확증하기 때문에, 가능하다면, 둘 또는 그 이상의 방식으로 요구들을 결정하는 것이 바람직하다.

(2) 교수분석

교수목표가 정해진 뒤에 그 목표의 유형을 결정하고, 그 목표를 성공적으로 학습하기 위해서 학습자가 학습해야 하는 하위 기능을 분석하고, 그 기능들이 어떤 절차로 학습되어야 하는지를 밝히는 단계다. 이 단계의 결과물은 하위 기능들의 관계를 일목요연하게 보여 주는 차트나 도식으로 제시된다. 이 단계는 매우 고차적인 수준의 능력을 요구하는 분야로서 목표분석과 하위기능 분석에 대한 상세한 지침을 제시하면 다음과 같다.

목표분석은 교수프로그램에 담을 내용을 찾는 방법으로서 교수목표를

II. 교수분석

일반목표 : ____________________.

목표영역 : ______________.

목표분석(mental steps) 및 하위기능 분석

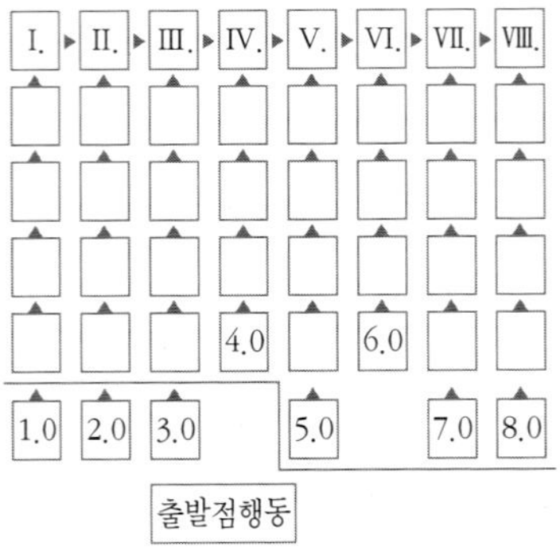

달성했을 때, 학습자가 보여 줄 구체적인 성취행동 단계를 그림으로 표현한 것이다. 구체적인 방법으로는 목표성취 여부를 측정하기 위한 검사문항 제작한다고 생각하고, 그 상황에서 '학습자가 그 문항에 반응하기 위해 무엇을 해야 하나'를 염두에 두고 분석을 한다. 즉, 자신이 학습자라고 생각해 보고, 학습자가 알 필요가 있는 것은 나중에 생각하고, 먼저 그 목표행동을 수행하기 위해서는 어떤 단계들이 있는가를 확인하도록 분석한다.

하위기능 분석은 목표의 각 단계에 대한 선수하위기능을 분석하는 것으로서, 학습자가 목표의 첫 번째 단계를 학습하기 위해 알아야 할 것은 무엇인가를 출발점으로 삼는다. 그리고 만일 학습자가 어떤 기능을 학습하고 있지 않으면, 그 다음의 학습을 실패하게 될 수밖에 없는 기능들을 도출하여 그 기능들을 성공적으로 학습을 하는 데 꼭 알아야 하는 것을 분석한다.

(3) 학습자와 환경의 분석

III. 학습자 및 환경분석

- 출발점 행동의 분석
- 학습자의 일반적 특성
  - 읽기 수준
  - 주의 집중력
  - 이전의 경험
  - 동기 수준
  - 수업에 대한 태도
  - 지적 적성
  - 인지유형
  - 학습유형
  - 성격
- 수업 환경 분석
  - 활용 매체의 가용성 및 성능
  - 기타 수업 설계시 고려해야 할 내용

교수목표의 분석과 함께, 학습자의 특성을 비롯하여, 그들이 기능들을 배우게 될 맥락(상황, 배경), 그리고 이 기능들을 사용하게 될 맥락상황(환경)들에 대한 분석 작업이 평행해서 이루어진다. 학습자들의 현재의 기능, 선호 및 태도를 진단하며 동시에 교수장면 상황과 기능들이 사용될 장면들의 특성들도 함께 분석·판정된다. 여기에서 수집되는 정보가 이 설계 모형의 후속 단계의 성격을 좌우하며 교수전략의 개발에서 특히 그러하다. 학습자 분석에 대한 상세한 내용은 제5장을 참조하기 바란다.

(4) 성취목표의 진술

Ⅳ. 명세목표 진술

하위 기능	▶내용+행동동사(무엇을 어떻게) ▶ ▶
하위 기능	▶학습자의 행동(~을 할 수 있다) ▶ ▶
하위 기능	▶수업종결시점 기준 ▶ ▶

이 단계에서는 학습자들이 수업이 끝날 때에 할 줄 알게 되기를 기대하는 것이 무엇인지를 구체적이고 가시적인 수행 행동용어로 진술하는 일을 한다. 교수분석표에 근거하여 도출된 성취목표는 학습된 성취행동(기능), 그 성취행동이 실행 될 조건, 학습이 성공적이냐 아니냐를 가늠할 수 있는 준거에 의해서 기술된다. 명세목표는 반드시 행동동사를 사용하도록 하고, 각 하위 기능별로 2~3개의 명세목표를 작성하고, 한 시간의 수업분량으로 2~3개의 하위 기능을 포함한다. 따라서 한 시간에 다룰 수 있는 명세목표의 수는 4~9개 정도가 되도록 한다.

한 시간 수업에 몇 개의 명세목표를 포함해야 하는가의 문제는 교육적 효과를 위해 심도 있게 고려해 보아야 한다. 목표의 수가 많다고 해서 그만큼 많은 양을 가르치는 것은 물론 아니다. 한 시간에 가르쳐야 할 내용의 양은 교육과정상에 명시되어 있는 대로 변함이 없다.

정해진 양의 내용을 가르치기 위해 1~2개의 명세목표를 진술하는 것보다는 앞서 언급한 대로 4~9개의 목표로 진술하게 되면 그만큼 가르치는 내용이 상세하게 분석되었음을 의미한다. 즉, 과제가 학습자의 입장에서는 많은 양의 내용을 일반성과 추상성이 높은 상태로 전달되는 것보다는, 적은 양의 내용이 명세성과 구체성이 높은 상태로 전달되기 때문에 그만큼 지속적인 성공의 경험을 할 가능성이 높아진다는 것이다. 요컨대, 교사는 가르칠 교과의 내용을 학습자가 이해하기 쉽도록 작은 단위로 나누어서 점진적으로 문제 해결에 접근하도록 목표를 최대한 명세화하도록 노력해야 한다.

(5) 준거지향검사 문항 개발

V. 검사문항 개발

▶명세목표 1	▷단답형
▶명세목표 2	▷완성형
▶ 〃 3	▷논문형
▶ 〃 4	▷진위형
▶ 〃 5	▷선다형
▶ 〃 6	▷ 다답형/최선답형/
▶ 〃 7	▷ 부정형/대입형/
▶ 〃 8	▷ 정답형/
▶명세목표 9	▷배합형

설정 · 진술한 목표를 기초로 하여 학습자들이 성취하여 수행할 수 있어야 하는 능력을 측정 · 검사하는 평가문항을 작성한다. 이때 목표에 기술되어 있는 행동유형과 평가문항이 요구하는 것과의 일관성에 역점을 둔다. 즉, 검사문항의 유형은 측정하고자 하는 목표의 유형과 일치해야 한다는 것이다. 문항의 생명은 타당성에 있다고 할 수 있는데, 가장 타당한 문항은 명세목표의 '~ 할 수 있다' 는 진술 형식을 '~하라' 는 진술로 변경했을 때 논리적이고 형식적인 오류가 없어야 한다.

(6) 교수전략의 개발

VI. 교수전략의 개발

수업 전 활동	• 동기유발 • 목표 제시 • 출발점 행동 확인
정보지식 제시	• 교수계열 • 교수단위의 크기 • 자료(보기 · 예시) 제시
학습자 참여	• 실행 • 연습 • 피드백
시험 검사	• 사전검사 • 학습증진검사 • 출발점 행동 확인
추수 활동	• 교정활동 • 보충학습 • 심화학습

앞의 다섯 단계의 설계 작업에서 얻은 정보에 기초하여, 종착점 목표를 성취하기 위해 교수 · 학습 행위에서 사용할 전략을 확인하고 개발한다. 교수전략에는 수업 전 사전활동사항(동기유발, 목표제시, 출발점 행동 확인)을 비롯하여, 정보와 지식의 제시(교수계열, 교수단위의 크기, 자료 제시, 보기 및 예시), 학습자 참여(실행연습과 피드백), 시험과 검사(사전검사, 학습증진 검사, 사후검사), 그리고 추수활동(교정학습, 심화학습) 등이 포함된다. 수업전략은 현시점에서의 학습연구 성과, 학습과정에 관한 현재 수준의 지식, 가르칠 내용 그리고 수업을 받게 되는 학습자들의 특성 등에 기초하여 개발된다. 이들 특성은 수업교재 자료의 개발 또는 선정이나 상호작용적 교실수업을 위한 전략기법의 개발을 위해 사용된다.

(7) 교수자료 개발 및 선정

전 단계의 교수전략에 근거하여 교수 자료를 제작 · 선정하는 단계다. 교수자료에는 학습자 매뉴얼, 교수 · 학습자료, 검사, 교사용 안내서 등이 포함되며, 새로운 프로그램의 개발 여부는 학습의 유형, 기존 관련 자료의 유무, 개발에 필요한 자원의 가용성 등을 고려하여 결정한다. 아울러 기존의 자료를 선정하여 활용할 경우 적합한 선정 준거에 따라야 한다. 특히 수업목표 달성을 위한 최적의 교수전략을 선정하고, 그 전략을 활용하는 데 효율성을 극대화할 수 있는 매체를 선정하고 개발하는 일이 중요하게 부각된다.

Ⅶ. 교수자로 개발 및 선정	
학습자 매뉴얼	
고수 · 학습 자료	
매체	
각종 검사	
교사용 안내서	

(8) 형성평가의 설계 및 수행

교수 프로그램의 초고 개발이 완성되면, 수업을 개선하는 데 필요한 자료 수집을 위한 일련의 평가 작업이 이어진다. 전문가 검증, 학습자 개인별 평가, 소집단 평가 및 현장평가 등 세 가지 유형의 형성 평가가 실시된다. 각 유형의 형성평가를 통해 수집된 자료에 근거하여 프로그램을 수정 · 보완한다. 즉, 형성평가는 교수체제 설계 과정 중에 이루어지는 활동으로서 프로그램이 완성되어 현장에서 활용되기에 앞서 이루어지기 때문에 그 결과가 즉시 반영되는 교정적 성격을 가진 평가다.

Ⅷ. 형성평가의 설계 및 수행	
전문가 검증	
학습자 개인평가	
소집단 평가	
현장 평가	

(9) 수업 프로그램의 개정

형성평가에서 수집한 자료를 종합한 다음, 이 결과를 바탕으로 어떤 목

> Ⅸ. 수업 프로그램의 개정
> - 요구분석 과정과 총괄평가 과정을 제외한 모든 과정에 적용된다.
> - 형성평가의 결과에 기초하여 선행 과정 중 어떤 부분이 수정 · 보완되어야 하는지를 결정한다.
>
> 예를 들어,
> - 교수분석의 타당성 검증
> - 학습자 및 환경 분석의 타당성 검증
> - 목표 진술과 평가 도구의 타당성 검증
> - 교수전략과 수업자료의 타당성 검증

표를 학습하는 데 어떤 어려움을 겪고 있는지를 파악하여 해결해 주어야 한다. 이 형성평가 결과는 반드시 교수 프로그램만을 수정하기 위한 것이 아니라, 교수분석의 타당성을 검토하고 학습자의 출발점 행동과 학습자 특성을 올바르게 분석했는가를 재검토하는 데 필요한 자료로도 활용된다. 요컨대, 목표-검사-전략-매체의 일관성과 효과성 및 효율성을 검토하고 그에 따라 수정 · 보완하는 단계다.

(10) 총괄평가

수업설계의 체제접근 모형의 마지막 단계다. 총괄평가에서 수업의 효능에 대한 총체적 평가가 이루어진다. 그런데 이 총괄평가는 일반적으로 수업설계 과정의 일부로 보기보다는 수업의 절대적 또는 상대적 가치와 효능을 판정하는 것으로 수업설계 과정의 일부로 보지 않는다. 수업설계 과정의 일부로서의 형성평가가 종료되고 설계자의 표준에 비추어 충분히 개정된 것으로 판정이 된 다음에 제3자에 의해 수행되는 것으로 보는 경우가 일반적인 입장이다. 즉, 이 평가의 결과는 오프라인상에서 이루어지는 것으로, 결과에 따라 프로그램이 수정 · 보완되는 활동이 아니다.

> Ⅹ. 총괄평가의 설계 및 수행
> - 수업 프로그램의 효능에 대한 총체적 판단이 이루어진다.
> - 이 과정은 피드백 고리를 벗어나 있어서 그 결과가 일회성으로 결정된다.
> - 총괄평가의 결과에 따라 완성된 프로그램을 유지할 것인지의 여부를 판단한다.
> - 일반적으로 개발 과정에 참여하지 않은 제3자에 의해 이루어진다.

이상이 수업설계 작업에서 그 효능이 광범하게 실증되고 있는 대표적인 '수업설계의 체제접근 모형'의 간략한 단계적 기술이다. 총 10개의 단계를 충실하게 거침으로써 양질의 수업프로그램과 교수 · 학습자료와 교수 매체가 설계되고 개발될 것으로 가정할 수 있다.

3. 응용과학 vs. 실무기능[1)]

Kozlov(1988)는 인공지능(artificial intelligence) 분야 연구의 복잡성과 난해성을 지적하면서 그 분야 연구자들을 응용과학자(Neats)와 실구전문가(scruffies)의 두 부류로 분류할 수 있다고 주장한다. 응용과학자는 "어떤 아이디어든지 수학적 논리로 표현될 수 없다면 논의의 가치가 없다."고 주장하며, 실무전문가는 "증명될 수 없는 아이디어야말로 가장 흥미 있는 것임"을 강조한다(p. 76). 즉, Neats는 논리적인 사고나 증명이 최고의 가치가 있는 것으로 주장하는 데 반해, Scruffies는 경험적 지식을 통해 체득한 보다 직관적이며 암묵적이고, 임의적인 방법을 선호한다.

1990년 11월 Venezuela, Caracas에서 개최된 국제 원격교육회의(ICDE: International Conference on Distance Education)에서, 교수자료 및 교수 체제의 설계/개발과 같은 교수 공학 분야의 실제적인 과제를 수행하는 데 있어 연구와 이론의 역할과, 상황과 직관의 역할에 관한 두 가지 대안적 관점을 대조/비교하면서 격론이 벌어졌다. 대부분의 교육공학자들이 이 두 부류 중에 속하는 것은 사실이며, 많은 현업 전문직의 실무자들은 후자(scruffies)의 입장을 옹호하고, 대부분은 양측의 주장을 절충한 입장을 취하기도 했다.

Neats는 학습에 관한 연구는 교수설계 과정을 주도하는 처방적 이론이나 모형을 수립하는 역할을 해야 하는 것으로 믿고 있는 자들로, 현행 연구들이 이미 많은 유용한 처방들을 제공했기 때문에, 앞으로의 연구를 통해서 얻고자 하는 목표는 이들 처방을 보다 강화하고 확대/보급시켜서 현업의 전문 실무자들에게 교수를 구조화하고 실행하는 방법에 관해 보다 풍부

1) 이 절은 다음의 논문에서 발췌한 것임. 강이철(2000). 교육공학과 설계학. **교육공학연구**, 16(3), 127-147.

한 지침을 제공해 주어야 한다고 주장한다. 이에 반해, Scruffies는 많은 이론이나 연구를 통해 도출된 지식들이 현장 문제해결에 도움이 될 만한 처방적 이론이나 모형을 제시해 주지 못한다고 주장하는 자들로, 심지어 그렇게 도움이 되어 따를 만큼 유용한 모형이 개발조차 되지 못했다고 역설한다. 사실 이들은 그러한 처방적 모형을 개발하고자 하는 노력 자체가 부적합함을 지적한다. 그들에 의하면, 교수설계는 다분히 직관적이고 창의적인 과정이며, 연구나 이론을 통해 도움을 받을 수는 있으나, 교수설계 과정을 주도할 수는 없음을 강조한다.

Neats는 Scruffies의 문제해결 방식이 굉장히 난삽해서 정연한 논리가 없으며, 단지 우연에 의해서만 성공할 뿐이라고 비난한다. 그에 반해, Scruffies는 형식주의의 이상론에 집착한 나머지 항상 역동적으로 변하고 있는 현장의 '良識(common sense: 경험에서 얻은 사리 분별)'을 무시하고 있다고 Neats를 비난한다. 〈표 6-3〉은 이와 같은 각각의 주장을 정리하고 있다.

이 양자의 주장을 면밀히 살펴보면, 교수체제 설계 분야에서 이미 많은 논의를 거친 두 가지 상이한 접근법인 체계적(systematic) 접근법과 체제적(systemic) 접근법의 주장과 상당 부분 일치하고 있음을 발견하게 된다(Trimby & Gentry, 1984). 즉, 수학적이고 논리적인 알고리즘을 강조하면서, 절차적이고 선형적인 접근법을 활용하는 체계적 ISD는 neats와, 직관적이고 경험적인 휴리스틱스(heuristics)를 강조하면서, 총체적이고 순환적인 접근법을 활용하는 체제적 ISD는 scruffies와 서로 상통하는 맥락을 보여 주고 있다. Romiszowski(1981)는 체제접근법(systems approach)은 근본적으로 발견적인 절차임을 강조하고, Alexander(1964)는 연산방식(algorithmic methodology)을 활용하는 과정은 설계 행위라고 할 수 없음을 지적한다.

〈표 6-3〉 응용과학과 실무기능의 비교

응용과학(Neats)	실무기능(Scruffies)
• 이론적 지식은 실용기능보다 중요하다.	• 실용기능은 이론적 지식보다 중요하다.
• '교수설계'는 '응용과학'이며, 이 경우 이론과 연구는 전문적인 실용기능과 직접적으로 연계되어 있다. 즉, 이론과 연구는 실용기능을 선도하기 때문에 지식은 실용기능보다 중요하며, 그 기능을 처방하는 데 활용된다.	• '교수설계'는 '숙련기술과학'과 유사하며 전문적인 실제는 성찰, 행위, 경험 등으로 특징지어진다. 이론이나 연구는 전문숙련기술보다는 항상 열등한 지식을 산출하는 원천에 불과하며, 실용기능에 도움은 줄 수 있으나 그 관행을 처방하지는 못한다.
• 지식은 이론화 과정을 통해서나 학문 지향적인 연구를 통해 창출된다. 이후 이 지식은 실행을 위한 모형수립 및 현장검증에 활용되며, 이를 통해 보편적인 처방 및 처치지침이 생성된다. 전문직 종사자들은 실제 현장에서 이 지침을 활용한다.	• 교수설계자들은 매우 역동적인 상황에서 최적의 비용효과를 고려하면서 끊임없이 변하는 강조점의 절대적(또는 경쟁적인) 가치를 극대화하려는 노력을 한다.
• 전문직 종사자들은 이미 과학적으로 확정된 표준실행 처방들과 연계된 일련의 표준화된 기능들을 현장에 적용한다. 즉, 자신이 일할 현장상황을 모색한 뒤, 이미 결정된 표준안에 따라 상황과 그 유관성을 진단하고 특화한다.	• 교수설계의 과제는 비연속적인 성과를 단순히 분류하거나 표준화된 처방을 적용하는 것이 아니라, 새로운 상황이 전개됨에 따라 그 상황에 맞게 대처해 가는 것이다. 이론적 지식은 처방을 위해 사용되는 것이 아니라 직관적인 도움을 주어 전문적인 판단을 제고시키는 데 활용된다.
• 과학적 진리와 이론은 현장의 문제를 해결하는 데 직접 적용될 수 있다. 그 목적은 기존의 과학적 지식을 토대로 문제 분석과 해결을 위한 최선의 방법을 수립하는 데 있다.	

4. 체계적 접근 vs. 체제적 접근

체제(system)는 부분의 단순한 합으로 보지 않고, 상호 유기적으로 관련되어 있는 전체로 파악된다. 즉, 모든 체제에는 성취할 목표가 설정되어 있고, 이 목표를 달성하기 위한 여러 가지 수단들이 단계적으로 제시되어 있으며, 그 절차가 계획적으로 수행되었는지를 판단하는 평가 행위가 뒤따른다. 뿐만 아니라, 각 단계는 전/후 단계로부터의 입/출력을 주고받음으로써 유기적인 관련성을 맺고 있으며, 체제 전반의 내적 일관성(internal consistency)을 유지하기 위한 피드백 기능을 통하여 궁극적으로 그 체제의 최적화(optimization)를 보장하도록 끊임없는 수정과 보완의 과정을 거친다.

1) 체계적 접근

체계적 모형은 적용상 매우 한정적이고 절차적이며, 접근 방법 또한 상당히 선형적이다. 체계적 모형은 열거된 모든 단계를 계열적으로 수행해야 되는 적용상의 비효율성으로 인해 엄청난 시간적 투입이 요구된다(Gagné & Medsker, 1996). 이것 외에도 Tessmer와 Wedman(1990, p. 78)은 대부분의 단계요소들이 '필수적으로 수행되어야 할 것' (required)으로 제시되어 있을 뿐, 선택적으로 활용될 수 있는 요소는 단 하나도 없음을 지적한다. 또한, 각 단계 요소는 한 모형에 단 한번만 제시되어 있고 별도로 수정이 요구된다는 단서가 없으면 재고려되지 않고 있다. 뿐만 아니라, 제한된 시간이나 자원의 허용 한계를 고려하지 않은 채 각 단계요소는 100%까지 최대한 수행될 것을 상정하고 있다. 이와 같은 활용상의 경직성 및 실용상의 비효율성으로 인해 야기되는 현실적인 문제점은 많은 현업 실무자들 사이에 보다 융통성 있는 새로운 모형의 출현을 기대하게 되었다(Rogoff, 1984).

3명의 소프트웨어 시스템 설계전문가의 설계 행위에 대한 분석을 통하여, Guindon(1990)은 위에서 논의한 Neats와 Scruffies의 문제해결 접근 방식과 유사한 접근법을 비교하여 설명하고 있다. 하향식의 절차적 분석

(top-down decomposition) 방식은 설계자가 정확한 분석방식을 알고 있는 정형적인 구조를 가진 문제를 해결하는 데 적합한 Neats적 접근법을 취하는 반면에, 상황적 분석(opportunistic decomposition) 방식은 문제 해결 과정에서 자연스럽게 발생하는 연상이나 수집된 자료로부터 파생되는 법칙(data-driven rules)을 통해서 즉석에서 촉발되는 새로운 요구사항을 발견하게 되고, 계속해서 그 요구사항에 따라 그에 적합한 부분적 해결 방안을 창안하게 되는 영속적인 과정을 거치는 Scruffies적 접근법을 취하는 것이다.

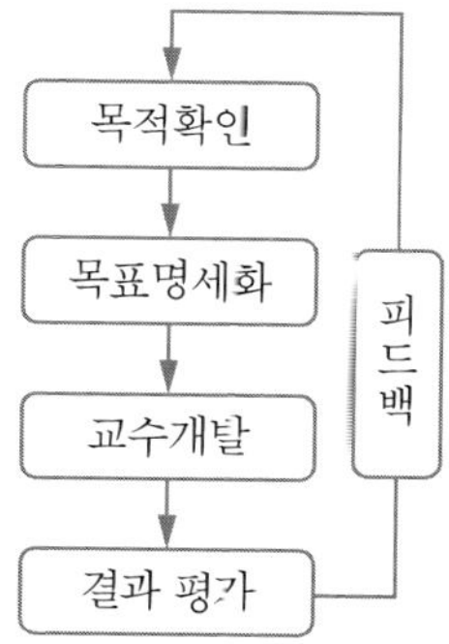

[그림 6-3] 체계적 접근법(The systematic)

교수체제 설계/개발 분야에 있어 양대 교수체제 설계/개발 방법인 체계적 접근 방법과 체제적 접근 방법을 Bratton(1977, p. 60)은 간단한 그림으로 도식화하고 있다([그림 6-3], [그림 6-4]). 궁극적으로 현장의 문제를 해결하는 데 있어서는 Schön의 성찰적 행위를 통한 설계적 접근 방식이 보다 효과적이며, 이러한 논지를 주장하는 체제적 접근법이 상대적으로 보다 설득력있는 대안이 된다고 할 수 있다.

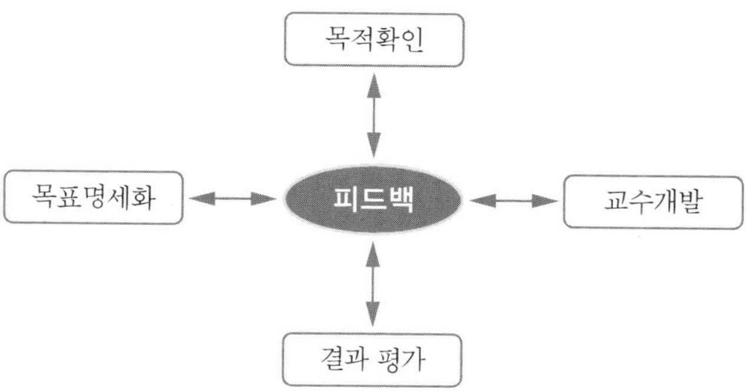

[그림 6-4] 체제적 접근법(The systemic)

2) 체제적 접근

체제적 설계 활동은 모든 설계 과정에서 발생되는 묵시적이고, 즉발적인 상황변인을 동시에 고려해야 하는 특성을 갖고 있기 때문에, 교수 설계자에게 무한대의 창의성을 요구하고 있다. Schön이 주장하는 외부 환경과의 끊임없는 상호작용과 개인 내의 성찰 행위를 통한 정보처리 능력이 여기에 특별히 요구되는 것은 대부분의 문제 상황이 비구조적(ill-structured)이고 비정형적(ill-defined)이기 때문이다. 또한 동일한 맥락에서 Neats들이 강조하는 이론적이고 과학적인 형식주의적 접근이 전혀 무시되는 것은 아니라 할지라도, 예기치 않은 상황의 예기치 않은 문제를 해결하는 데는 Scruffies의 직관적이고 순간순간 변화에 능동적으로 대처하는 문제해결 방식이 보다 타당하고 현장 적용력에 있어 상대적인 우위의 위치에 있다고 하겠다. 즉, 과학적 합리성(technical rationality)보다 성찰적 행위(reflection-in-action)가 문제해결에 보다 실용적이며 효율적이라는 사실이 더욱 자명하게 밝혀진다.

이와 같은 활용상의 경직성 및 실용상의 비효율성으로 인해 야기되는 현실적인 문제점은 많은 현업 실무자들 사이에 보다 융통성 있는 새로운 모형의 출현을 기대하게 되었다. 기존의 모형들은 대학원 교수공학 분야의 이론적 연구에는 적합하나, 산업체의 현장 훈련 전문가에게는 보다 간편하고 보다 실용적인 접근이 필요하다는 주장이 제시되고 있다. 즉, 최종의 목적 달성만을 위하여 주어진 환경요인을 고려하지 않은 채 일률적으로 모든 단계를 100%까지 수행하는 것보다는, 각 단계를 수행하는 데 요구되는 투입요소, 즉 시간, 비용, 장비, 인원, 행정적 지원 등의 환경요인을 감안한 상태에서 일종의 절충안인 '잠정적 최선안(good-enough-for-now instruction)'의 필요성이 심각히 대두되었다. 이러한 필요성에 대한 응답으로 1990년대 이후 하나 둘씩 등장한 순환적 훈련설계 모형의 출현은 어쩌면 자연스러운 현상일지도 모른다. [그림 6-5]에 소개된 모형은 논리적으로는 위에서 지적된 문제점을 보완하고, 실용적으로는 현장의 목소리에 보다 충실히 응답한 것으로 평가된다.

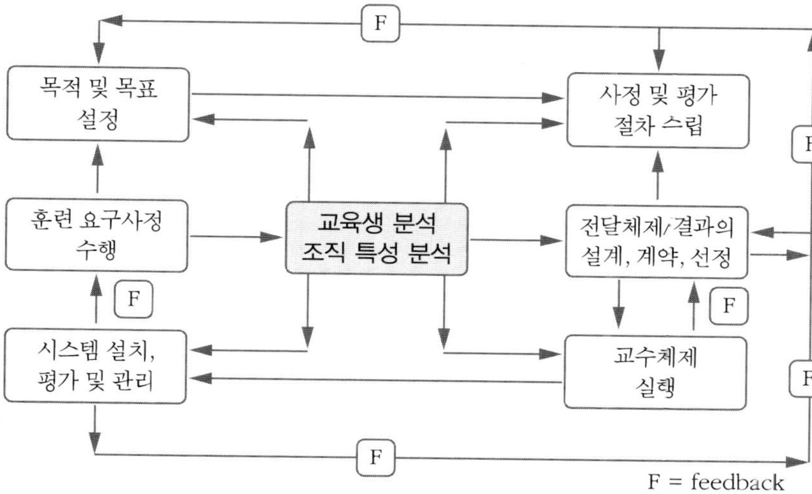

[그림 6-5] 순환적 훈련설계 모형

기출문제(초등)

1. 다음은 체제적 수업 개발의 일반적 절차를 나타낸 그림이다. 평가 도구를 작성해야 하는 단계는?

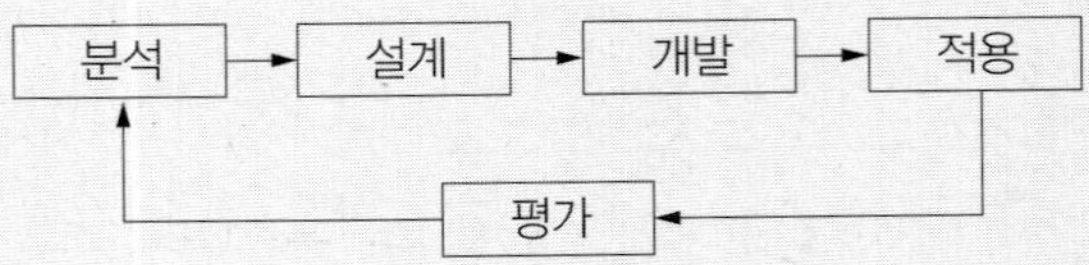

① 분석 ② 설계
③ 개발 ④ 평가

2. 교육공학의 주요 특징 중 하나인 체제 접근(systems approach)에 대한 설명으로 옳지 않은 것은?
① 기술적 성격보다는 처방적 성격을 강조한다.
② 교수 · 학습활동의 전체적인 관점을 강조한다.
③ 교수 · 학습과정에서 내용보다 매체를 강조한다.
④ 구성 요소들 간의 유기적인 상호작용을 강조한다.

3. 다음의 멀티미디어 학습자료 설계 개발 모형에서 참여 인력과 기간, 비용을 고려하는 단계는?

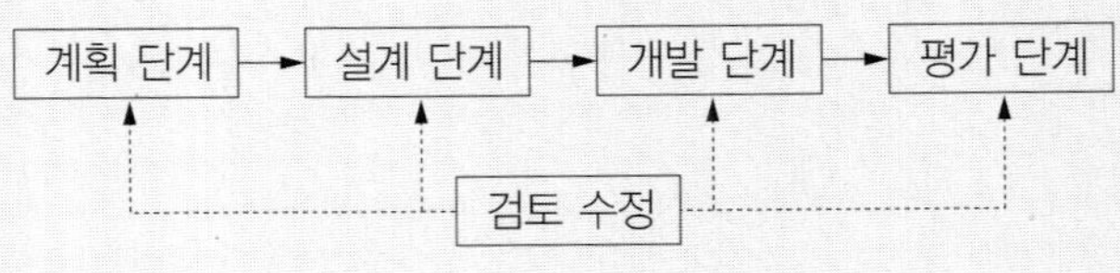

① 계획 단계 ② 설계 단계
③ 개발 단계 ④ 평가 단계

4. 체제적 수업설계의 필요성과 거리가 먼 것은?
① 수업에 관한 전체적인 틀을 제공함으로써 수업을 개선할 수 있다.
② 수업 중에 일어난 예기치 못한 상황에 즉각적으로 대처할 수 있다.
③ 수업목표, 수업내용, 수업방법, 매체, 평가 등을 일관성 있게 계획할 수 있다.
④ 학습자의 요구분석과 과제 분석을 통해 학습자에게 적절한 수업목표를 설정할 수 있다.

5. 교수설계의 일반적 절차에서 학습내용을 효과적으로 제시하기 위해 교수 매체를 선정하는 단계는?

① 분석 ② 설계
③ 개발 ④ 평가

6. 다음은 딕과 케리(W. Dick, L. Carey, & J. Carey)가 제시한 체계적 교수설계 모형이다. ㉠에서 수행해야 할 활동은?

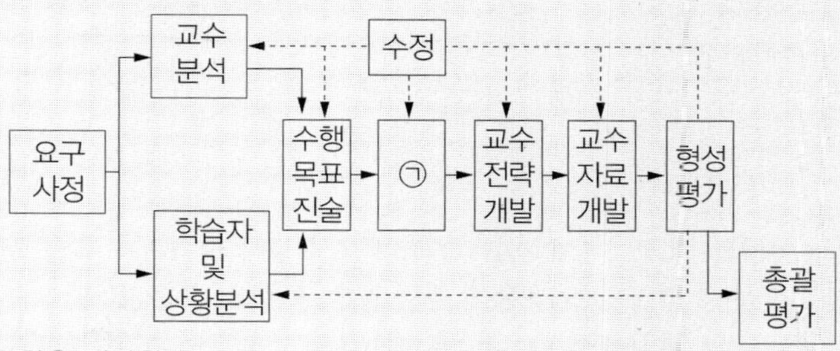

① 평가문항을 개발한다.
② 수업내용을 계열화한다.
③ 사용할 매체의 유형을 결정한다.
④ 학습자의 출발점 행동을 확인한다.
⑤ 과제분석을 통해 수업내용을 선정한다.

7. 일반적 교수체제 설계 모형(ADDIE)의 '분석 단계'에서 수행하는 활동을 〈보기〉에서 모두 고른 것은?

〈 보기 〉

ㄱ. 요구분석 ㄴ. 환경분석 ㄷ. 교수자 분석
ㄹ. 학습자 분석 ㅁ. 직무 및 과제분석

① ㄱ, ㄴ, ㄷ ② ㄱ, ㄹ, ㅁ
③ ㄴ, ㄹ, ㅁ ④ ㄱ, ㄴ, ㄷ, ㄹ
⑤ ㄱ, ㄴ, ㄹ, ㅁ

정답

1. ② 2. ③ 3. ① 4. ② 5. ② 6. ① 7. ⑤

기출문제(중등)

1. 딕과 캐리(W. Dick & L. Carey)의 체제적 수업설계 모형요소의 일부분이다. 순서대로 나열한 것은?

ㄱ. 수업전략 개발 ㄴ. 학습과제 분석 ㄷ. 형성평가 실시 ㄹ. 구체적 행동목표 진술

① ㄴ－ㄹ－ㄱ－ㄷ ② ㄴ－ㄹ－ㄷ－ㄱ
③ ㄹ－ㄴ－ㄱ－ㄷ ④ ㄹ－ㄴ－ㄷ－ㄱ

2. 딕(W. Dick)과 캐리(L. Carey)의 체제적 교수설계 모형에서 학습과제분석(또는 교수과제분석)의 결과와 그 활용에 관한 설명 중 거리가 먼 것은?

① 분석된 모든 목표와 하위기능을 수행목표(또는 성취목표)로 진술한다.
② 분석된 학습목표들을 고려하여 연습문제, 형성평가 및 총합평가 도구를 개발한다.
③ 설정된 출발점 행동을 본시 수업 초기 단계에서 가르치고 형성평가 단계에서는 성취도를 평가한다.
④ 분석결과에 따라 하위기능을 먼저 가르치고, 그 다음 관련된 상위목표를 달성하도록 수업순서를 정한다.

3. 딕(W. Dick)과 캐리(L. Carey)의 수업설계 모형에서 형성평가에 대한 설명으로 가장 적절한 것은?

① 일대일평가, 소집단평가, 현장평가 등을 실시한다.
② 형성평가의 결과를 바탕으로 총괄평가를 실시한다.
③ 개발된 수업 프로그램을 실제 수업에 활용한 후에 실시한다.
④ 개발된 수업 프로그램의 계속 사용 여부를 결정하기 위해 실시한다.

4. 〈보기〉는 체제적 수업설계 과정 중 요구분석에 대한 진술이다. 옳은 것을 모두 고른 것은?

〈 보기 〉

ㄱ. 요구분석은 불확실한 문제의 본질을 규명하고자 실시된다.
ㄴ. 요구분석에서 요구란 최적의 수행수준과 실제 수행수준 사이의 격차(discrepancy)를 뜻한다.
ㄷ. 요구분석은 학습의 결과로 획득되는 능력의 다양한 유형들을 확인하고, 구조화된 학습내용의 요소들이나 단위들을 계열화하는 것이다.

① ㄱ, ㄴ ② ㄱ, ㄷ ③ ㄴ, ㄷ ④ ㄱ, ㄴ, ㄷ

5. 딕과 캐리(W. Dick & L. Carey)의 체제적 교수설계에서 제시하는 학습과제 분석에 대한 설명으로 옳은 것을 〈보기〉에서 모두 고른 것은?

〈 보기 〉

ㄱ. 최소공배수를 구하는 학습과제는 위계분석을 한다.
ㄴ. 시간을 잘 지키는 태도를 기르는 학습과제는 군집분석을 한다.
ㄷ. 각 나라와 그 수도를 연결하여 암기하는 학습과제는 통합분석을 한다.
ㄹ. 다항식의 덧셈을 하는 학습과제는 상위목표에서부터 하위목표로 분석해 나간다.

① ㄱ, ㄴ ② ㄱ, ㄹ ③ ㄴ, ㄷ
④ ㄴ, ㄹ ⑤ ㄱ, ㄷ, ㄹ

정답

1. ① 2. ③ 3. ① 4. ① 5. ②

제7장

수업목표 설정 및 진술

이 장은 수업을 통해 달성하고자 하는 명세적인 수업목표의 기능을 분석하고, 학교에서 달성하고자 하는 궁극적인 목표 영역인 인지적 · 정의적 · 심동적 영역과 그 하위 영역을 개관하고, 각 하위 목표 영역별로 타당한 검사문항의 예를 소개한다. 한 시간의 수업목표로 진술되는 명세목표의 진술 방식을 제시한다. 이 장에서는 진술된 수업목표와 검사문항을 분석하여 각각이 어떤 목표 영역의 어느 수준에 해당되는지를 확인할 수 있기를 기대한다.

이 장을 학습한 후, 최소한 다음의 학습목표가 성취되기를 기대한다.

- 수업목표의 기능을 열거할 수 있다.
- 수업목표의 영역을 분류할 수 있다.
  - 인지적 영역을 분류할 수 있다.
  - 정의적 영역을 분류할 수 있다.
  - 심동적 영역을 분류할 수 있다.
- 수업목표의 영역별 검사문항을 확인하고, 작성할 수 있다.
- 명세적인 수업목표의 진술방법을 실행할 수 있다.
  - 행동목표의 적합성 여부를 판단하는 준거를 열거할 수 있다.
  - Tyler식 목표 진술방법을 실행할 수 있다.
  - Mager식 목표 진술방법을 실행할 수 있다.
  - Gagné식 목표 진술방법을 실행할 수 있다.
  - Gronlund식 목표 진술방법을 실행할 수 있다.

제7장

수업목표 설정 및 진술

1. 수업목표의 기능

수업(교수 · 학습)의 과정은 설정된 수업목표를 달성하기 위한 일련의 계획적이고 의도적인 활동이다. 수업목표는 일정단위의 수업이 끝난 뒤 학생들에게서 성취되어 나타나기를 기대하는 행동상의 변화를 진술한 것으로 목표가 수행하는 기능에 대한 일부 주장을 개관해 보면 다음과 같다. 동기유발, 학습촉진, 평가준거(Biehler & Snowman, 1982), 단시수업설계 또는 수업자료설계의 지침, 검사개발의 기초, 평가준거(Briggs & Wager, 1971), 수업의도 전달, 관련자료와 수업방법 선정, 학습과정 점검, 평가절차의 선정과 구성준거(Gronlund, 1981), 목적명료화, 수업촉진, 평가촉진, 공적인 기록창출(Tumposky, 1984), 성취확인, 의사전달 개선, 수업계획과 검사개발 촉진(Woolfolk & Lorraine, 1984). 이들 견해를 종합해 보면 수업과정에서의 목표의 역할을 수업에 대한 방향제시, 수업내용 선정과 조직의 지침, 학습촉진, 평가준거의 네 가지로 요약할 수 있다(조영남, 1991).

수업목표의 효과성 여부에 대해서도 많은 논쟁과 논의가 이루어져 왔다. 따라서 목표가 가치로운지 여부를 결정하는 데 있어서 실증적 증거의 중요성이 강조되고 있다. Rothkopf(1970)와 Frase(1970)는 목표의 역할 중 하나로 학습자로 하여금 어느 정보에 주의를 집중하고 어느 정보에 주의를 적게 기울여야 할지를 결정하는 정향자극으로 활용됨으로써 학습산출 행동을 유발하는 것으로 제안한 바 있다. 목표를 제시함으로써 목표에 관련된 정보에 주의를 집중하도록 하여 의도적 학습은 촉진되고 부수적 학습은 감소될 것으로 기대된다(조영남, 1991).

2. 수업목표의 영역[1)]

교육 · 훈련 상황에서 학습자가 달성하기를 기대하는 목표 영역은 크게 세 개로 나누어진다. 일반적으로 전인교육을 의미할 때 지 · 덕 · 체나 지식 · 기능 · 태도(KSA: Knowledge · Skill · Attitude)를 겸비한 인간을 육성한다고 할 때 의미하는 바와 같다. 이 절에서는 수업이 지향하고 있는 학습자의 역량을 인지적 영역의 역량과 정의적 영역의 역량, 그리고 심동적 영역의 역량으로 나누어 설명한다.

1) 인지적 영역

인지적 영역의 역량에는 기억, 사고, 문제해결, 창의력과 같은 포괄적인 인지적 역량을 포함한다. Bloom 등은 복잡성의 원칙에 근거해서 인지적 영역을 가장 단순한 역량에서 가장 복잡한 역량으로 위계(hierarchy)적으로 조직했다. 위계적으로 조직된 인지적 영역의 6개 하위 영역별로 그 의

1) 각 목표수준별 예문은 김호권 외(1994)와 변창진 외(1996)를 참고하였음.
일반목표의 예시는 김호권 외(1994)와 권대훈(2008)을 참고하였음.

미와 분류항목, 목표 진술을 위한 행동동사의 예시 목록, 그리고 일반목표 예시와 각 하위영역별 예시 문항을 제시하고 있다.

(1) 지식(Knowledge)

이미 배운 내용, 즉 사실, 개념, 원리, 방법, 유형, 구조 등을 기억하는 능력을 의미한다.

분류항목	명세 동사	일반목표 예시
1.0 지식	정의하다.	• 용어를 정의하기
	기술하다.	• 구체적인 사실을 기억하기
1.1 특수사상에 관한 지식	찾아내다.	• 방법과 절차를 기술하기
1.11 용어에 관한 지식	이름짓다.	• 원리를 기술하기
1.12 특수사실에 관한 지식	열거하다.	• 구두점 사용규칙을 열거하기
1.2 특수사상을 다루는 방법과 수단에 관한 지식	짝지우다.	• 세포의 대사법칙을 기술하기
	이름대다.	
1.21 형식에 관한 지식	약술하다.	
1.22 경향과 순서에 관한 지식	재생하다.	
1.23 분류와 유목에 관한 지식	가려내다.	
1.24 준거에 관한 지식	진술하다.	
1.25 방법론에 관한 지식		
1.3 보편적 및 추상적 사상에 관한 지식		
1.31 원리와 통칙		
1.32 학설과 구조		

〈1.11 예문〉

1) 다음에서 습곡현상을 바르게 설명한 것은?

① 얕은 바다에 퇴적물이 쌓여서 침강하는 현상을 말함

② 고온 · 고압의 마그마가 굳어지면서 주름져진 지층을 말함

③ 지구의 자전에 의한 원심력의 영향을 받아 지층이 구부러지는 것을 말함

④ 수평으로 퇴적한 지층이 횡압력을 받아 물결 모양으로 주름진 것을 말함

2) 다음 중 기압을 가장 잘 설명한 것은?

3) 다음 단어의 뜻을 써라.

4) 다음의 단어 또는 구절에 가장 뜻이 가까운 것은?

〈1.12 예문〉

1) '카노사의 굴욕' 이란 누구와 누구의 싸움인가?

① 하인리히 4세와 그레고리 7세　　② 하인리히 4세와 레오 3세

③ 하인리히 4세와 인노센트 3세　　④ 필립 4세와 그레고리 7세

2) 몬로정책은 (　　)이 있은 후 약 10년 후에 선포되었다.

3) 우리나라 농업인구의 백분율로서 가장 맞는 것은?

4) 시와 시조가 구별되는 점을 가장 바르게 설명한 것은?

5) 다음의 사실을 시대순으로 배열하라.

〈1.21 예문〉

1) "물 한 잔 가져 오십시오." 라는 말에 가장 가까운 영어는?

① Bring a glass of water me.

② Bring one a water of glass.

③ Bring me a glass of water.

④ Bring a glass water me.

2) 다음에서 합을 나타내는 기호는?

3) 다음 중 1차 산업에 들지 아니하는 것은?

4) 다음에서 '사실' 인 것은 '사' 그리고 '의견' 인 것은 '의' 로 답하라.

〈1.22 예문〉

1) 다음은 우리나라 미술품이다. 오래된 순서대로 바르게 나열한 것은?

① 채화칠협–급당벽화–다보탑–무량수진
② 무용총벽화–상감청자–봉덕사동종–백자기
③ 쌍영총사신도–경복궁–조사당벽화–황룡사
④ 불국사–은진미륵–박산청동향로–나전칠기
2) 온도에 따른 기압의 변화를 나타낸 것은?
3) 개구리의 발생 순서를 써라.
4) 다음 중 19세기 후반기의 특징을 가장 잘 나타낸 것은?

〈1.23 예문〉

1) 다음 중 농촌에서 주로 생산되는 식품끼리 짝지어진 것은 어느 것인가?
① 과일류, 채소류, 해초류 ② 과일류, 채소류, 가축류
③ 생선류, 과일류, 채소류 ④ 생선류, 채소류, 곡식류
2) 편지를 전해 주는 사람을 무엇이라고 하는가?
3) 다음 중 화학 변화는 어느 것인가?
4) 자극을 대뇌로 전달하는 신경을 무엇이라고 하는가?

〈1.24 예문〉

1) 러스킨이 보는 가장 훌륭한 그림은 다음 중 어느 것인가?
① 모방을 가장 잘한 것 ② 교훈을 가장 많이 주는 것
③ 설득력을 가지는 것 ④ 최고의 사상을 최대로 전달해 주는 것
2) 윗글에서 말하는 자유의 뜻은?
3) 다음 중 착한 어린이가 하는 것은?

〈1.25 예문〉

1) 자력이 센 자석을 만드는 방법으로 옳은 것은?
① 연필심에 에나멜 도선을 많이 감으면 된다.
② 볼펜대에 에나멜 도선을 많이 감으면 된다.

③ 연철심에 에나멜 도선을 많이 감으면 된다.

④ 마분지를 둥글게 하여 에나멜 도선을 많이 감으면 된다.

2) 다음 중에서 교육목적 이원분류표가 쓰이는 용도에 가장 맞는 것은?

3) 사회과학의 방법과 자연과학의 방법의 주된 차이로 가장 맞는 것은?

4) 중파방송에 사용하는 변조방식은?

(2) 이해력(Comprehension)

이미 배운 내용에 관한 의미를 파악하는 능력을 뜻하며 단순히 자료를 기억하는 수준을 넘어 자료의 내용이 다소 치환되어도 그 의미를 파악하고 해석하고 또는 추론하는 능력을 의미한다.

분류항목	명세 동사	일반목표 예시
2.0 이해력 2.1 변환 2.2 해석 2.3 추론	전환하다. 변호하다. 구별하다. 추정하다. 설명하다. 부연하다. 예시하다. 추론하다. 의역하다. 예측하다. 일반화하다.	• 사실과 원리를 이해하기 • 언어적 자료를 해석하기 • 그래프를 해석하기 • 언어적 자료를 공식으로 표현하기 • 추상적인 법칙을 설명하기 • 주어진 자료에서 경향을 예측하기

〈2.10 예문〉

1) 링컨의 '국민의 국민에 의한 국민을 위한 정치'에서 '국민에 의한'이 뜻하는 것은?

① 주권재민 ② 국민복지 ③ 국민주권 ④ 국민자치

2) 다음 중 역학적 에너지보존의 법칙을 바르게 설명한 것은?

① 역학적 에너지는 다른 종류의 에너지로 전환되지 않는다.

② 위치에너지와 운동에너지는 같다.

③ 운동하고 있는 물체가 갖는 위치에너지와 운동에너지의 합은 언제나 일정하다.

④ 물체는 어떤 경우에나 역학적 에너지를 보존하고 있다.

3) "나는 그녀에게 꽃을 주려고 한다."라는 우리말을 영문으로 옮긴 것 중 가장 바른 것은?

① I am going give her to flowers.

② I am going to give flowers her.

③ I am going to give her flowers.

④ I am going to flowers her give.

4) 위의 문장은 자기장에 관한 것이다. 자기장의 예가 되는 것은?

5) 과학적 방법이란 무엇인지 간단히 설명하라.

6) 다음 중 '공해' 의 정의에 가장 맞는 것은?

7) 위의 문장은 다음의 어느 견해를 가장 잘 나타내고 있는가?

8) 위의 만화는 무엇을 나타내는가?

〈2.20 예문〉

※ 다음 세계 지도를 보고 물음에 답하라.

1) 위의 지도를 바르게 읽은 사람은?

① 기칠－바다는 지구표면 전체의 3/10 정도다.

② 영수－대부분의 육지는 북반구에 있다.

③ 철수－지구의 표면을 둥글게 나타낸 것이다.

④ 수영－오세아니아 주는 대서양에 흩어진 섬으로 이루어졌다.

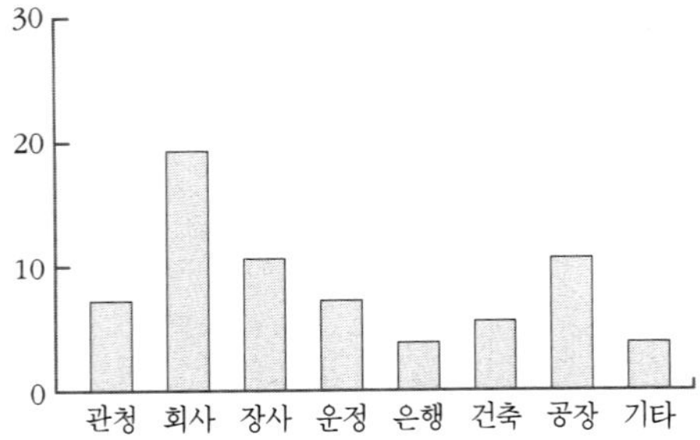

2) 옆의 표는 철수네 반의 학부형 직업을 조사한 표입니다. 어떤 곳에 있는 학교이겠는가?

① 농촌지역　② 어촌지역
③ 산촌지역　④ 도시지역

3) 옆의 그림을 보고 다음의 말 중 맞는 것에 ○표 하라.

4) 위의 자료에서 다음과 같이 내린 해석이 맞는가?

〈2.30 예문〉

※ 다음 글을 읽고 물음에 따라 알맞은 답의 번호를 골라라.

> 그 말을 들은 밀레는 머리를 쇠망치로 얻어맞은 듯 정신이 아찔하였습니다. 밀레는 그리던 그림을 가지고 자기 집으로 돌아오며 깊은 생각에 잠겼습니다. "그렇다, 이제까지 나는 비겁하게 살아 왔다. 빵을 얻기 위하여 마음에 없는 거짓 그림을 그렸다. 먹기 위해 일한다면 차라리 할아버지와 아버지가 하시던 농사를 짓는 일이 가장 깨끗한 일일 것이다. 농촌엔 내 조상이 살았고 또 내 뼈가 굵어진 농촌, 내가 할 일은 내 어머니와 같은 땅과, 땅 위에서 일하는 농부들의 참된 모습을 그리는 것이다. 그러기 위하여서는 이 화려한 도회지를 하루바삐 떠나야 한다." 집에 돌아와서 밀레는 조용히 아내에게 말했습니다.

1) 윗글은 주로 무엇에 대하여 쓴 것인가?

① 밀레가 그린 그림에 대하여　② 밀레가 도회지를 떠난 데 대하여
③ 밀레의 과거에 대하여　④ 밀레의 굳은 결심에 대하여

2) 다음에 주어진 그래프는 1972년까지의 것이다. 1973년의 교육비 지출은 얼마라고 할 수 있을까?

3) 주어진 내용의 글을 보아서 그 다음에 올 수 있는 글의 내용 중 가장 알맞은 것은?

(3) 적용력(Application)

이미 배운 내용, 즉 개념, 규칙, 원리, 이론, 기술, 방법 등을 구체적인 또는 새로운 장면에 활용하는 능력을 의미한다.

분류항목	명세 동사	일반목표 예시
3.0 적용력	변환하다. 계산하다. 예증하다. 발견하다. 변용하다. 조종하다. 예측하다. 준비하다. 관계짓다. 나타내다. 풀어내다. 사용하다. 작성하다.	• 문법에 맞는 문장을 작성하기 • 지각변동의 법칙에 따라 해안의 형성과정을 설명하기 • 관성의 법칙을 실생활문제에 적용하기 • 구두나 서면으로 원리에 맞게 생각을 발표하기 • 서면으로 수사에 맞게 생각을 발표하기 • 과학적 지식 및 이해를 개인적 · 사회적 문제를 해결하는 데 적용하기 • 통칙을 현상의 설명에 적용하기 • 어떤 글에서 쓰고 있는 용어나 개념을 다른 글의 논의에 대어 보기 • 사회과학의 원리나 결론을 실제의 사회문제에 적용하기 • 과학적 이론, 공리, 정의 등을 새로운 장면에 적용하기 • 집단장면에서 민주적 집단행동의 원리를 적용하기 • 일상생활의 사건을 과학적 원리, 개념 및 이론에 따라 설명하기 • 어떤 원리나 이론의 적용 한계를 발견하기

〈3.00 예문〉

1) 현재 우리나라는 정부형태가 여섯 차례 바뀌었으므로 '제6공화국' 이라고 한다. 대통령 선거를 두 번 더 실시하면 '제8공화국' 이라고 불릴 것이다. (○ ×)

2) 바이올린 네 줄로 가장 높은 소리를 나게 하자면 다음의 방법 중에서 어떻게 하면 가장 좋을까?

   ① 가장 굵은 줄을 팽팽하게 해서 퉁긴다.

   ② 둘째 굵은 줄을 길게 해서 퉁긴다.

③ 가장 가는 줄을 팽팽하게 해서 퉁긴다.

④ 둘째 가는 줄을 길게 해서 퉁긴다.

3) 갑과 을이 같은 일을 한다. 6일간 같이 일했다. 그런데 그 후 갑이 일을 그만두었다. 그래서 을이 혼자서 30일을 더 일하여 일을 마쳤다. 만약 갑이 처음부터 혼자 일하였다면 며칠이나 걸렸을까?

① 30　② 40　③ 50　④ 60　⑤ 위의 어느 것도 아니다.

4) 포유동물의 환경온도에 따른 체온의 변화는?

① 환경온도가 올라가면 대개 체온도 올라간다.

② 환경온도가 올라가면 체온은 내려간다.

③ 환경온도가 체온에 대하여 뚜렷한 영향을 미치지 않는다.

5) 위와 같은 실험을 하였다. 이때 열량을 증가시키면 철의 생산량은 어떻게 변할 것인가?

6) 위에 주어진 자료에서 도출한 결론으로서 맞는 것은?

7) 다음은 전자석의 건전지수와 달아 올린 핀의 수를 알아본 것이다. 이것을 꺾은선그래프로 그렸을 때 잘못된 것은?

건전지 수	달아올린 핀의 수
1	6
2	12
3	18
4	24
5	30

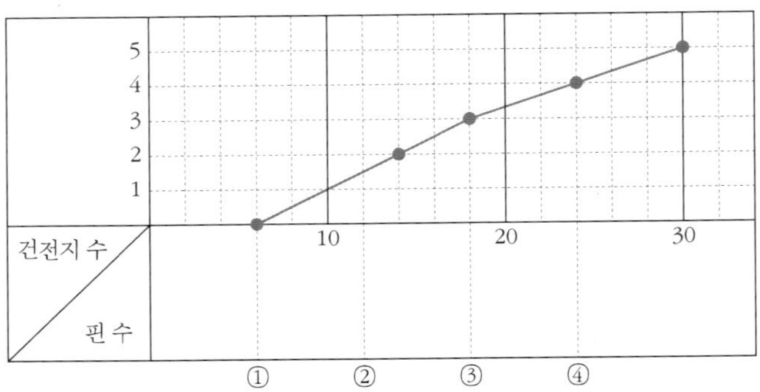

8) 다음의 사실을 설명하기 위해서 원용할 수 있는 이론이나 논리는?

9) 승강기가 내려가고 있는데 어떤 승객이 위로 고무공을 던졌다. 승강기의 속도에 따른 공의 움직임은?

10) 지금까지 지구와 지구의 자전에 대하여 알아보았다. 다음과 같은 가상적인 장면에서는 어떻게 될 것인가?

(4) 분석력(Analysis)

조직, 구조 및 구성요소의 상호관계를 이해하기 위하여 주어진 자료의 구성 및 내용을 분석하는 능력을 의미한다.

분류항목	명세 동사	일반목표 예시
4.0 분석력 4.1 요소의 분석력 4.2 관계의 분석력 4.3 조직 원리의 분석력	세분하다. 도식하다. 변별하다. 구분하다. 식별하다. 찾아내다. 예증하다. 추론하다. 약술하다. 지적하다. 관계짓다. 가려내다. 분리하다. 세별하다.	• 사실과 추론을 구분하기 • 작품의 조직적 구조를 분석하기 • 원인과 결과를 찾아내기 • 작품을 보고 작가의 관점, 사고방식, 감정을 추리하기 • 자료를 구성성분이나 부분으로 분할하기 • 부분 간의 관계 확인하기 • 부분들의 조직원리 가려내기

〈4.10 예문〉

(1) 종수가 봉숭아를 심은 화분을 양지쪽에 놓고 물을 주지 않았더니 시들었다.
(2) 경자가 어느 날 꽃병에 국화꽃을 꺾어 꽂았더니 싱싱하며 물이 많이 줄어들었다.
(3) 숙희가 마늘의 뿌리를 꽃병의 물에 닿도록 얹어놓았더니 싹이 텄다.

1) 위의 보기를 보아 다음 중 어느 것을 가장 잘 알 수 있나?

① 식물이 자라는 데는 꽃병과 화분이 필요하다.

② 식물이 자라는 데는 물이 필요하다.

③ 식물이 자라는 데는 양지쪽이 필요하다.

④ 봉숭아는 화분에서 국화와 마늘은 꽃병에서 자란다.

2) 이조시대의 실학파와 북학파의 차이점에서 틀린 사항은?
   ① 실학파는 농촌을 토대로 제도를 개혁하자는 데 대하여 북학은 산업발전을 꾀하는 데 차이가 있다.
   ② 현실 사회의 문제점을 비판하고 사회개혁을 하자는 점은 서로 같았다.
   ③ 실학파는 경세지용의 학문을 북학은 이용후생의 학문을 주장하였다.
   ④ 실학파는 신분제의 철폐를 목적으로 하는 전진적 경향을 가진 점에 대하여 북학은 유교적 이상 국가를 세우려고 하였다.
3) 다음의 진술문 중에서 사실이고 맞다고 증명된 것이면 '사증', 사실이지만 틀린 것이면 '사위' 그리고 이론에 맞지 아니하면 '허위'라고 써라.
4) 앞에서 진규의 주장을 알아보았다. 그의 주장에서 끄집어 낼 수 있는 결론으로 가장 맞는 것은?
5) 다음 말들의 기본적인 가정은?
6) 위의 글에서 이유가 드러나 있지 아니한 주장은?
7) 위의 글에서 제기하고 있는 근본문제는?
8) 필자는 우리 문화와 외래문화를 어떤 방법으로 발전시킨다고 말했는가? 그 핵심이 되는 낱말을 이 글에서 찾아 첫 글자만 써라.

〈4.20 예문〉

학기말 시험계획을 세우고 있던 어느 학교의 직원회의에서 한 교사는 다음과 같은 말을 했다.
"학생들은 공부하러 학교에 오는 것이지 시험 치러 학교에 오는 것이 아닙니다. 또한 시험이란 학생들의 절대적인 학력수준을 나타내주는 것도 아닙니다. 또한 시험이란 학생들의 서열을 매겨 줄 뿐이며 상대적 서열이란 추측이나 채점에 있어서 교사의 주관적인 의견에 크게 영향을 받기 때문에 그것조차 믿을 수 있는 것이 아닙니다. 교수·학습의 과정은 시험제를 전부 폐기해 버리고 학생들의 자기 평가제를 택하는 것이 좋다고 봅니다."

1) 위의 교사가 진술하지는 않았지만 배후에 내세우고 있는 전제는?
   ① 학생들은 공부하러 학교에 간다.
   ② 교사들은 주로 논문형 검사를 쓴다.
   ③ 검사는 학습에 이바지하지 않는다.
   ④ 검사는 학생들의 절대적인 학력수준을 가리키지는 않는다.

※ 다음에는 월수입과 의료해택을 받지 아니한 가정의 백분율 및 거기에서 끄집어낸 결론을 실어 두었다.

₩30,000 이하	47%
₩30,000~₩50,000	40%
₩50,000~₩90,000	33%
₩90,000~₩150,000	24%
₩150,000 이상	14%

결론: 수입이 적은 집의 사람들이 수입이 많은 사람들보다 더 건강하다.

2) 위와 같은 결론이 맞으려면 다음 중 어떠한 전제가 이루어져야 하는가?
   ① 부유한 사람은 의료비로 쓸 돈이 더 많다.
   ② 의료해택이 필요한 사람은 전부 혜택을 받았다.
   ③ 수입이 적은 가정들은 대부분이 의료비를 지불할 수 없었다.
   ④ 수입이 적은 가정들은 가끔 의료혜택을 받지 못했다.

3) 아래 그림이 말해 주는 진화의 사실은 무엇인가?
   ① 모든 생물은 같은 조상으로부터 갈라져서 변해 왔다.
   ② 이들 생물의 구조와 형태는 같았으며 변화되지 않는다.
   ③ 이들 생물의 선조는 구조와 형태가 달랐으며 진화하여 같아졌다.
   ④ 다른 생물도 진화해서 사람의 팔과 같이 될 것이다.

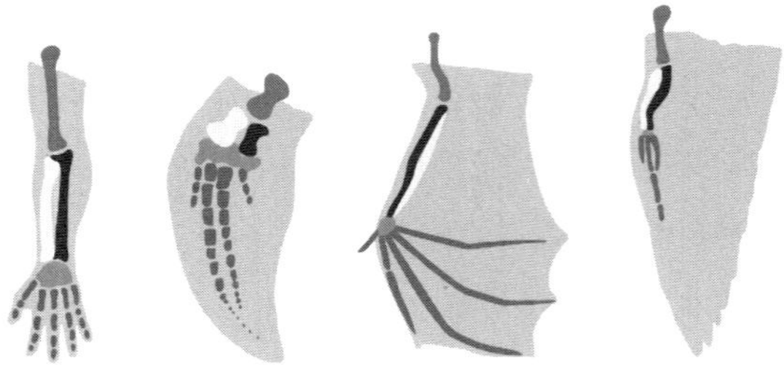

4) 위의 글은 어느 신문사설에서 인용한 것이다. 그러한 주장을 하는 이유는 무엇인가?
5) 위의 글에서 나타낸 사상과 가장 맞지 아니한 것은?
6) 위의 글 중에서 가장 논쟁의 초점이 될 수 있는 것은?
7) 마지막 구절의 기능은 무엇인가?
8) ㉠문단과 ㉡문단의 내용관계를 가장 잘 나타낸 것은?

〈4.30 예문〉

1) 다음 글을 읽고 물음에 답하여라.

[가] 세계(世界)지도를 펼쳐 좋고 우리의 조국(祖國)을 들여다보라. 아시아의 동방(東方), 이 수려한 산하(山河)는 저 태평양(太平洋)을 향하여, 저 아시아 대륙(大陸)을 향하여 고동치는 동양(東洋)의 심장, 아니 세계의 심장이 아닌가?
[나] 그러니 신은 우리로 하여금 시련을 통하여 스스로 힘을 기르고, 이 터전 위에 찬란한 문화의 등대를 우뚝 세워, 인류(人類)가 걸어갈 방향을 한 번쯤 지시(指示)하게 함직하지 않은가?

1. 윗글에서 글쓴이가 가장 강조한 것은 다음 중 어느 것인가?
① 우리 민족의 사명 ② 우리 민족이 겪은 시련
③ 우리 민족의 힘 ④ 우리 민족의 창조력
2. 글 [나]의 내용을 한마디로 표현한다면 다음 중 어느 것인가?
① 의지 ② 보람 ③ 기대 ④ 상상

2) 다음은 다색으로 완성한 공판화다. 모두 몇 편이 필요할까?

① 1도색판 ② 1도색판 ③ 3도색판 ④ 4도색판

3) 측량의 3요소가 아닌 것을 골라라.

① 측점 ② 측선 ③ 각 ④ 넓이

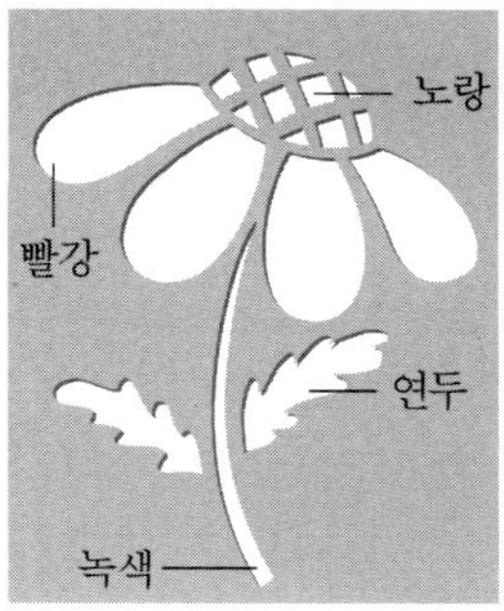

(5) 종합력(Synthesis)

비교적 새롭고 독창적인 형태, 원리, 관계, 구조 등을 만들어 내기 위하여 주어진 자료의 내용 및 요소를 정리하고 조직하는 능력을 의미한다.

분류항목	명세 동사	일반목표 예시
5.0 종합력	분류하다. 병합하다. 편집하다.	• 조직적인 논설문(독창적인 소설이나 시)을 작성하기
5.1 특수한 의사소통의 개발	구성하다. 창조하다. 고안하다. 설계하다. 설명하다.	• 가설을 설정하기 • 분류체계를 구성하기 • 아이디어 및 진술문을 조직하여 쓰기
5.2 계획 및 실행 절차의 탐구	지어내다. 변용하다. 조직하다. 계획하다.	• 시, 소설, 수필이나 안내문 또는 질문을 쓰기 • 개인적 경험을 효과적으로 말하기 • 즉석에서 주어진 제목을 갖고 연설하기
5.3 추상적 관계의 도출	재정리하다. 재구성하다. 쓰다. 요약하다. 바꾸어쓰다. 말하다.	• 어떤 표현을 위하여 무대동작 하기 • 가사에 곡을 붙여 작곡하기 • 가설검증의 방법을 수립하기 • 실험계획을 설계하기

		• 옷이나 공작품을 만드는 방법을 창조하기 • 집회의 계획서를 고안하기 • 지도단원을 계획하기 • 여러 가지 사실이나 사상을 제시하고 거기에 서 보다 일반 적인 결론을 끄집어 내기 • 관련된 요인을 분석하여 적절한 가설을 세우기 • 어떤 장면에 적용할 수 있는 이론을 구성하기 • 이론을 종합하기

〈5.10 예문〉

1) 중공업정책에 대한 여러 문장들을 아래에 저시해 두었다. 주어진 자료를 가지고 정책에 대하여 찬반에 구애받지 아니하고 당신 나름대로의 일관성 있는 글을 만들어라. 그러나 경제성과 사회적 효과에 대한 논의는 반드시 포함되어야 한다.
2) "당신이 어떤 어려운 문제에 봉착해 있다고 생각해 보라. 그러나 이 위기를 꼭 극복해야 한다고 생각해 보자." 이 어려운 위기를 중심으로 작문을 쓰라.
3) 이 위기에 대하여 반 앞에서 이야기를 해 보라.
4) 다음에 어떤 사람의 미완성 시가 있다. 이를 완성하라.
5) 다음의 작곡을 가장 효과적으로 끝을 맺어라.

〈5.20 예문〉

1) 다음에 어느 학교 학생들의 결석상황과 그들의 가정배경에 관한 자료가 주어져 있다. 이러한 자료에서 가정배경에 따라 결석률이 다른 것을 어떻게 설명할 것인가? 그리고 이러한 자료를 기초로 하여 어떠한 건의를 할 수 있을까?
2) 수소와 산소에서 물을 만드는 실험계획을 세워라.
3) 아래의 자료에서 어떻게 하면 가장 적절한 결론을 끄집어 낼 수 있을

까?

4) 폐품수집의 효과적인 방안을 세워라.

5) 다음의 자료를 어떻게 정리하는 것이 가장 뜻이 분명할 것인가?

〈5.30 예문〉

※ 주택문제에 대한 관심을 가지고 난방법에 관한 몇 가지 실험을 하게 되었다. 방은 온도가 잘 조정되도록 벽이 열을 잘 받고 동시에 방출될 수 있도록 꾸미려고 하였다. 대상이 되었던 몇 사람에게 조건이 변화함에 따라 그들의 기분이 어떠했는지를 물어서 그 결과를 다음의 〈표 7-1〉과 같이 기록해 두었다.

기온이 85°, 벽 온도가 50° (모두 화씨)인 방 안에 있는 사람의 '춥다' 라는 기분을 어떻게 설명할 수 있겠는가? 아래 질문을 잘 생각해 보고 주어진 질문의 윤곽에 따라 당신의 생각을 잘 조직해 보시오.

〈표 7-1〉

조건	벽의 온도	기온	기분
1	85°	85°	더워서 좋지 않았다
2	85°	50°	더워서 좋지 않았다
3	70°	85°	좋았다
4	70°	70°	좋았다
5	70°	50°	좋았다
6	50°	50°	아주 좋았다
7	50°	70°	추워서 좋지 않았다
8	50°	85°	추웠다

1) 기온이 85°이고 벽 온도가 50°인 방 안에 있는 사람이 춥다고 하는 이유를 설명할 수 있다고 생각되는 가정을 있는 대로 모두 해 보고, 이 가정이 그 현상을 설명할 수 있다는 이유를 드시오.

2) 당신이 가정한 가설 중 어느 것이 맞는 것인가를 결정하기 위하여 어떤 종류의 증거를 수집하려고 하는가?
3) 그러면 다시 당신이 만든 가설 중 가장 그럴 듯하게 설명할 수 있다고 생각하는 가설을 하나 골라서 그 이유를 들어 보시오.
4) 다음에 어떤 사상(事象)에 대한 사실을 적어 두었다. 이러한 사실에 비추어 보아 다음의가설들은 실험적으로 증명할 수 있게 진술되어 있는가?

(6) **평가력**(Evaluation)

어떤 특정한 목적과 의도를 근거로 하여 주어진 자료 또는 방법이 갖고 있는 가치를 판단하는 능력을 의미한다.

분류항목	명세 동사	일반목표 예시
6.0 평가력 6.1 내적 준거에 의한 판단 6.2 외적 준거에 의한 판단	감정하다. 비교하다. 결론짓다. 서술하다. 구분짓다. 설명하다. 주장하다. 해석하다. 관계짓다. 요약하다. 입증하다.	• 자료의 논리적 일관성을 판단하기 • 내적 준거에 따라 작품의 가치를 판단하기 • 계산의 정확성을 검증하기 • 어떤 주장의 논리적 결점을 찾아내기 • 작품의 판단에 내적 준거를 적용하기 • 어떤 진술문이나 자료의 정확성을 추정하기 • 어떤 문화에 대한 이론이나 사실을 비교하기 • 어떤 작품을 그 영역의 높은 수준과 비교 판단하기 • 가능한 몇 가지 방안의 가치를 평가하기 • 일상의 어떤 것을 선택 · 활용하는 기준을 적용하기

〈6.10 예문〉

1) 아래에 보사부의 역할에 대한 글이 주어져 있다. 이 글이 보사부의 할 일을 바르게 말하고 있다고 우선 생각하자. 그러고 난 다음 주어진 결

론들이 논리적으로 맞는 것인지 아닌지를 검토하라.

2) 다음에 제시해 둔 진술문을 읽고 논리의 전개가 얼마나 일관성이 있는지를 생각해 보라. 만약 논리적인 오류가 있다면 그것을 지적하라.

3) 다음에 근로자의 생활실태에 대한 보고서가 있다. 이 보고서는 얼마나 정교하며 논리적인가를 평가하라.

〈6.20 예문〉

1) 아래에 상반되는 갑의 주장과 을의 주장을 기록해 두었다. 그리고 그 아래 판단기준으로 쓸 수 있는 몇 가지 진술문들이 있다. 갑의 주장을 지지해 줄 수 있는 것은 어느 것인가?

2) 아래에 어느 시인이 쓴 작품이 있다. 300자 내외로 하여 이 시를 평가하라. 당신의 평가에는 평가의 기준을 명백히 하라.

3) 아래에 새로운 모양의 방석도안이 있다. 이의 실용성과 경제성의 기준을 명백히 하면서 평가하라.

2) 정의적 영역

Krathwohl 등은 내면화 수준에 따라 정의적 영역의 역량을 수용, 반응, 가치화, 조직화, 인격화의 다섯 유목으로 분류했다. 정의(affect)란 개인이 특정 대상, 활동, 사상 등에 대해 갖고 있는 전형적인 감정과 느낌을 의미한다. 내면화란 외부의 가치, 규범, 표준 등을 자기 자신의 것으로 통합하는 과정이다. 그러므로 내면화는 단순한 것이 복잡한 것으로, 구체적인 것이 추상적인 것으로, 외부의 것이 내부의 것으로, 의식적인 것이 무의식적인 것으로, 타율적인 것이 자율적인 것으로 변환됨을 의미한다(권대훈, 2008). 이 5개의 하위 역량 또한 위계적으로 조직되어 있다. 위계적으로 조직된 정의적 영역의 5개 하위 영역별로 그 의미와 분류항목, 목표 진술을 위한 행동동사의 예시 목록, 그리고 일반목표 예시를 제시하고 있다.

(1) 수용(Receiving)

어떤 자극이나 활동을 기꺼이 수용하고 자발적으로 주의를 기울이게 되는 것과 같은 민감성을 의미한다.

분류항목	명세 동사	일반목표 예시
1.0 수용 1.1 감지 1.2 자진감수 1.3 선택적 주의집중	가려내다. 찾아내다. 이름짓다. 지적하다. 선택하다. 바로 앉다. 대답하다. 묻다. 주다. 갖다.	• 수업을 주의 깊게 듣기 • 학습의 중요성을 인식하기 • 사회문제에 민감성을 보이기 • 학급활동에 주목하기 • 다른 사람의 말에 주의를 기울이기

(2) 반응(Responding)

어떤 자극 또는 활동에 적극적으로 참여하고 자발적으로 반응하며 그러한 참여와 반응에서 만족감을 얻게 되는 행동을 의미한다.

분류항목	명세 동사	일반목표 예시
2.0 반응 2.1 묵종반응 2.2 자진반응 2.3 반응에 대한 만족	대답하다. 조력하다. 편집하다. 확인하다. 인사하다. 명명하다. 실행하다. 연습하다. 제시하다. 암송하다. 보고하다. 선택하다. 말하다. 쓰다. 돕다. 읽다.	• 교칙을 준수하기 • 학급토론에 참여하기 • 실험과제를 완성하기 • 특정 과제에 자발적으로 참여하기 • 교과에 흥미를 보이기

(3) 가치화(Valuing)

특정한 대상, 활동 또는 행동에 대하여 의의와 가치를 직접 추구하고 행동으로 나타내는 정도를 의미한다.

분류항목	명세 동사	일반목표 예시
3.0 가치화 3.1 가치수용 3.2 가치의 채택 3.3 확신	완성하다. 기술하다. 구분하다. 설명하다. 추종하다. 형성하다. 초대하다. 참가하다. 입증하다. 제안하다. 보고하다. 분담하다. 공부하다. 일하다. 읽다.	• 민주적인 절차에 대한 신념을 나타내기 • 일상생활에서 과학의 역할을 중시하기 • 사회를 개선하려는 의지를 나타내기 • 우수한 문학작품에 대한 욕구를 형성하기

(4) 조직화(Organization)

일관성 있는 가치체계를 내면화시키는 전초 단계로서 서로 다른 수준 또는 종류의 가치를 비교하고 연관시켜 통합하는 것을 의미한다.

분류항목	명세 동사	일반목표 예시
4.0 조직화 4.1 가치의 개념화 4.2 가치체계의 조직	주장하다. 변경하다. 정리하다. 결합하다. 비교하다. 완성하다. 변호하다. 설명하다. 찾아내다. 수정하다. 조직하다. 차례짓다. 준비하다. 관련짓다. 일반화하다.	• 민주주의에서 자유와 책임을 조화시킬 필요성을 인식하기 • 자신의 행동에 책임을 지기 • 자신의 장점과 약점을 이해하고 수용하기 • 자신의 능력, 흥미, 신념에 일치하는 인생계획을 수립하기

(5) 인격화(Characterization)

개인의 행동 및 생활의 기준이 되며, 가치관이 지속적이고 일관성 있고 또 그것이 그의 행동을 예측할 수 있을 가능한 정도로 확고하게 그의 인격의 일부로 내면화된 정도를 의미한다.

분류항목	명세 동사	일반목표 예시
5.0 인격화 5.1 일반화된 행동태세 5.2 인격화	활동하다. 변별하다. 나타내다. 영향주다. 수정하다. 경청하다. 실행하다. 실천하다. 제안하다. 한정하다. 계정하다. 봉사하다. 해결하다. 사용하다. 증명하다. 묻다.	• 안전의식을 나타내기 • 자립심을 나타내기 • 집단 활동에서 협력하기 • 문제해결에 객관적으로 접근하기 • 근면, 정확성, 자율성을 나타내기 • 좋은 건강습관을 유지하기 • 일관성이 있는 삶의 철학 보이기

3) 심동적 영역

인간이 살아가는 데 인지적인 역량과 정의적인 역량보다도 더욱 원초적인 역량은 감각 및 운동기능과 신체조작 능력이라고 할 수 있다 이 능력은 우리의 생존과 생활에 필수적인 능력이다. 학교 교육을 통해 학생에게 이러한 역량을 길러 주는 것은 교육의 중요한 사명 중 하나다. 이러한 능력은 학교의 모든 교과에서 다루고 있으나 특히 체육 · 기술 · 미술 · 음악 등과 같은 과목에서 중요하게 취급되고 있다. 심동적 영역의 목표를 분류한 대표적인 두 가지 경우를 살펴본다.

(1) E. J. Simpson(1969)의 분류방식

분류항목	설명	일반목표 예시
지각 (perception)	어떤 반응 또는 동작을 하자면 감각기관을 통하여 먼저 대상과 그 대상의 특징 및 관계 등을 알아보는 과정이 반드시 필요한데 그 과정의 제일 첫 단계가 바로 지각이다. 따라서 지각은 상황-해석-동작이라는 일련의 신체운동과정에서 매우 중요한 자리를 차지하고 있다.	• 섬유의 차이점을 촉감으로 인지하기 • 기계의 작동소리를 듣고 결함을 인지하기 • 덩크슛을 할 때 고려해야 할 요인들을 인지하기

태세 (set)	자세 또는 준비 자세라고 하며 포괄적으로 정신적, 정서적, 신체적 자세를 의미하는데, 여기서 말하는 태세는 신체적 준비자세를 뜻하며 특정한 행동에 필요한 준비적 적응을 의미한다.	• 볼링의 준비자세를 취하기 • 최선을 다해서 바느질을 하려는 태도를 갖기 • 드릴을 능숙하게 조작하려는 의욕을 보이기
인도된 반응 (guided response)	인도된 반응이나 타인의 지도 또는 조력을 받아서 나타난 외현적 동작을 말하며, 특히 그것은 그 다음 단계에 올 보다 복잡한 운동기능을 발전시키는 데 필요한 기초동작을 의미한다.	• 시범대로 댄스 스텝을 밟기 • 여러 가지 절차를 시도해서 가장 효과적으로 바지를 다림질하는 방법을 발견하기
기계화 (mechanism)	동작의 기계화란 어떤 동작을 함에 있어서 숙련도와 자신감의 정도를 뜻하는데, 습관적으로 반응하게 되는 동작을 가리켜 동작의 기계화가 이루어졌다고 한다.	• 케이크를 만들기 위해 재료를 혼합하기 • 슬라이드 프로젝트 작동하기 • 간단한 댄스동작을 하기
복합적 외현반응 (complex overt response)	특정한 흐름과 연결을 요구하는 비교적 복잡한 동작을 최소한의 노력과 시간으로 아주 자연스럽고 효과적으로 표현하였을 때 그것을 복합적 외현반응이라 한다.	• 톱을 능숙하게 작동하기 • 옷감의 본을 뜨고 재단하기 • 능숙하게 바이올린을 켜기 • 컴퓨터를 신속, 정확하게 수리하기
적응 (adaption)	주어진 상황과 문제요건에 맞추어 동작이나 기능을 수정한다.	• 상대방의 스타일에 맞추어 테니스 동작을 조정하기 • 물의 흐름을 고려해서 영법을 수정하기
창안 (origination)	특정 상황이나 조건에 적합한 새로운 동작이나 기능을 개발한다.	• 새로운 댄스 동작을 개발하기 • 새로운 의복디자인 구성하기 • 새로운 공법을 개발하기

(2) A. J. Harrow(1972)의 분류방식

분류항목	설명	하위 행동
반사적 운동 (reflex movements)	반사적 운동은 파악 및 무릎 반사와 같이 개인의 의지와는 관계없이 나타나는 단순한 반사운동을 말한다. 이러한 반사적 운동은 훈련이나 교육에 의해서 발달되는 것이 아니므로 교수목표로 설정될 수 없는 행동이지만 보다 높은 운동기능의 발달에 기초가 된다.	1.1 소분절적 반사 1.2 중분절적 반사 1.3 초분절적 반사
초보적 기초동작 (basic-fundamental movements)	초보적 기초 동작은 잡고, 서고, 걷고와 같이 여러 가지 또는 몇 개의 반사적 운동이 함께 발달되고 통합됨으로써 이루어지는 동작을 뜻한다.	2.1 이동동작 2.2 입상동작 2.3 조작동작
운동지각능력 (perceptual abilities)	운동지각능력은 감각기관을 통하여 자극을 지각하고 해석하며 그것을 토대로 환경에 대처하고 적응하는 기능을 말한다.	3.1 근육감각을 통한 변별 3.2 시각을 통한 변별 3.3 청각을 통한 변별 3.4 촉각을 통한 변별 3.5 협응운동능력
신체적 기능 (physical abilities)	신체적 기능은 숙달된 운동기능의 발달에 반드시 필요한 부분이며 민첩하고도 유연하게 일련의 숙달된 운동을 연속시켜 가는 데 필요한 기초기능을 가리킨다.	4.1 지구력 4.2 체력 4.3 유연성 4.4 민첩성
숙련된 운동기능 (skilled movements)	타자 및 기계체조와 같이 비교적 복잡하고 숙련된 기능을 요구하는 운동을 할 때 동작의 능률성, 숙달도, 통합성을 요구하는 데, 이와 같이 숙련된 운동기능은 능률성과 숙련도를 필요로 하는 운동기능을 뜻한다.	5.1 단순적응기능 5.2 혼성적응기능 5.3 복합적응기능
동작적 의사소통 (non-discursive communication)	간단한 안면표정을 비롯해서 무용과 같이 신체적 운동 및 동작을 통하여 감정, 흥미, 의사, 욕구 등을 표현하고, 그 표현 자체를 창작하는 운동기능을 의미한다.	6.1 표현동작 6.2 해석동작

3. 명세적인 수업목표의 진술 방법

수업목표는 학생들이 수업과정에서 습득하는 것을 기술하는 것이 아니라 수업 이전에 할 수 없었던 것을 수업이 끝난 직후에 할 수 있게 되는 것을 기술한다. 따라서 훌륭한 목표란 수업의 본질 또는 내용을 말하는 것이 아니라 학습자가 수업의 결과로 획득한 새로운 능력을 나타낸다. 이런 이유로 해서 목표는 적합한 검사상황에서 학습자의 성취수행을 기술하는 것이지, 검사에 앞선 교수 · 학습상황을 기술하는 것은 아니다. 행동목표의 적합성 여부를 판정하기 위한 몇 가지 준거는 다음과 같다.

① 목표는 의도한 성취수행능력이 획득되었다는 지표로 활용되는 학습자의 검사행동을 기술해야 한다.
② 목표는 학습자의 지정된 행동 및 준거행동과 그것이 나타내는 능력이라는 점에서 검사 장면의 본질적인 특성을 명확하게 전달할 필요가 있기 때문에 명료하게 진술되어야 한다.
③ 학습자의 목표도달 여부를 측정하기 위해 설계된 검사 장면은 목표와 일치해야 한다. 검사는 다른 능력이 아니라 목표에 기술된 능력을 측정해야 한다.

구체적인 목표는 포괄적인 목적보다 더 한정된 부분에 집중되어 있으며, 가르치는 일의 지침으로 사용된다(Good, 1959, p. 371). 구체적인 목표는 보다 일반적인 목적, 의도, 포괄적인 목적의 궁극적인 성취를 지향하고 있으며, 그 수업을 통해 성취하고자 하는 결과에 대한 진술이다. 포괄적인 교육목적과 목표는 교육과정 개발, 프로그램 개발 또는 요구 사정과 같은 과정의 결과일 수 있다. 그러나 수업설계의 입력 자료로서의 기능을 한다. Katz와 Kahn(1978)은 포괄적 목적, 의도, 목적, 목표 모두는 출력물이라기보다는 입력물이라고 주장한다. 이것들은 수업 자체를 포함하는 다른 과정의 출력물일 수 있으나, 어떤 경우에는 수업 중의 경험이나 이전 수업의 결과가 장차 있을 유사한 수업의 목표를 수정하기 위해 사용된다 할지라도 수업의 결과나 출력물의 일부가 아닐 수도 있다.

목표는 의도된 성과로서 성취될 수도 있고 안 될 수도 있는 것이다. 수업설계에서 목표를 성과들로 생각하는 것은 개념적으로 혼란에 빠지게 한다. 여행자가 다음 주 수요일 부산에서 서울로 갈 계획을 세우고 또 가고 싶어 한다고 해서(목표의 양식을 띤 입력자료), 그가 거기에 있다는 것(출력물)을 의미하지 않는다. 사실 여행자가 그 수요일에 서울에 있다면 초기에 의도한 목표를 성취한 것이 된다. 만약 그날에 부산에 있게 되었고, 부산에 있는 것이 서울에 있는 것보다 개인적으로 보다 바람직한 결과를 낳게 되었다면, 초기에 의도한 목표를 성취하지 않은 것이 그 여행자에게 결코 부정적인 것으로 생각되지는 않을 것이다. 그러나 그날 서울에서 그 여행자를 꼭 만나야 될 다른 사람들에게는 그 초기에 의도된 목표를 성취하지 못한 것이 부정적으로 여겨질 것이다.

수업목표 진술 방식과 그 잠재적 유익성에 대해 많은 연구가 이루어졌다(Mager, 1975; Gagné, Briggs, & Wager, 1988; Bloom, 1956; Krathwohl, Bloom, & Masia, 1964). 또한 그 제한점과 오용에 대해서도 많은 연구가 있었다(Atkin, 1969). 행동주의자들은 명료하고, 정확하고, 애매모호하지 않게 목표를 진술하는 것의 중요성을 크게 강조한다. 몇몇 비평가들은 과거에 개발된 많은 행동목표들은 너무 사소하고 수업실제에 사용되기에는 수가 너무 많음을 지적했다. 행동목표의 효과에 대한 상반된 주장을 검토한 연구에 따르면(Melton, 1978; Kibler & Bassett, 1977), 특정 상황에서는 행동목표의 활용이 효과가 있다는 주장조차 확정적이지 못하다는 결론을 내렸다. 그 연구들은 다른 상황하에서는 행동목표의 사용 효과가 오히려 제한적이었음을 지적했다.

경제적 지원이나 명성이 보장된다면, 극심한 장애인을 위한 특수교육에서부터 전문직 교육에 이르기까지 구체적인 명세 목표를 개발하는 일은 가능하다. 그런 상황에서 또는 설계자가 다른 이유로 명세 목표의 개발을 바란다면, 다음 네 가지가 고려되어야 한다. ① 수업 중 학습자에게 무엇이 노출될 것인지에 따라 목표를 개념화하기보다는 학습경험을 마친 후에 학습자가 무엇을 할 수 있을지 기대되는 것을 기술하기. ② 만족스러운 수행으로 학습자에게 기대되는 수준을 기술하기. ③ 어떤 조건과 제약 상황 하에서 학습자의 수행이 이루어지는지를 구체화하기. ④ 누가 수행을 평가할지를 지정하기 (Mager, 1975).

Lippert, Farmer와 Schafer(1989, p. 38)에 따르면, 누가 판단할지의 문제를 "교사나 학습자가 만족하는 정도까지."라고 말해버리면 상당한 문제를 야기할 수 있다고 한다. 편협하고 시대에 뒤떨어진 교사에 의해 일관성 없는 성적사정을 받게 되었을 경우, 학습자는 교과서, 교수요목, 수업 지침서와 같은 관련 참고자료에 명시되어 있는 기준을 충족했거나 또는 그 기준 이상을 성취했다는 사실을 증명할 수 있어야 안도할 수 있을 것이다.

의미 있고 타당한 수업목표를 개발하는 일은 상당한 노력을 필요로 한다. Lippert, Farmer와 Schafer(1989)는 교사들이 다음의 일반 오류를 피할 수 있다면 목표개발은 수월해질 수 있다고 주장한다.

① 지시문으로 진술하기(예: 학습자는 1분에 60단어를 타이프로 칠 수 있다.)
② 하나 이상의 핵심요소를 빠뜨리기(예: 학습자가 무엇을 할 수 있을 것인지, 어떤 수준에서, 어떤 조건하에서, 누가 만족할 수준까지 또는 유의성 진술문)
③ 사소한(중요하지 않은) 목표 제시
④ 실행 불가능한 목표 제시
⑤ 지나치게 광범위한 목표 쓰기
⑥ 학습할 내용을 묘사하는 목표 쓰기(예: '기초과학 과정이 끝날 때까지,

학습자는 세포생물학을 학습할 것이다.)

한 시간의 수업을 위해 몇 개의 명세목표를 진술하는 것이 이상적인 것인가에 대해서는 제6장에서 이미 언급한 바 있다. 수업의 결과로 기대되는 이상적인 상태를 나타내는 명세목표를 진술하는 방식은 다양하게 개발되어 왔다. 이 절에서는 Tyler(1950), Mager(1962), Gagné(1965), Gronlund(1973) 등이 제안한 수업목표 진술방식을 살펴본다. 이 진술방식에 공통적으로 포함되는 요소로서 행동의 주체와 행동이 달성되는 시점은 생략이 가능하다. 즉, 각 목표 진술 문장의 주어인 학습자와 행동의 달성이 이루어지는 시점이 수업의 과정이 아니라 수업이 끝난 직후라는 점은 생략이 가능하다. 다음의 문장 "At the end of this instruction, students will be able to 행동동사 + 내용." 에서 영어로 기술된 부분은 생략이 가능하다.

1) Tyler의 진술방식

Tyler의 목표 진술방식은 가장 간단한 방식으로서 수업목표에 학습내용 ② 행동 두 가지가 포함한다. 즉, 간략히 표현하면 '내용 + 행동' 의 형식을 위한다. Bloom(1956) 등이 제안하고 있는 교육목표분류학에서도 Tyler의 방식과 거의 유사한 형식으로 진술하고 있다. 예를 들면, 다음과 같이 진술되고, 괄호 속의 내용은 생략이 가능하다.

(이 수업이 끝난 직후에, 학생은) 교육공학의 하위 영역을 열거할 수 있다.

2) Mager의 진술방식

Mager에 의하면 수업목표에는 ① 행동 ② 행동이 일어나는 상황 및 조건 ③ 도달점 행동의 숙련도를 규정하는 준거를 명시해야 한다. 이때 학습내용은 조건에 포함시키고, 행동으로 표현해야 한다. Mager식 목표진술의 특징은 도달점 행동과 도달점 행동이 일어났다는 것을 입증할 수 있는 외현적 행동을 사용하는 것이다. 도달점 행동 자체가 바로 수업목표일 경우 그것을 직접의도(main intent)라고 한다. 외현적 행동은 도달점 행동을 직접의도로 표현하기 어려울 때 간접적이지만 도달점 행동이 일어났다는 것을 입증하기 위해 사용하는 행동으로서, 도달점 행동을 유추할 수 있는 외현적 행동을 지시하는 동사를 징후적 동사(indicator)라고 한다. 예를 들어, '주어진 문장에서 전치사를 바르게 사용할 수 있다'에서 '사용하다'라는 동사는 직접 의도이고 전치사에 '밑줄을 긋다' 또는 '동그라미 표시를 하다'라는 동사는 징후적 동사에 해당된다. 이러한 점에서 Mager의 수업목표 진술방식을 조작적 접근이라고 부르기도 한다.

- 잘못 진술된 목표 5개가 주어지면, 적어도 3개 이상을 바르게 수정할 수 있다.
- 교육공학의 하위 영역을 적어도 5개 열거할 수 있다.

Mager의 목표진술방식은 수업목표를 매우 구체적이고 명확하게 진술하고 있지만, 너무 명세적이어서 의미가 극히 한정되고 의사전달능력이 약화되어 실용성이 낮다는 단점이 있다. 특히, 준거를 어떻게 어느 정도로 설정해야 하는가에 대해 논란이 되고 있으나, 아직 만족할 만한 결론은 얻지 못하고 있어 준거를 설정하기 어렵다는 문제점이 있다(권대훈, 2008).

3) Gagné의 진술방식

Gagné는 위에서 열거한 행동목표의 적합성 여부를 판정하기 위한 몇 가지 준거를 충족시키는 목표진술 방법을 제안하면서, 목표진술의 5가지 구성요소를 제안하고 있다. 이 구성요소들을 열거하고, 불완전하게 진술된 목표를 5가지 구성요소 형식으로 재 진술한 예를 몇 가지 소개한다(Briggs

& Wager, 1981).

① 어떤 상황에서, 어떤 유형의 검사문항이 주어지면(상황: situation)
② 특정 유형의 학습된 행동을 위하여(학습될 능력: learned capabilities)
③ 학생들이 행해야 하는 학습될 능력의 내용(대상: objects)
④ 어떤 관찰 가능한 방법으로(행위동사: action verb)
⑤ 어떤 도구를 사용하여, 어떤 제약, 또는 어떤 특정 조건하에서(도구, 제약조건 및 특정 조건: tools, constraints, and special conditions)

불완전한 목표	상황	도구/제약조건	행위	대상	능력
학습자는 자동차 타이어를 갈아 끼울 수 있다.	100km/h 고속도로에서, 학습자는	타이어 교체과정을 명세화한 안전법규를 준수하면서	펑크 난 타이어를 제거하고 예비용으로 갈아 넣음으로써	펑크 난 타이어의 교체작업을	실행할 수 있다.
학습자는 보일의 법칙을 적용할 수 있다.	실험실의 실험장면에서, 학습자는	평방인치당 40파운드의 안전장치를 지닌 Smith 압력실을 활용하여	100~110℃ 온도범위에 따른 압력증가를 기록함으로써	보일의 법칙에 제시된 온도와 압력간의 관계를	실증해 보일 수 있다.
학습자는 권리장전을 알 수 있다.	교실 필답고사에서, 학습자는	참고자료를 활용하지 않고, 10분 이내에	글로 써서	권리장전에 명시된 4가지 권리보호조항을	요약할 수 있다.
학습자는 저항기와 축전기를 분류할 수 있다.	부품 상자의 축전기와 저항기를 분류하게 하면, 학습자는	참고자료 없이 1분당 15개 속도로	상자에서 뽑아서 분리된 통에 넣음으로써	저항기와 축전기를	확인할 수 있다.

Gagné의 목표진술 방식에는 Tyler의 목표진술 방식과 마찬가지로 학습을 통해서 변화되기를 기대하는 행동의 정확성이나 숙련도를 판단할 수 있는 준거가 생략되어 있는데, 이것은 Gagné가 100%의 목표달성을 요구하고 있음을 의미한다. Gagné의 수업목표 진술에는 교사가 수업을 진행하는 데 필요한 상황, 도구, 자료, 활동 등이 명세적으로 포함되어 있으며, 요구되는 행동의 관찰가능성을 극대화할 수 있도록 Mager가 언급한 외현적 행동을 지시하는 징후적 동사를 활용하고 있다. 그러나 목표의 의미가 너무 한정적이어서 총괄평가의 문항을 작성하고자 할 경우 적절하지 않을 수도 있다.

4) Gronlund의 진술방식

Gronlund의 진술방식은 수업목표를 일반목표와 명세목표로 구분하여 진술한다. 먼저 일반목표를 진술하고, 그 목표를 달성하는 데 요구되는 명세목표를 진술한다. 이런 방식으로 목표를 진술하게 되면, 일반목표에서 진술한 거시적인 관점의 내용과 행동을 보다 세부적으로 분석함으로써, 거시적인 일반목표의 내용을 구체적인 맥락 속에서 이해하게 되고, 명세목표들간의 유기적인 관련성을 파악할 수 있는 장점이 있다.

1.0 임진왜란의 성격을 이해하기(일반목표)

- 1.1 임진왜란을 일으킨 일본의 정치적 배경을 설명하기(명세목표)
- 1.2 임진왜란의 3대 대첩을 열거하기(명세목표)
- 1.3 이순신 장군의 3대 대첩을 시간순으로 기술하기(명세목표)
- 1.4 임진왜란을 승리로 이끈 원동력을 확인하기(명세목표)
- 1.5 임진왜란을 통해 일본이 발전하기 되는 계기를 설명하기(명세목표)

위의 예에서 처럼, 일반 목표는 거시적인 내용을 일반적이고 추상적이고 암묵적인 수준의 동사인 '안다' 또는 '이해한다'와 같은 내재적 행동으로 진술한다. 이것은 목표가 적절한 일반성의 수준을 유지하려면 내재적 행동으로 진술해야 함을 의미한다. 그러나 명세목표는 반드시 관찰과 측정이 가능한 명세적이고 구체적이고 명시적인 행동동사로 진술해야 한다.

기출문제(초등)

1. Bloom의 교육목표분류학의 지적 영역 중에서 '자신의 경험을 독특한 표현방식으로 이야기하는 능력'과 관련된 것은?
   ① 지식 ② 이해력
   ③ 분석력 ④ 종합력

정답

1. ④

기출문제(중등)

1. 정의적 교육목표가 위계에 따라 바르게 배열된 것은?
   ① 감수–반응–가치화–조직화–인격화 ② 반응–감수–조직화–가치화–인격화
   ③ 반응–감수–가치화–조직화–인격화 ④ 감수–반응–조직화–가치화–인격화

2. Mager의 교육목표 진술의 기준으로 <u>틀린</u> 것은?
   ① 도착적 행동 ② 외현적 동사
   ③ 수락 기준 ④ 가르칠 사람의 입장에서 가르칠 내용

3. Bloom의 목표분류에서 지적 영역에서 최상위의 능력은?
   ① 새로운 체제를 구성해 내는 능력
   ② 주어진 글을 서론, 본론, 결론으로 나누는 능력
   ③ 법칙과 이론을 실제적 상황에서 응용하는 능력
   ④ 주어진 기준에 비추어 자료의 가치를 판단하는 능력

4. '주어진 2차 방정식을 그래프로 그리시오.'라는 문항으로 측정할 수 있는 Bloom의 교육목표분류 영역은?
   ① 지식 ② 이해 ③ 적용 ④ 분석

정답

1. ① 2. ④ 3. ④ 4. ②

제8장

교수 원리 및 적용

이 장은 교사가 가르칠 때 품고 있는 신념과 경험은 학생이 배울 때 품고 있는 신념과 경험과 다르다는 사실을 주장한다. 이러한 괴리된 상황을 해결하기 위한 방안으로서, 모든 교수 · 학습활동의 기본이 되는 다섯 가지 일반 원리와 학습성과 영역별로 활용할 수 있는 특수 원리를 구별하여 제시하고, 특별히 창의성 신장을 위한 교수 · 학습방안으로서 비유를 활용한 수업의 예시를 소개한다. 이 장에서는 교사는 학생이 학습할 때 지니고 있는 신념과 선행경험을 고려하여 수업을 할 수 있기를 기대한다.

이 장을 학습한 후, 최소한 다음의 학습목표가 성취되기를 기대한다.

- 교수의 기본 원리 다섯 가지를 약술할 수 있다.
- 학습성과 영역별 수업원리를 개관할 수 있다.
  - 정보와 지식의 수업원리를 개관할 수 있다.
  - 지적 기능의 수업원리를 개관할 수 있다.
  - 인지전략 및 창의성의 수업원리를 개관할 수 있다.
  - 태도 및 가치관의 수업원리를 개관할 수 있다.
  - 운동기능의 수업원리를 개관할 수 있다.
- 창의성 신장을 위한 교수 · 학습방안을 개관할 수 있다.
  - 창의적 인물의 특성을 설명할 수 있다.
  - 기능적 고착 현상을 예를 들어 설명할 수 있다.
  - 기능적 고착의 해소방안을 문제 상황과 관련지어 제안할 수 있다.
  - 언어적 창의성의 구성요소와 종류를 열거할 수 있다.
  - 시넥틱스 기반의 비유 종류를 열거하고 예를 들 수 있다.
- 창의성 신장을 위한 비유활용 수업 모형의 적용 예시를 해석할 수 있다.

제8장

교수 원리 및 적용

1. 교수의 기본 원리

Merrill(2002)은 모든 교수활동에 반드시 포함되어야 하는 다섯 가지 기본 원리를 제안하고 있다. 첫 번째 기본 원리는 학습은 학습자가 현실 상황에서 문제를 해결하는 일에 관여할 때 촉진된다는 것이다. 수업이나 교육 프로그램을 완수한 결과로서 해결할 수 있게 될 문제나 할 줄 알게 될 과제를 학습자에게 보여 주었을 때 학습은 촉진된다. 따라서 수업 중에 현실상황의 문제를 제시하기에 앞서, 그 문제를 구성하고 있는 개별 요소들을 따로따로 가르치는 토픽 중심으로 수업을 시작하는 것보다는, 구성 요소들이 통합되어 있는 문제 자체를 제시하는 것으로 수업을 시작하는 것이 학습효과를 더욱 높여 준다. 문제중심학습은 문제를 제시하고, 그 문제를 해결하는 데 필요한 과제를 제시하고, 그 과제를 구성하고 있는 조작들을 제시하고, 끝으로 그 조작을 구성하고 있는 행동들을 제시하는 순서로 이루어져야 한다. 대부분의 학교교육이 전체적인 문제의 맥락은 간과한 채, 미시적인 조작 요소들과 행동을 가르치는 데에 많은 노력을 투자하고, 정작 그 문제를 해결하는 데 꼭 필요한 그 요소들을 통합하는 일은 학습자에게 맡겨 버리는 현상을 구성주의 교육자들은 '지식의 탈맥락화' 현상이라고 비난하고 있다(Schank, et al., 1999).

둘째, 학습은 기존의 지식이 새로운 지식을 위한 토대로 활성화될 때 촉진된다는 것이다. 학습자의 과거 경험들로부터 새로운 학습을 위한 토대로 사용될 수 있는 지식을 회상하고 기술하고 적용해 보도록 할 때 학습은 촉진된다. 수업을 통해 새롭게 전달되는 지식은 모든 학습자에게 생소하고 어렵게 느껴진다. 교사가 그런 지식을 아무런 예비 활동 없이 학습자에게 전달할 때 학습자의 동기가 유발되고 적극적으로 수업에 참여하기를 기대하기는 어려울 것이다. 따라서 교사는 수업의 시작 즈음에 학습자의 상태를 파악하여 그 상태에서 수업을 시작하는 것이 가장 이상적인 접근이라고 할 수 있다. 즉, 학습자가 현재 있는 그 상태에서(where the child is)에서 수업은 시작되어야 한다는 것이다. 수업목표와 관련하여 학습자가 이미 지니고 있는 적절한 선행 지식이나 기능을 활성화(Andre, 1997)하고, 그것들이 후속 학습의 토대 역할을 하게 될 때 학습효과는 극대화될 것이다.

셋째, 학습은 새로운 지식이 학습자에게 시연될 때 촉진된다는 것이다. 새롭게 학습될 내용에 대한 정보를 단순히 언급하기보다는 그 내용을 시연 보였을 때 학습은 촉진된다. 그 시연은 수업목표와 일치할 때 더욱 효과적이다. 개념의 경우는 정적 사례와 부정적 사례를 설명하고, 절차의 경우는 순서대로 시연을 하고, 과정의 경우는 시각화하고, 행동의 경우는 모델링을 할 때 효과가 극대화된다. 뿐만 아니라, 학습자가 문제 해결과정에서 적절한 학습안내를 받게 되면 학습은 촉진된다. 즉, 문제 해결과 관련된 적합한 정보를 제공받고, 시연과정에서 다양한 형태의 정보 제시 방법을 사용할 경우도 학습은 촉진된다. 최근 들어, 정보화 매체의 교육적 활용이 강조되고 있는 상황에서 교수 · 학습적 목적에 알맞은 방식인 교과내용의 특성과 학습활동의 성격, 그리고 학습자의 특성을 고려하여 매체를 활용할 때 학습의 효과가 크게 촉진될 것이다.

넷째, 학습은 새로운 지식이 학습자에 의해 활용될 때 촉진된다는 것이다. 새롭게 학습한 내용은 수업목표가 명시적이든 암묵적이든 그 목표와 일관성 있게 적용되고 활용될 때 학습은 촉진된다. 즉, 적용의 정보에 관한 목표는 그 정보를 재생하고 확인하게 하고, 적용의 각 요소에 관한 목표는 그 요소를 확인하고 명명하고 기술하게 하고, 적용의 종류에 관한 국표는 각 종류의 새로운 예들을 확인하게 하고, 적용의 방법에 관한 목표는 절차에 따라 수행하게 하고, 적용을 통해 어떤 결과가 예측되는지에 관한 목표는 여러 가지 상황에서 적용의 결과를 예측하게 하고, 예기치 않은 결과를 낳은 상황을 분석하게 한다. 새롭게 배운 내용을 활용하는 과정에서 학습자에게 적절한 피드백과 지도를 하고 잘못된 부분을 확인해서 교정해 주는 과정을 통해 학습자가 적절한 학습안내를 받을 때 학습은 촉진된다. 물론 학습자의 수행이 점점 나아감에 따라 학습안내의 내용과 빈도를 줄여서 학습자 스스로 문제를 해결할 수 있도록 유도해야 한다.

다섯째, 학습은 새로운 지식이 학습자의 삶과 앎의 세계에 통합될 때, 즉 전이될 때 촉진된다는 것이다. 새롭게 학습한 지식이 학습자의 개인적인 일상의 삶 속에서 직접 통합되는 상황을 경험하게 했을 때 학습은 촉진된다. 이런 통합의 과정이 공개적으로 시연될 수 있는 기회를 제공하고, 그 과정에서 학습자가 자신의 수행과정을 성찰하고, 참여자와 토론하고, 다양한 질문에 응답하는 기회를 제공할 때 역시 학습은 촉진된다. 궁극적으로 이런 일련의 수업활동이 학습자가 자신만의 고유한 문제해결 방식을 탐구하고, 창안할 수 있는 기회가 될 수 있도록 환경을 조성하는 것이 중요하다. 자신만의 방법을 모색하고, 그 방법을 통해서 문제를 해결하는 과정에서 학습자는 내재적인 동기 유발을 경험하게 될 것이다. 학습과정 자체에서 유발되는 학습동기는 계속학습을 위한 원동력이 되고, 학습자는 점차 자기주도적인 학습자로 변모해 가면서, 교수·학습과정에서 주인의식(ownership)을 갖게 될 것이다.

이상에서 살펴본 교수의 기본 원리들은 현실 문제를 대상으로 하면서 학습자의 선행지식을 활성화하고, 새롭게 학습할 지식을 시연해 보이고, 학습자에게 그 지식을 활용해 보도록 하고, 최종적으로 학습자의 일상 속에 그 지식이 통합(전이)되도록 하는 것이다. Merrill(2002)은 이들 교수 원리들이 충족될 때 학습이 촉진된다고 주장한다. 교수 · 학습 상황에서 교사와 학생은 다양한 방법 및 매체를 활용하면서 내용을 학습한다. 이미 강조했듯이, 이 과정에서 교수의 기본 원리들이 가능한 많이 그리고 자주 활용될 수 있도록 학습 상황을 조성하여야 할 것이다. 그런데 이 원리들은 그 본질적인 성격은 유지하면서, 교수 · 학습과정에서 매우 다양한 형태와 방법으로 적용되고 있다고 할 수 있다. 즉, 학습자의 수준에 따라, 교과 내용의 성격에 따라, 과제의 난이도에 따라 그 활용 형태는 매우 다양할 것으로 생각된다. 다음 절에서는 교과내용에 대한 이해를 높이기 위해 학습성과 영역별로 어떤 수업의 원리가 활용되어야 하는지 살펴본다.

2. 학습성과 영역별 수업 원리[1)]

학교교육의 주요 대상이 되는 학습성과 영역은 여러 학자들에 의해 다양하게 분류되어 왔다. 앞서 살펴본 Bloom 등의 인지적, 정의적, 심동적 영역의 목표 분류가 대표적인 경우라 할 수 있다. 이 절에서는 특별히 인지적 영역의 성과를 강조하고 있는 Gagné의 학습성과 영역 분류에 따른 수업원리를 살펴본다. Gagné의 학습성과 영역은 제4장에서 소개한 바 있다.

1) 김순택(1982). **목표별 수업**. 경기: 교육과학사, pp. 161-310를 참고하였음.

1) 정보와 지식의 수업

정보와 그 정보가 의미 있게 연결된 사실과 일반화의 집합체로서 조직된 지식을 학습하는 것은 크게 세 가지 영역으로 나누어진다. 사물의 이름을 학습하는 것과, 사물과 사물의 관계를 진술하는 사실을 학습하는 것, 그리고 조직된 정보로서의 지식을 학습하는 것을 포함한다. 정보와 지식에 대한 수업을 해야 하는 이유로는 이들이 모든 학습의 기본 재료가 되기 때문이다. 이런 이유로 해서, 학생의 다음 학습에 꼭 필요하고, 더 나아가 미래의 생활을 영위하는 데에도 유용할 뿐만 아니라, 개인의 사고의 발전과 문제해결을 위한 수단으로 이용되기 때문이다. 명명학습은 어떤 대상에 대해 일관된 방식으로 언어반응을 하거나 이름을 부여하는 능력을 의미하며, 사실학습은 두 가지 이상의 사물이나 사건의 관계를 표현하는 언어적 진술 능력을 말하며, 지식학습은 학습된 정보를 의미 있게 조직하고, 요약하고, 다른 말로 재진술하는 능력을 의미한다. 정보와 지식의 수업을 위한 원리는 다음과 같다.

원리 1 선행조직자의 제공으로 자료의 유의미성을 높인다.
원리 2 학습과제를 적절한 학습단위로 나누어 학습하도록 한다.
원리 3 학습과제의 내용 중 가장 일반적인 것에서 특수적인 내용의 순서로 점진적인 분화의 방법을 이용한다.
원리 4 정보 및 지식의 오랜 기억을 보장하기 위해서는 적절한 연습이 제공되어야 한다.
원리 5 학습자가 획득한 정보가 적절한 것이며 정확한 것이었는가를 학습자 스스로 평가하도록 한다.

2) 지적 기능의 수업

학습자가 주위환경을 개념화하여 반응하는 능력으로서 방법적 지식 또는 절차적 지식을 사용하여 환경과 상호작용할 수 있는 능력을 의미한다. 학교교육의 핵심적인 위치를 차지하는 학습성과 영역으로서 '~을 안다'는 선언적 지식이나 명제적 지식과는 달리, '~을 할 줄 안다'는 절차적 지식이나 방법적 지식을 의미한다. 지적 기능에는 변별학습과 구체적 개념학습, 정의된 개념 학습, 원리학습, 문제해결 학습이 포함된다. 이들 학습은 상호 간에 강한 위계성을 띠고 있는데, 문제해결학습을 하기 위해서는 반드시 그 하위능력인 원리학습이 습득되어 있어야 한다. 지적 기능의 학습은 그 자치로서도 의미가 있으나, 보다 창의적인 인지전략을 구사하기 위해서는 반드시 갖추고 있어야 할 선수 능력으로서의 가치가 더욱 크다고 할 수 있다.

변별학습은 두 가지 이상의 대상이 서로 다른 점을 한 가지 이상의 차원에서 구별해 내는 능력을 의미한다. 개념학습은 물리적(외형적) 모양에서는 서로 다를지 모르지만, 본질적으로 공통적인 반응을 할 수 있는 능력을 의미한다. 원리학습은 두 가지 이상의 개념 간의 관계를 진술한 규칙이나 법칙을 이용할 수 있는 능력을 의미한다. 문제해결학습은 처음 대하는 장면에서 해결방안을 찾기 위해 응용할 수 있는 원리를 이전에 학습한 원리들을 결합하여 해결방안을 산출하는 능력이다. 지적 기능의 수업을 위한 원리는 다음과 같다.

원리 1 학습이 완성된 때 학습자가 보여야 할 행동을 명시하도록 한다.
원리 2 학습위계의 분석에 기초하여 하위적인 기능을 선행학습하도록 한다.
원리 3 사물이나 사건 간 또는 개념의 긍정적 이해와 부정적 이해간 그리고 원리의 옳은 적용과 틀린 적용 간 차이를 주목하도록 하는 예를 제시한다.

원리 4 개념, 속성, 보기에 대한 적절한 명명을 언어적으로 제시함으로써 지적 기능 특히 개념과 원리의 의미를 보다 완벽하게 안다.

원리 5 개념이나 원리의 이해를 찾거나 문제해결을 위한 연습을 학생 스스로 하도록 장려한다.

원리 6 학생의 연습 진전에 따라 적절한 강화와 피드백을 제공하도록 한다.

3) 인지전략, 창의력의 수업

인지전략은 지적 기능의 한 특수한 영역으로서 개인의 학습, 기억, 사고 행동을 지배하는 내적 행동방식을 의미한다. 지적 기능의 한 영역으로 인식하고 있음에도 불구하고, 이를 별도의 학습성과 영역으로 독립시킨 이유를 Gagné는 두 가지로 지적하고 있다. 첫째, 인지전략의 수업원리와 지적 기능으로서의 문제해결력의 수업원리가 근본적으로 상이하고, 둘째, 문제해결력이면서도 본질상 성격이 판이하게 다르다는 것이다. 즉, 문제해결력이란 이미 학습한 원리들을 종합함으로써 문제의 해결방안을 '산출' 하는 데 반해, 인지전략은 처음 대하는 문제 상태에서 새롭고 독특한 해결방안을 다양하고 치밀하게 '창안' 하는 능력을 의미한다는 것이다. 따라서 Gagné의 인지전략은 창의력과 유사하다고 할 수 있다. Piaget가 아동이 성장함에 따라 성숙하는 의미의 인지전략을 주장하는 데 반해, Gagné는 일반화 과정을 통해 아동이 구체적으로 학습한 많은 지적기능을 근거로 해서 인지전략이 개발된다고 주장한다. Gagné는 학교에서 인지전략을 개발하기 위해서는 많은 지적기능을 교육할 필요가 있음을 시사하고 있다. 인지전략 및 창의력의 수업을 위한 원리는 다음과 같다.

원리 1 학습자의 수준에 적절한 문제 사태를 빈번히 제공하여 그 해결절차와 해결안을 학습자 스스로 발견하도록 한다.

원리 2 학습자에게 문제해결에 필요한 기본적 기법을 제공한다.
원리 3 다양한 영역에 걸쳐 많은 지적 기능과 지식을 철저하게 학습하도록 한다.
원리 4 창안된 독특한 해결안에 대해서는 적절한 강화를 제공하도록 한다.

4) 태도 및 가치관의 수업

Gagné는 태도를 '특정한 대상, 인물 혹은 사건에 대한 어떤 선택적 반응을 일관성 있게 하도록 하는 개인내적 상태' 로 정의한다. 정범모는 가치나 가치관은 ' 있어야 할 것, 해야 할 것, 바라야 할 것에 관한 일반화된 개념 '이라고 정의한다. 가치관은 행동선택에 영향을 줄 뿐만 아니라, 개인의 동기체제, 지각체제, 해석체제, 만족체제 및 평가체제 등에도 영향을 준다. 따라서 가치관 역시 행위의 선택을 결정하는 내적 상태로 규정할 수 있다. 태도와 가치관의 차이는 태도가 보다 심화되어서 일관성 있게 된 것으로 규정할 수 있다. 지식이나 기능의 교수와는 달리, 태도와 가치관의 지도는 의도적인 상황에서도 일어나지만 그보다는 평소의 자연적인 인격적인 만남을 통해서 더욱 강한 인상을 주고받으면서 학습의 결과로 자리 잡게 된다. 따라서 태도와 가치관을 가르치는 교사는 깊은 인내심을 가지고, 지속적인 관심과 관찰을 유지하면서, 매우 신중히 교수 · 학습활동을 계획하고 실행해야 한다. 태도 및 가치관의 수업을 위한 원리는 다음과 같다.

원리 1 가르칠 태도와 가치관을 분명하게 확인한다.
원리 2 적절한 시범 인물에 의한 시범을 보여 줌으로써 모방을 자극한다.
원리 3 태도의 대상에 대한 유쾌한 경험을 가능한 많이 제공하도록 한다.
원리 4 가르치려는 태도에 대한 정보를 풍부하게 제공하도록 한다.
원리 5 학습자가 직접 실천할 수 있도록 활동의 기회를 제공한다.

원리 6 집단활동에의 소속 또는 집단활동의 조직을 자극한다.
원리 7 학습자 스스로 새로운 태도 및 가치관을 발견하도록 격려한다.

5) 운동기능의 수업

운동기능은 Gagné에 따르면, "비교적 단순한 운동연쇄 반응이 조합되어 이루어진 복잡한 운동행동"으로 정의된다. 운동기능은 학교 교과 중 체육이나 실업 교과에만 해당되는 것으로 생각하는 데 실제로는 모든 교과에서 요구되는 중요한 능력이다. 따라서 모든 교과의 교사가 운동기능의 수업원리를 이해하고 실행할 수 있어야 한다. 운동기능의 학습은 인지, 정착화, 자동화의 단계로 이루어지며, 학교에서의 운동기능 수업은 기능의 자동화 단계에 이르도록 하는 데 주안점을 두어야 한다. 즉, 목표로 설정한 운동기능이 의식적인 주의를 기울이지 않고도 의도한 대로 수행할 수 있을 정도의 숙련 수준에 이르도록 교육을 해야 한다. 운동기능의 수업을 위한 원리는 다음과 같다.

원리 1 학습자가 학습해야 할 운동기능의 특성을 구체적으로 분석한다.
원리 2 학습자의 선행학습수준을 확인하여 목표기능의 하위적 기능을 습득하도록 한다.
원리 3 학습자에게 목표기능 또는(가르치려는 전체기능)의 실행을 시범적으로 보여 준다.
원리 4 목표기능의 시범과 더불어 또는 이전에 기능에 관한 언어적 뜨는 개념적 지식을 제공한다.
원리 5 적절한 연습과정의 기회를 제공한다.
원리 4 학습자가 수행하는 운동기능 행동에 대해서는 적절성 여부를 검토하여 알려 주고 결함부분에 대해서는 교정을 해 주도록 한다.

3. 창의성 신장 수업설계 방안

1) 창의적 인물의 특징

역사적으로 위대한 창의적 인물을 조사한 연구들(Davis, 1999; Flach, 1990; Solomon & Winslow, 1988)에 따르면 그들 중 대부분이 정신적으로 건강하지 않았다. 정신적으로 건강하지 않다는 의미를 많은 학자들은 (Torrance, 1962, 1981; Smith, 1966; Domino, 1970; Davis, 1999에서 재인용) 다음의 7가지 범주로 지적하고 있다. 독선적임, 충동적임, 논쟁적임, 유치함, 부주의함, 신경증적임, 활동과다증적임. 특별히 Davis(1999)는 그런 사람들과 대비해서 정신적으로 건강한 창의적인 사람들을 구별하여 자아실현형 창의적 인물(self-actualized creative person)로 규정하고, 그런 인간상이 학교교육을 통해서 길러야 할 창의적인 인재상임을 주장한다. Davis(1999)는 창의적인 인물을 규정하는 시각을 새롭게 할 것을 주장한다. 첫째, 위대한 창의적인 재능이 없어도 얼마든지 창의적일 수 있음을 강조한다. 창의적인 인물은 반드시 타고난 재능이 있어야 하고, 꼭 위대한 발명을 해야 한다는 시각을 지양해야 한다는 것이다. 자아실현형 창의적인 사람들은 정신적으로 건강하고, 생기가 가득 차며, 생산적인 삶을 살아간다. 그런 사람들은 자신들 삶의 모든 측면을 유연한, 창의적인 형식에서 접근하는 경향이 있다. 그들은 특정 영역에서 두드러진 창의적인 재능을 반드시 가지고 있는 것은 아니다. 즉, 대부분의 사람들은 자신을 창의적인 사람으로 생각하고 창의적인 삶을 살아가기 위해 특별한 예술적, 문학적, 과학적 혹은 기업가적 재능을 소유할 필요는 없다고 주장한다. 창의성이라는 낱말이 비범하고 두드러진 재능의 소유와 너무 강하게 연결되어 있음을 경계하고 있다.

둘째, 창의적인 사람들의 지적인 특성보다는 정의적 특성에 대한 중요성을 강조한다. 즉, 성격 특성, 태도, 동기 그리고 창의적으로 사고하려는 의식적 성향 등을 중요하게 고려해야 한다는 것이다. 정의적 특성은 창의적인 방법으로 자신의 능력을 사용하거나 사용하지 않는 사람들 간의 차이를 나타낸다. Torrance(1984)에 따르면, 지능만으로 창의적인 사람을 선발할 경우 약 70%의 창의적인 사람을 놓쳐버릴 가능성이 있다고 한다. 뿐만 아니라, 창의적인 인물을 판별하는 기준에서 지능에 대한 판별역(threshold)으로서 최소 IQ 120 정도를 제안하고 있다(Davis, 1999). 이런 관점에서, 최근에는 창의성을 지적인 역량이라고 보기보다는, 생활 양식, 살아가는 방법, 세계를 지각하는 방법 그리고 성장하는 방법이라고 주장하는 경향이 크게 대두되고 있다(Davis, 1999; Csikszentmihalyi, 1996; Moyer & Wallace, 1995; Weiner, 1992; Goldman, 1991; Weaver, 1990). 창의적으로 살아가는 것은 스스로 재능을 개발하고, 능력을 사용하는 것을 학습하고, 자신이 될 수 있는 것이 되기(BeAllYouCanBe!) 위해 노력하는 것이다. 창의적인 것은 새로운 아이디어, 새로운 장소 그리고 새로운 활동을 탐구하는 것이며, 다른 사람들의 문제와 인류의 문제에 대한 민감성(sensitivity)을 개발하는 것이다. 창의성에 대한 인본주의적(Rogers, 1962), 자아 실현적(Maslow, 1970) 접근은 자신의 창의적 능력과 창의적 과정을 개발하는 데만 초점을 두지 않는다. 이런 이론적 관점에서, 창의적 능력과 과정은 자아실현 과정에서 더 크고 더 중요한 성장의 부산물에 의한 것이다.

Csikszentmihalyi(2000; 1997; 1996; 1990)는 창의적인 사람들의 성격에서 다른 사람들과 다른 점을 한마디로 표현하여 복합성이라고 규정한다. 그는 세계적으로 유명한 '자아실현형 창의적인 인물들' 과의 심층 인터뷰를 통하여 그들의 특성을 다양하게 분석하였다. 이들의 대부분은 부모들로부터 받은 가장 영향력 있는 요인으로서 '정직' 과 '성실' 을 지적했다. 대체로 평범한 어린 시절을 보냈으며, 따라서 보통의 사람들처럼 서로 상반되는 인간적인 특성들을 함께 지니고 있다. 복합적인 인격이란 중립이나 평균을 의미하지 않으며, 경쟁적이지도 않고 협조적이지도 않은 어중간한 성격이 아니다. 경우에 따라 한쪽에서 다른 쪽으로 사고하고 행동할 수 있는 복합적인 능력을 갖고 있다는 의미다. 그에 따르면, 창의적인 사람들은 분명 양극을 달리면서 아무 갈등도 느끼지 않고 똑같은 강도로 두 가지를 모두 경험한다. Csikszentmihalyi(1996)는 창의적인 사람들에게서 볼 수 있는 열 가지 양면성을 다음과 같이 제시하고 있다(노혜숙, 2003, pp. 69-91).

1. 대단한 활력을 갖고 있으면서 또한 조용히 휴식을 취한다.
2. 명석하기도 하지만 한편으로 천진난만한 구석이 있다.
3. 장난기와 극기 또는 책임감과 무책임이 혼합된 모순적인 성향을 갖고 있다.
4. 한편으로는 상상과 공상, 또 한편으로는 현실에 뿌리박은 의식 사이를 오고간다.
5. 외향성과 내향성이라는 상반된 성향을 함께 갖고 있는 듯하다.
6. 매우 겸손하면서 동시에 자존심이 강하다.
7. 어느 정도 전형적인 성의 역할에서 벗어나 있다.
8. 반항적이고 개혁적이면서 동시에 보수적이고 전통적인 성향을 갖고 있다.
9. 사람들은 자신의 일에 매우 열정적인 동시에 극히 객관적이 될 수 있다.
10. 개방적이며 감성적인 성향으로 인해 종종 즐거움뿐 아니라 고통과 역경을 겪는다.

Csikszentmihalyi(1996)는 모든 창의적인 사람들이 일반적으로 갖고 있는 중요한 성향은 창조과정 자체를 즐기는 능력이라고 결론짓는다. 물론 앞서 열거한 내용들은 어느 정도 임의적이며, 다른 중요한 성향들도 많이 있을 수 있다. 그러나 중요한 것은 창의적인 사람들이 갖고 있는 이러한 상반된 성향을 일반적인 사람들에게서는 찾아보기 힘들다는 것이며, 두 가지 중에서 어느 한 가지 성향이 부족하면 새로운 아이디어는 나타나지 않을 수도 있다는 것이다. 그러므로 이러한 양면성을 활용할 수 있는 사람들이야말로 우리가 '창의적' 이라고 부르는 새로움을 창출해 낼 수 있다는 것이다(노혜숙, 2003).

2) 자아실현과 창의성

창의성 분야에서 가장 중요한 개념 중의 하나는 창의성과 자아 실현간의 관계이다. 인본주의 심리학자인 Maslow(1970)와 Rogers(1962)는 자아실현을 '자신이 될 수 있는 사람이 되기 위해 자신의 모든 재능을 사용하는 것', 즉 자신의 잠재력을 실현하는 것으로 정의한다. 자아를 실현한 사람은 정신적으로 건강하고, 자기수용적이며, 끊임없이 성장하고, 충분히 기능적이며, 민주적인 성향을 지니고 있다. Maslow(1970)는 자아실현의 욕구를 자기 충족을 위한 욕구, 즉 어떤 사람이 현재의 자신브다 잠재적으로 될 수 있는 최대한의 것이 되고자 하는 욕구(BeAllYouCanBe!)라고 정의한다. 창의적인 사람들의 개성과 전기적 특성을 측정하기 위해 Davis(1975; 1991)가 개발된 자아실현검사 척도인 HDYT(How Do You Think)와 창의성 척도 점수 간의 통계학적 상관은 +.73 정도로 매우 높은 것으로 밝혀졌다. 자아실현 척도에서 높은 점수를 얻은 거의 모든 개인은 또한 창의성에서도 높은 점수를 얻었다는 많은 연구들이 보고되고 있다(Lewis, Karnes, & Knight, 1995; Schatz & Buckmaster, 1984; Yonge, 1975). 〈표 8-1〉은 창의적인 사람과 자아 실현한 사람들 간의 관련성에 기초하여 자아를 실현한 사람들의 특징을 열거하고 있다(Maslow, 1970).

창의성은 정신적으로 건강한 자아실현(self-actualization)과 동일하지는 않다. 그러나 그것은 중요한 구성 요소다. 창의성을 생활양식, 살아가고 지각하는 방법으로 정의하면 할수록, 양자는 더욱더 일치한다. 창의성은 분명히 확산적 사고 검사 등에서 산출되는 진부한 아이디어와는 질적인 면에서나 양적인 면에서 구별된다. 이러한 자아 실현적 접근은 사람은 자아실현

〈표 8-1〉 Maslow의 자아실현자들의 15가지 특징

- 좀 더 정확하게, 객관적으로 현실을 지각한다. 미지의 것에 위협받지 않는다. 그리고 애매모호함에 대한 내성이 있으며 심지어 애매모호성을 좋아한다.
- 자발적이고, 자연스럽고, 진솔하다.
- 문제중심적이나, 자기중심적-이기적이지는 않다. 삶의 철학과 사명을 가지고 있다.
- 강하게 집중할 수 있다. 다른 사람들보다 좀 더 많은 사생활과 고독을 필요로 한다.
- 독립적이고, 자부심이 강하며, 자율적이다. 인기와 칭찬에 대해 요구가 적다.
- 단순하고 상식적인 경험에 감사하는 성향을 가지고 있다. 삶에 강한 열정을 보이고, 스트레스를 다루는 자기만의 능력을 가지고 있다.
- 사고가 풍요롭고 생기 있으며, '절정 경험' 즉, 강렬한 재미의 순간을 경험한다.
- 높은 유머 감각, 깊은 생각, 철학적이며 건설적인 경향이 있다.
- 비교적 강한 우정을 맺고 있는 사람들이 거의 없으나 더 큰 사랑을 베풀 수 있다.
- 자신뿐만 아니라 다른 사람들과 인간 본성을 수용한다.
- 개인적인(반드시 전통적인 것은 아닌) 방법에서 윤리의식과 도덕의식이 높다.
- 매사에 편견 없이 민주적이며, 모든 인류에 대해 깊은 형제애의 감정을 가진다.
- 목적 그 자체만큼 목적을 성취하는 과정을 즐긴다. 무엇보다도, 인내심이 강하다.
- 자신의 문화에서 분리될 수 있으며, 객관적으로 타문화를 비교할 수 있다. 관습을 받아들이기도 하고 때로는 관습을 버릴 수 있다.
- 삶에 대해 신선하고, 순진하고, 단순하며 직접적인 시각을 취한다. 대부분 일들을 창의적이고, 독창적으로 수행한다. 그러나 반드시 위대한 재능을 가진 것을 아니다.

과 창의성 내에서 성장하기—혹은 성장해야 하기— 때문에 창의성의 성장(growth)이론(Treffinger, Isaksen, & Firestien, 1982)이라고 한다. 창의성은 삶의 방식이며, 자아실현의 한 구성 요소가 된다는 주장(Rogers, 1962)과 창의성을 건강하고 자아실현적이며 전인적 인격을 갖춘 것과 동일한 것으로 간주하는 주장(Maslow, 1971)은 창의성 함양을 목적으로 하는 많은 사람들에게 시사하는 바가 크다고 할 수 있다. 전인교육을 목적으로 하는 학교 교육 상황에서, 교육적으로 이상적인 인물의 사례를 소개하고, 그 의미를 학생들에게 강조할 때, 반드시 앞서 언급한 정신적으로 건강하고, 자신의 노력을 통해 자아를 실현한 창의적인 인물들을 선정해야 할 것이다.

3) 기능적 고착

(1) 기능적 고착의 예

창의적인 문제해결과 관련하여 Maier(1970)는 이제는 고전이 되어 버린 유명한 연구를 통하여 문제 해결 상황에서 학습자가 직면하는 중대한 문제, 즉 '기능적 고착(Functional Fixedness)' 이라는 문제를 지적하고 있다. 천장 양쪽에 두 팔을 벌려서도 닿을 수 없는 끈이 매달려 있고, 바닥에는 스크루드라이버와 펜치가 놓여 있는 실험실에서, 두 줄을 묶으라는 지시를 받은 피험자의 반응을 관찰한 Maier는 대부분의 피험자들이 스크루드라이버와 펜치가 나사를 돌리고 물건을 자르거나 빼는 전통적으로 고착된 기능적 용도로만 사용되지 그 물건들을 양쪽 줄 끝에 매어서 추로 사용될 수 있다는 생각은 하지 못한다는 사실을 발견했다.

이러한 기능적 고착 현상은 전통적으로 교실 수업에서 교사가 문제를 제시하고 그 해결 방안을 가르칠 때 교사가 질문하는 유형에 크게 의존한다고 할 수 있다. 즉, 대부분의 수업에서 교사는 문제를 제시한 후 그 문제가 우선 어떤 형태의 문제인지를 질문하고, 그 형태에 따라 어떤 정형화된 접근법을 적용해야 하는 지를 질문하면서, 그 문제를 해결하는 여러 가지 잠재적인 방법을 제기할 기회도, 적용할 기회도 제공하지 않는다는 것이다.

예를 들어, 유클리드 기하학의 공리 문제는 잘 정의된(well-defined) 문제의 전형적인 예다. 집을 설계하거나, 교향곡을 작곡하거나, 설계 연구를 위한 연구 프로그램을 기획하는 일 등은 명백히 비정형적인(ill-defined) 문제로 볼 수 있다. 그러므로 설계하는 일은 그 일의 목표와 제공된 초기 조건들, 그리고 여러 가지 중간 과정들이 덜 구조화된 일종의 창의적인 문제를 해결하는 과정이라고 할 수 있다. 심리학적 관점에서 창의적인 일을 규명해 보면, 기능적 고착을 해소할 수 있는 돌파구를 찾을 수 있다. 즉, 문제의 유형에 근거하여 그 문제가 창의적인지 아닌지를 결정하는 경우를 생각해 볼 수 있다. 이런 상황에서, 그 문제가 창의적인 문제라고 결정한 경우,

그 문제를 해결하는 방안을 정형화하여 제시함으로써 창의적인 문제를 비창의적인 방법으로 해결하는 모순에 빠지게 된다. 이런 상황이 바로 기능적 고착의 예를 극명하게 보여 주는 경우라 할 수 있다. 그런데 입시위주와 문제 풀이 방식 위주의 대부분의 학교 교육에서 이러한 현상은 비일비재하게 볼 수 있다.

(2) 기능적 고착 해소 방안

기능적 고착 문제를 해소하기 위해서는 문제를 유형별로 분류하여 그에 적합한 방안을 제안하는 방식이 아니라, 그 문제를 바라보는 방법(way of looking at)을 창의적으로 바꾸어 보는 것이 필요하다. 이런 경우, 어떤 문제라도 창의적인 문제로 바라볼 수 있다. 예를 들면, 유클리드 기하학에서 공리를 증명해야 하는 경우를 가정해 보자. 거기에는 아주 정형화된 체계 내에서 반드시 지켜야 할 전통적인 규약이 있다. 그러나 그 문제를 정형적 체계로만 취급해야 한다는 어떤 절대적인 법칙은 없다. 예를 들어, 그 문제를 '창의성을 허용하는 것(allowing creativity)'으로 바라본다면, 기존의 핵심 법칙들을 바꾸어야 할 것이다. 이런 방식으로 공리를 증명하기 위해서는, 그 역의 경우를 생각해 보고 그렇게 한 결과가 얼마나 모순적인지를 경험하게 될 것이다. 그렇게 하다 보면 결국은 Rieman 기하학에 도달하게 된다. 이 경우, 물론 문제의 목적은 명세화되어 있지 않다. 처음에는, 특정 공리를 증명하는 것이 목적처럼 보일지 모르지만, 이제는 무언가 흥미로운 것을 발견하는 것이 목적으로 바뀌어 버렸다.

역설적으로, 전형적인 창의적 문제로 간주되는 이를테면, 집을 설계하는 일은 다음의 경우에는 아주 창의적이지 못한 일이 되어 버린다. 즉, 고객에게 질문지를 주고 집을 짓는 데 필요한 사항이라 여겨지는 것들을 제안하도록 하고, 그 질문지 결과에 따라 결정되는 몇 가지 기본 구조와 변형안을 갖고 그에 따라 집을 설계하는 경우다. 우리가 과학·기술적인 진보라 일컫는 대부분 것들은 비정형적인 창의적인 문제를 동일한 목적 달성을 위해 보다 잘 구조화된 절차들로—창의성이 요구되지 않은—만드는 과정이라 볼 수 있다.

우리의 교육 상황에서 강조해 온 뛰어난 문제해결자란 창의적인 문제를 창의적으로 접근하는 사람이 아니라, 창의적인 문제를 비창의적인 정형화된 절차에 따라 기계적으로 접근하는 사람을 의미해 왔다. 그러나 여기서 강조하는 창의적인 문제해결자는 해결해야 할 문제의 목표와 초기 기본 조건, 그리고 여러 가지 중간 과정 등에 있어 덜 정형화된 것들이 많이 있는 것처럼 그 문제를 바라보고, 그에 따라 다양한 접근을 시도해 보는 사람을 의미한다.

4) 언어적 창의성

(1) 언어적 창의성의 종류

창의성에 관한 여러 연구의 최근 입장은 창의성이 발휘되는 구체적인 분야와 영역을 중요시하는데, 특정 영역에서의 구체적인 창의성의 문제에 관한 연구는 역사적으로 유명한 2,400명의 창의적인 인물들 중 17%만이 2개 이상의 영역에서 창의성을 보였고, 아주 다른 영역에서도 창의적인 성취를 보인 사람은 2%에 불과하였다는 결과가 보고되었다. 이는 창의성이 상당한 정도로 영역별로 특정 영역별로 세분화되어 있음을 말해 주고 있다. 그러나 현재까지 우리나라에서 이루어진 창의성에 관한 많은 연구들은 일반적인 창의성을 주제로 하였으며, 특정 영역의 창의성을 다룬 경우는 미흡하다.

언어적 창의성은 언어 영역에 나타나는 창의성을 의미한다. Malagdy와 Barcher(1979)는 언어적 창의성의 구성요소를 생산성(productivity; 유창성), 신기성(novelty; 독창성), 융통성(flexibility), 비유적 언어의 사용(figurative language usage)으로 구분하여, 38명의 고등학교 2학년 학생들이 쓴 에세이를 66명의 교사들에게 제시하여 에세이의 창의성을 판단하도록 하였다.

신기성은 아이디어의 독특성을 말하는 것으로 독창성과 유사하다고 할 수 있다. 생산성은 유창성과 유사 개념으로 작문에 나타난 단어의 숫자를 말한다. 총 단어의 수는 아이디어의 수(r=.90, p<.001)와 관련이 있으므로 총 단어의 수(예: 아는 것이 힘이다−3개)를 유창성의 지표로 간주할 수 있다.

융통성은 어휘의 다양성을 말하는 것으로 작문에 나타난 상이한 단어의 수를 총 단어수로 나눈 것을 말한다. 그러나 상이한 단어의 수를 총 단어의 수로 나누어 융통성을 측정할 경우, 총 단어의 수가 적은 경우가 훨씬 유리할 수 있다. 이러한 문제점을 극복하기 위하여 언어적 창의성을 측정할 때 다음의 융통성 측정 공식을 이용할 수 있다($\frac{\text{상이한 단어수}}{2 * \text{단어수}}$).

비유적 언어의 사용은 다른 영역의 창의성과는 구별되는 것으로 심리언어학 연구 결과 언어적 창의성 요소에 첨가된 것이다. 비유란 사물의 의미가 다르게 전이되는 것을 말하는데, 극단적으로 '시는 비유다' 라고 말하기도 한다. 비유가 성립하려면 전달하려는 어떤 내용(topic)을 직접적으로 설명하지 않고 전혀 다른 친숙한 내용(vehicle)을 빌어 두 사물 사이에 납득할 만한 동일성 내지 유사성을 찾아내야 한다. 비유에는 직유, 은유, 대유, 풍유, 의인 등이 있고, 대유에는 환유와 제유가 있다.

(2) 직유와 은유

대표적인 직유와 은유를 살펴보면, 첫째, 직유는 비유의 가장 초보적인 단계로 하나의 사물을 다른 사물과 직접 비교하는 것인데 표현하고자 하는 대상 A를 다른 대상인 B를 끌어들여 직접 연결시킨다. 직유는 두 대상의 유사성을 토대로 하여 직접 연결되기 때문에 보통, ~처럼, ~마냥, ~같이, ~하듯, ~인양 등의 조사로 결합된다. 둘째, 은유의 구조는 직유처럼 ~마냥, ~같이, ~하듯 등의 조사가 생략되고 원관념과 보조관념의 직접 비유를 말한다. 그래서 은유는 일반적으로 'A는 B다' 의 형식을 취한다.

이처럼 언어적 창의성을 작문을 통해 측정할 수 있다는 연구는 역으로 생각해 보면, 학습자의 언어적 창의성을 신장시키기 위해서는 언어적 창의성의 하위 척도들을 신장시킬 수 있는 교수 · 학습방법을 개발하여 적용해야 함을 시사한다. Brainstorming 기법이나 Synectics 기법은 (언어적) 창의성을 훈련시킬 수 있는 대표적인 기법들이며, 이러한 기법들을 적용함으로써 학습자들의 언어적 창의성은 신장될 수 있다.

5) 시넥틱스 교수법

Gordon(1961)은 시넥틱스(Synectics)라는 창의적 문제해결법을 고안했는데, 원래 산업체에서 새롭고 보다 수준 높은 상품을 개발하기 위한 전략으로 사용되었던 시넥틱스 접근방법이 최근에 들어서는 교육 분야에서 많은 관심을 끌고 있다.

(1) 시넥틱스의 개요

'Synectics' 는 '서로 관련이 없는 요소들 간의 결합' 을 의미하는 희랍어의 'syneticos' 에서 나온 말이다. 이것은 '별개의 요소들을 함께 맞추어 넣는다' '서로 다른 것을 함께 이해한다' '명백하게 상이한 것들을 하나로 합쳐서 생각한다' 라는 의미로 '함께 이해하는' 과정을 통해서 새로운 통찰을 창조해내는 창의력을 키우는 교수방법이다.

Gordon(1961)은 창의성에 대한 전통적 시각에 도전하는 네 가지 아이디어에서 시넥틱스의 근거를 찾았다. 첫째, 창의성은 일상생활에서 중요하다. 창의성은 우리들의 일상생활과 여가 활동의 중요한 일부가 되어야 하며 아이디어가 지니고 있는 의미들은 우리가 사물을 보다 풍부하게 볼 수 있도록 도와주는 창의적 활동을 통하여 향상될 수 있다. 둘째, 창의적 과정은 결코 신비로운 것이 아니다. 이 과정은 설명될 수 있으며 창의력을 증진시키기 위하여 사람들을 직접 훈련시킬 수 있다. 셋째, 창의적 발명은 예술, 과학, 공학 분야 등 모든 분야에 있어서 유사하여 지적인 과정의 이면에 숨은 특성을 가지고 있다. 넷째, 개인과 집단의 창의적 사고는 매우 유사하다(Joyce & Weil, 2000, pp. 221-222).

Gordon은 또한 인간의 하의식 세계에 잠재된 창의적 과정을 의식화시킴으로서 창의적 능력을 증대시킬 수 있다고 믿었다. 즉, 시네틱스란 인간의 전의식적, 하의식적 심리적 기제를 의식적으로 사용하는 운용적 이론이라고 표현하였다. 또한 Gordon은 창의력이란 어떤 새로운 지적 형태를 창출하는 것으로서, 이 과정에는 지적인 요소보다는 정적인 요소, 합리적인 요소보다는 오히려 비합리적인 요소가 더 중요하다고 하였다. 정적인 그리고 비합리적인 상태에서 오히려 새로운 아디이어의 탐구와 확장이 가능하다고 보았다(이성호, 1999).

Gordon은 사고를 서로 다르면서 어떠한 인습적인 관계가 없는 요소들을 함께 연결짓는 연계의 과정으로 보고, 그것을 이룩하는 심리적 상태를 다음의 네 단계로 보았다. 첫째는 탈리(detachment)의 과정으로서, 문제를 그 상황에서 딱 떼어 놓고 좀 더 멀리 서서 통찰하는 행위다. 둘째는 거치(deferment)의 과정으로서 처음에 얻은 해결책에 일시적인 저항을 느끼면서, 잠시 두고 보는 마음의 상태다. 그리고 셋째는 성찰(speculation)의 과정인 바, 이는 해결책을 찾기 위하여 마음을 자유롭게 하는 것, 즉 심리적인 자유를 얻는 과정이다. 마지막의 과정은 자율(autonomy of the object)의 과정인 바, 여기에 이르게 되면 해결책이 구체화되는 것으로 보았다(이성호, 1999). 그리고 이러한 심리적 상태를 성취해 가는 방법으로서 Gordon은 여러 가지 비유의 방법을 생각하였다. 비유는 한마디로 사물, 현상, 사건 등의 유사, 비교 등의 관계지음을 나타내는 것인데, 비유의 활용은 정서적이고 비합리적인 요소를 이해하게 하여 창의력이 의식화가 되게 한다. 즉, 비유를 통해서 학습자들은 특정 사물과의 개념적 거리를 느끼고 깨닫게 된다.

이상에서 살펴본 것과 같이, 시넥틱스에서는 비유를 통해 창의성을 성취하기 위한 적절한 심리적 상태에 이르게 하며, 상이하고 무관해 보이는 요소들의 결합을 통해 창의적인 문제해결에 이르게 한다. 처음 제시된 문제는 비유 활동을 통해 여러 가지 방법으로 재진술되고, 이러한 과정을 거치는 동안 낯선 것을 의도적으로 함께 두고 강제로 결합시키기 때문에 학습자들이 창의적으로 사고할 수 있도록 돕는다. 비유는 얼른 보면 해결하려는 문제에 전혀 적용될 것 같이 보이지 않는 재료를 사용할 수 있게 해 주어 개인은 소위 '상상의 유람 여행'을 하게 되며 그러한 여행의 결과로 친숙한 문제를 새롭게 보게 되고 새로운 것을 친숙한 것으로 대치해 보는 과정을 거쳐 창의적 해결책을 얻게 된다.

(2) 시넥틱스 기반의 비유

다음은 시넥틱스의 기반으로 사용되고 있는 3가지 비유—인적 비유, 직접 비유, 상징적 비유—에 대한 설명이다. 첫째, 직접 비유는 두 가지 대상, 아이디어, 현상, 개념 사이를 직접 비교하는 것이다. 단순히 하나의 아이디어나 문제에 대한 새로운 시각을 제시하기 위하여 실제적인 주제나 문제 상황을 다른 상황에 전치(轉置)시키는 것이다. 이와 같은 활동은 어떤 사물이나 아이디어를 한 개인, 식물, 동물 또는 무생물 등에 대해 동일시하는 것을 수반한다. 비유를 연습함으로써 학습자들은 자신들의 사고를 확장시킬 수 있게 된다. 지력이 덜 발달되어 있는 경우에는 두 가지를 놓고 비교해서 가장 두드러진, 가장 뚜렷하게 드러난 성질을 내세우게 되어 꽤 명확한 비유를 보이나 연습을 통해 지력이 생기면 생소한 대상과도 비유를 하는 능력이 확장된다.

직접 비유의 예를 들면, '개미탑과 같은 교실' '청룡열차와 같은 10대들의 혼란' '복잡한 버스 같은 수학' '수박 조각 같은 여름날' '숙제 같은 개미탑' '연결관 같은 우리 몸의 혈관' '오렌지는 살아 있는 것 중에 무엇과 비슷한가?' '학교는 샐러드와 어떻게 비슷한가?' '북극곰은 얼어 있는 요구르트와 어떻게 비슷한가?' '어느 것이 더 부드럽지–속삭임이니? 아니면 새끼고양이의 털이니?' 등과 같은 것이다.

둘째, 의인화라 불리는 인적 비유는 어떠한 사고나 사물, 학습자들이 풀어야 할 문제의 부분 또는 탐험할 이미지로 학습자들의 감정을 이입시키는 것이다. 학습자들은 자신이 물리적으로 어떠한 것의 한 부분이 되었다고 느껴야 한다. 그러한 동일시는 사람, 식물, 동물 또는 무생물체에게도 가능하다. 인적 비유는 한 개체로서의 자신을 잃고 다른 개체나 사물로 자신을 바꾸는 것을 필요로 한다. 단순한 인지를 넘어서 대상에 대해 감정을 이입하여 감정적 이해를 경험할 수 있도록 하는 것이다. 즉, 학습자들은 대상이나 아이디어 속에 자신의 의식을 투영시키는 것이다. 자신을 잃어버림으로 해서 개념적 거리가 커지면 커질수록 비유는 더 새롭고 학습자들은 창의적이 되기 쉽다. 비유의 사용은 개념적 거리의 형성과 비례하며 그 거리가 멀면 멀수록 학습자들은 새로운 사고를 해 나가는 데 점점 더 가까워진다.

이러한 인적 비유를 사용하는 것은 학습자로 하여금 단순히 인지적인 것만을 배우도록 하는 것이 아니라 그 학습 대상에 대한 정서적 이해를 경험하도록 하는 것이다. 바꾸어 말하면, 머리로만 공부를 하는 것이 아니라 가슴으로 함께 느끼도록 만든다는 데 목적이 있다(이성호, 1999).

Gordon은 인적 비유의 4가지 수준을 제시하였다. 처음에는 잘 알려진 사실들에 대해서 열거는 하지만 사물이나 동물을 새로운 방식으로 보지 못하고 감정이입도 전혀 하지 않다가, 공통적인 감정에 대해 이야기는 하지만 새로운 통찰력은 나타내지 못하는 수준이 되고, 감정적으로 또는 감각적으로 비유의 대상을 자신과 동일시하는 수준을 거쳐, 자신을 무생물체라고 가정하고 공감하는 자세로 문제를 파악하는 수준에 이르게 된다.

인적 비유의 예를 들면, "지퍼는 어떻게 느낄까?" "만약 당신이 산성비에 의해 공격받고 있다면 당신은 어떤 기분일까?" "재봉틀은 언제 마음을 졸일까?" "장미가 되는 것은 어떤가?" "만약 당신이 중력을 무시한다면?" "구름이 되어 봐. 지금 어디에 있니? 무얼 하고 있니?" "해가 나와서 너의 몸을 바싹 마르게 한다면 너는 어떻게 느끼겠니?" "네 자신이 네가 가장 좋아하는 책이라고 생각해 봐. 이제 네 자신을 한번 설명해 보렴." "네 세 가지 소망은 뭐니?" 등과 같은 것이다.

셋째, 상징적 비유 또는 압축된 갈등/모순, 상반일치는 창조된 직관으로 나타나는 것이 아니라 모순되게 나타나는 묘사를 뜻한다. 두 개의 서로 모순되어 보이는 또는 반대되는 단어를 갖고서 어떤 현상을 기술하도록 하는 것이다. 이것은 정반대의 것은 통찰을 제공하며 관찰자로 하여금 두 가지 참조틀로부터 대상을 지각하게 한다는 가정에서 나온 기법이다. 일반적으로 한 사물에 대해 서로 반대되거나 대조적인 뜻을 가지는 두 단어를 가지고 설명하는데 그러한 모순어법을 통해 친숙한 사고를 버림으로써 새로운 아이디어를 얻게 된다. Gordon에 의하면 상징적 비유는 새로운 주제를 보는 통찰력을 확대시키고, 참조 체제 간의 거리가 멀면 멀수록 정신적 융통성을 증가시킨다.

상징적 비유의 예를 들면, 'alone together' 'intimate strangers' 'cruel kindness' 'thunderous silence' 'deliberate speed' 'open secret' 'safe attack' 'life-saving destroyer' 'nourishing flame' '친절과 잔인이 얼마나 친숙한가?' '언제 침묵이 귀를 멍하게 하는가?' '품위 있고 불친절하게가 어떻게 관계가 있는가?' '컴퓨터는 어떻게 부끄러워하고 공격적이 되는가?' '어떤 기계가 미소 짓는 것 같고 또 눈살을 찌푸리는 것 같아?' 등과 같은 것이다.

Gordon(1961)은 위와 같은 비유적 사고를 활용한 창의적 발견의 예를 다음과 같이 몇 가지 제시한다. Wright 형제가 독수리의 비행 모습을 비행기 조정 장치에 응용한 점, Laplace가 인체의 자기회복 과정을 계속적으로 원상복귀 되는 태양계의 상태를 설명하는 데 응용한 점, Brunel이 좀벌레의 운동을 수중 공사의 잠수함에 적용한 점, Bell이 내귀의 기능을 전화 수화기에 적용한 점, 그리고 Pasteur가 공수병에 관한 연구에 '안전 공격'의 비유를 사용한 점이다.

이처럼, 시넥틱스는 특정한 주제나 논점에 대한 이해를 높이고, 문제를 분석하고 여러 가지 다른 관점을 형성하는 것을 돕기 위해 비유를 주요 요소로 사용한다. 시넥틱스에 있어서 처음 제시된 문제는 비유 활동을 통해 여러 가지 방법으로 재진술되고 고찰되며, 이 과정을 통해 상상이나 창의적 사고가 확장된다.

시넥틱스의 성공의 열쇠는 학습자들이 다른 방법으로 결코 연결 지을 수 없는 아이디어들 간의 관계를 생각해 보게 하는 데 있다. 이 방법은 모든 연령의 학습자에게 활용할 수 있고 창의적 사고, 작문을 가르치는 데 특히 효과적이다(Joyce & Weil, 2000). 또한, 학습자들이 상상력을 동원해서 특이하고 실질적인 문제 전략을 이끌어 내는 데 유용하며 학습자들은 이 방법을 통해 문제를 해결하는 데 필요한 주요 전략을 배울 수 있다.

4. 비유 활용 수업설계 방안

일반적으로 비유는 모든 유형의 지식을 가르치는 데 활용될 수 있기 때문에 이 절에서는 비유를 수업에 어떻게 활용할 것인지에 관한 구체적인 수업설계 방안을 제안한다.

수업설계에서 비유를 활용하기 위한 절차
1. 비유를 선정하라.
2. 비유를 강조하라.
3. 맥락이 확립되도록 보장하라.
4. 적합하다면, 전달수단이나 논제를 위한 심상 정보를 제공하라.
5. 논제와 전달수단 간의 유사성/차이점을 강조하라.
6. 유사성/차별성을 연습할 기회를 제공하라.

1) 비유를 선정하라

선정된 수업내용이 적합한 비유를 포함하고 있다면 절차에 있어서 첫 번째 단계는 쉽게 이루어진다. 교재에 포함된 비유는 적합할 수도 그렇지 않을 수도 있다. 교재가 비유를 포함하고 있지 않다면, 또는 비유가 부적합한 것으로 판단된다면, 설계자는 적합한 비유를 개발해야 한다. 이 과정에서 다양한 교양 서적과 전문 서적 등을 통하여 폭넓은 정보를 참고해야 할 것이다.

양질의 비유를 판단하고 선정하는 데 논제(topic)와 전달수단(vehicle) 간의 적합성을 고려해야 한다. 이것은 각각의 속성 간의 유사성과 관련성의 유사성의 질과 수에 달려 있다. 일반적으로, 관계적 유사성(relational similarities)과 속성적 유사성(attributional similarities)이 많을수록 양자 간의 의미를 해석하는 일이 용이하기 때문에 수업의 질은 크게 향상될 것이다. 이것이 일반적으로 참인 반면, 한 가지 또는 소수의 공유된 유사성(shared similarities)은 좋은 유추를 만들 수 있다. 예를 들어, "전지는 저장소이다."라는 예를 생각해 보자. 전형적으로, 속성에 있어 차이는 크기, 형상, 색상 그리고 물질 등이 포함된다. 위의 비유가 좋은 이유는 비교 대상 두 가지 모두가 에너지를 저장하고, 그 에너지는 전력으로 제공될 수 있다는 공유된 유사성 때문이다.

공유된 유사성은 학생들이 전달수단(vehicle)을 숙지하고 있는 정도를 의미하는 친숙성(familiarity)의 기준에 비추어서도 중요하다. 논제(topic)의 심상(imagery) 또한 비유의 질을 결정하는 또 하나의 중요한 기준이 된다.

비유의 질을 결정하는 또 다른 기준은 신기성(novelty)이다. 그러나 신기성, 친숙성, 그리고 적합성간의 상승효과는 매우 희박하다. 즉, 매우 신기한 비유는 적합성을 희생시킬 수 있고, 전달수단과 논제가 매우 밀접한 적합성을 가진 비유는 거의 신기성이 없으며, 따라서 실제적으로 '흥미를 유발하는 효과'가 없다. 뿐만 아니라, 신기성이 높은 비유는 대체로 시각화하는 것이 어렵다.

	전달수단 이름	논제 이름
유사속성		
관련성		
차별속성		
관련성		

위에 제시된 것과 유사한 프레임은 매우 유용하게 활용될 수 있다. 속성과 관련성을 고려하여 유사성과 차별성을 열거하게 되면, 적합한 비유를 선정할 수 있을 뿐만 아니라 그 비유의 교수·학습적 잠재성 또한 쉽게 평가할 수 있다. 만약 너무 큰 차별성이 있을 경우, 다른 비유를 선정해야 한다.

2) 비유를 강조하라

일단 교수·학습을 위해 비유가 선정되면, 수업 중에 특별히 강조되어야 한다. 교수·학습상황에서 상대적으로 많은 양의 정보를 전달하는 데 활용되는 비유, 즉 핵심 비유는 매우 중요하기 때문에, 우선 모든 학생이 전달수단(vehicle)의 속성에 대해 완전한 이해를 하도록 노력을 기울여야 한다. 이는 새롭게 배워야 할 내용인 논제(topic)를 이해하는 데 선행요건이 되기 때문이다.

일반적으로 선행학습 정도가 부족하거나 수업의 내용을 이해하지 못하는 학생의 경우, 제시되는 비유를 글자 그대로 해석하려는 경우가 많이 있다. 따라서 그런 경우, 비유를 비유적으로 해석하도록 주의를 환기시킬 필요가 있다.

3) 맥락이 확립되도록 보장하라

비유를 해석하는 데 있어, 전달수단(vehicle)에 관한 배경 지식이 부족할 때 맥락이 매우 중요한 역할을 한다는 연구 결과가 많이 있다. 수업 중에 아무런 맥락 없이 비유만을 활용하는 일은 드물겠지만, 어떤 경우에는 맥락이 매우 중요한 역할을 하기 때문에 수업 중에 꼭 맥락을 제시하도록 주의해야할 것이다.

4) 심상 정보를 제공하라

비유가 구체적인 내용을 포함하고 있을 경우, 더욱 쉽게 이해된다는 연구 결과에 근거해서, 가능하면 비유의 내용을 포함하는 심상 정보(imagery)를 제시하는 것이 권장된다. 특히 전달 수단(vehicle)이 풍부한 이미지를 담고 있을 경우, 반드시 비유의 내용을 심상화해 보도록 요구하는 지시를 해야 한다. 예를 들어, “여러분의 마음속에 이러한 그림을 그려 보세요.”와 같은 지시를 하는 것이다. 그렇지 않으면 심상을 통해 별다른 이익을 얻지 못하게 될 학생들이 많이 있을 것이다.

5) 유사성/차이점을 강조하라

비유는 학생이 이미 알고 있는 내용이나 사건 또는 절차와의 유사성을 이용하여 새로운 정보를 제시하고 있기 때문에, 교사는 수업 중에 비유에 사용된 이미 알고 있는 것(전달수단)과 알아야 할 것(논제) 간의 유사성과 차이점을 강조해야 한다. 이러한 유사점과 차이점이 강조되지 않게 되면, 학생이 지니고 있는 오개념은 계속해서 남아 있게 되거나 심지어 더욱 발전될 수 있다. 유추의 과대확장이라는 이러한 오개념은 고차적 수업에서 많이 발견된다. 이러한 과다확장을 방지하기 위하여 교사들은 전달수단과 논제간의 유사성과 차이점을 구별해서 강조해야 한다.

단계 1에서 제시한 그림을 이용해서 교사는 수업 중에 유사성과 차별성을 강조하기 위하여 학생과 함께 빈칸에 들어갈 내용을 탐구할 수 있다. 다음 그림은 “전류와 저항의 관계는 개울물과 개울물 속의 돌맹이와 같다.”

영역	관련성	논제(topic)	전달수단(vehicle)	비유의 질			
		전류와 저항	개울물과 개울물 속의 돌멩이	적합성	친숙성	심상성	신기성
물리	유사 속성 관련성	• 전류는 전하가 연속적으로 이동하는 현상이며 도체에 전류가 흐르는 것을 방해하는 작용	• 개울물이 물이 연속적으로 이동하는 곳이라면 개울물 속의 돌멩이는 물의 흐름을 방해하는 요소가 됨	10	10	10	8
		• 전류를 흐르게 하는 원동력이 되는 전원의 능력, 기전력이 있음	• 물을 흐르게 하는 원동력이 되는 에너지가 있음				
		• 흐르는 전류는 에너지를 가짐	• 흐르는 개울물은 에너지를 가짐				
	차별속성 관련성	• 저항이 많을수록 전류의 세기가 약해짐	• 개울물 속의 돌맹이가 많을수록 개울물 속도가 느려지는 것은 아님				

라는 비유를 활용하기 위해 단계 1의 그림을 활용하여 완성한 경우다.

6) 시연을 위한 기회를 제공하라

위에서 제시한 그림들을 완성하기 위해서 교사는 학생과 함께 탐구하고, 그 결과 완성된 그림을 학생이 이해하고 활용할 수 있도록 충분한 연습의 기회를 제공하는 일이 필요하다. 다른 대부분의 인지전략과 마찬가지로, 수업 중에는 비유와 함께 다른 전략들도 함께 활용된다. 대부분의 유용한 비유는 구체적인 전달수단과 논제를 포함하고 있기 때문에, 교사는 양자 간의 심상을 맺는 일은 학생이 알아서 해야 할 일이라고 생각하기 쉽다. 그러나 수업 중에 비유가 중요한 역할을 하는 경우는 반드시 심상을 활용하여 내용의 이해를 높이도록 해야 한다. 아래 그림은 비유 수업에 직접 활용할 수 있는 도식을 제시하고 있다.

주제 / 비유	논제	전달 수단	맥락	전달 내용	학생 느낌
미네르바의 올빼미는 해질녘에 난다.					
인체의 혈관은 배관시스템과 같다.					
수업설계는 역류를 타는 것과 같다.					

• 유사성/차별성 연습 예시

주제 / 비유	논제	전달 수단	맥락	전달내용	학생느낌
산성비는 환자의 기침이다.	산성비	환자의 기침	• 환자의 기침은 나쁜 성분을 많이 포함한 것이다. 이로 인해 다른 사람들을 전염시킬 수도 있다. • 환자의 기침으로 인한 피해를 줄이기 위해 어떤 노력이 필요하다.	• 산성비는 산성을 띠는 비로, 산성비의 원인은 석유와 같은 화석연료, 자동차들의 매연에 들어있는 황과 질소 산화물이다. • 산성비로 인한 피해로는 식물이 병들어 잘 자라지 못하게 되며, 호수와 강의 물고기가 죽는다는 것이다. 또한 금속이나 대리석으로 만들어진 문화재나 건축물이 부식된다. 또한 사람이 맞으면 가려움증과 피부병, 머리카락이 빠지는 증상이 나타나게 된다. • 산성비에 의한 피해를 줄이는 방법으로는 대중교통 수단을 이용하거나 새로운 대체 에너지를 만드는 것이다.	• 산성비는 환자의 기침처럼 나쁜 성분을 가지고 있다는 것과 환자가 기침을 멈추기 위해 노력해야 하는 것처럼 산성비도 그 피해를 줄이기 위해 노력해야 하는 것을 알았다. • 산성비는 환자의 기침이라고 표현한 것이 너무 재미있고 기발하다.

기출문제(초등)

1. 문제중심학습(problem-based learning)의 특성을 가장 적합하게 설명한 것은?
   ① 준거지향평가를 강조한다.
   ② 단답형 문제 중심으로 학습한다.
   ③ 실제 상황과 관련된 문제로 학습활동을 수행한다.
   ④ 행동주의와 인지주의 학습이론을 중심으로 교육한다.

2. 다음과 같은 활동은 어떤 협동학습의 방법인가?

> 유 교사는 반 전체 학생을, 6명씩 7개의 모둠으로 구성하였다. 그리고 학습주제를 6개로 분류하여 각 모둠원이 하나의 주제를 선택하도록 하였다. 각 모둠 내에서 동일 주제를 선택한 학생들끼리 새로운 모둠을 구성하여 해당 주제를 협동하면서 학습하였다. 해당 주제를 학습한 후 각자 최초의 자기 모둠으로 다시 모여 자신이 학습한 내용을 서로 돌아가면서 가르쳐 주었다.

   ① 직소방법(jigsaw method)
   ② 집단탐구(group investigation)
   ③ 협동을 위한 협동학습(co-op co-op 모형)
   ④ 토너먼트 게임형(teams-games tournaments model)

3. 〈보기〉에 제시된 특성을 가장 잘 나타내고 있는 수업 방법은?

> 〈 보기 〉
> • 학습자간 경쟁 심리를 자극
> • 흥미를 유발할 수 있는 실제적 환경의 제공
> • 개별 학습과 소집단 학습에 모두 적용 가능

   ① 게임　　　　　② 탐구 수업
   ③ 역할 놀이　　　④ 시뮬레이션

4. 케롤(Carroll)의 학교학습모형은 〈보기〉에 제시한 다섯 개의 요소를 사용하여 학습의 정도를 학습에 필요한 시간과 학습에 소비한 시간의 함수로 표현한다. 학습에 소비한 시간으로 분류된 요소로 묶인 것은?

〈 보기 〉

가. 적성　　　　나. 수업의 질　　　　다. 수업이해력
라. 학습지속력　　　　마. 학습기회

① 가, 다　　　　② 나, 라
③ 다, 마　　　　④ 라, 마

5. 슬라빈(Slavin)은 협동학습 시 집단구성원 간의 긍정적 상호의존성을 높여 무임승차를 줄일 수 있는 보상 방식을 제시하였다. 협동학습을 실시한 수업에서 A조의 성적이 다음과 같을 때, 슬라빈이 제시한 방식에 따라 A조에 대한 보상 여부를 결정한다면 다음 중 어느 방법이 가장 적합한가?

시험시기 학생	4주	5주	6주	7주
갑	45	50	50	55
을	95	95	95	100
병	90	90	90	95
정	30	30	40	45
A조 평균				74
학급 평균				60

① 90점을 넘긴 두 학생에게만 보상한다.
② 학급 평균 이하인 학생이 50%이므로 모두에게 보상하지 않는다.
③ 모든 학습자가 이전 주에 비해 성적이 향상되어 모두에게 보상한다.
④ A조의 평균이 교사가 기대하는 80점을 넘지 못하여 모두이게 보상하지 않는다.

6. 〈보기〉와 관련된 수업방식은?

〈 보기 〉

- 헤르바르트(Herbart)에 의해 체계화되었다.
- 준비, 제시, 결합, 체계화, 적용과 같이 다섯 단계로 진행된다.
- 짧은 시간에 다양한 지식과 내용을 학습한다.

① 강의법　　　　② 구안법
③ 토의법　　　　④ 도제교수법

7. 다음과 같은 교수 · 학습 절차가 적용되는 교수 · 학습 모형은?

> • 사전 진단검사를 통해 능력수준이 각기 다른 학생들을 4~5명씩으로 하여 팀을 구성한다.
> • 각자의 수준에 맞는 학습과제를 교사의 도움 아래 개별적으로 학습한다.
> • 단원평가 문제를 각자 풀게 한 후, 팀 구성원들을 두 명씩 짝지어 교환채점을 하게 한다.
> • 일정 성취수준에 도달하면, 그 단원의 최종적인 개별시험을 보게 한다.
> • 개별점수를 합하여 각 팀의 점수를 산출한다.
> • 미리 설정해 놓은 팀 점수를 초과한 팀에게 보상을 한다.

① 직소(Jigsaw) 모형
② 함께 학습하기(LT) 모형
③ 팀 보조 개별학습(TAI) 모형
④ 토너먼트 게임식 팀 학습(TGT) 모형

8. 두 명의 학생이 짝을 지어 정해진 순서에 따라 교대로 자료를 요약하고 그 내용을 서로 점검 · 논평해 주는 교수 · 학습방법은?
① 팀성취분담법(STAD)
② 팀게임토너먼트(TGT)
③ 지그소(JIGSAW)
④ 각본협동(Scripted Cooperation)

9. 권 교사는 '빨간 사과'라는 단어를 학생들에게 더 잘 기억시키기 위해 "화난 사람이 얼굴을 붉히며 빨간 사과를 집어 던졌다."는 문장을 제시했다. 권 교사가 사용한 인지전략은?

① 정교화	② 자기조절
③ 시연효과	④ 부호화 특수성

10. 〈보기〉의 내용과 가장 가까운 교수 · 학습 모형은?

> 〈 보기 〉
> • 읽기 능력이 낮은 학생들에게 효과적인 방법이다.
> • 문제를 해결하기 위하여 학생들 간 협력을 필요로 한다.
> • 실제 상황과 관련한 흥미로운 문제 해결이 중심이 된다.
> • 실제 상황을 모사한 영상매체의 이야기를 통해 수학문제를 제시한다.

① 정착 수업(anchored instruction)
② 위계 학습(hierarchical learning)
③ 디자인 중심 학습(learning by design)
④ 프로그램 학습(programmed learning)

11. 〈보기〉의 개념들이 공통적으로 강조하는 것으로 가장 적절한 것은?

〈 보기 〉
- 부잔(T. Buzan)의 마인드맵(mind map)
- 파이비오(A. Paivio)의 이중 부호화(dual coding)

① 인지적 갈등 유발　② 수렴적 사고의 형성
③ 선수지식의 활성화　④ 정보의 시각적 표현

12. 박 교사는 대도시의 교통 흐름에 대한 이해를 돕기 위하여 반 학생들에게 강과 하천의 흐름에 관한 영상을 보여 주며 설명하였다. 박 교사가 활용한 수업방법과 관련된 개념은?
① 유추(analogy)
② 시연(rehearsal)
③ 자기 설명(self-explanation)
④ 순행 간섭(proactive inhibition)

13. 인지적 도제(cognitive apprenticeship) 수업에서 활용되는 수업 전략과 가장 거리가 먼 것은?
① 해독(decoding)　② 코칭(coaching)
③ 시범(modeling)　④ 점진적 도움 중지(fading)

14. 배로우즈(H. Barrows)의 문제중심학습 방법에 대한 설명으로 가장 적절한 것은?
① 추상적이며 구조화된 문제에서 출발한다.
② 협력적 방식으로 이루어지므로 개별학습의 기회가 없다.
③ 학생들은 가설-연역적 방법을 활용하여 문제를 해결한다.
④ 행동주의의 영향을 받아 1990년대 이후 대두된 학습방법이다.

15. 렌줄리(J. S. Renzulli)의 심화학습 모형에 대한 〈보기〉의 설명 중 옳은 것을 고르면?

〈 보기 〉

가. 처음에는 영재 학생들을 위해 제안된 수업모형이었으나, 일반 학생들을 포함한 학교 전체 심화학습 모형으로 발전하였다.

나. 이 모형에 근거한 최초의 프로그램은 중등학교 학생들을 대상으로 개발되었다.

다. 수업의 전개는 일반적 탐색활동 → 집단 훈련활동 → 개인과 소집단의 실제 문제 탐구활동의 3단계로 이루어진다.

라. 개인과 소집단의 실제문제 탐구활동은 영재 수준의 학생들보다 보통 수준의 학생들에게 더 적합하다.

① 가, 나 ② 가, 다 ③ 나, 라 ④ 다, 라

16. 교사의 수업 전문성 향상을 목적으로 〈보기〉와 같이 진행되는 수업은?

〈 보기 〉

• 모의 수업을 실시하고 이를 비디오로 녹화한다.

↓

• 비디오를 반복적으로 보면서 수업 내용을 관찰 · 분석한다.

↓

• 분석 내용을 토대로 수업 실시자에게 피드백을 제공한다.

① 팀 티칭(team teaching)
② 마이크로 티칭(micro teaching)
③ 상보적 수업(reciprocal teaching)
④ 프로그램 수업(programmed teaching)

17. 다음 수업모형들의 공통점은?

• 상황정착 수업(anchored instruction)
• 문제중심학습(problem-based learning)
• 인지유연성 이론(cognitive flexibility theory)

① 수업의 목적은 명제적 지식을 획득하는 데 있다.
② 학습자 평가는 준거참조평가보다는 규준참조평가가 적절하다.
③ 지식이 사용되는 구체적 맥락을 제공하는 것이 수업에서 중요하다.
④ 수업의 목표는 관찰 가능한 행위동사를 사용하여 분명하게 기술한다.

⑤ 지식은 개별적인 것이므로 협동학습보다는 개별학습이 바람직하다.

18. 다음은 PQ4R 학습전략의 단계를 제시한 것이다. (가)~(다)에 해당하는 것은?

훑어보기 → 질문하기 → (가) → (나) → (다) → 복습하기

	(가)	(나)	(다)
①	읽기	암송하기	숙고하기
②	읽기	숙고하기	암송하기
③	암송하기	읽기	숙고하기
④	암송하기	숙고하기	읽기

정답

1. ③ 2. ① 3. ① 4. ④ 5. ③ 6. ① 7. ③ 8. ④ 9. ① 10. ①
11. ④ 12. ① 13. ① 14. ③ 15. ② 16. ② 17. ③ 18. ②

기출문제(중등)

1. 다음과 같은 같은 상황에 가장 적절한 교수 · 학습방법은?

> 과학을 담당하는 김 교사는 정보화 사회에서 학생들에게 요구되는 종합력, 비판력, 협동력을 길러 줄 수 있는 교수 · 학습방법이 무엇일까 고민하게 되었다. 교수 · 학습과 관련된 자료를 분석학 결과, 이러한 능력을 키워 주기 위해서는 실제 생활 속에서 발생했던 과학 관련 내용과 상황으로 구성된 학습활동을 사용하는 것이 매우 효과적임을 알게 되었다. 또한 교사는 지식 전달자에서 벗어나 학습 지원자(facilitator)의 역학을 하고, 학생은 자기주도적인 성찰을 통해 학습해야 할 필요성을 느꼈다.

① 직소우(jigsaw)
② 역할놀이(Role Play)
③ 시뮬레이션(Simulation)
④ 문제기반학습(Program-Based Learning)

2. 다음과 같은 상황에서 학생들의 불만을 해소하면서, 김 교사가 추구했던 목적도 달성할 수 있는 교수 · 학습방법으로 가정 적합한 것은?

> 경쟁의식이 지나쳐 학생들이 학습에 필요한 정보도 서로 교환하지 않는 교실문화에서 김 교사는 학생들의 협동심을 길러 주기 위해 소집단 학습을 시도하였다. 그러나 몇몇 성적이 우수한 학생들이 자기 분단에서 열심히 참여하지 않은 학생들이 있음에도 모두 같은 점수를 받는 것이 공정하지 않다고 불만을 털어놓았다.

① 토론
② 사례분석
③ 시뮬레이션
④ 자율적 협동학습(Co-op Co-op)

3. 〈보기〉는 인터넷을 이용한 원격교육 사례다. 적용된 학습유형을 가장 바르게 연결한 것은?

〈 보기 〉

학생들은 스스로 탐구할 주제를 찾는다(A). 학생들은 이메일이나 인터넷 토론방을 통해 과학자들로부터 과제에 대한 피드백과 지도를 지속적으로 받으면서 실제적인 과학탐구 경험을 점차적으로 쌓는다(B). 학생들은 과학자들의 도움을 받아 학습결과물을 산출하며, 과학자들은 그 결과물을 연구자료로 활용한다(C).

	A	B	C
①	탐구학습	인지적 도제학습	협력학습
②	탐구학습	사례중심 학습	순차학습
③	문제해결학습	순차학습	협력학습
④	문제해결학습	발견학습	탐구학습

4. 다음에서 제시하고 있는 토의학습 유형에 해당되는 것은?

김 교사는 토의학습을 위해 7~8명의 학생을 학습집단으로 편성하였다. 토의학습에 참여한 모든 학생이 상호 대등한 관계 속에서 자유롭게 의견을 교환하도록 하였다. 각 집단은 주제에 관련된 사전지식이 있는 학생을 사회자로 선출하고 기록자도 선정하였다. 김 교사는 구성원 모두가 발언할 수 있는 기회를 가질 수 있도록 안내하였다.

① 공개토의
② 원탁토의
③ 배심토의
④ 단상토의

5. 〈보기〉에서 협동학습에 대한 설명으로 맞는 것을 모두 고르면?

〈 보기 〉

ㄱ. 학습과정에서 리더십, 의사소통기술과 같은 사회적 기능들을 직접 배운다.
ㄴ. 협동기술은 청취기술, 번갈아 하기, 도움주기, 칭찬하기 등이 있다.
ㄷ. 정해진 시간에 다양한 지식을 전달할 수 있으며, 교사의 의사대로 수업시간과 학습량에 대한 조절이 용이하다.

① ㄱ ② ㄱ, ㄴ ③ ㄴ, ㄷ ④ ㄱ, ㄴ, ㄷ

6. 과제의 상호의존성은 높고 보상의존성은 낮은 협동학습모형은?

① 팀경쟁학습(TGT) ② 팀보조개별학습(TAI)
③ 성취과제분담학습(STAD) ④ 과제분담학습 I (Jigsaw I)

7. 문제중심학습(problem- based learning)에 대한 설명으로 잘못 된 것은?

① 문제는 복잡하고 비구조적이며 실제적인 특성을 지닌다.
② 평가는 과정 중심적이라기보다는 결과 중심적이다.
③ 상대주의적 인식론인 구성주의에 이론적 근거를 둔다.
④ 학습방식은 자기주도적 학습과 협동학습으로 이루어진다.

8. 〈보기〉와 같은 방식에 따라 김 교사가 진행한 협동학습 유형으로 가장 적절한 것은?

〈 보기 〉

- 전체 학생들에게 기본적인 학습내용을 설명한 후, 학습능력 등을 고려하여 이질적인 4명씩으로 팀을 구성하였다.
- 팀별로 나누어 준 학습지의 문제를 협동학습을 통하여 해결하도록 하였다.
- 팀별 활동이 끝난 후, 모든 학생들에게 퀴즈를 실시하여 개인 점수를 부여하였고, 이를 지난번 퀴즈의 개인 점수와 비교한 개선 점수를 주었다.
- 개선 점수의 합계를 근거로 우수 팀을 선정하였다.

① 집단조사(Group Investigation)
② 팀경쟁학습(Team Games Tournaments)
③ 팀보조 개별학습(Team Assisted Individualization)
④ 성취과제분담학습(Student Teams-Achievement Division)

9. 다음에서 김 교사가 활용한 토의식 수업의 유형은?

김 교사는 환경오염에 대한 수업시간에 환경전문가인 강 박사를 초청하였다. 김 교사는 수업방식 및 주제에 대하여 간단히 안내하였다. 강 박사는 학생들에게 약 15분간 지역의 환경오염 방지 방안을 설명하였다. 이후 김 교사의 사회로 학생들은 설명 내용에 대하여 30분간 강 박사와 질의응답 시간을 가졌다.

① 포럼(forum)
② 배심토의(panel discussion)
③ 버즈토의(buzz session method)
④ 원탁토의(round table discussion)

10. 〈보기〉는 문제기반학습에서 교사의 단계별 행동을 진술한 것이다. 순서대로 바르게 나열한 것은?

〈 보기 〉

ㄱ. 학생들에게 자신의 탐구능력과 사고과정을 반성하게 한다.
ㄴ. 학생들이 문제해결을 위한 연구과제를 구체적으로 정의하도록 돕는다.
ㄷ. 학생들이 적절한 자료를 수집하고 실험하여 원인과 해결책을 찾도록 지도한다.
ㄹ. 학생들이 보고서, 비디오, 모형 등 적절한 결과물을 만들어서 발표하게 한다.
ㅁ. 학생들에게 탐구할 과제와 그 요건을 설명하고 학생들이 과제를 선택하여 문제해결 활동에 참여하도록 안내한다.

① ㄴ→ㄹ→ㅁ→ㄷ→ㄱ ② ㄴ→ㅁ→ㄹ→ㄷ→ㄱ
③ ㅁ→ㄴ→ㄷ→ㄹ→ㄱ ④ ㅁ→ㄷ→ㄹ→ㄴ→ㄱ

11. 다음에서 제시하는 교수 · 학습방법은?

- 학생이 읽은 내용을 깊이 이해하고 생각하도록 도와주는 것이 목적이다.
- 학생으로 하여금 자신이 읽은 내용을 요약하고, 의문을 제기하고, 이해가 어려운 부분을 명료화하고, 후속 내용을 예측하게 한다.
- 과제의 난이도와 학생의 능력을 고려하여, 학습의 주도권이 교사로부터 학생에게 점진적으로 옮겨가게 한다.

① 구안법(project method)
② 상호교수(reciprocal teaching)
③ 발견학습(discovery learning)
④ 프로그램 교수(programmed instruction)

12. 개념학습(concept learning)에 대한 설명으로 옳지 않은 것은?
① 개념학습에서 개념은 명칭, 규칙, 속성, 사례 등으로 구성되어 있다.
② 특정 사물이나 사건, 상징적 대상의 공통적 속성을 학습하는 것이다.
③ 단순한 사실의 기억보다는 이해력과 고차적 사고능력의 향상을 추구한다.
④ 일반적으로 희귀 사례, 반증 사례, 전형적 사례의 순서로 제시하는 것이 바람직하다.

13. 다음은 교수 · 학습모형을 교사 주도 – 학습자 주도 차원과 개별학습 – 집단학습 차원으로 구분하여 제시한 것이다. 직소우(Jigsaw) 모형이 위치할 곳은?

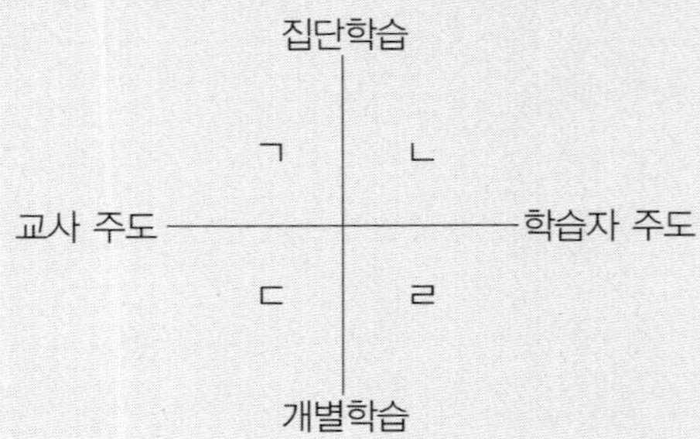

① ㄱ　　② ㄴ　　③ ㄷ　　④ ㄹ

14. 인지 전략 또는 초인지 전략과 이를 활용한 수업방법의 연결이 옳지 <u>않은</u> 것은?

	전략	수업방법
①	발췌 (abstracting)	배운 내용을 적은 공책에 학습자료에서 찾은 예나 삽화 등을 추가하여 정리하도록 하였다.
②	도식화 (schematizing)	학습자료에서 주요 개념들을 찾아 개념도를 그려보게 하였다.
③	인지적 점검 (monitoring)	오답 공책을 만들어 자신의 부족한 부분에 대해 확인하고 그 원인을 분석하도록 하였다.
④	조직화 (organizing)	책의 목차를 훑어 보면서 앞으로 배우게 될 내용의 위계를 파악하도록 하였다.
⑤	정교화 (elaborating)	배운 개념을 학생 스스로 비유적으로 표현하거나 자신의 언어로 말해 보게 하였다.

15. 다음은 인지적 도제 모형에 기초한 수업 단계의 일부이다. 단계별 수업활동에 관한 설명으로 옳지 <u>않은</u> 것은?

	단계	관련 설명
①	1단계	학생들이 자신의 삶에 활용할 수 있는 지식을 구성해 나가는 데 도움이 되는 실제적인 문제를 제시한다.
②	2단계	학생들이 스스로 문제를 해결하도록 교사는 문제를 풀어 나가는 자신의 사고과정에 대한 설명 없이 시범을 보인다.
③	3단계	수업 후반부로 갈수록 도움을 점차 감소시켜 학생들 스스로 과제를 수행

하는 능력을 길러 나가도록 한다.

④ 4단계 협력학습의 과정에서 학생들이 해당 분야의 용어와 사고방식에 익숙해지는 문화적 적응의 기회를 갖게 한다.

⑤ 5단계 학생들이 특정 상황을 넘어 관련된 다른 상황에 적용할 수 있는 보편적 지식을 습득하게 한다.

정답

1. ④ 2. ④ 3. ① 4. ② 5. ② 6. ④ 7. ② 8. ④ 9. ① 10. ③ 11. ② 12. ④ 13. ② 14. ① 15. ②

제9장

매체의 선정 및 활용

이 장은 목표 달성을 위한 수단인 교수 매체의 유형과 특성을 분석하고, 특별히 웹의 특성과 교사의 역할을 규명한다. 현재 교육 현장에서 활용되고 있는 교수 매체의 발달사를 개관하고, 교수 매체를 선정하고 활용하는 구체적인 방안인 '교수 매체 선정 체크리스트'와 ASSURE 모형을 소개한다. 이 장에서는 수업사상별로 적합한 매체를 효율적으로 활용할 수 있는 방안을 이해하기를 기대한다.

이 장을 학습한 후, 최소한 다음의 학습목표가 성취되기를 기대한다.

- 정보화 매체의 특성을 설명할 수 있다.
  - OHP(TP)의 특성을 설명하고 활용 방안을 실행할 수 있다.
  - 교육용 CD-ROM의 특성을 설명하고 활용 방안을 실행할 수 있다.
  - 파워포인트의 특성을 설명하고 활용 방안을 실행할 수 있다.
  - WWW의 특성을 설명하고 활용 방안을 실행할 수 있다.
- 웹의 교수 · 학습적 특성을 열거할 수 있다.
- 정보화 시대의 교사 역할을 정립할 수 있다.
- 수업 매체의 역사를 개관할 수 있다.
  - 호반의 시청각 자료 분류표를 해석할 수 있다.
  - 데일의 경험의 원추와 브루너의 표현양식과의 관련성을 해석할 수 있다.
  - 벌로의 통신 모형을 해석할 수 있다.
- 교수 매체 선정 체크리스트를 활용할 수 있다.
- ASSURE 모형을 개관할 수 있다.
- 수업사상별 매체 활용 방안을 실행할 수 있다.
  - 수업 도입부 매체 활용 방안을 실행할 수 있다.
  - 수업 전개부 매체 활용 방안을 실행할 수 있다.
  - 수업 정리부 매체 활용 방안을 실행할 수 있다.

제9장

매체의 선정 및 활용

1. 정보화 매체의 유형 및 특성

교실 수업에 활용될 수 있는 정보화 매체는 무수하게 갏다. 물론 '정보화 매체' 라는 개념을 어떻게 규정하느냐에 따라 종류에 있어 약간의 차이가 있을 수 있으나, 여기에서는 현장 학교에서 현재 가장 많이 활용되고 있는 대표적인 수업 매체를 논의의 대상으로 하고자 한다. 현장의 정보화 매체는 '컴퓨터' 라는 플랫폼을 중심으로(또는 통하여) 구성되어 있다고 해도 과언은 아니다. 따라서 최근 교육 정보화 사업의 일환으로 각급 학교에 설치되어 있는 컴퓨터 제어 매체인 CD-ROM과 파워포인트, 그리고 웹의 교육적 특성을 제시하고, 비록 첨단 정보화 매체는 아니지만 가장 일반적으로 활용되고 있는 OHP의 교육적 특성도 아울러 살펴본다.

1) OHP(TP)

OHP(TP)는 저렴한 비용으로 간단하게 제작할 수 있으며, 사용방법 또한 간단하기 때문에 가장 널리 활용되고 있는 매체다. 뿐만 아니라 밝은 곳에서 학습자와의 시각적 접촉을 유지하면서 수업을 진행할 수 있기 때문에 수업을 효율적으로 통제할 수 있다. 그러나 필기를 대신할 목적으로 과도하게 OHP에 의존하는 일은 학습의 동기와 효과를 크게 저하시키는 원인이 된다. TP의 제작 및 활용 원리는 다음과 같다. ① 수직형보다는 수평형으로 한다. ② 문자보다는 시각정보를 이용한다. ③ 가능한 하나의 의미 있는 정보를 싣는다. ④ 문자는 중요한 정보만을 선별해서 싣고, 세부 내용들은 TP위에 직접 기입하면서 설명한다. ⑤ 제목은 위치와 크기에 있어 내용과 구별되게 한다. ⑥ 글씨의 크기와 모양은 읽기 쉽고 선명하게 한다(6줄×6단어). ⑦ 사용 도중 설명이 긴 경우 반드시 화면을 가리고 설명한다. ⑧ 현재 설명 중인 내용은 펜이나 손가락으로 지적한다. ⑨ 설명하지 않거나 불필요한 부분은 가리고, 한 번에 한 내용(줄)씩 제시한다. ⑩ 절차적 정보는 TP를 덧붙여 차례대로 제시한다.

2) 교육용 CD-ROM

교육용 CD-ROM은 특정 교과의 개념이나, 절차, 원리 등을 가르치기 위하여 확정된 내용을 담고 있는 폐쇄 체제의(closed-system) 학습자료다. 따라서 수업에 사용하기 위해서는 ① 수업목표 달성을 위해 필요한 내용이 적절하게 설계되었는가의 수업적 적합성(instructional adequacy) 문제, ② 주로 화면 디자인이나 색상, 도표와 같은 시각적 자료가 학습효과를 고려하여 설계되었는가의 예술적 적합성(cosmetic adequacy) 문제, ③ 개발된 학습자료가 기술적으로 의도한 대로 결함 없이 실행되는가의 프로그램 적합성(program adequacy) 문제, ④ 학습자료의 제시유형이 학습자의 학습스타일과 일치하고 기존의 학습활동들에 쉽게 통합되는가의 커리큘럼 적합성(curriculum adequacy) 문제 등을 고려하여 개발하거나 선정하는 일이 중요하다(Hannafin & Peck, 1988). 따라서 교과 학습용 CD-ROM의 경우, 사용 설명서나 교사용 지침서 등을 통하여 '체계적인 수업설계 절차'에 따라 개발되었는지의 여부를 확인해야 한다. 뿐만 아니라, 방대한 용량을 저장하고 필요한 정보를 검색할 수 있는 특성이 있기 때문에 수업에 필요한 멀티미디어 참고자료를 제공하는 데 활용될 수 있다.

3) 파워포인트

파워포인트는 교육 정보화 사업으로 인해 교실에서 가장 효과적으로 활용되고 있는 컴퓨터 제어 매체 중의 하나다. '전자 OHP' 의 기능을 수행하면서, 플래시나 비주얼 베이직의 기능을 지원하여 다양한 멀티미디어 학습자료의 개발을 가능하게 한다. 슬라이드 제작, 각종 차트와 그리기 기능, 클립아트 삽입, 애니메이션 제시 등의 기본적인 기능에 덧붙여 최근에는 Web 지원 기능이 크게 향상되었다. 즉, '하이퍼링크 기능' 을 통하여 무선적으로 다른 슬라이드, 다른 파워포인트 파일이나 문서 파일, 웹 사이트 등으로 이동할 수 있으며, '실행 버튼 기능' 을 통하여 음향이나 동영상을 재생하고 슬라이드나 문서 간의 항해를 자유롭게 할 수 있다. 또 다른 기능으로서 파워포인트 파일을 HTML 형식으로 저장하여 Web 페이지로 전환할 수 있으며, 저장된 파워포인트 파일을 HTML 문서에 포함하여 웹상에서 정보를 제시할 수도 있다. 이같은 새로운 기능들로 인해 기존의 폐쇄된 학습자료 제시 매체인 파워포인트 프로그램은 보다 개방된 매체로 전환되었고, 정보 제시 방안 또한 보다 다양하고 융통성 있게 되었다.

4) WWW

웹 환경은 교육의 패러다임을 바꾸어 놓을 만큼 광범위하고 깊숙하게 교육 현장에 영향을 미치고 있다. 웹 환경에서 학생들은 상호 간은 물론이고 교사와 외부 전문가 등과의 대화, 토론, 의사교류를 통해 정보를 공유할 수 있다. 특히 다양한 분야의 전문가들로부터 폭넓은 전문지식을 쉽게 접할 수 있는 열린 체제를 통하여 전 세계의 정보와 자료는 언제 어디서든지 입수가 가능하다. 각국의 다양한 자료를 온라인으로 확인할 수 있으며, 다양한 멀티미디어 요소를 활용함으로써 모든 학생의 학습 스타일을 충족시킬 수 있다. 웹은 전통적인 교실 학습의 한계를 극복하여 가상의 커뮤니티, 가상 교실, 가상 도서관, 가상 현장 탐방, 가상 실험실 등을 경험하게 한다(Khan, 1997). 그러나 이러한 웹의 효용성에도 불구하고 이를 수업에 이용하기 위해서는 세밀한 사전 계획을 수립해야 한다. 무엇보다도 웹을 이용하여 무엇을 해야 하는지에 대한 목표를 학생들에게 명시해야 한다. 방대한 정보의 바다에서 목적 없이 항해했을 때의 결과를 상상해 보라. 따라서 교사와 학생은 웹을 사용하기 전에 반드시 사전 계획서를 작성하여 체계적이고 유목적적인 수업이 이루어지도록 해야 한다.

2. 웹의 특성과 교사의 역할

코스웨어는 학습자의 개별적 요구를 충족시켜 줄 때 그 존재 이유를 갖는다고 할 수 있다. 따라서 코스웨어를 체계적으로 설계하고 개발하는 일의 중요성은 아무리 강조해도 지나치지 않는다. 최근까지만 해도 코스웨어의 전달수단인 컴퓨터는 독립적으로 운영되는 개별학습 도구였으나, 네트워크의 기능을 갖춘 WWW의 등장으로 인해 웹 기반 코스웨어의 설계·개발 방안에 대한 관심이 크게 고조되고 있다. 이처럼 우리의 교육환경을 새롭게 변화시키고 있는 WWW의 교수·학습적 활용 방안에 대한 많은 연구가 이루어지고 있으며(Khan, 1997), 이는 웹을 기반으로 한 코스웨어가 열린교육과 가상대학 등에서 점차 그 영향력을 크게 발휘하고 있음을 반증하는 것이라 하겠다. 요컨대, 웹 기반 코스웨어의 개발 필요성이 점차 커지고 있다는 것이다. 이 절에서는 웹 기반 코스웨어를 설계하는 데 반드시 고려되어야 할 웹의 교수 · 학습적 특성을 살펴보고, 코스웨어의 설계 · 개발 과정에서 교사가 주도적으로 수행해야 할 역할을 제시하고자 한다.

1) WWW의 교수 · 학습적 특성

WBI 환경에서 학습자는 상호 간은 물론이고 교사, 때로는 외부 전문가와의 의사교류를 통한 정보 공유가 가능하며(협력 학습), 이 같은 협력 학습 과정은 교사와 학생 모두의 적극적인 참여와 상호작용을 강조한다(상호작용적). 특히 다양한 분야의 전문가들로부터 광범위한 정보를 쉽게 접할 수 있는(다중 전문지식) 열린 체제에서 학습자는 교수 설계자가 사전에 결정한 영역 내에 갇혀 있어야 하는 책이나 CD-ROM과 같은 닫힌 체제와는 반대로 광대한 외부 환경으로의 이동이 자유롭다(열린 체제). 따라서 자신의 컴퓨터가 인터넷에 연결되어 있는 한(전 세계적 접속), 전 세계의 정보와 자료는 어느 곳에서든지 입수가 가능하며(온라인 자원), 각국의 다양한 자료에 대하여 온라인으로 의사를 교류할 수 있는 수단을 제공해 준다(문화 간 상호작용).

WBI 과정과 관련된 정보는 접속암호를 가진 소수의 교사나 운영자만이 수정 · 관리할 수 있으며(과정 보안), 설계 과정에서 다양한 멀티미디어 요소, 즉 문서, 그림, 음향, 비디오, 동영상 등을 활용함으로써 모든 학생의 학습 스타일을 충족시킬 수 있다(다중매체적). WBI 과정은 100% 자족적으로 온라인상에서 이루어질 수 있기 때문에(자족적), 학습내용과 학습방법 및 학습 계열을 학습자 스스로 결정하는 민주적인 학습환경을 제공하며(학습자 통제), 학습자가 자신의 거주지, 나이, 인종, 성별, 언어, 신체적 제한 등에 상관없이 WBI 과정에 접속할 수 있다(비차별적). 뿐만 아니라, WBI 과정은 공식적인 학사 업무는 물론이고 동호인 모임 같은 비공식적인 과외 업무 환경 또한 지원한다(공식적 및 비공식적 환경).

Web에서 사용하는 저작언어는 표준화되어 있고(국제적 표준), 전자 출판을 위한 손쉬운 메커니즘을 제공해 주기 때문에 교사와 학생은 자신의 작품을 제작하여 전 세계 독자를 대상으로 출판할 수 있다(전자 출판). 자료 제작과정에서 WBI 개발자들은 여러 회사의 웹 사이트를 통해 하드웨어나 소프트웨어에 대한 다양한 정보와 공유 프로그램을 무료로 입수하여 활용함으로써 궁극적으로 프로그램의 잠재 시장을 형성하게 된다(산업지원). 뿐만 아니라, Web은 등하교나 출퇴근으로 인한 교통 문제와 문서류 절감 같은 환경적으로 바람직한 교육적 관행을 촉진할 수 있다(환경 친화적).

WBI 과정은 학생, 교사, 교육기관 모두에게 도움이 될 수 있다(편리성). 학생은 교육현장에 직접 참여해야 하는 어려움 없이 인터넷을 통하여 등록, 학습, 연구 및 교사나 동료와 토론할 수 있기 때문에 교통비, 주차비, 교재 구입비 등을 최소화할 수 있으며, 교사는 교실 확보 문제나 근무시간 등의 제약을 받지 않고 비교적 쉽게 학습자료를 개정하고, 강의계획서나 유인물 등의 복사 비용을 절감할 수 있으며, 동기 또는 비동기적으로 학습 안내 및 교수를 제공할 수 있다. 교육기관의 온라인 지원시스템은 인터넷을 통하여 입학 등록, 수강료, 성적 처리 등을 관리할 수 있기 때문에 운영비나 인건비를 최소화할 수 있다(비용 효과적). WBI 과정에서는 학습자 평가와 수업평가, 그리고 학습자료에 대한 평가는 물론이고 검사 실시 및 결과 처리까지도 온라인상에서 이루어진다(온라인 평가). WBI는 전통적인 교실 학습의 한계를 극복하여 가상의 커뮤니티, 가상 교실, 가상 근무 시간, 가상 도서관, 가상 현장 탐방, 가상 실험실 등을 경험하게 한다(가상의 문화).

2) 교사의 역할

교육이 구세대의 문화유산을 신세대에게 전수하는 과정이라고 할 때, 교사는 신구세대를 연결해 주는 중요한 역할을 하는 사람이다. 구세대가 체험을 통해 축적한 문화 유산을 학습자가 이해하기 쉽도록 체계적인 방법으로 전달해 주어야 하기 때문에, 교사는 내용에 대한 해박한 지식을 갖추고 있어야 할 뿐만 아니라, 그 내용을 효과적으로 전달하는 다양한 방법을 구사할 수 있어야 하며, 무엇보다도 학습자 특성에 대한 과학적인 이해를 하고 있어야 한다. 그런데 '해박한 교과지식-다양한 교수방법-학습자 이해' 의 3대 요소는 코스웨어를 설계하는 일에 있어서도 가장 중요한 요건이다(강이철, 1999; Gayeski, 1993).

코스웨어를 설계하는 일에 여러 분야의 다양한 능력이 요구된다. 일반적으로 내용 영역에 관한 지식, 내용 설명에 관한 경험, 학습자에 대한 지식, 교수설계 기능, 하드웨어 시스템에 관한 지식, 스토리보드 작성 능력, 그래픽 제작 및 화면 구도 설계 능력, 검사 작성 및 검증 능력, 순서도 및 상호작용 설계 능력, 저작도구 활용 능력, 비디오 · 오디오 제작 능력, 프로젝트 관리 기술, 평가 및 비용 분석 기능 등이 포함된다(강이철, 1996).

이처럼 코스웨어를 설계하고 개발하는 데 요구되는 많은 종류의 기능과 능력을 갖춘 한 사람의 설계자를 찾을 수는 없겠지만, 다수의 중요한 기능과 능력을 갖추고 있는 사람으로서 '교사' 의 가치와 중요성을 간과해서는 안 될 것이다. 개발과 관련된 기능 및 능력을 갖추고 있는 교사도 있을 뿐만 아니라, 무엇보다도 내용지식, 설명경험, 학습자 이해, 교수설계 기능, 스토리보드 작성, 검사 작성, 및 프로젝트 관리 등 교사가 갖추고 있는 기능 및 능력은 어느 누구보다도 다양하고 전문적이라고 할 수 있다. 그중에서도 다년간 교과내용을 학습자에게 가르쳐 오면서 축적한 노하우, 즉 '이 내용은 특별히 이런 방식으로 가르치니 중학교 2학년 학생들이 흥미를 보이고 쉽게 이해하였다' 라는 가치로운 정보는 어느 누구에게서도 얻을 수 없는 것이다. 이런 점에서 정보화 시대에도 교사는 여전히 중요한 역할을 수행해야 한다. 결국, 정보화 시대의 핵심 요인인 코스웨어를 설계하는 일에 교사만큼 크게 기여할 대상은 없다고 할 수 있다. 교육의 수문장(gatekeeper)으로서, 교사는 새로운 기법의 도입과 설계 · 개발 과정에서 주도적인 역할을 해야 하는 위치에 있다.

3. 수업 매체의 역사[1)]

수업 매체라는 용어는 수업을 통해 학습자에게 제시하는 물리적 수단으로 정의해 왔다(Reiser & Gagné, 1983). 수업 매체를 이렇게 정의한다면, 실제 교사에서부터 교과서, 컴퓨터 등에 이르는 모든 수업 전달의 수단은 수업 매체라고 분류할 수 있다. 이러한 관점을 교육현장 실무자들이 채택하는 것은 현명할지 모른다. 그러나 대부분의 수업 매체 역사 논의에서, 20세기 이전의 세 가지 주요한 수업 수단(물론 오늘날에도 여전히 가장 흔하게 사용되는 수단)인 교사, 칠판, 교과서는 다른 수업 매체와 별도로 분류되어 왔다. 이 절에서도 수업 매체의 역사를 명확히 서술하기 위해 이 관점을 채택한다. 이 책에서 수업 매체란 교사, 칠판, 교과서와 다른 학습자에게 수업을 제시하는 물리적인 수단으로 정의한다.

1) 학교 박물관

미국에서 수업 목적으로 매체가 사용된 것은 20세기 초반까지 거슬러 올라간다(Saettler, 1990). 학교 박물관이 생기게 된 것이 바로 이때다. Saettler (1968)는 "학교 박물관은 이동 가능한 박물관 전시물, 입체사진(3차원 사진), 슬라이드, 필름, 자습용 인쇄 자료, 차트 등의 수업자료 분류를 통해 시각 수업을 위한 핵심적 행정 조직으로서의 역할을 하였다."(p. 89)고 지적하였다. 최초의 학교 박물관은 1905년 세인트루이스에서 개관되었으며, 이후 펜실베이니아 주 리딩과 오하이오 주 클리블랜드에서도 문을 열었다. 비록 1900년대 초반 이후에도 몇 개의 박물관이 설립되었지만, 교

1) Reiser, R. A., & Dempsey, J. V. (2002). *Trend and issues in instructional design and technology*. NJ: Merrill Prentice Hall. Chapter 3. A history of instructional design and technology, pp. 18-24에서 발췌.

육구 단위의 매체센터는 오늘날과 동일한 것으로 볼 수 있다.

또한 Saettler(1990)는 학교박물관에 비치된 수업자료는 교육과정 보충자료로 여겨졌다고 주장한다. 이러한 수업자료는 교사나 교과서를 대체하기 위한 것은 아니었다. 과거 수백 년 동안, 수업 매체 역할에 대한 이 같은 초기 관점은 교육계 전반에서 변함없이 널리 유지되어 왔다. 즉, 이 시기 대부분의 교육자들은 수업 매체를 학습자들에게 수업을 제시하기 위한 보조수단으로 생각했다. 대조적으로, 교사와 교과서는 일반적으로 수업을 제시하기 위한 주요 수단으로 여겨졌으며, 수업 매체 사용의 결정 권한은 교사에게 있었다. 수십 년간, 수업설계 및 공학 분야의 많은 전문가들은 교사 역시 수업 매체와 마찬가지로 수업을 제시하기 위한 여러 가능한 수단들 중의 하나로 보아야 하며, 교실에서 어떤 수업 매체를 사용할 것인지를 결정할 수 있는 권한이 교사에게 온전히 주어지지 않았다고 지적함으로써, 이러한 생각을 반박해 왔다. 그러나 교육계 전반에서 볼 때, 이러한 견해는 널리 일반화되지는 않았다.

2) 시각수업 운동과 수업용 영화

Saettler(1990)가 언급한 바와 같이, 20세기 초반 학교박물관에 비치된 대부분의 수업 매체는 영화, 슬라이드 그리고 사진과 같은 시각 매체였다. 따라서 이 당시 학교에서의 매체 활용에 관한 관심의 증가를 '시각수업' 운동 또는 '시각교육' 운동으로 불렀다. '시각교육' 운동이라는 용어는 최소한 1908년까지 거슬러 올라가는데, 이 당시 Keystone View 회사가 랜턴 슬라이드와 입체사진을 수업에 활용하는 방법을 교사들에게 안내한 『시각교육(*Visual Education*)』이 출판되었기 때문이다.

19세기 후반 몇 개의 학교에서 사용된 매직 랜턴(랜턴 슬라이드 프로젝터), 입체환등기(입체사진 뷰어)와 더불어 영사기(motion picture projector)는 학교에서 활용된 최초의 매체 도구다. 미국에서, 최초의 수업용 영화 카

탈로그는 1910년에 출간되었다. 1910년 후반, 뉴욕 주 로체스터의 공립학교 시스템은 최초로 영화를 정규 수업용으로 채택하였다. 1913년 Tomas Edison은 "학교에서 책은 이제 곧 쓸모가 없어질 것이다. 모든 인간 지식을 영화로 가르칠 수 있을 것이다. 우리의 학교 시스템은 미래 십년 간 완전히 변화할 것이다." (Saettler, 1968, p. 98에서 재인용)고 주장하였다.

에디슨이 예측한 10년이 지나서도 그러한 변화는 일어나지 않았지만, 시각수업운동은 성장하였다. 시각수업을 위한 5개의 전국 규모의 전문가 조직이 설립되었고, 시각수업에 초점을 맞춘 5개의 저널이 출간되었고, 20개 이상의 교사훈련기관들이 시각수업에 강좌를 제공하기 시작하였고, 최소한 12개의 대도시 학교 시스템이 시각교육 관련 부서를 조직하였다(Saettler, 1990).

3) 시청각수업 운동과 수업용 라디오

1920~1930년대 동안, 라디오 방송, 음향 녹음, 유성영화 영역의 기술적 발전은 수업 매체에 관한 관심을 불러 일으켰다. 사운드를 통합한 매체의 출현으로 인한 시각수업 운동의 확장이 시청각수업 운동으로 알려지게 되었다(Finn, 1972; McClusky, 1981). 그러나 이 분야 선구자들 중의 한명인 McClusky는 시청각 매체가 지속적으로 성장은 하였지만 교육계 전반의 성장에 큰 영향력을 미치지는 못했다고 지적하였다. 그에 따르면, 1930년대 대기업들이 시각수업운동 관련 분야에 대규모의 투자를 하였지만 많은 손실을 입었는데, 그 이유가 바로 1929년에 시작된 세계 대공황 때문으로 보았다.

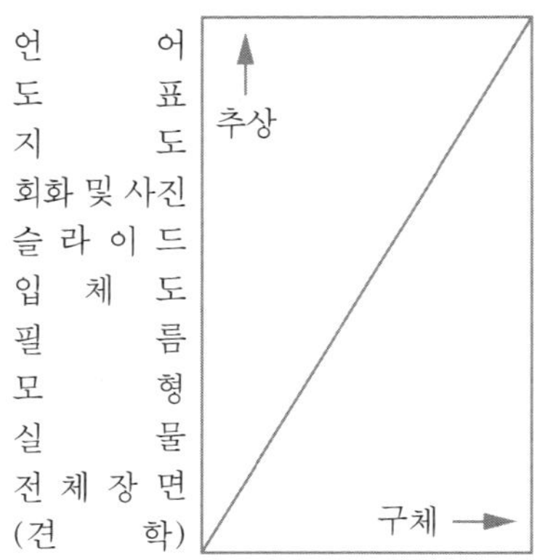

[그림 9-1] 호반의 시청각 자료 분류

세계 대공황의 경제적 역효과에도 불구하고, 시청각수업 운동은 계속해서 발전하였다. Saettler(1990)에 의하면, 시청각수업 운동 발전의 가장 중요한 사건은 1932년에 시각수업을 위한 기존 전문가 조직들이 하나로 통합되었다는 것이다. 이러한 합병의 결과로, 시청각수업 운동의 리더십이 이 당시 전미교육연합회(National Education Association)의 한 분과인 시각수업부(DVI: Department of Visual Instruction)로 통합되었다. 1923년에 만들어진 이 조직은 이 후 미국 교육공학회(Association of Educational Communi-cations and Technology)로 불렸으며, 수업설계와 공학 분야의 선도적 역할을 수행해 오고 있다.

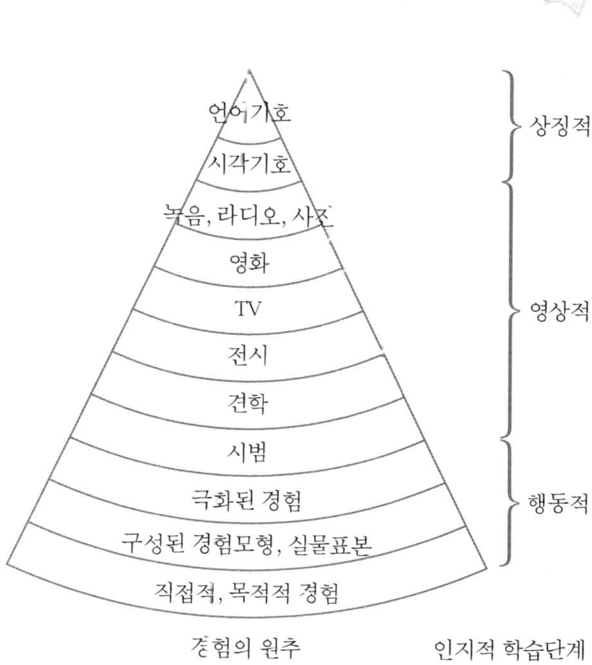

[그림 9-2] 경험의 원추와 인지적 학습단계

1920~1930년대 동안, 시각수업 주제에 초점을 맞춘 여러 도서들이 출판되었다. 그중 가장 중요한 책은 바로 Hoban 등(1937)에 의해 저술된 『Visualizing the Curriculum』이다. 이 책에서 저자들은 시청각 수업 자료의 가치는 현실성의 정도와 함수 관계에 있다고 주장하였다. 또한 저자들은 수업 매체를 추상적인 방식으로만 개념을 제시할 수 있는 것에서부터 매우 구체적인 표상이 가능한 것에 이르기까지 그 위계를 제시하였다(Heinich, Molenda, Russell, & Smaldino, 1999). 수업 매체의 위계에 관한 아이디어는 이전에도 논의되었지만, 이처럼 완벽하게 다루지는 못했다.

1946년 Edgar Dale은 그의 유명한 '경험의 원추(Cone of Experience)'를 개발할 때 매체 위계에 관한 아이디어들을 더욱 정교화시켰다. 시청각 수업운동의 역사 전반을 통해, 많은 사람들이 지적한 것은 시청각 자료의 가치는 추상적 개념을 구체적인 방식으로 제공할 수 있는 그 가능성에 있다(Saettler, 1990).

이 기간 동안 상당한 주목을 받은 매체는 라디오였다. 1930년대 초반, 많은 시청각 지지자들은 라디오가 교육을 혁신시킬 수 있는 수업 매체로 찬양하였다. 예들 들어, 라디오, 영화 그리고 텔레비전의 교육적 잠재성과 관련하여, 전미교육협회 출판물 편집자는 "라디오는 미래에 교과서만큼이나 보편적이고 교수 · 학습에 강력한 영향력을 미칠 것이다."(Morgan, 1932, p. ix)라고 주장하였다. 그러나 이러한 예측과 반대로, 이후 20년 이상 라디오는 수업 실제에 거의 영향력을 미치지 못했다(Cuban, 1986).

4) 제2차 세계 대전

제2차 세계 대전의 발발로 인해 학교 시청각 수업 운동의 성장은 느린 반면, 시청각 도구들은 군과 기업에서 광범위하게 사용되었다. 예를 들어, 제2차 세계 대전 동안 미 공군은 400개 이상의 훈련용 영화와 600개 이상의 영화 슬라이드를 제작하였으며, 2년 동안 미국 군인들에게 훈련용 영화를 4백만 번 이상 상영한 것으로 추정된다. 훈련용 영화가 미국 군인들의 전쟁수행에 미친 효과를 확인할 수 있는 구체적인 자료 수집 시간과 기회는 거의 없었지만, 군사 교관들을 대상으로 실시된 몇 번의 설문조사 결과는 교관들이 전시에 사용한 훈련용 영화와 영사 슬라이드는 효과적인 훈련 도구로 인식하고 있는 것으로 나타났다(Saettler, 1990). 분명히, 적어도 적군의 입장에서는 훈련용 영화의 효과성을 인정하고 있는 것 같다.종전 후 독일군 참모총장은 "우리는 미국이 군인을 훈련시킬 수 있는 속도를 제외하고는 모든 것들을 완벽하게 계산하였다. 우리의 치명적 오판은 교육용 영화의 신속성과 완벽성을 과소평가한 것이었다."(Olsen & Bass, 1982, p. 33에서 재인용)고 털어놓았다.

제2차 세계 대전 동안, 훈련용 영화는 미국에서 산업 노동자 양성에도 중요한 역할을 하였다. 1941년, 연방정부는 '전쟁 훈련을 위한 시각도구국(Division of Visual Aids for War Training)'을 설치하였다. 1941년부터 1945년에 이르기까지, 이 조직은 457개의 훈련용 영화를 제작하였다. 대부분의 훈련 감독자들은 영화가 훈련의 효과성에 부정적인 영향을 미치지 않고 훈련 시간을 단축시켰으며, 전통적 훈련프로그램보다 더욱 재미있고 결석률을 낮게 하는 데 기여했다고 보고하였다(Saettler, 1990).

제2차 세계 대전 동안 군과 기업에서 훈련용 영화, 영사기와 더불어 다양한 시청각 수업자료와 장비들이 사용되었다. 광범위하게 사용된 장비는 제2차 세계 대전 동안 처음으로 제작된 OHP와, 항공기와 선박의 식별법 훈련에 사용된 슬라이드 프로젝트, 외국어 수업에 사용된 음향 장비, 항공기 훈련에 사용된 시뮬레이터와 훈련 장비들이 있다(Olaen & Bass, 1982; Saettler, 1990).

5) 제2차 세계 대전 후의 매체 발전과 연구

제2차 세계 대전 동안 사용된 시청각 도구들은 일반적으로 미국이 중요한 훈련의 문제, 즉 다양한 특성들을 가진 많은 개인들을 효과적이고 효율적으로 훈련하는 방법에 관한 문제를 해결하는 데 도움이 되었다는 점에서 성공적인 것으로 인식하였다(Finn, 1972; Olsen & Bass, 1982).

종전 후 약 10여 년 동안, 몇 가지 집중적 시청각 연구 프로그램이 진행되었다. 이러한 프로그램의 일환으로 실시된 연구들은 시청각 수업자료의 다양한 특성 또는 속성이 학습에 어떠한 영향을 미치는지, 즉 특정 상황에서 학습을 촉진시키는 속성들을 확인하는 데 주된 목적을 두고 설계되었다. 예를 들어, Lumsdaine(1963)의 책임 하에 진행된 한 연구 프로그램은 학습자가 수업용 영화를 보는 동안 학습자의 명시적 반응을 도출시키기 위한 다양한 기법들이 학습에 어떠한 영향을 미치는지를 규명하는 데 초점을 두었다.

제2차 세계 대전 후의 시청각 연구 프로그램들은 시청각 수업자료 설계에 활용 가능한 학습 원리를 규명하기 위한 최초의 집중적 노력들 가운데 하나다. 그러나 실제 교육은 현장 실무자들이 많은 매체 연구 결과들을 무시하거나 인식하지 않음으로 인해 시청각 연구 결과의 영향을 크게 받지는 않았다(Lumsdaine, 1963, 1964).

수년간 진행된 대부분의 수업 매체 연구는 영화, 라디오 또는 컴퓨터와 같은 특정 매체를 활용한 수업과 그렇지 않은 수업(매체를 활용하지 않는 면대면 수업)에 있어서의 학습의 정도를 비교하는 것이었다. 수업 매체 비교 연구로 불리는 이러한 종류의 연구들에서 일반적으로 드러난 결과는, 학습자들의 학습정도는 매체와는 상관없다는 것이다(Clark, 1983, 1994; Schramm, 1977). 이러한 매체비교 연구의 반복되는 결과에 비추어, 비판가들은 이러한 연구의 초점들이 변화되어야 한다고 주장하였다. 수업 매체의 속성에 초점을 맞추어야 한다는 주장(Levie & Dickie, 1973), 수업 매체가 학습에 어떻게 영향을 미치는지 검토해야 한다는 주장(Kozma, 1991, 1994), 그리고 수업방법을 전달하는 매체에 초점을 맞추기보다 수업방법에 초점에 만춘 연구가 진행되어야 한다는 주장(Clark, 1983, 1994)들이 이어졌다. 최근에는 이러한 유형의 연구들이 더욱 유력해졌다.

6) 커뮤니케이션 이론

1950년대 초기, 많은 시청각수업 운동 지도자들은 Shannon과 Weaver (1949)에 의해 제시된 모형과 같은 다양한 커뮤니케이션 이론과 모형들에 관심을 가졌다. 이러한 모형들은 메시지의 송신자와 수신자, 메시지가 전달되는 채널 또는 매체를 포함하는 과정인 커뮤니케이션 과정에 초점을 맞추었다. 이러한 모형 개발자들의 주장은 커뮤니케이션을 위한 계획을 할 때는 이러한 과정의 모든 요소들을 고려해야 하며, 수업 매체에만 초점을 맞추어서는 안 된다는 것이다. Berlo(1963)는 "소통하는 인간으로서 내가

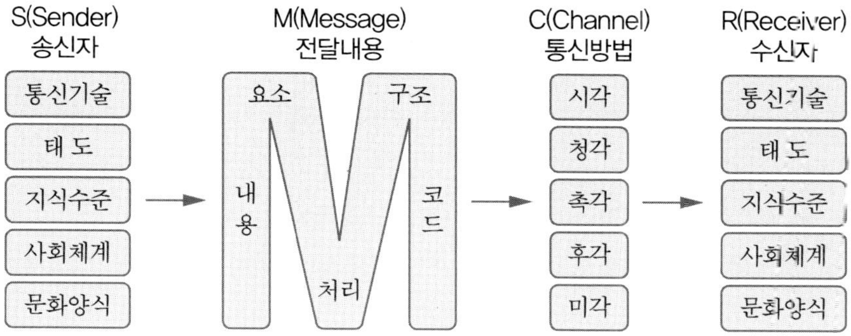

[그림 9-3] Berlo의 통신 모형

강력하게 주장하는 것은 소통의 과정이 핵심이지 매체는 중요하지 단 수단에 불과하다."고 주장하였다(p. 378). 또한 Dale(1953)과 Finn(1954)과 같은 시청각운동 지도자들도 커뮤니케이션 과정의 중요성을 강조하였다. 비록 초기 시청각 실무자들이 이러한 주장에 큰 영향력을 받지는 않았지만, 이러한 주장들은 결국 시청각운동의 초점을 확장하는 데는 도움이 되었다(Elym, 1963, 1970; Silber, 1981).

7) 수업용 텔레비전

1950년대 시청각운동에 영향을 미친 가장 중요한 요인은 수업을 전달하기 위한 매체로서 텔레비전에 관한 관심의 증가였다. 1950년대 이전에도 텔레비전이 수업 목적을 위해 활용된 여러 예들이 있었다(Gumpert, 1967; Taylor, 1967). 그러나 1950년대 동안, 텔레비전의 수업 활용은 상당히 성장하였다. 이러한 성장은 적어도 두 가지 주된 요인들에 의해 촉진되었다.

수업용 텔레비전의 성장을 촉진시키지 한 가지 요인은 1952년에 수업목적으로 242개 텔레비전 채널을 별도로 설정한 연방통신위원회의 결정이다. 이 결정으로 많은 공영 텔레비전 방송국이 급격하게 발달하였다. 1955년경에는 미국에 17개의 텔레비전 방송국이 있었으며, 1960년대에는 그 수가

50개 이상으로 증대되었다(Blakely, 1979). 이러한 방송국의 중요한 임무들 중의 하나가 바로 교육용 프로그램을 제공하는 것이었다. Hezel(1980)의 지적과 같이, "초기부터 공영방송에 수업의 역할이 부여되었으며, 특히 1960년 이전에 교육방송은 전 국민의 교육적 요구를 충족시키는 신속하고, 효과적이며, 저렴한 수단으로 간주되었다."(p. 173)

또한 1950년대 수업용 텔레비전의 성장은 포드 재단의 기금으로 촉진되었다. 1950년대와 1960년대 포드 재단과 그 대리기관들은 교육용 텔레비전에 1억 7천만 달러 이상의 지출한 것으로 추정된다(Gordon, 1970). 1960년대 중반, 수업 목적을 위한 텔레비전의 활용에 관한 많은 관심들은 줄어들었다. 이 기간에 개발된 수많은 수업용 텔레비전 프로젝트들은 오래가지 못했다. 이러한 문제의 원인은 부분적으로는 프로그램의 낮은 질에 있으며, 많은 프로그램들은 교사가 단지 수업을 전달하는 기능 그 이상은 없었기 때문이다. 1963년 포드 재단은 교내 수업을 위한 텔레비전보다는 공영방송의 지원에 초점을 맞추기로 결정하였다(Blakely, 1979). 그로 인해 대부분의 교육구들은 수업용 텔레비전 시범 프로젝트를 중단하였다(Tyler, 1975b). 수업용 프로그램은 여전히 공영 텔레비전의 중요한 임무들 가운데 하나이지만, 그 임무는 문화나 정보제공과 같은 광범위하고 포괄적인 내용을 다루는 프로그램이 되었다(Hezel, 1980). 이러한 수업용 텔레비전에 관한 발달과정에 견주어, 1967년 카네기 교육텔레비전위원회는 다음과 같은 결론을 냈다.

> 수업용 텔레비전이 형식교육에서 수행한 역할은 전반적으로 검토하였을 때 미비하였다…. 수업용 텔레비전의 잠재성으로서 논의되었던 진실들이 실제에서 실현된 것은 없다…. 물론 예외적인 것은 있으나, 수업용 텔레비전은 교육 시스템의 근본적인 변화도 이끌어 내지 못한 채 완전히 사라져 버렸다(pp. 80-81).

수업용 텔레비전이 상당한 정도로 채택되지 못한 원인에 대한 논의들이 있었다. 그 원인들로는 교실에서의 텔레비전 활용에 관한 교사들의 저항,

텔레비전 설치와 유지에 소요되는 비용, 학습자들의 학습에 필요한 다양한 조건들을 적절하게 제시하기에는 텔레비전이라는 매체가 부족하다는 것 등이 있다(Gordon, 1970; Tyler, 1975b).

8) 컴퓨터: 1950년대에서부터 1995년까지

수업용 텔레비전에 관한 관심이 줄어든 이후, 많은 교육자들의 관심을 이끈 차세대 공학적 혁신은 컴퓨터였다. 비록 1980년대까지 수업용 도구로서의 컴퓨터에 대한 관심이 널리 확산되지는 않았지만, 컴퓨터는 그보다 훨씬 더 이른 시기에 교육과 훈련에 처음으로 사용되었다. 1950년대 많은 컴퓨터 보조수업과 관련된 초기 연구들은 처음으로 CAI 저작 언어를 개발하고 공립학교에서 사용된 최초의 CAI 프로그램 중 하나를 설계했던 IBM의 연구자들에 의해서 이루어졌다.

이 분야의 또 다른 선구자로는 컴퓨터 공학을 활용하여 적응적 수업 기계를 개발한 Gordon Pask(Lewis & Pask, 1965; Pask, 1960; Stolurow & Davis, 1965)와 1960년대 공립학교와 대학교에서 초창기 CAI의 활용에 관한 연구들을 이끈 Richard Atkinson과 Patrick Suppes(Atkinson & Hansen, 1966; Suppes & Macken, 1978)를 꼽을 수 있다. 또한 1960년대와 1970년대 초반에는 PLATO, TICCIT와 같은 CAI 시스템이 개발되었다. 이러한 노력에도 불구하고, 1970년대 말 CAI가 교육에 미친 영향은 거의 없었다(Pagliaro, 1983).

1980년대 초반, 일반 대중이 사용할 수 있게 된 컴퓨터를 수업의 목적으로 사용하고자 하는 관심 또한 급격히 증가하였다. 1983년 1월경, 컴퓨터는 미국의 40% 이상의 모든 초등학교와 70% 이상의 모든 중등학교에서 수업목적으로 사용되었다(Center for Social Organization of Schools, 1983).

많은 교육자들은 상대적으로 저렴하고 데스크톱용으로 활용할 수 있을 정도로 소형이며, 이전에는 대형컴퓨터로 처리해야 했던 기능의 대부분을 처리할 수 있는 마이크로컴퓨터에 매료되었다. 다른 새로운 매체들이 수업 분야에 처음 도입된 경우처럼, 많은 사람들은 이 매체가 수업실제에 커다란 영향을 미칠 것으로 기대했다. 예를 들어, 1984년 Papert는 컴퓨터가 "교육시스템을 근본적이며 급격하게 변화시킬 수 있는 촉매제"(p. 422)가 될 것이며, 1990년경에는 학생들 모두가 컴퓨터를 갖는 것이 미국 내 학교에서 아주 흔한 일이 될 것이라고 주장하였다.

비록 궁극적으로 컴퓨터가 학교에서의 수업실제에 커다란 영향을 미칠지는 모르지만, 1990년대 중반까지 이러한 영향은 상당히 미비하였다. 조사에 따르면, 1995년경 미국 내 학교들이 평균 9명 중 1명꼴로 한 대의 컴퓨터를 가지고 있었지만 상당수의 교사들이 컴퓨터를 수업목적으로 거의 혹은 전혀 사용하지 않는 것으로 보고하고 있으며, 컴퓨터가 교육실제에 미친 영향은 그렇게 크지 않았다. 더욱이, 컴퓨터는 대부분의 경우 혁신적으로 사용되지는 않았다. 초등학교의 경우, 교사들은 컴퓨터를 주로 반복연습을 하는 데 사용했다고 보고 했으며, 중등학교에서는 주로 워드프로세서와 같은 컴퓨터 기능을 가르치는 데 사용한 것으로 나타났다(Anderson & Ronnkvist, 1999; Becker, 1998; Office of Technology Assessment, 1965).

9) 최근의 발전 상황

최근 인터넷을 포함한 컴퓨터, 디지털 공학 분야에서의 급격한 발전은 수업 목적, 특히 기업과 기업에서의 훈련 목적을 위한 수업 매체에 대해 급격히 관심이 고조되었고 이의 활용을 촉발하였다. 예를 들어, 미국 내 340개 이상의 회사들을 대상으로, 미국기업교육학회(America Society for Training and Development)가 한 최근 조사에 따르면, 2003년 동안 전체 훈련시간의 24%가 테크놀로지를 통해 제공되었으며, 이는 1999년 테크놀로지의 양이 10%도 안 되었던 것에 비해 엄청나게 증가한 것이다. 같은 기간에, 교실에서 교사에 의해 전달된 훈련시간은 1999년 88%에서 2003년

68%로 감소하였다.

앞서 언급한 조사에서 2003년에 보고된 비율은 2004년 Training Magazine에 의해 수행된 미국 1,200개 이상 교육기관의 조사에서 보고된 비율과 매우 흡사했다. 조사 결과에 따르면, 2004년 한 해 동안 조사에 참여한 기관에서 행해진 모든 훈련의 70%가 교실 교사에 의해 전달된 반면, 25%가 테크놀로지에 의해 전달되었다(25% 중 8%는 원격지에서 테크놀로지를 통해 교사에 의해 전달되었으며, 17%는 교사 없이 컴퓨터를 통해서만 전달되었다).

지난 몇 년 동안 고등교육에서도 수업목적으로 인터넷과 컴퓨터를 사용하고자 하는 관심은 급격하게 증가하였다. 예를 들어, 최근 한 연구(Market Data Retrieval, 2005)에 따르면 2004~2005년 미국 내 모든 단과대학과 종합대학의 거의 2/3가 온라인 강좌와 학위인증 온라인 프로그램을 제공한 것으로 나타났다. 더 나아가, 앞의 연구보다 좀 더 일찍 행해진 Phipps (2004)의 연구에 따르면, 2001~2002년 동안 300만 명 이상의 학생이 온라인 강좌에 등록한 것으로 나타났다. 아울러, 대학 강좌에서 칠판이나 웹CT와 같은 테크놀로지 기반 강좌관리 시스템의 활용도 급격하게 증가하였다. 2002년 동안에는 83%의 대학들이 이러한 시스템을 사용하였으나, 2004년~2005년에는 대학 기관들 거의 모두가 이러한 강좌관리 시스템을 사용한 것으로 나타났다(Market Data Retrieval, 2005).

미국에서 테크놀로지는 수업을 전달하는 데 주요한 역할을 한다. 예를 들어, 현재 미 해군은 적어도 120개의 군사학 관련 강좌를 포함해 1,500여 개 이상의 온라인 강좌를 제공하고 있다(Chisholm, 2003a). 더불어 최근 5만 명 이상의 학생들이 미공군선진분산학습연구소(Air Force Institute for Advanced Distributed Learning)가 제공하는 32개의 온라인 강좌에 등록했다(Fuhr, 2004). 또한 육군과 해병대도 테크놀로지 기반 훈련에 엄청난 투자를 하고 있다. 예를 들어, 육군은 현재 전 세계에 흩어져 있는 군인들에게 독립형 컴퓨터 기반 훈련이나 웹 기반 수업을 제공하는 250여 개의 디지털 훈련 시설을 운영하고 있으며(Chisholm, 2003b), 모든 해군기지 역시 이와 비슷한 유형의 시설이 있다(Chisholm, 2003).

지난 몇 년 동안, 미국 공립학교에서도 테크놀로지의 사용이 증가하였으며 이용 가능성 역시 엄청나게 증가하였다. 예를 들어, 1998년 공립학교에서 학생 6명당 1대꼴로 컴퓨터가 보급, 활용되었으나, 2004년경에는 학생 3.8명당 1대 꼴로 그 사용이 증가하였다(Market Data Retrieval, 2004). 더 나아가, 최근에는 학교 내에 인터넷이 가능한 컴퓨터 수의 비율도 상당히 높아졌는데, 1998년에 학생당 인터넷 접근이 가능한 컴퓨터 수의 비율이 12 : 1 이상이었으나, 2003년경에는 그 비율이 학생 4.4명당 1대꼴로 감소하였다(National Center for Educational Statistics, 2005).

위와 같은 수치를 통해 최근, 학교에서 이용할 수 있는 테크놀로지의 양이 증가하였음을 분명히 알 수 있다. 그러나 수업 매체의 역사는 학교에서 테크놀로지가 증가하였다고 하여 그러한 테크놀로지가 수업목적으로 더 많이 사용되고 있음을 의미하지는 않는다는 것을 보여 준다. 오늘날에도 여전히 그러한가? 미국 공립학교 교사들을 대상으로 1999년에 행해진 설문조사와 2000~2001년에 행해진 설문조사 통계는 이 문제에 몇 가지 양상을 보여 준다.

설문조사 결과, 수업목적으로 테크놀로지를 사용하는 교사의 비율은 증가한 것으로 보인다. 1999년 설문조사에서, 학내 컴퓨터나 인터넷에 접근할 수 있는 교사 중 53%가 교실 수업을 위해 컴퓨터를 사용한 것으로 보고하였다(National Center for Educational Statics, 2000). 2000~2001년 설문조사에서는 응답한 교사 중 92%가 테크놀로지를 필요로 하는 수업활동을 하였다고 보고하였다(SRI International, 2002).

교사들은 교실 수업을 위해 테크놀로지를 얼마나 자주 사용하는가? 이 질문은 1999년 설문조사에서는 묻지 않았다. 하지만, 2000~2001년 설문조사에 따르면 응답한 교사 중 55%가 학생들을 몇몇 테크놀로지 기반 수업활동에 종종 참여시킨다고 응답하였다(적어도 일주일에 한 번 이상). 그러나 교사들 대부분(33%)이 빈번하게 사용한 테크놀로지 기반 수업활동은 그저 학생들의 컴퓨터 기능 향상을 도와준 것에 불과 한 것으로 나타났고 아울러 응답한 교사 중 29%가 연습활동을 위해 테크놀로지를 가끔씩 사용한 것으로 나타났다. 이와는 대조적으로, 응답한 교사 중 20%는 학생들이 문제를 해결하거나 자료를 분석하기 위하여 테크놀로지를 종종 사용했다고 답하였으며, 또 10%의 교사들만이 학생들이 연구를 위해 인터넷을 사용한다고 반응하였다(SRI International, 2002). 요약하자면, 위의 설문에서 나타난 바와 같이 테크놀로지가 학교에서 수업목적으로 점차 많이 활용되고는 있지만, 현 시점에서 학교에 도입된 컴퓨터와 인터넷이 수업 방법을 혁신시킬 것이라는 예측을 지지해 줄 만한 근거는 거의 없음을 보여 준다.

앞서 제시한 많은 증거들은 기업과 군대, 고등교육기관에 이르기까지 다양한 환경에서 수업 매체가 상당히 많이 사용되고 있음을 보여 준다. 수업 매체들이 이렇게 많이 사용되게 된 이유는 무엇인가? 비즈니스와 기업, 군대에서 인터넷은 광범위하게 퍼져 있는 학습자들에게 상대적으로 적은 비용으로 많은 정보를 제공할 수 있는 수단으로 간주되어 왔다. 더 나아가, 많은 경우에 컴퓨터에 대한 용이한 접근 가능성은 학습자가 특정 업무 관련 과제를 수행할 때 자신이 원하는 때와 장소에서 수업이나 수행지원(종종 전자수행지원체제 혹은 지식관리체제의 형태로)을 받을 수 있게 한다.

고등교육기관에서 인터넷을 통한 원격교육은 다양한 요인들, 예를 들어 직업이나 가족 부양, 지리적인 요인 등으로 인터넷을 활용하지 않고서는 수업을 받을 수 없는 학습자들에게 저비용으로 수업을 제공하는 방법으로 여겨져 왔다. 그러나 인터넷을 통한 원격교육이 비용 효과성이 있는지는 아직도 밝혀지지 않았다(Hawkridge, 1999).

많은 양의 새로운 수업 매체가 계속해서 사용되는 또 다른 이유는 새로운 수업 매체의 상호작용적인 특성이 증가하였기 때문일 것이다. Moore(1989)는 수업활동에 관여하는 행위자들 간에는 세 가지 유형의 상호작용이 있다고 하였는데, 구체적으로 이것은 학습자와 수업내용 간, 학습자와 교사 간, 학습자와 학습자 간 상호작용이다. 그 특성상, 1920~1930년대에 널리 사용된 영화와 수업용 텔레비전과 같은 수업 매체는 주로 학습자와 수업 내용 간의 상호작용을 위한 수단으로 사용되었다. 이와 달리 인터넷은 이메일, 채팅방, 게시판과 같은 속성들을 사용하여 학습자와 수업내용 간뿐만 아니라 학습자와 교사 간, 학습자와 학습자 간 상호작용을 위한 수단으로 사용되었다. 이러한 예는 새로운 수업 매체가 Moore가 언급한 다양한 유형의 상호작용을 얼마나 쉽게 증진시킬 수 있는지를 잘 보여 준다.

게다가 컴퓨터 테크놀로지, 특히 컴퓨터의 멀티미디어적 특성의 발전은 교육자들이 학습자와 수업내용 간의 보다 복잡한 상호작용을 포함하는 학습 경험을 이전보다 훨씬 쉽게 설계할 수 있도록 해 주었다. 예를 들어, 프린트, 비디오, 오디오처럼 컴퓨터가 제시할 수 있는 정보의 양과 유형이 증가함에 따라 학습자들에게 제시할 수 있는 문제 유형뿐만 아니라 피드백의 유형도 크게 증가되었다. 이와 같이 증가된 수업능력은 많은 교육자들의 관심을 불러일으켰으며 또한 학습자들이 다양한 내용에 보다 쉽게 링크할 수 있도록 해 주는 컴퓨터의 능력은 구성주의적 관점을 가지고 있는 수업설계자들의 관심을 촉발하였다. 수업설계자뿐만 아니라 학습자들이 참여하는 활동과 그들이 사용하는 도구 및 자원에 대해 상당한 통제권을 가지고 있는 학습환경에서, 보다 실제적인 문제를 제시하는 데 특히 관심을 가지고 있는 사람들은 새로운 디지털 테크놀로지가 이전의 테크놀로지보다 훨씬 더 편리하고 적합함을 알게 되었다.

위의 몇 가지 예에서 살펴본 와 같이, 지난 몇 년 동안, 컴퓨터와 인터넷 그 외 디지털 테크놀로지는 몇 가지 '비전통적인' 수단을 통해 학습과 수행을 증진하기 위한 수단으로 종종 사용되어 왔다. 예를 들어, 컴퓨터 보조 전자수행시스템, 지식관리시스템, 학습자 중심 학습 환경은 종종 훈련이나 직접 교수법에 대한 대안으로 사용되었다. 수업 매체가 현행 교육이나 훈련에 미친 영향을 고려해 볼 때, 이러한 형태의 수업 매체의 활용은 간과되어서는 안 된다.

10) 수업 매체 역사의 결론

수업 매체의 역사를 검토해 봄으로써 얻을 수 있는 가장 중요한 교훈 중 하나는 수업의 실제에 있어 수업 매체의 기대 효과와 실제 나타난 효과 간의 비교와 관련되어 있다. Cuban(1986)이 지적한 바와 같이, 지난 세기의 수업 매체의 역사를 돌이켜 보면, 기대와 결과가 반복적으로 일어남을 알 수 있다. 새로운 매체가 교육 상황에 들어오면, 초기에는 그 매체가 수업의 실제에 가져올 효과에 대해 많은 관심과 열정을 쏟는다. 그러나 관심과 열정은 결국 사라져 버리고 해당 매체가 실제로 수업에 거의 영향을 미치지 못했음을 알게 된다. 예를 들어, 영화가 교육을 혁신할 것이라는 Edison의 낙관적인 예측은 빗나간 것으로 밝혀졌으며, 1950년대에 나타났던 수업용 텔레비전에 대한 열정은 그것이 학교 수업에 거의 영향을 미치지 않음에 따라 1960년대 중반에는 크게 줄었다. 이러한 두 가지 예는 수업 매체의 활용이 매우 면밀하게 관찰된 학교에서의 매체 활용과 관련이 있지만 비즈니스나 기업에서의 수업 매체 활용에 관한 자료도 이와 비슷한 결과를 보여준다. 다시 말해, 비즈니스와 기업에서의 매체 활용에 대한 적극성에도 불구하고 최근까지 수업 매체는 그러한 환경에서의 수업 실제에 거의 영향을 미치지 못했다.

1980년대에 처음으로 행해졌던, 컴퓨터가 수업을 혁신할 것이라는 예측은 어떠한가? 학교에서 공개한 자료에 따르면, 1990년대 중반까지 그러한 혁신은 일어나지 않았다. 그러나 최근 자료에 따르면, 컴퓨터와 인터넷이 학교에서 점차 널리 활용되고 있음을 보여 준다. 더 나아가 지난 5년 동안 컴퓨터와 인터넷은 비즈니스, 기업, 고등교육과 같은 다른 환경에서도 매우 광범위하게 수업과 수행을 지원해 왔다.

수업에 대한 매체의 영향력이 과거보다 미래에 더욱 커질 것인가? 앞서 언급한 대로 새로운 매체의 사용이 증가한 이유와 관점에서 볼 때, 다음 3~5년 안에 컴퓨터, 인터넷, 다른 디지털 매체는 과거 어떤 다른 매체보다 수업의 실제에 커다란 변화를 초래할 것이라 예측된다. 변화의 속도는 느릴 수 있으나 최근 자료에 나타난 것처럼 그러한 변화는 확실히 일어날 것이다.

4. 교수 매체 선정 방안[2)]

교수를 계획할 때, 주제를 향상시킬 수 있는 교수 매체를 선택하는 것이 중요하다. 교수 매체 선정 체크리스트는 이러한 과정에 도움이 될 것이다. 각 교수 매체 유형은 일련의 장점(예: 움직임, 현실성)과 일련의 교육적 한계점(예: 교실 크기, 집단 크기)을 가지고 있다. 이러한 자세한 설명이 다음 표의 첫 번째 칸에 제시되었다. 각각의 설명 옆으로 7개의 칸이 있다. 여러분의 교육적 요구나 상황을 가장 잘 설명하는 여백에 '✓' 표시하라.

예를 들어, 만약 프레젠테이션을 하는 동안 핵심단어를 그리거나 쓰는 것이 중요하다면, 표의 7번 항목으로 가서 여백의 오른쪽 세 번째 칸에 '✓' 표시한다. 교육적 상황이나 요구를 가장 잘 설명하는 각 요구조건이나 항목에 대해 이러한 과정을 계속한다. 전체 내용을 다 점검한 후에, 어떤 칸에 '✓' 표시가 가장 많은지를 알아보고 '✓' 표시가 가장 많은 교수 매체를 선택한다.

'✓' 표시가 가장 많은 것	교수매체 유형 선정
T	텍스트(유인물, 책, 컴퓨터 화면)
V-Print	인쇄된 시각자료(그래픽, 사진, 차트, 도표)
V-Prj	투사된 시각자료(OHP 투사자료, 파워포인트 형식 슬라이드)
A	오디오(테이프, CD)
Vid	비디오(DVD, 테이프, TV)
RO	실물과 모형
MM/CS	멀티미디어와 다른 컴퓨터 소프트웨어

2) 노석준 외 공역(2008). **교수 · 학습을 위한 교육공학**. 서울: 학지사, pp. 179-180.

여백에 '✓' 표시 수가 하나 이상 나올 수도 있다. 이러한 경우 어떤 교수 매체가 가장 적합한지 선택하거나 또는 프레젠테이션에서 다양한 교수 매체 유형의 활용을 고려할 필요가 있다.

교수 매체 선정 리스트							
다음의 교수 매체를 통해 학습이 향상된다.	T	V-Print	V-Prj	A	Vid	RO	MM/CS
학생이 실제 대상을 보거나 만질 수 있다.							
교실에서 수업자료를 받을 수 있다.							
수업 후 참고자료, 안내서, 작업안내서로 사용할 수 있다.							
여러 참가자가 동시에 반응할 수 있다.							
쉽게 지우고 변경할 수 있다.							
최소한의 경비를 필요로 한다.							
수업 중 핵심단어를 그리거나 쓰는 것이 가능하다.							
소집단(25명 이하)에 적합하다.							
준비하기 쉬운 시각자료를 활용한다.							
시각자료의 사전 준비가 가능하다.							
단어 단서나 수업 개요를 제시한다.							
휴대가 가능하다.							
상업적으로 준비된 시각자료를 제공한다.							
자료의 순서를 쉽게 바꿀 수 있다.							
사용자가 속도를 조절하고 프레젠테이션의 일정 부분을 다시 진행할 수 있다.							
읽기나 이해에 어려움이 있는 학생에게 적합하다.							
정확한 소리를 재생한다.							
교사나 학생이 쉽게 사용한다.							
고화질, 실제적인 이미지를 제시한다.							
교사가 독립적으로 사용할 수 있다.							
순차적인 동작을 포함한 움직임을 보여 준다.							
위험한 진행 과정의 관찰, 실제 세계의 재연이 가능하다.							
발견학습 환경을 제공한다.							
개인적 태도와 사회적 태도를 형성한다.							

5. ASSURE 모형

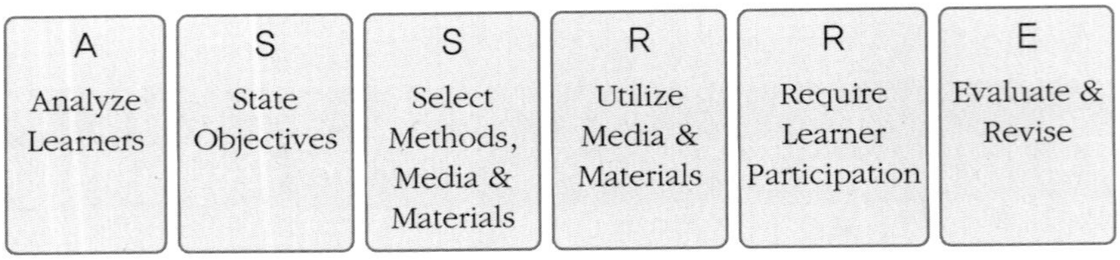

[그림 9-4] ASSURE 모형

이 모형은 Heinich, Molenda, Russell & Smaldino(1996)가 교수 · 학습 과정에서 교수매체를 효과적으로 활용하기 위한 방안을 제안하기 위해 창안한 모형으로, 각 단계를 나타내는 용어의 두문자어를 결합하여 ASSURE 모형이라고 명명했다. 이 모형은 교수체제 설계 모형에 기초하여 특별히 매체의 효과적인 활용을 목적으로 만들어진 것이다. 즉, Gagné의 수업사상에 기초하여 교사들이 쉽게 매체를 활용할 수 있도록 수정한 것으로서, 이 모형에 따르면 교사나 기업 교육전문가들이 수업에서 교수 매체를 효과적으로 사용할 수 있음을 보장(assure)해 준다는 의미를 내포하고 있다.

1) 학습자 분석(Analyze Leaners)

교수 · 학습과정에서 매체를 활용하여 효과를 극대화하기 위해서는 먼저 교육의 수혜자인 학습자의 특성을 분석하는 일부터 시작해야 한다. 학습자의 특성에는 첫째, 연령 · 학년 · 직업 · 지위 · 사회경제적 요인과 같은 일반적 특성 둘째, 학습자가 이미 지니고 있는 지식 및 기능을 분석하고 현재 부족한 역량과 같은 출발점 행동, 셋째, 특정한 학습이나 수업활동에 대한 학생의 개인적 선호경향을 나타내는 학습양식 등이 포함된다.

2) 목표진술(State Objectives)

교수 매체를 효과적으로 활용하기 위한 두 번째 단계는 명세적인 수준의 행동목표를 작성하는 것이다. 즉, 수업이 시작할 시점에는 할 수 없었으나 수업이 끝난 후에 학습자가 할 줄 알게 되기를 기대하는 상태를 행동동사를 사용하여 진술해야 한다. 목표는 인지적 영역과 정의적 영역, 그리고 운동기능 영역으로 나누어 진술할 수 있다. 이상적으로 진술된 목표는 학습자를 대상(audience)으로 하고, 측정가능하고 관찰가능한 행동동사(behavior)를 사용하고, 행동이 관찰되어야 할 조건(condition)이 명시되어야 하고, 수행의 수준을 판단할 기준(degree)을 포함하고 있어야 한다.

3) 교수방법, 매체, 자료의 선정(Select Methods, Media & Materials)

목표달성을 위해 가장 효과적이고 효율적이며 매력적이고 안정적인 교수방법을 선정하는 일은 매우 중요한 일이다. 즉, 무수하게 많은 방법들 중에서 특정 목표달성에 가장 적합한 방법을 처방하는 일의 중요성은 많은 학자들이 지속적으로 강조해 오고 있는 교육의 원리다. 그런데 그런 방법을 통해서도 내용의 전달 수준이 만족스럽지 못할 경우, 다양한 매체를 선정할 수 있다. 매체와 자료의 선정 기준은 다음과 같다(Heinich et al., 2002).

- 교육과정과 일치하는가?
- 정확하고 최신의 것인가?
- 명료하고, 정확한 용어를 사용하고 있는가?
- 흥미를 유발하고 유지시키는가?
- 학습자의 참여를 유발하는가?
- 기술적 품질이 우수한가?

- 효과성에 대한 객관적인 증거가 있는가?
- 의도적인 편견이나 상업적 성격은 없는가?
- 사용자 안내문이 포함되어 있는가?

4) 매체와 자료의 활용(Utilize Media & Materials)

앞 단계에서 선정된 매체와 자료를 어떻게 활용할 것인지를 계획하고 실행하는 단계다. 이 단계는 크게 5개의 하위 단계로 구성되어 있다. 첫째, 자료에 대한 사전검토 단계로서 학생들에게 매체와 자료를 사용하기에 앞서 기술적인 문제와 내용상의 부적절성을 사전에 검열하는 과정이다. 교사가 자료에 대한 전체적인 이해를 숙지한 상태여야 효과적인 활용을 기대할 수 있다. 둘째, 자료 준비하기 단계는 수업에 활용할 매체와 자료를 준비하고 어떤 순서로 활용할 것인가를 정하고 리허설을 해 본다. 즉, 교사가 해야 할 일과 학습자가 해야 할 일을 염두에 두고 수업에 필요한 매체와 자료의 목록을 작성한다. 셋째, 주변 환경을 정비하는 단계로서, 계획한 매체와 자료를 활용하기에 환경이 적합한 지를 점검한다. 예를 들어, 충분한 전원 공급과 적절한 조명과 암막 시설, 안락한 의자, 적절한 환기, 온도 및 밝기 등을 확인하고 모든 학생이 잘 듣고 볼 수 있도록 자석을 배치한다. 넷째, 학습자를 사전 준비시키는 단계로서, 매체와 자료의 활용에 수업에 대한 기대와 동기를 유발하고, 주의를 집중시키기 위하여 수업내용을 개관하고 수업목표를 공지하고 사용할 매체와 자료에 대한 특수 사항을 미리 설명해 준다. 마지막으로 학습경험을 제공하는 단계, 즉 교수자료를 제시하는 단계로서 자료의 성격에 따라 교사 주도형일 경우와 학습자 주도형일 경우를 구분하여 그에 적합한 방식으로 매체와 자료를 활용한다.

5) 학습자 참여의 유도(Require Learner Participation)

교수 · 학습과정에서 교사는 학습자가 수업에 적극적으로 참여하도록 모든 노력을 경주해야 한다. Kemp(1985)는 학습자를 학습과정에 능동적으로 참여하도록 하는 방법으로서, 즉각적인 필기나 구두의 반응을 요구하는 질문을 제시하고, 필기 활동을 지시하고, 보거나 들은 것으로부터 선택, 판단, 결정을 하도록 요구하고, 보거나 들은 활동이나 기술과 관련된 수행을 요구하는 방안을 제안한다. 학습자의 참여를 유도하는 또 다른 중요한 방안은 수업 중에 다양한 연습 문제를 제시하고 그 결과에 따라 적절한 피드백을 제공하는 것이다. 특히 학습자의 수준에 따라 내용의 난이도와 피드백의 유형을 조정하는 것이 중요하다. 피드백의 종류로서 학습자의 반응이 맞는지 틀렸는지만을 알려 주는 정 · 오 확인 피드백(confirmation)과, 학습자의 반응에 대한 정 · 오 정보와 함께 정답을 알려 주는 정답 반응 피드백(correct response feedback), 오반응에 대한 구체적인 설명을 제시해 주는 설명적 피드백(explanatory feedback), 특별히 학습자가 오답을 하게 된 원인을 분석하여 그 과정을 교정해 주는 오류관련 피드백(bug-related feedback) 등이 있다. 피드백을 내용에 따라, 학습과제를 명확하게 해 주는 과제 피드백, 학습자의 의사결정을 지원하는 전략적 피드백, 학습자들이 학습내용에 흥미를 갖도록 하는 정의적 피드백 등이 있다.

6) 평가와 수정(Evaluate & Revise)

교수활동이 끝나면 의도한 수업목표가 달성되었는지를 판단해야 한다. ASSURE 모형의 마지막 단계이지만 체계적인 관점에서 보면 새로운 개선된 출발을 위한 정보를 수집하는 단계라고 볼 수 있다. 일반적으로 목표의 달성 여부를 확인하고 판단하는 과정으로서 평가의 기능을 규정하고 있으나, 특별히 이 ASSURE 모형에서는 교수방법과 교수 매체, 교수자료를 선정 · 개발 · 활용한 것에 대한 효과성을 평가하는 것이 중요하다. 이 과정의 결과는 순환 반복적인 교육의 성격에 비추어 보면 다음 교수 · 학습과정을 개선시키는 데 중요한 정보를 제공하기 때문이다. 즉, 평가를 마지막 단계로 보는 것이 아니라, 이후의 보다 생산적인 결과를 위한 출발점이 되기 때문이다. 수업자료가 효과적이었는지, 그것이 개선될 수 있는지, 학생 성취의 관점에서 그것이 비용 효과적이었는지, 학습내용 제시 시간이 적절했는지, 그 매체가 학생들이 목표를 성취하는 데 도움이 되었는지, 그것이 학생 흥미를 일으키는 데 효과적이었는지, 그것이 의미 있는 학생 참여를 제공해 주었는지 평가하는 것이다(교육공학 용어사전, 2005, p. 405).

6. 수업사상별 코스웨어 활용 방안

정보기술의 교수 · 학습 활용 방안은 교육공학의 한 하부 영역으로서 다양한 매체의 채택 및 활용에 주안점을 두고 있는 접근법이다. 매체는 크게 하드웨어와 매니지웨어, 코스웨어로 나누어지며, 교육목적의 효율적 달성을 위한 수단으로서의 공학, 즉 시청각 매체를 일컫는다. 이러한 매체의 활용은 어떤 장기적인 교육목적이나 교육현상 전반에 대한 시각에서 이루어진 것이 아니라, 새로운 매체가 등장함에 따라 개별적으로 이루어진 것으로서, 교사가 한 시간의 수업을 진행할 때 효과적으로 활용하는 방안에 중점을 두고 있다.

일반적으로 도입부, 전개부, 정리부로 크게 나누어지는 한 단위의 수업은 보다 세부적인 사상(事象)들로 구성되어 있다. 전형적으로 9개의 사상(events)들로 구성되어 있으며, 모든 수업에 일괄적으로 적용되는 것은 아니다. 즉, 수업의 내용과 특성, 시간과 학습자의 수준, 수업환경 등에 따라 9개 중 전부 또는 일부가 적용되기도 하고, 그 순서 역시 융통성 있게 변형되어 적용될 수 있다. 물론 이러한 변형은 폭넓은 내용 이해와 풍부한 교수 경험을 갖춘 교사의 경우에 해당되며, 그렇지 않은 경우 이 단계를 체계적으로 적용하는 수업을 계획하고 실행해야 한다.

수업과정에서 교수 매체를 활용하는 방안은 학습목표의 유형, 학습자료의 종류와 특성, 학습 경험의 범위와 계열, 학습자의 수준, 학습 집단의 크기 등 다양한 요인에 따라 결정된다. 교수 매체는 무엇보다도 수업 목표의 성취를 위한 수업과정에서 하나의 수단적 기능을 수행한다는 사실을 명심해야 한다. 매체의 신기성이나 현란함으로 인한 부정적인 결과를 방지해야 하고, 전달내용을 효과적으로 설계하는 일에 관심과 노력을 기울여야 한다. 또한, 한 단위의 수업 중 어느 부분에서 어떤 교수 매체를 얼마 동안 사용할 것인지에 대한 사전 계획을 수립하여 과도하게 매체에 의존하는 수업이 되지 않도록 주의해야 한다. 본 연구의 이론적 기반을 제시할 수업 사상별 정보 매체의 활용 방안과 학교에서 활용되는 대표적인 정보화 매체의 특성을 살펴본다.

1) 수업의 도입부

(1) 주의 집중

수업은 학습자의 주의를 환기시키는 일부터 시작된다. 따라서 학습자의 흥미를 유발하거나 관심을 끌 수 있는 자극적인 자료, 즉 교과 내용과 관련된 시사 정보나 간단한 사건 · 사고 이야기, 역사적인 인물의 일화 등을 활용하는 것이 효과적이다. 수업의 첫부분에서 OHP나, 실물환등기, CD-ROM, 파워포인트 등을 이용하여 수업 내용과 관련된 시사 화보 자료와 도감 자료를 확대 제시하거나, 웹의 방송국 사이트를 접속하여 관련된 누스 클립을 상영한다. 화상 자료 없이 음성만으로도 충분한 효과를 확보할 수 있다. 학습자의 주의를 환기 또는 유도하기 위한 목적이기 때문에 적절한 시간을(1~2분 정도) 안배하여 수업의 본 궤도를 이탈하지 않도록 주의한다.

(2) 목표 제시

수업을 통해 할 수 있게 되기를 기대하는 '새로운 행동' 을 알려 줌으로써, 수업이 진행되는 동안 나침반의 역할을 하게 된다. 즉, 모든 학습활동은 구체적으로 명시된 학습목표를 달성하기 위해 의도적으로 설계 · 개발 · 적용되어야 한다. '주의집중' 단계의 상황과 관련된 특정 역할을 학습자에게 부여한 뒤, 파워포인트를 이용하여 한 글자씩 천천히 수업목표를 제시한다. 목표가 제시된 후 전체 학습자들이 함께 읽도록 한다. 목표를 제시한 후, 목표가 달성된 상황을 확인할 수 있는 관련 사이트를 제시하거나, (동)영상 자료를 통하여 실제 예들을 설명하고 시범을 보여 준다. 목표 성취에 요구되는 기준이나 조건 등은 파워포인트 파일 도표로 작성하여 구체적으로 설명한다.

(3) 선행학습 상기

교육은 영속적이고 누적적인 활동이기 때문에 이전의 학습내용에 대한 숙달 여부가 중요한 의미를 갖는다. 따라서 이번 시간의 내용을 학습하는 데 꼭 필요한 내용을 확인하여 후속 학습에 지장이 없도록 적절한 처방(보충 · 심화학습)을 제시해야 한다. 선행학습 상기 활동은 반드시 본 수업의 내용과 자연스럽게 관련되도록 해야 한다. 따라서 지난 시간에 활용한 매체 자료가 있다면 간략하게 제시하면서 관련성을 설명한다. 특별히 시각자료는 관련 맥락을 제시하고 있기 때문에 선수 내용을 상기하는 일이 보다 효과적으로 이루어질 수 있다. 물론 관련된 웹 사이트를 방문하여 학습자에게 질문(진단 평가)을 하면서 선행학습을 스스로 상기하게 유도할 수도 있다.

2) 수업의 전개부

(1) 학습자료 제시

수업을 통해 학습할 구체적인 자료를 제시하는 단계다. 일제수업 형태로 이루어지는 학습활동으로서 내용에 따라 다양하고 효과적인 제시 방안을 고안하여 학습자료를 선택적으로 지각할 수 있도록 차별성 있는 제시방안을 고려해야 한다. 학습내용의 제시를 위해서는 모든 정보 매체가 동원될 수 있다. 일방적인 강의식 수업과는 달리, 파워포인트를 이용하여 (동)영상 자료와 문서 자료를 제시하고 계속해서 웹을 통하여 학습자와 상호작용하면서 문서자료에 포함된 중요한 내용을 검색하는 학습활동을 실시한다. 중요한 사이트는 파워포인트 문서에 링크를 설치하여 곧바로 정보를 접속·확인하게 하고, 접속 시간을 단축하기 위하여 미리 내려 받기를 해 둔다. 특별히 다양한 도표나 차트 등을 실물환등기나 파워포인트로 제시하여 맥락 정보 속에서 세부 내용을 기억하게 함으로써 경제성과 효율성을 제고하는 방안을 활용한다. CD-ROM을 활용할 경우, 학습자가 중요한 내용을 필기할 수 있는 시간적 여유를 주거나, 아니면 사전에 주요 내용을 정리한 유인물을 배포하도록 한다. 물론 CD-ROM의 제목과 제작회사를 공지하여 필요한 경우 대출이나 구매할 수 있도록 한다.

(2) 학습안내 및 지도

제시한 내용에 대한 학습자의 이해 수준에 따라 보다 개별적인 학습안내와 지도를 제공하는 단계다. 즉, 학습자료가 효과적으로 개개인의 장기기억에 유의미하게 저장될 수 있도록 다양한 상황과 맥락을 이용하여 구조적으로 제시해야 한다. 학습자마다 선호하는 정보 유형이 다르기 때문에 다양한 유형의 정보를 제시하여 학습자의 이해를 제고하도록 정보 매체를 활용한다. 동일한 정보를 문서나 음성, (동)영상, 도표, 차트 등의 다양한 형태로 제시하기 위해 OHP와 파워포인트, 웹 등을 이용한다. 학습자들로부터의 도움 요청에 대하여 직접적인 해결안을 제시하기보다는 다양한 단서를 제공하여 웹에서 직접 요구를 해소하도록 유도한다. 학습자가 직접 교단에서 검색 과정을 시범하게 하거나, 소집단 활동으로 경험하게 한다.

(3) 연습

학습자에게 배운 내용을 스스로 연습하고 실행해 볼 수 있는 기회를 제공하는 단계다. 이론적인 수준에서 체계화된 학습내용을 여러 가지 문제

해결 상황에 반복적으로 적용해 봄으로써 내용을 보다 깊이 있게 이해할 수 있는 기회를 제공해 준다. 수업목표에서 기대하는 행동이 나타나야 할 전형적인 문제 장면을 정사진이나 동영상으로 제시한 뒤, 학습자의 적극적인 참여를 조장하기 위하여 다양한 질문을 제시한다. 학습자는 구두나 문서로 대답을 작성하며, CD-ROM과 같은 컴퓨터 보조 학습자료가 있을 경우 대형 스크린에 문제를 투사하여 반응을 구성하게 한다. 개념이나 규칙을 새로운 장면에 적용한 예를 소개하고 웹에서 직접 검색하여 보고하게 함으로써 학습한 내용을 연습을 통해 공고화하게 한다.

(4) 피드백 제공

연습의 결과에 대한 지식(knowledge of results)을 제공하는 단계로서, 학습자의 수준이나 결과의 정확성에 따라 정·오 확인 피드백, 설명적 피드백, 오류 교정 피드백 등 다양한 형태의 피드백을 제시하여 개별 처방식 수업이 이루어지도록 한다. 연습의 결과로 예상되는 오답의 유형에 대하여 몇 가지 전형적인 오답반응(WAR: wrong answer response)을 사전에 개발하여 차별적인 피드백을 제공하도록 설계한다. 학습자가 범한 오답의 유형에 따라 OHP나 파워포인트 등으로 개발된 WAR를 제시하고, 수행의 정확성에 대한 정보는 관련 웹 사이트에 연결하거나 평가 준거표 등을 제시하여 구체적으로 제공한다. 독창적인 결과에 대해서는 정·오에 관계없이 실물환등기를 통해 전체 학습자에게 소개하고 처방한다.

3) 수업의 정리부

(1) 형성평가

수업의 종결 시점에서 학습목표로 설정한 '새로운 행동'이 성취되었는지의 여부를 확인하기 위하여 목표 관련 평가를 실시하는 단계다. 평가의 결과는 차기 수업을 개선하기 위한 자료로 활용되어야 하며, 학생의 성취를 평가하기 위한 것은 아니다. OHP나 파워포인트를 이용하여, 학습 내용을 총정리하는 도표나 그림을 중요한 내용이 빠져 있는 상태로 대형 화면에 제시하여 학습자들에게 빈칸을 채우도록 요구한다. 개인별이나 소집단별로 작성된 정답 문서를 제출하게 하여 차기 수업을 보완하는 자료로 활용한다. 학습내용에 따라 (동)영상이나 사진으로 문제 상황을 제시하거나, 파워포인트를 이용하여 선다형 검사 문항을 제시하여 정답 쪽지를 제출하게 한다.

(2) 파지 및 전이의 향상

수업의 마지막 단계로서, 학습한 지식 및 기능들이 영구히 기억되도록 요약 · 정리하고, 아울러 다음 시간의 내용과 관련지어서 학습한 내용이 주변의 새롭고 유사한 문제 상황에도 긍정적으로 적용이 되는 경우를 소개하여 일반화 가능성을 증진시킨다. 학습한 내용을 형성평가에서 사용한 도표나 그림을 이용하여 하나의 도식으로 구조화하여 제시함으로써 기억을 용이하게 하여 파지를 촉진시킨다. 학습의 전이를 높이기 위해서는 학습한 내용이 새로운 문제 장면에 적용되어 성공적으로 활용되고 있는 사례를 웹을 통해 검색하여 참고하게 한다.

기출문제(초등)

1. 다음 〈보기〉 중 빔 프로젝터로 제시할 시각자료를 컴퓨터 프로그램으로 제작할 때 적용할 수 있는 교수자료 설계원리로 묶은 것은?

〈 보기 〉

가. 한 화면에 2개의 글씨체만 사용한다.
나. 주요 구성요소가 수평과 수직으로 정확하게 맞도록 배열한다.
다. 근접시켜 비교할 내용을 적색과 녹색이 조화되게 표현한다.
라. 화면에 변화를 주기 위해 각 면마다 제목의 위치와 글자의 크기를 다르게 표현한다.

① 가, 나 ② 나, 다
③ 가, 라 ④ 다, 라

2. 〈보기〉에서 두 교사는 매체의 어떤 속성을 가장 잘 활용하고 있는가?

〈 보기 〉

• 김 교사는 물고기가 움직이는 모습을 담은 비디오를 느린 동작으로 학생들에게 보여 주었다.
• 최 교사는 개구리 해부도를 컴퓨터에 담고 중요한 부분을 붉은 색으로 칠한 후 빔 프로젝터로 확대하여 학생들에게 보여 주었다.

① 고정성 ② 조작성
③ 구체성 ④ 반복성

3. 다음은 초등학교 사회과와 수학과 수업에서 컴퓨터 보조수업(CAI)과 토론식 수업을 적용한 결과를 학업 성취도와 학습을 마칠 때까지 소요된 시간의 관계로 나타낸 그림이다. 효과성 측면에서 그림을 가장 적절하게 설명하고 있는 것은?

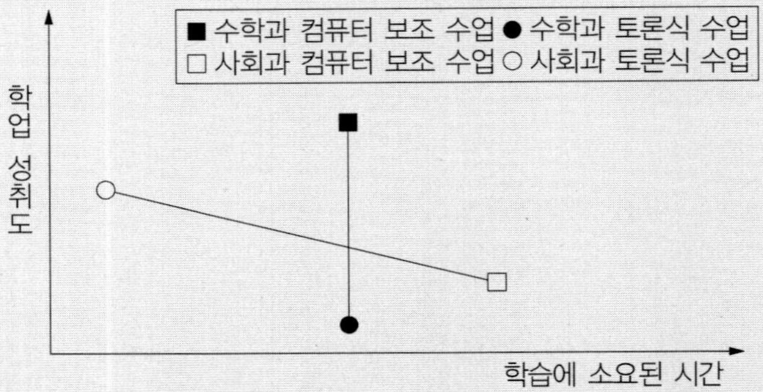

① 사회과와 수학과 모두 토론식 수업의 효과성이 높다.

② 사회과와 수학과 모두 컴퓨터 보조수업의 효과성이 높다.

③ 사회과에서는 토론식 수업이 효과적이며, 수학과에서는 컴퓨터 보조수업이 효과적이다.

④ 사회과에서는 컴퓨터 보조수업이 효과적이며, 수학과에서는 토론식 수업이 효과적이다.

4. 컴퓨터 매개 통신(computer-mediated communication)을 활용한 수업의 장점이라고 할 수 없는 것은?

① 협동적 문제해결의 기회를 제공한다.

② 고차적 사고기술을 습득할 수 있는 기회를 제공한다.

③ 공간적 제약을 초월한 사회적 상호작용의 기회를 제공한다.

④ 습득한 지식과 기능을 반복적으로 연습할 수 있는 기회를 제공한다.

5. 컴퓨터 보조수업(CAI) 중에서 아래의 그림과 관련이 깊은 유형은?

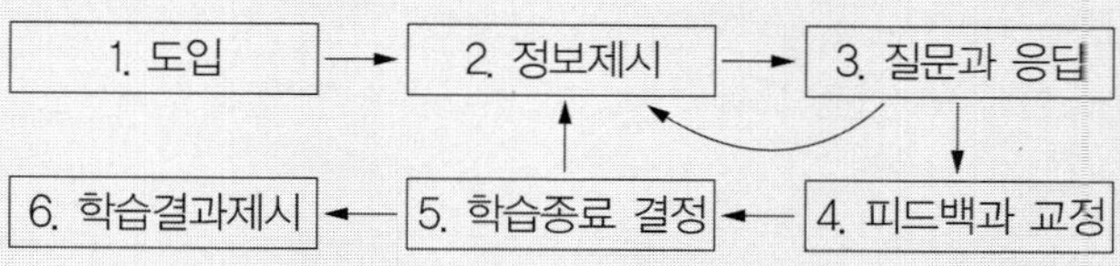

① 게임형
② 개인교수형
③ 반복연습형
④ 시뮬레이션형

6. 교수 · 학습 상황에서 시청각 매체를 효과적으로 활용하기 어려운 경우는?

① 내용의 사실성을 증가시키고자 할 때

② 현상의 진행과정을 제시하고자 할 때

③ 교사에 따른 개인차를 줄이고자 할 때

④ 교사와 학생이 양방향으로 상호작용하고자 할 때

7. 교육정보화는 교사들이 학생들에게 보다 나은 학습경험을 제시하는 데 도움을 줄 것이라는 견해도 있지만, 수업과 관련된 교사들의 활동기회를 줄여 '탈숙련화' 현상을 초래할 수 있다는 우려도 있다. 〈보기〉에서 이런 주장과 관련이 있는 것은?

〈 보기 〉

가. 사이버공간에 개설된 대화방에서 '왕따 예방' 에 대해 토론한다.

나. '삼투압의 원리' 에 관한 판서내용이 순서대로 조직된 웹문서로 수업한다.

다. 웹 자료실에서 다른 교사가 제작한 중간고사 시험문제를 내려 받아 사용한다.

라. '월드컵 출전국 소개' 자료를 작성하여 웹 게시판에 제출하도록 과제를 낸다.

마. CD-ROM을 사용하여 영어로 인사하는 장면을 보여 주고, 화면의 '따라하기' 버튼을 누른다.

① 가, 나, 다 ② 가, 다, 라

③ 나, 다, 마 ④ 나, 라, 마

8. 다음 지침을 적용하여 제작할 수 있는 가장 적합한 자료는?

〈 보기 〉

- 문자보다 시각자료를 싣는 것이 좋다.
- 하나의 주제에 관한 정보만 싣는 것이 좋다.
- 세로형보다는 가로형으로 정보를 싣는 것이 좋다.
- 문자는 중요한 정보만 선별해서 간결하게 싣는 것이 좋다.
- 문자만 실을 경우, 6×6 규칙을 준수하는 것이 바람직하다.

① 사진 자료 ② OHP용 TP 자료

③ 홈페이지 화면 자료 ④ 보충설명 문서 자료

9. 〈보기〉는 하이니히(R. Heinich)가 제안한 ASSURE 모형이다. (가) 단계에서 교사가 수행한 일로 가장 적합한 것은?

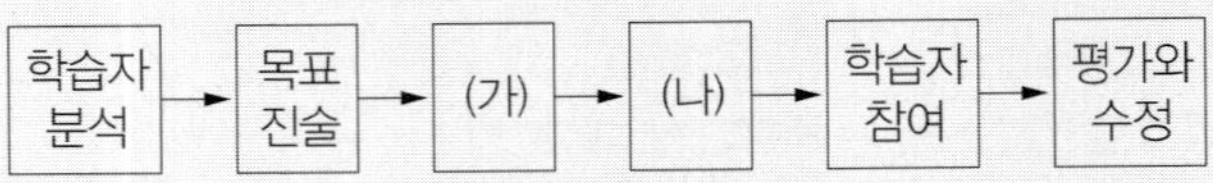

① 단답형 평가를 실시하여 성취도를 측정하였다.

② 학생들이 인터넷에서 자료를 검색하고 발표하게 하였다.

③ 학생들이 모둠별로 데이터베이스를 만들도록 도와주었다.

④ 사서 교사와 의논하여 비디오, 책, 지도 등을 예약해 두었다.

10.〈보기〉의 활동과 관련된 교육용 소프트웨어 개발 단계는?

〈 보기 〉

- 가르치거나 배울 내용을 상세하게 설명한다.
- 화면에 제시될 그래픽을 스케치하고 설명을 추가한다.
- 학습자의 반응에 대한 피드백의 유형과 내용을 기술한다.
- 소프트웨어를 개발할 때 제작자가 유의할 사항을 기술한다.

① 프로그래밍　　② 흐름도 작성
③ 스토리보드 작성　　④ 목표와 내용 분석

11. 〈보기〉에서 인터넷 활용에 대한 설명으로 바른 것만을 골라 묶은 것은?

〈 보기 〉

가. 지식 전달자로서 교사의 역할이 강조된다.
나. 정보의 생산자와 소비자가 엄격히 구분된다.
다. 문자, 소리, 동영상 등 다양한 매체를 활용할 수 있다.
라. 여러 장소에 있는 학습자끼리 협동학습을 수행하기가 용이하다.

① 가, 나　　② 가, 다
③ 나, 라　　④ 다, 라

12. 백 교사는 지구의 내부 구조를 학생들에게 설명하기 위해 복숭아를 자른 단면을 제시하였다. 백 교사가 사용한 시각 정보는?

① 사실적 정보　　② 유추적 정보
③ 조작적 정보　　④ 상호작용적 정보

13. 멀티미디어의 특성에 관한 설명으로 <u>틀린</u> 것은?

① 많은 양의 정보를 다양한 형태로 수록 할 수 있다.
② 정보가 선형적으로 제공되므로 모든 사용자가 동일한 정보를 얻는다.
③ 실제 상황과 유사한 현상을 체험할 수 있는 다감각적 학습환경을 제공한다.
④ 상호작용이 가능하여 사용자의 반응에 따라 프로그램 진행이 달라질 수 있다.

14. 인지적 유연성(cognitive flexibility) 이론을 적용한 하이퍼텍스트에 대한 설명으로 가장 적절한 것은?

① 교사 주도의 수업에 주로 활용된다.
② 수학과 같은 구조화된 교과 영역에 특히 적합하다.

③ 학습 경로를 사전에 계열화하는 것이 매우 중요하다.
④ 다양하고 구체적인 사례들이 내용의 주된 구성 요소다.

15. 멀티미디어 활용 수업에서 나타나는 〈보기〉와 같은 학습자의 경험을 가장 잘 설명해 주는 것은?

〈 보기 〉

- 한 화면에 여러 가지 학습내용들이 동시에 제시되었을 경우 내용에 대한 이해도가 떨어졌다.
- 단순화시킨 그림자료보다 실제 모습을 담은 사진 자료를 제시했을 경우 개념 이해도가 떨어졌다.

① 인지적 부조화　② 인지적 과부하
③ 선수지식의 비활성화　④ 지식의 탈맥락화

16. 하이니히(R. Heinich)가 제안한 ASSURE 모형의 '매체와 자료 활용' 단계에서 교사가 수행하는 활동이 아닌 것은?

① 학습목표 달성을 위해 적절한 수업 방법, 매체 및 자료를 선정한다.
② 매체를 활용하여 수업을 진행함으로써 학생들에게 학습경험을 제공한다.
③ 수업자료의 내용을 미리 확인하여 그 자료를 충분히 효과적으로 활용할 수 있도록 한다.
④ 수업을 하려는 장소가 매체를 사용하기에 적절한지 점검하고 수업환경을 적절하게 준비한다.
⑤ 학생들에게 수업내용에 대한 개요를 소개하거나 학습목표를 알려 줌으로써 수업에 대한 기대감을 갖게 한다.

정답

1. ①　2. ②　3. ③　4. ④　5. ②　6. ④　7. ③　8. ②　9. ④　10. ③
11. ④　12. ②　13. ②　14. ④　15. ②　16. ①

기출문제(중등)

1. 학생들이 자기주도적으로 상호작용을 하며 다양한 최신 정보에 접근하기에 가장 적절한 교수 · 학습 유형은?

① 시뮬레이션 ② 프로그램학습
③ 컴퓨터보조학습(CAI) ④ 컴퓨터매개통신(CMC)

2. 다음과 같은 상황에 가장 적절한 컴퓨터보조학습(CAI)의 유형은?

• 학습자가 독자적으로 학습할 수 있도록 해 주어야 한다. • 가네(Gagné)의 아홉 가지 수업사태를 적용하면 효과적이다. • 새로운 정보를 가르치고, 확인하고, 강화해 줄 필요가 있다.

① 게임형 ② 반복연습형
③ 개인교수형 ④ 발견학습형

3. 다음 그래프는 드와이어(Dwyer)가 제시한 시각자료의 사실성 정도와 학습량의 관계를 나타낸 것이다. 이것이 의미하는 것은?

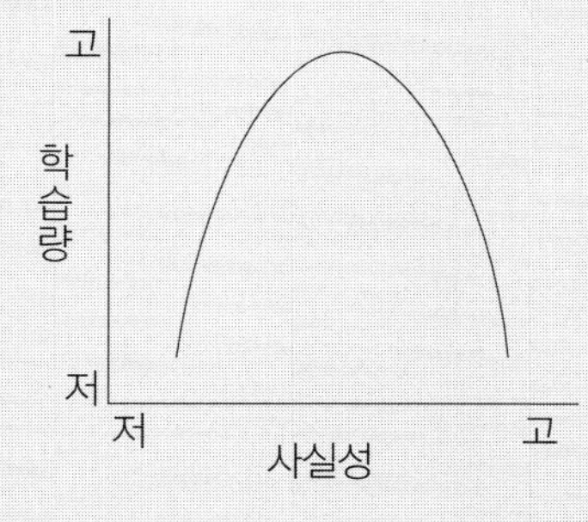

① 사실성이 높을수록 학습성취가 높아진다.
② 사실성이 높을수록 학습성취가 낮아진다.
③ 학습성취는 사실성의 정도와 관계가 없다.
④ 사실성이 지나치게 높거나 낮으면 학습성취가 낮아진다.

4. 인터넷 서비스에 대한 설명이 바르게 된 것은?

① 원격접속(Telnet): 원격지의 컴퓨터에 접속하여 원하는 정보를 찾아주는 검색시스템이다.
② 파일전송(FTP): 원격지의 컴퓨터로부터 파일을 내려 받거나 자신의 파일을 원격지의 컴퓨터에 올릴 수 있다.

③ 고퍼(Gopher): 가상환경에서 객체지향 언어를 사용하여 참여자들이 실시간으로 의사교환을 할 수 있게 한다.
④ 유즈넷(Usenet): 동일한 정보를 다수의 사람들이 공유할 수 있도록 주제별로 전자 우편 주소 목록을 만들어 준다.

5. ASSURE 모형을 활용하여 교수 매체를 사용하고자 할 때, 다음에 제시된 교사의 활동 단계는?

> • 수업자료가 학습자와 학습목표에 적절한가를 사전에 검토한다.
> • 교수 매체를 이용할 교실의 주변 환경을 점검한다.
> • 학습자에게 학습 준비를 위해 학습내용과 교수 매체에 관한 정보를 제공한다.

① 목표 진술 ② 학습자 분석
③ 평가와 수정 ④ 매체와 자료의 활용

6. 벌로(D. Berlo)의 SMCR 모형에 관한 설명으로 옳은 것은?
① 메시지는 내용, 요소, 처리, 해독으로 구성된다.
② 잡음(noise)을 메시지 전달 과정의 중요한 변인으로 고려한다.
③ 송신자의 메시지는 수신자의 시각과 청각에 의해서만 전달된다.
④ 송신자는 통신기술, 지식수준, 사회체제, 문화양식에 의해영향을 받는다.

7. 인터넷 활용 수업과 관련된 설명으로 가장 적절한 것은?
① 학습과정이 아니라 학습결과만을 평가한다.
② 최신 지식과 정보를 활용한 교수 · 학습활동이 가능하다.
③ 학습자는 능동적인 정보처리자가 아니라 수동적인 정보수용자이다.
④ 오프라인 수업에 비해 학습자가 전문가와 접촉할 수 있는 기회가 적어진다.

8. 코스웨어를 개발할 때 컴퓨터 화면 설계의 원리로 옳은 것은?
① 한 화면에 되도록 많은 텍스트를 사용한다.
② 텍스트는 학습자의 특성에 따라 다르게 제시한다.
③ 기본 화면은 사실성, 대비성, 복잡성이 있어야 한다.
④ 그림과 관련된 텍스트는 그림과 별도로 제시하는 것이 좋다.

9. 〈보기〉에서 실물화상기의 장점을 모두 고른 것은?

〈 보기 〉

- 다양한 각도에서 자료를 제시할 수 있다.
- 원자료의 손상 없이 자료를 제시할 수 있다.
- 원자료를 자유롭게 가공하여 제시할 수 있다.

① ㄱ, ㄴ ② ㄱ, ㄷ
③ ㄴ, ㄷ ④ ㄱ, ㄴ, ㄷ

10. 교육매체에 대한 설명으로 옳은 것을 모두 고른 것은?

〈 보기 〉

ㄱ. 실물화상기와 빔프로젝터는 투사 매체로 분류된다.
ㄴ. ASSURE 모형은 교육 매체 활용을 위한 모형이다.
ㄷ. OHP 사용 시 화면왜곡현상(keystoning effect)이 발생할 경우 초점조절나사를 조작한다.

① ㄱ ② ㄴ ③ ㄱ, ㄴ ④ ㄱ, ㄴ, ㄷ

11. 다음과 같은 특징을 모두 가진 컴퓨터보조수업(CAI)의 형태는?

- 도전감과 흥미를 준다.
- 집단 간의 경쟁을 통해 동기를 높인다.
- 정해진 규칙과 달성해야 할 목적이 있다.
- 사실, 원리, 사회적 기능, 태도 등의 학습에 사용된다.

① 자료제시형 ② 반복연습형
③ 개인교수형 ④ 게임형

12. 〈보기〉의 특징에 가장 적합한 온라인 교수 · 학습방법은?

〈 보기 〉

- 여러 나라의 전통 문화와 예술을 탐구한다.
- 여러 나라에 재학 중인 학생들로 3~4개의 혼합모둠을 구성한다.
- 모둠별로 탐구할 나라 선정, 탐구주제 결정, 계획수립 및 탐구활동을 실행한다.
- 모든 수업활동은 인터넷을 통하여 이루어진다.
- 모둠별 탐구 결과를 웹 페이지에 발표하고, 공동으로 평가한다.

① 온라인 소집단 팀티칭
② 온라인 협동적 프로젝트 중심학습
③ 온라인 인지적 도제학습(cognitive apprenticeship)
④ 온라인 협동적 정착교수(cooperative anchored instruction)

13. 하이퍼미디어(hypermedia) 활용 수업에 관한 설명으로 옳지 <u>않은</u> 것은?
① 학습자가 비선형적(nonlinear)으로 정보를 탐색할 수 있다.
② 학습자가 멀티미디어 요소를 활용하여 지식을 구성할 수 있다.
③ 학습자의 방향감 상실이나 인지 과부하(cognitive overload)를 야기할 수 있다.
④ 비구조화된 내용을 학습할 때 활용하면 학습자의 인지적 유연성을 기르기 어렵다.

14. 다음과 같은 방식으로 진행한 학습체제로 가장 적절한 것은?

> 학생들은 학급 홈페이지에 교사가 게시한 학습내용을 수업시간 전에 스스로 학습하였다. 교실 수업시간에는 교사의 안내에 따라 그 학습내용을 토대로 토론을 진행 하였다. 수업이 끝난 후에는 교사가 제시한 토의 주제에 대하여 홈페이지 게시판에 의견을 제시하였다.

① 블렌디드 학습(blended learning)
② 온라인 프로젝트 학습(online-project learning)
③ 비디오 회의 활용 학습(video conference learning)
④ 온라인 시뮬레이션 학습(online-simulated learning)

15. 교수 매체의 효과적이고 효율적인 활용 방안을 모색하고자 하는 다양한 연구가 진행되어 왔다. 다음 중 '매체비교연구'에 대한 진술로 옳은 것은?
① 인지주의 패러다임의 영향을 받아서 시작된 연구다.
② 상이한 매체 유형이 학업성취도에 미치는 효과를 탐색한다.
③ 교수 매체에 대한 학습자의 태도, 가치, 신념 등의 정의적 특성 변인들이 학습에 미치는 효과를 탐색한다.
④ 매체가 지닌 속성 자체가 학습자의 인지적 기능을 증진시켜서 학습 효과를 높일 것이라는 가정을 증명하고자 수행된다.

16. 〈보기〉에서 매체 선정 및 활용을 위한 ASSURE 모형에 관한 설명으로 옳은 것끼리 묶인 것은?

〈 보기 〉

ㄱ. '요구 사정' 및 '학습양식 분석'을 실시한다.
ㄴ. 학습자가 수업 중에 경험하게 될 일련의 학습활동을 수업목표로 제시한다.
ㄷ. 수업목표 달성을 위한 교수방법과 매체를 선택하고, 그에 따라 구체적인 교수 · 학습자료를 선정한다.
ㄹ. 학습자에게 습득한 지식이나 기능을 연습할 기회와 피드백을 제공하여 적극적인 사고활동을 유도한다.

① ㄱ, ㄴ　　② ㄱ, ㄹ
③ ㄴ, ㄷ　　④ ㄷ, ㄹ

17. 학생들에게 복잡하고 비구조화된 개념을 가르치기 위하여, 스피로(R. Spiro)의 인지적 유연성 이론에 기초하여 개발된 동영상 수업자료를 활용하고자 한다. 이때 수업시간에 보여 줄 동영상 형태로 가장 적합한 것은?

① 해당 개념에 대한 강의를 5분 단위로 자른 동영상 5~6개
② 해당 개념이 한 가지 관점에서 한 사례에 적용된 5분 안팎의 동영상 1개
③ 해당 개념이 한 가지 관점에서 한 사례에 적용된 20분 안팎의 동영상 1개
④ 해당 개념에 대한 강의에 시각자료를 포함한 20분 안팎의 동영상 1개
⑤ 해당 개념이 각기 다른 관점에서 여러 사례에 적용된 1분 안팎의 동영상 5~6개

정답

1. ④　2. ③　3. ④　4. ②　5. ④　6. ④　7. ②　8. ②　9. ①　10. ③
11. ④　12. ②　13. ④　14. ①　15. ②　16. ④　17. ⑤

제10장

코스웨어 설계 및 개발 모형

이 장은 하나의 교수방법을 구현하는 과정으로서 코스웨어를 설계하는 방안을 제안한다. 효과적인 코스웨어를 설계 · 개발해야 하는 필요성을 분석하고, 이러한 필요성을 충족시키는 방안으로서 체계적인 코스웨어 설계 모형을 개관한다. 이 장에서는 코스웨어 개발을 위한 필수 선행 작업으로서 스토리보드 제작에 필요한 지식과 기능을 이해하고 실제 활용할 수 있기를 기대한다.

이 장을 학습한 후, 최소한 다음의 학습목표가 성취되기를 기대한다.

- 효과적인 코스웨어의 필요성을 제안할 수 있다.
- e-러닝의 문제점을 학생과 교사별로 확인할 수 있다.
- 코스웨어 설계 및 개발 모형을 개관할 수 있다.
  - 코스웨어 설계 및 개발 모형의 특성을 확인할 수 있다.
  - 계획 단계를 개관하고, 하위 단계를 실행할 수 있다.
  - 설계 단계를 개관하고, 하위 단계를 실행할 수 있다.
  - 개발 단계를 개관하고, 하위 단계를 실행할 수 있다.
  - 평가 단계를 개관하고, 하위 단계를 실행할 수 있다.
- 스토리보드의 작성 절차를 실행할 수 있다.

제10장

코스웨어 설계 및 개발 모형

1. 효과적인 코스웨어 개발의 필요성

2005년 발간된 『교육정보화 백서』에 따르면, e-러닝 활용수업에 대한 교사와 학생의 만족도 정도는 교사의 경우 '보통이다(38%)' 를 중심으로 만족(29%)과 불만족(33%)을 비슷하게 느끼고 있으나. 학생의 경우 '보통이다(22%)' 를 중심으로 만족(33%)보다는 불만족(45%)이 많은 것으로 나타났다. 교사와 학생 모두가 불만족스러운 경우가 약간씩 많게 밝혀짐에 따라, e-러닝의 어떤 문제점 때문인지를 조사한 바에 따르면, 학생의 경우, '학생의 개인차를 고려하지 못한 수업 진행(3.60)' , '교사 및 동료들 간의 상호작용 부족(3.58)' , 그리고 '다양하지 못한 e-러닝 활용 수업 방법(3.41)' 이 가장 큰 문제점으로 밝혀졌다. 교사의 경우, '학생의 개인차를 고려하지 못한 수업 진행(4.33)' , '교재 〈software〉의 부족(3.96)' , 그리고 '다양하지 못한 e-러닝 활용 수업 방법(3.85)' 이 가장 큰 문제점으로 밝혀졌다.

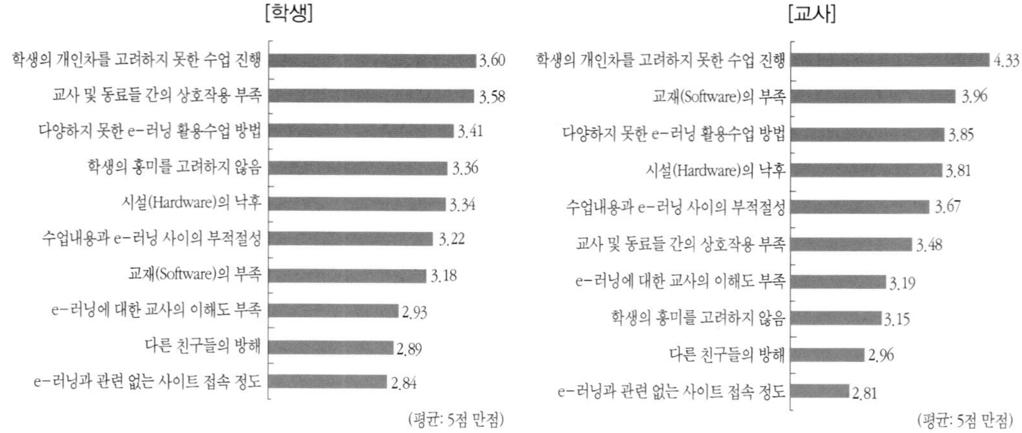

[그림 10-1] e-러닝의 문제점에 대한 우선순위

이상의 내용을 종합적으로 분석해 보면, e-러닝을 통한 학교교육이 교사와 학생에게 공히 그렇게 만족스러운 학습경험이 아닌 것으로 밝혀졌다. 이러한 문제점을 극복할 수 있는 첫 번째 방안으로, 교사의 수업활동이 학생의 개인차를 고려한 수업이 될 수 있도록 더욱 노력해야 함을 알 수 있다. 학교교육에 도입된 첨단 기자재와 인터넷을 활용한 e-러닝 환경은 학습효과를 향상시키는 데 장점도 있고 단점도 있다는 것이다. 어떤 경우에도, 목적을 타당하고 효율적으로 달성할 때만 장비와 수단은 그 존재 가치가 있다. 교육의 정보화는 거슬릴 수 없는 대세이지만, Cuban(2001)이 지적한 바와 같이, 학교의 첨단장비 구축에 투자한 비용은 과연 그 목표를 달성하는 데 효과적이었는지, 그리고 비용면에서도 효율적이었는지 반문해 보지 않을 수 없다. e-러닝으로 인해 학교교육의 모습이 크게 바뀌었음에도 불구하고, 그 변화된 모습이 궁극적으로 학생의 학습력 신장에 기여하고 있음을 확신하기 위해서는 교육에 헌신하고 있는 관계자들의 의식 속에 교육목적과 수단과의 관계성에 대한 진정한 인식이 먼저 확립되어 있어야 할 것이다.

교수 · 학습자료의 교육적 효과를 보장하기 위해서는 이미 언급한 바와 같이 체계적인 접근을 통하여 자료를 설계하고 개발해야 한다. 즉, 자료의 교육적 필요성을 분석하고, 필요성이 충족된 상태를 목표를 분석하고, 사용자인 학습자와 사용 환경을 분석하고, 가장 효과적으로 내용을 전달할 수 있는 방법들을 고려하여 자료를 설계하고 개발하는 과정을 수행하는 것이 가장 이상적인 효과를 보장하는 방법이라고 할 수 있다. 이제 이와 같은 체계적인 설계 및 개발 과정을 살펴보자.

2. 코스웨어 설계 · 개발 과정

학교 정보화 운동의 가시적인 성과가 하나 둘씩 나타나고 있다. 우선은 각급 학교에 설치된 여러 가지 정보화 관련 장비가 두드러지게 눈에 띄고, 다음으로 시기를 가리지 않고 실시되고 있는 교사 대상의 각종 정보화 관련 연수가 부쩍 많아지고 있다는 것이다. 컴퓨터의 보급과 교사의 연수는 어느 것이 더 중요한지 따져볼 필요도 없이 둘 다 정보화 교육의 핵심 요인이 된다. 그러나 둘 중 어느 것이 먼저 이루어져야 하는가에 대해서는 교사의 연수 쪽에 더 큰 비중을 두어야 할 것이다. 그 이유는 기존의 전통적인 교수 · 학습방법에 익숙해져 있는 교사들이 현재의 학교 업무는 계속 수행해야 하면서, 아울러 컴퓨터를 활용한 새로운 교수 · 학습방법 및 환경에도 신속하게 익숙해져야 하는 상황에 처해 있기 때문에, 비교적 장기적인 관점에서 교사의 연수에 우선순위를 두어야 할 것이다. 뿐만 아니라, 교육 정보화 운동을 현장에 직접 접목하고 실행하는 변화 주체자(change agents)로서 교사의 선도적인 역할이 절대적으로 요청되고 있고, 학생을 직접 접하면서 다양한 컴퓨터 활용 방안을 적용해야 하는 입장에서, 필요한 지식 · 정보 · 기능을 빨리 숙지할 수 있도록 포괄적이고 지속적인 교사 연수가 우선 시행되어야 할 것이다.

그러나 우리의 현실은 어떠한가? 컴퓨터를 비롯하여 많은 기자재가 먼저 보급되고, 그 활용 방안에 대한 교육은 그 후에 산발적으로 실시되어 왔으며, 필요한 컴퓨터 학습자료가 미처 개발되지도 않아 고가의 장비가 교육과정과 통합되어 운영되지 못하고, 필수적인 교육용 프로그램이 지원되지 않는 등 다수의 기형적인 현상으로 인해, 어느새 고가의 장비들은 기능과 성능에 있어 그 역할을 제대로 발휘하지 못하는 무용지물이 되어 버린 상황을 경험하고 있지 않은가!

이 절은 현재 이루어지고 있는 교사를 위한 코스웨어 설계 및 개발 연수가 일부는 너무 이론적인 면에 치중되어 있을 뿐만 아니라, 실무 중심의 연수조차도 단순히 기계나 장비의 운용이나 컴퓨터 프로그램의 일반적인 사용 방법에 치중되어 있기 때문에 교육학적인 이론에 기반한 설계 원리나 기법을 적절하게 통합하지 못하고 있는 문제점을 극복하고, 아울러 양질의 코스웨어를 설계하고 개발하는 필수적인 과정을 체계적으로 제시하고 있는 수업체제 설계 모형(ISD model: instructional systems design model)을 소개하고, 그에 근거하여 코스웨어를 설계 · 개발하는 과정을 제시하기 위한 것이다. 이러한 과정을 통하여 개발된 코스웨어는 '학습자 요구의 반영–명료한 학습목표의 설정–개인차 및 환경의 고려–타당한 검사의 제작–적절한 교수전략의 개발–최적의 상호작용 설계–다양한 멀티미디어 요소의 활용' 에 이르기까지 교수 · 학습의 원리가 통합된 학습자료로서 최상의 학습 효과를 성취할 것으로 기대된다.

코스웨어 설계 · 개발 과정을 학교 교육용과 기업 교육용으로 엄격하게 구별할 필요는 없다. 다만 학습내용에 있어 학교 교육은 보다 구조적이고 형식적인 내용의 습득 및 파지에 관심을 두는 데 반하여 기업 교육은 비구조적이고 덜 정형화된 내용의 현장 전이 및 적용에 관심을 두고 있기 때문에 설계 · 개발 과정에 이러한 상이점이 적절히 반영되도록 노력해야할 것이다. 특히 학교 학습자의 개인차는 기업 임직원 간의 개인차보다 더욱 심하기 때문에 그에 대한 처방에 관심을 기울여야 할 것이다.

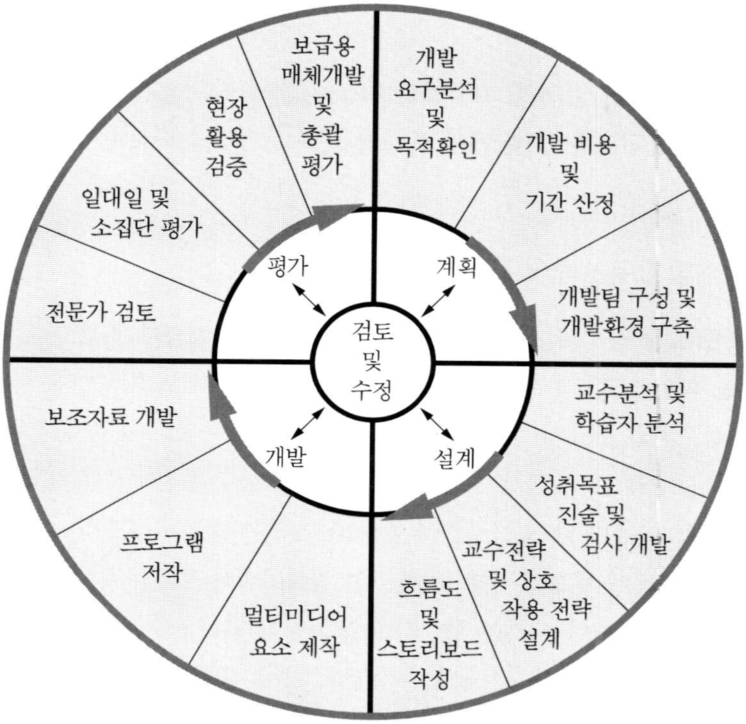

[그림 10-2] 체계적인 코스웨어 설계 · 개발 모형

[그림 10-2]는 코스웨어의 설계 · 개발 과정을 도식화한 것이다. 크게 계획–설계–개발–평가의 4단계로 이루어져 있으며, 각 단계는 다시 3~4개의 하위 단계로 구성되어 있다. 그림의 가운데에 위치한 '검토 및 수정' 과정은 모든 단계에 적용되는 것으로서 단계별 형성평가의 역할을 한다. 즉, 각 단계의 작업이 끝난 후 작업 과정 및 결과에 대한 타당성을 검토하고 드러난 문제점을 수정 · 보완하는 과정을 수행한다. 이제 간략하게 각 단계별 세부 내용을 살펴보자.

1) 계획 단계

계획 단계에는 ① 개발 요구분석 및 목적 확인 ② 개발 비용 및 기간의 산정 ③ 개발팀의 구성 및 개발 환경의 구축 등 3개의 하위 단계가 포함되어 있다.

(1) 개발 요구분석 및 목적 확인

'개발 요구분석 및 목적 확인' 단계에서는 현재 학습자가 겪고 있는 문제점을 확인하고, 그 문제가 해결된 이상적인 상태와 해결 방안을 분석하여 우선순위와 중요성에 따라 구체적으로 열거하는 일이 필요하다. 이 과정에 학습자와 교사, 학부모 및 사회의 다양한 요구를 확인하는 일이 포함되어야 한다. 이러한 요구사정(要求査定) 과정을 통하여 확인된 이상적인 상태, 즉 문제가 해결된 상태 중 특별히 멀티미디어 프로그램의 학습을 통해서 달성이 가능한 부분을 확인하고 분석해야 한다. 다시 말하면 멀티미디어 프로그램 개발의 적합성을 분석하는 일이 필요하다는 것이다. 이 단계의 결과물은 멀티미디어 프로그램의 학습을 통하여 달성되기를 기대하는 목적을 확인하는 것으로, 이 목적은 설계 단계의 '교수분석' 단계의 입력 자료가 된다.

(2) 개발 비용 및 기간의 산정

위의 단계와 거의 동시에 수행되는 '개발 비용 및 기간의 산정' 단계에서는 가능한 구체적인 소요 비용 및 일정을 명시하는 것이 중요하다. 개발 예산의 경우 하드웨어와 저작 도구 구입 및 사용 비용, 흐름도 · 스토리보드 양식 제작비용을 포함하여 여러 분야의 전문가를 통한 수업 설계, 내용 분석, 화면 설계, 동영상 및 음성 자료 개발, 저작 도구 프로그래밍 등에 수반되는 인건비를 구체적으로 산정해야 한다. 물론 개발 비용을 계산하는 데는 정확한 개발 소요 기간을 추정하는 일이 선결되어야 한다. 코스웨어 설계 · 개발하는 과정에서 어떤 작업은 동시 다발적으로 일어나기도 하고, 어떤 업무는 순서대로 이루어져야 하며, 한 가지 일을 수정하게 되면 관련된 전체 작업에 영향을 끼칠 수 있기 때문에 정확한 개발 소요 기간을 산정하는 일은 전문가의 도움을 받아서 이루어져야 한다(Gentry, 1994). 일반적으로 예상 기간보다 길게 걸리는 경우가 대부분이다.

(3) 개발팀의 구성 및 개발 환경의 구축

'개발팀의 구성 및 개발 환경의 구축' 단계에서는 우선 개발팀에 꼭 포함되어야 할 전문가를 확보하는 일이 이루어져야 한다(Gentry, 1994). 일반적으로 교과내용 전문가(SME: Subject-Matter Experts), 수업 설계자, 저작 도구 프로그래머, 그래픽 디자이너의 역할을 수행할 수 있는 팀원이 확보되어야 한다(Apple-NewMedia Series, 1994). 그러나 해당 교과의 전문가인 교사가 전문 능력의 보유 여하에 따라 모든 역할을 수행할 수도 있고, 외부 전문가의 도움을 요청할 수도 있다. 활용 환경의 경우 크게 두 가지로 나누어 생각해 볼 수 있다. 개발 환경과 사용 환경으로서 개발 환경은 가능한 사용 환경과 일치되게 하는 것이 좋다. 그러나 작업의 효율성을 고려하여 개발 환경에서는 고성능의 장비를 활용할 수도 있지만 반드시 실제 사용할 환경의 성능을 고려해야 한다. 다양한 기능을 제공해 주는 저작 도구 역시 설계 · 개발 과정에 필요한 기능을 지원해 주는 것들을 고려하여 선정하여야 한다.

2) 설계 단계

설계 단계에는 ① 교수분석 및 학습자 분석 ② 성취목표 진술 및 검사 개발 ③ 교수전략 및 상호작용 전략 설계 ④ 흐름도 및 스토리보드 작성의 4개 하위 단계가 포함되어 있다.

(1) 교수분석 및 학습자 분석

'교수분석 및 학습자 분석' 단계는 요구분석 및 목적 확인 단계에서 확인된 일반 목적을 대상으로 하여 목표 분석과 하위기능 분석을 실시하는 단계다. 아울러 교수의 조건 변인인 학습자의 특성을 동시에 분석한다. 목표 분석은 멀티미디어 프로그램에 담길 내용을 찾는 방법으로서 목적을 달성했을 때, 학습자가 보여 줄 구체적인 성취행동 단계를 그림으로 표현하는 단계로서, 학습자가 알 필요가 있는 것은 나중에 생각하고, 먼저 그 목적 행동 수행에 어떤 단계들이 있는가를 확인해야 한다. 하위 기능 분석은 목표의 각 단계에 대한 선수하위 기능을 분석하는 것이다. 즉, 만일 학습자가 어떤 기능을 학습하고 있지 않으면, 그 다음의 학습을 실패하게 될 수 있는 그런 기능을 분석하는 것이다. 교수분석에서는 학습될 영역이 언어정보(verbal information), 지적 기능(intellectual skills), 인지방략(cognitive strategy), 태도(attitudes), 운동 기능(motor skills) 중 어느 영역에 해당되는 것인지를 우선 밝혀야 하는데(Gagné, Briggs & Wager, 1988), 그 이유는 학습될 영역에 따라 각각 고유한 교수분석 방법이 있기 때문이다. 즉, 지적 기능과 운동 기능의 분석에 적용되는 위계 분석, 언어 정보 분석에 적용되는 군집 분석, 태도 분석에 적용되는 통합 분석이 있으며, 통합 분석은 위계 분석과 군집 분석을 병행해서 사용하는 분석 방법이다(Dick & Carey, 1996, p. 62).

학습자 분석은 출발점 행동의 분석과 학습자의 일반적인 특성인 '읽기 수준' '주의 집중력' '동기 수준' '지적 적성' '인지유형' 등을 분석하는 것이다(Jonassen & Grabowski, 1993). 학습자 분석을 이처럼 초기에 실시하는 이유는 교수의 조건 변인으로서 이들 특성들을 충분히 고려하여 후속 설계 · 개발 과정에 반영을 해야 하기 때문이다. 예컨대, 읽기 수준이 현저히 낮은 학습집단의 경우 문자 정보보다는 영상이나 음성 정보에 크게 의존하여야 할 것이다. 따라서 설계 · 개발 과정의 후속 단계를 수행할 때 이러한 내용을 반영해야 한다.

(2) 성취목표 진술 및 검사 개발

이제 각 하위 기능별로 구체적인 성취수행 목표를 개발하고, 그 목표의 도달 여부를 확인할 수 있는 검사문항을 제작하는 단계다. 일반적으로 하위 기능별로 하나 이상의 명세목표를 개발할 것으로 제안하고 있다(Dick & Carey, 1996, p. 62). 명세목표는 수업의 종결 시점에서 학습자가 보여 줄 구체적인 '학습된 능력(learned capabilities)' 으로 진술되어야 한다. 즉, 교사나 학습자가 수업의 과정 중에 행하는 행위로 진술되어서는 안 되며, 학습 결과를 관찰하거나 측정할 수 없는 정신과정(mental process)을 나타내는 '이해한다' '파악한다' '안다' 와 같은 애매한 동사를 사용해서 진술해서도 안 된다. 물론 출발점 행동도 명세 목표로 진술되어야 한다. 이는 명세 목표를 토대로 하여 평가 문항이 개발되기 때문이다. 따라서 출발점 행동은 진단검사용 문항을 개발하는 토대가 된다. 평가 문항은 평가하고자 하는 바로 그 내용을 정확하게 재고 있는 지에 대한 타당도와 신뢰도가 각각 양호해야 할 뿐만 아니라, 곤란도와 변별도 그리고 오답의 매력도도 적합한 것이어야 한다.

(CAR: Correct Answer Response 정답에 대한 반응 피드백)
(WAR: Wrong Answer Response 오답에 대한 반응 피드백)

[그림 10-3] 검사 문항 입력 화면

멀티미디어 프로그램의 설계차원에서 검사 문항을 입력하고 필요한 문항을 추출하여 실시하고, 학습자의 반응에 따른 피드백을 제시하는 방안 등을 대해 고려해야 할 사항이 많이 있다. 우선 검사 문항 입력을 위해 [그림 10-3]에 제시된 것과 같은 검사 유형별 '표준 입력 화면'을 제작하여 새로운 검사문항을 문항 은행(item bank)에 쉽게 저장하도록 해야 한다. 각 문항 입력 화면에는 그 문항의 내용이 속해 있는 장 · 절 · 항 · 목을 입력하는 부분과 문항 어간과 선택지를 입력하는 부분이 있어야 한다. 아울러 그 문항의 곤란도, 변별도, 오답의 매력도를 기록하고, 각 문항을 통해 성취하고자 하는 목표의 유형(예를 들면, 지식, 이해력, 적용력, 분석력, 종합력, 평가력 등)을 입력할 수 있는 기능도 있어야 한다. 또한 피드백의 내용과 방법에 대한 정보도 학습자가 정답을 맞혔을 경우의 피드백 내용(CAR)은 물론이고, 첫 번째 시도에서 틀렸을 경우의 피드백 내용(WAR 1)과 두 번째 시도에서도 틀렸을 경우의 피드백 내용(WAR 2) 등도 별도로 입력하는 기능이 있어야 한다. 이와 같이 설계 · 개발된 검사 문항 데이터베이스 기능을 통하여 각 학습자는 자신의 수준에 알맞은 난이도를 가진 검사 문항을 접함으로써 지속적인 학습의욕과 학습동기를 유지하게 된다.

(3) 교수전략 및 상호작용 전략 설계

'교수전략 및 상호작용 전략 설계' 단계는 멀티미디어 프로그램 설계 과정 중 매우 중요한 부분이다. 일반적인 수업설계 모형의 '교수전략 설계' 과정에 해당되는 부분으로서, 교수전략은 ① 사전 수업활동(동기유발, 목표제시, 선행학습 상기) ② 정보 제시(교수계열, 교수단위의 크기, 자료 제시, 정보와 보기) ③ 학습자 참여(연습, 피드백) ④ 검사(사전 검사, 학습증진 검사, 사후검사) ⑤ 추수지도 활동(교정학습, 심화학습) 등으로 구성되어 있다 (Dick & Carey, 1996, pp. 184-191). 코스웨어 설계 · 개발 과정의 경우도 근본적으로는 위에 열거한 5가지 요소를 포함하고 있으나, 컴퓨터 화면을 통하여 학습내용이 제시되고 그에 대해 학습자는 끊임없이 반응을 해야 하는 지속적인 상호작용 과정을 통하여 학습이 일어나기 때문에, 컴퓨터-학습자 간의 상호작용 전략을 설계하는 일에 보다 큰 강조점을 두어야 한다.

상호작용 전략의 설계에서 첫 번째로 고려해야 할 일은 학습자가 강한 학습의욕을 가지도록 흥미롭고 호기심을 유발시키는 상황을 동영상이나 애니메이션을 통해 제시하는 것이다. 특별히 학습자 주변에서 늘 발생하는 일이나, 평소 신기하게 생각해 온 내용을 이야기 형태로 비디오 화면을 통해 제공하는 것이 좋은 방략이 된다. 아무런 음성 정보 없이 영상과 음악만으로 학습 상황을 암시할 수 있는 10~20초 정도의 장면을 제시한 뒤, 그 장면 끝부분에서 타자기 소리와 함께 학습 상황을 자막으로 제시하는 방안을 고려해 볼 수도 있다. 성취목표 역시 이야기의 끝부분이나 비디오 자료의 끝부분에서 자연스럽게 발생하는 의문을 그 장면까지 함께 있었던 내레이터가 동료, 교사, 부모 등과 같이 해결해 보자는 내용의 멘트를 통하여 제시할 수 있다. 이 같은 방법을 이용함으로써 학습자는 문제 해결과정을 함께 할 수 있는 동료가 있기 때문에 보다 높은 학습의욕을 갖게 되고, 목표 달성을 위한 구체적인 상황 정보까지 확보하게 된다. 이제 본시 내용을 학습하기 위한 모든 준비가 되었는지를 확인해 보는 단계로서 출발점 행동을 확인하는 일이 필요하다. 특별히 선행학습 확인의 경우 교육용 게임 방식을 활용하여 일정한 수준 이상이 되어야 본 학습 내용을 시작할 수 있도록 하는 방안을 고려해 볼 수 있다. 예를 들어, 탐험을 떠나기 전에, 지도를 정확하게 볼 수 있는지를 게임을 통하여 확인하는 것이 여기에 해당된다. 본질적으로 이 단계에서는 학습과정에서 학습자가 자신과 관련 있고 의미 있는 일에는 아주 흥미 있게 몰입하기 때문에(Keller, 1999) 자연적인 호기심을 유발시키는 학습환경을 설계하도록 노력해야 한다.

이제 구체적인 학습내용을 제시하는 단계다. 앞 단계에서 제시한 상황과 반드시 관련지어 학습내용을 제시하는 것이 중요하다. 구체적인 문제나 사례와 관련된 학습내용은 문제 해결의 실마리를 스스로 탐색할 수 있는 상황정보, 즉 유의미한 맥락(Jonassen, 1990a; 1990b; 1991a; 1991b)과 함께 제시되기 때문에, 학습자는 학습내용이 서로 밀접하게 관련되어 있는 일종의 개념고리를 형성하게 됨으로써 일관성 있는 정보를 쉽게 오랫동안 기억하게 된다. 문자나 화상 정보만으로 내용전달이 불충분할 경우, 멀티미디어를 이용한 내용 설명 기법으로서 잘 알려진 만화영화의 주인공 등을 등장시켜 내레이터나 조언자로 활용하기도 한다. 예를 들어, 이 주인공들은 공상과학 소설에서나 가능한 역할을 하면서 컴퓨터의 내부로 들어가 전류의 흐름을 보여 주고, 인체의 내부에 들어가 순환기의 기능을 설명하며, 핵실험의 현장에서 일어나는 물리적, 화학적 작용을 설명하기도 한다(강이철, 1996, p. 215). 이 같은 방식은 최근 Horn(1998)이 주장하는 '비유적 가상세계 설계방안(hyperworld metaphorical design)'을 구현하고 있는 것으로, 이 방식은 구조적 비유(structural metaphor) 방식과 모형세계 비유(model world metaphor) 방식을 통합한 것이다(오현아, 1998).

보다 효과적인 방법으로, 전체 학습내용을 하나의 이야기로 구성하여 TV 드라마나 영화에서처럼 주인공들이 사건이나 문제를 해결하는 과정 중에 내용을 자연스럽게 설명하는 것이다. 이 기법은 유의미한 상황(meaningful context)과 함께 학습할 내용이 제시되기 때문에 학습자료의 설명력을 높일 뿐만 아니라, 내용의 파지(retention) 및 새로운 장면으로의 전이(transferability)도 향상시킨다. 물론 학습과정이나 문제 해결과정의 주도권은 학습자에게 있게 하는 것이 좋으나 때때로 학습 동료나 시스템에게 그 주도권을 행사하게 하는 혼합 주도(mixed initiative) 방략도 필요하다. 예를 들어, 학습자에게 굉장히 부담스럽고 어려운 문제의 경우 동료의 의견을 먼저 들어볼 수도 있고 시스템에게 약간의 도움을 청하는 것이 오히려 현명할 수 있기 때문이다.

화면에 제시하는 정보의 배치와 양에 대한 방략으로서, 한 화면에 제시하는 정보의 양은 내용의 논리적인 관계를 고려하여 한 번에 제시해야 할 내용은 가능한 한 화면에 담고, 필요하면 돌출창(pop-up window)을 사용하는 것이 좋다. 한 화면에 많은 내용을 제시해야 할 경우 2~3가지 바탕색이나 박스모양을 이용하는 구획화(boxing, isolation, demarcation) 방략을 사용함으로써 복잡한 화면을 여러 개의 분리된 공간으로 구분하는 것이 좋다(Hannafin & Peck, 1988). 한 번에 한 영역씩을 학습하게 됨으로써 학습자의 인지적 부담을 줄일 수 있기 때문이다. 물론 모든 화면은 일관성 있는 몇 개의 기능적 공간으로 구분하여 학습 내용과 화면 구성요소를 배치함으로써 화면 전환 때마다 겪게 되는 혼란을 방지하도록 해야 한다.

학습내용을 제시하는 순서는 내용과 학습자의 수준에 따라 다양하게 사용할 수 있다. 일반적으로 시간순서에 따라 가까운 것에서 먼 것 또는 먼 것에서 가까운 것으로, 절차순서에 따라 조립에서 분해순으로, 지식순서에 따라 이미 알고 있는 것에서 모르는 것으로, 동 · 식 · 광물과 같은 분류별로, 난이도별로 쉬운 것에서 어려운 것으로, 복잡성에 따라 단순한 것에서 복잡한 것으로, 그 밖에 흥미도나 친숙도에 따라, 또는 자원의 가용성에 따라 제시하는 방안 등을 활용할 수 있다. 다양한 학습 분기(learning branching) 방안을 활용하는 일도 필요하다. 〈표 10-1〉은 멀티미디어 프로그램이나 WWW 학습자료를 설계할 때 활용할 수 있는 학습자 수준별 학습요소 설계 방안을 나타내고 있다(Morris & Hinrichs, 1996, p. 116).

본 단계에서는 본질적으로 학습 효과를 제고하기 위해 학습 내용을 제시하는 상황을 얼마나 의미있게 설계하느냐에 주의를 기울여야 한다. 따라서 멀티미디어 학습 상황은 실제 학습 상황과 가능한 일치하도록 설계하여 학습자들이 Sternberg(1996)가 말하는 상황지능(situational intelligence)을 배양할 수 있도록 간접적인 학습 경험을 충분히 하게 해야 한다. 아울러 프로그램 내에 다양한 보충 · 참고자료를 담고 있는 데이터베이스를 구축하여 학습자 스스로 필요한 정보를 탐색할 수 있게 하고, 더 나아가 WWW의 다양한 관련 사이트들에도 접속할 수 있는 기능과 의견 공유를 위한 토론 환경을 첨가시키는 것이 필요하다.

프로그램 과정 전체를 통하여 학습의 주도권을 학습자에게 부여함으로써 학습자의 참여를 자연스럽게 유도하는 방안을 설계하는 것이 바람직하

〈표 10-1〉 학습 요소별 · 학습자 수준별 설계 원리

학습 요소	하위 학습자	상위 학습자
사실과 정의	• 동일 화면상에 제시하여 즉시 확인할 수 있도록 설계 • 용어 설명란 제시 • 부가적인 링크 사용 자제	• 용어 설명 및 정의 화면으로 링크 설정 • 관련 논문이나 도식 정보제공 화면으로 링크 제시
개념 (광합성이란?)	• 개념을 설명하고 동일한 화면에 정례와 부정례 제시	• 개념과 관련된 전문 자료로 링크 제시 • 동료와의 견해 공유 기능 제공
절차 (이 과제 접근 순서는?)	• 순차적 정보 제시 • 절차순대로 번호 부여 • 일반적인 용어 사용 • 직전 단계로의 링크 설정	• 관련 주제에 대한 전문가 견해 자료로 링크 제시 • 상위 학습자 자신의 문제해결 방식 설명 제시
과정 (전체 과정의 운영 방법은?)	• 전체 과정에 대한 도식 설명 • 각 단계별 순서도 제시 • 순차적 정보 제시 • 직전 단계로의 링크 설정	• 그래픽 활용 및 전문 자료로 링크 제시 • 전문가의 시연 설명 제시 • 부가적 방식 및 반대 견해에 대한 자료로 링크 제시
원리 (최선의 해결방법은?) (전문가의 해결방안은?)	• 3~4개의 항목 제시 • 원리별 명확한 설명 제시	• 전문가나 동료와의 의견 교환 기능 제공 • 채팅 환경 제공

다. 버튼 이론(button theory)에 따르면 학습자는 학습과정 중 언제 어디서나 자신의 감정이나 의문을 적극적으로 표현할 수 있고 그에 따르는 적합한 처방을 받을 수 있다(강이철, 1999; Jona, Bell, & Birnbaum, 1991; Looi, Chay, Chew, & Chan, 1994; Schank, 1994; Schank & Birnbaum, 1995; Schank & Cleary, 1995; Schank & Jona, 1991). 학습자에게 직접적인 참여를 요구하는 상황에는 연습문제 해결과 그에 따르는 피드백의 검토 과정이 있다. 이 경우 흔히 사용하는 선다형이나 단답형과 같은 질문 유형을 사용하는 것이 아니라, 어떤 문제의 해결 과정을 나타내는 절차도나 순서도를 작성하는 과제를 수행하면서 학습자가 각 단계마다 반응한 내용에 대하여

피드백을 받는, 즉 과제 해결위주의 학습과 평가가 동시에 이루어지는 형태를 취하는 것이 필요하다.

오답을 한 경우, 처음에는 최소한의 피드백이나 전혀 피드백을 주지 않은 상태에서 다시 시도하게 하고, 재차 오답을 했을 경우 조금씩 정보의 양을 증가하는 방안을 고려할 수 있다. 물론 피드백의 내용은 각 단계별로 특성화(stage-sensitive feedback)되어 있어야 하며, 음성 정보나 애니메이션, 동영상, 비디오 정보 등의 멀티미디어 형태를 사용할 수 있다. 특히 저학년의 학생을 대상으로 한 멀티미디어 프로그램일 경우, 오답으로 인한 피드백 정보가 너무 재미있거나 새로운 것이라서 의도적으로 오반응을 계속하게 되는 역효과를 방지하도록 해야 한다. Schimmel(1988)은 코스웨어 설계에 활용할 수 있는 피드백의 종류로서 학습자의 반응이 맞는지 틀렸는지만을 일려 주는 정 · 오 확인 피드백(confirmation)과, 학습자의 반응에 대한 정 · 오 정보와 함께 정답을 알려 주는 정답 반응 피드백(correct response feedback), 오반응에 대한 구체적인 설명을 제시해 주는 설명적 피드백(explanatory feedback), 특별히 학습자가 오답을 하게 된 원인을 분석하여 그 과정을 교정해 주는 오류관련 피드백(bug-related feedback) 등을 제안하고 있다.

본 단계에서 학습자의 참여를 유도하는 방안으로 제시한 질문과 피드백 검토 과정은 본질적으로 학습과정 중에 또는 문제 해결과정 중에 자연스럽게 경험하게 되는 하나의 학습활동이어야 한다. 즉, 학습과정이 문제 해결과정이고, 그 과정은 곧 질문을 해결하고 피드백을 주고받음으로써 점진적으로 지식 · 기능의 습득이 이루어지는 학습 상황, 다시 말하면 학습자의 적극적인 참여 없이는 학습이 이루어지지 않는 상황을 말하는 것이다.

지금까지의 학습과정 동안 학습자가 보인 갖가지 반응들을 어떤 형태로든지 저장 · 관리할 수 있는 것이 멀티미디어 프로그램의 특징이다. 학습과정 곳곳에 부가 질문(adjunct questions)이나 잠입 질문(embedded questions)을 제시하여 학습 정도를 점검한 결과 등도 시행횟수, 경과 시간과 함께 저장되어야 한다. 따라서 학습자는 필요한 경우 언제든지 자신의 학습사(學習史)를 확인할 수 있어야 한다. 물론 이 자료를 학습자의 학습을 평가하는 자료로 삼을 수 있으나 일반적으로 학습자 자신만의 참고 자료로 활용하는 것이 바람직하다. WWW 기반 학습자료의 경우는 쉽게 학습사(learning history)를 저장하고 확인할 수 있으나, CD-ROM 학습자료의 경우는 CD상에 기록(저장 또는 쓰기)할 수 있는 기능이 없기 때문에 별도의 디스켓이나 하드디스크를 사용하여 저장하는 기능을 첨가해야 한다. 학습자는 별도로 저장된 자신의 학습경과 자료를 참고하여 부진한 부분만을 추가 학습할 수 있다.

프로그램의 종결 시점에 학습자에게 첫부분에서 이야기로 제시한 의문점이 해결되었는지를 반문하고, 혹시 그렇지 못하다면 성취 목표와 관련된 내용 중 부족한 부분을 보충하고 교정할 수 있는 기회를 제공한다. 일단 전체 내용에 대한 이해와 의문점이 해결된 학습자에게는 핵심 학습내용을 다시 정리하여 오래 기억되게 하고 만족감을 느끼게 하는 것이 중요하다. 학습내용과 유사한 내용이 그 밖의 몇몇 다른 상황에도 적용될 수 있음을 설명하고 학습자 혼자서 해결할 수 있는 유사한 문제를 제시하여 후속 학습을 유발하도록 한다.

(4) 흐름도 및 스토리보드 작성

'흐름도 및 스토리보드 작성' 단계는 학습과정이 어떻게 진행되는지를 플로우차트 형태로 일목요연하게 제시하는 단계다. 즉, 흐름도는 첫 화면부터 끝 화면까지의 학습 순서를 분기 과정 및 선택사항 등이 포함된 학습 순서도다. 물론 이 과정에는 앞 단계에서 설계된 상호작용 전략들이 흐름도의 적절한 부분에 포함되어야 한다. 흐름도는 그 정교화 수준에 따라 1, 2, 3 수준으로 나누어진다(Alessi & Trollip, 1985). 제1수준은 전체 학습 흐름도로서 중요한 학습 단계만을 제시하고 그 밖의 학습 분기나 선택 사항 등이 제시되어 있지 않다. 제2수준과 제3수준은 세부 학습 흐름도로서 학습

분기나 학습자의 선택사항들이 아주 상세하게 제시되어 있다. 특히 제3수준에서는 매 컴퓨터 화면을 모두 제시하여 분기 내용, 보충 · 심화 학습 내용, 검사에 대한 피드백 내용 등이 상세히 제시되어야 한다. 따라서 제3수준 흐름도를 보면 한 학습자가 어떤 과정을 거쳐 본 프로그램을 학습하게 될 것인지를 상세하게 알 수 있다. 구체적이고 세밀할수록 다음 단계 특히 프로그램 저작 단계에서의 오류 및 시행착오를 최소화하고 결국은 개발 시간과 비용을 절약하게 된다.

'스토리보드 작성' 단계는 멀티미디어 프로그램이 완성된 후의 화면 모습과 화면에 담길 비디오 · 오디오 내용, 그리고 내용 전개 방법 및 절차, 화면 전환 방법, 글씨체 및 크기, 색상, 차트 등을 매 화면당 정해진 양식에 한 장씩 기록하는 단계다. 앞 단계에서 작성된 제3수준의 흐름도를 참고로 하여 학습자가 접하게 될 모든 화면의 내용과 움직임을 설계하는 것이다. 일반적으로 스토리보드 양식에는 일련번호와 관련 성취목표가 기술되어 있으며, 좌측에 제시되어 있는 컴퓨터 화면에는 학습자가 보게 될 내용을 기록하고 우측에는 그 화면에 담길 내용의 제시 절차 및 움직임 등을 기록하게 된다. 그 양식에 기술할 수 없는 동영상이나 음성 파일과 그래픽 파일 등은 이미 제작된 파일과 제작이 필요한 파일을 별도로 관리하되 반드시 해당 화면과 관련된 번호나 명칭을 이용하여 파일 이름을 작성하고, 그 이름을 스토리보드에 명시하여 쉽게 활용할 수 있도록 해야 한다. 특별히 특수키나 진행 관련 도움말, 피드백 메시지, 질문 내용 등을 명시해야 하고, 시험제시용 · 내용 제시용 · 예제 제시용 · 비디오 제시용과 같이 공동으로 사용되는 양식은 표준화하여 용도별로 일관성 있게 사용해야 한다. 아래에 스토리보드의 예시가 제시되어 있다.

PAGE: 1

PROJECT: 현재완료 용법 익히기

LESSON: 6. Auto Safety

FRAME: 1-9

NOTES:

- 해리포터:
  - 학생들에게 친근한 캐릭터
  - 어렵고 지겹게 느껴지는 문법공부를 흥미롭게 이끌어 줄 인물
  - 학생들은 '해리'가 무사히 '호그와트' 마법학교에 도착하도록 학습을 성실하고 성과 있게 해내야 한다.
- '시간여행':
  - 제목에서 느껴지듯 '시제 공부'가 될 것임을 암시
- 해리의 마법봉이 호그와트를 가리키고 있다.
  - 이곳에 도착하는 것이 목표임을 암시
  - 이곳에 커서를 갖다 대면 'Go'가 뜨며 음악이 흐른다.
  - 클릭하면 학습이 시작된다.
- 전체 배경과 제목은 신비롭고 흥미로운 분위기로 구성한다.

Icon Notes: 마법봉과 호그와트 마법학교 부근에 커서를 두면 'Go'가 뜨며 해리포터 배경음악이 흐른다. 학생들은 신비한 기분으로 음악을 들으며 Go를 클릭한다.

PAGE: 2

1 오호~ 안녕하세요?
모두들 마법사 지망생이로군요!
오늘 여러분은 해리포터와 함께 호그와트 마법학교로 오게 될 거예요!
단, 정확한 현재완료 시제 표현을 배워야만 호그와트에 도착할 수 있답니다.

덤블도어 선생님을 클릭하세요.

2 앞으로 여러분은 총 6관문을 만나게 될 것이며, 이를 통과할 때마다 〈열한 살 해리〉 〈입학허가서〉 〈기차표〉 〈교복〉 〈문장〉을 차례로 얻고, 마침내 〈학교 도착〉의 기쁨을 누리게 될 것입니다.
만약, 현재완료 사제학습에 어려움이 있다면 언제든지 나를 불러 주세요!
그럼 여러분, 잠시 후 호그와트에서 만납시다!

3 Are You Ready?

PROJECT: 현재완료 용법 익히기

LESSON: 6. Auto Safety

FRAME: 2-9

NOTES: 목표제시 화면

- 화면이 바뀌면 호그와트 교장 덤블도어가 서 있다. 그를 클릭하면 움직이며 '말풍선' (신비로운 버블로 한다.)이 등장하기 시작한다. 말풍선은 1, 2, 3의 순서로 나타나며, 글을 읽는 속도로 글자가 찍혀 나온다. 나타낸 말풍선은 화면에 그대로 남아 있는다(육성을 듣고 싶으면 '마이크 아이콘' 을 클릭한다.).
- 말풍선 1: '목표제시' 내용이다.
  - 목표는 '정확한 현재 완료 시제 표현' 의 습득이다.
  - 그 이전에 '호그와트' 에 도착하는 것 또한 이 프로그램의 목표임을 제시해 흥미로운 동기유발을 불러일으킨다.
- 말풍선 2: '앞으로 진행과정 소개' 와 '덤블도어 캐릭터의 역할 소개' 가 이루어진다.
  - 학생들은 총 6관문의 수업을 무사히 마친 후 호그와트에 도착하게 될 것이다.
  - '덤블도어' 는 앞으로 '학습의 어려움을 해결해 주는 든든한 조력자' 로 기능할 것이다.
- 말풍선 3: 학생들의 다짐을 받는 의문문까지 뜨면 학생들은 'YES!' 라는 팻말을 클릭한다.

Icon Notes:

- 마이크 형상의 아이콘. 덤블도어 교장의 다정한 설명을 들을 수 있다.
- 등장인물들의 목소리를 듣고 싶을 때 클릭한다(커서를 갖다 대면 'Listen to my voice' 가 뜬다.).
- 한 번 더 클릭하면 다시 mute 상태가 된다.

- 다음 관문으로 넘어가는 팻말
- 클릭하면 다음 장으로 넘어간다.

지시사항을 의미함.

PAGE: 3

GATE 1. "Do you know Harry?"

아기 해리가 열한 살이 되도록 문제를 풀어 보세요.

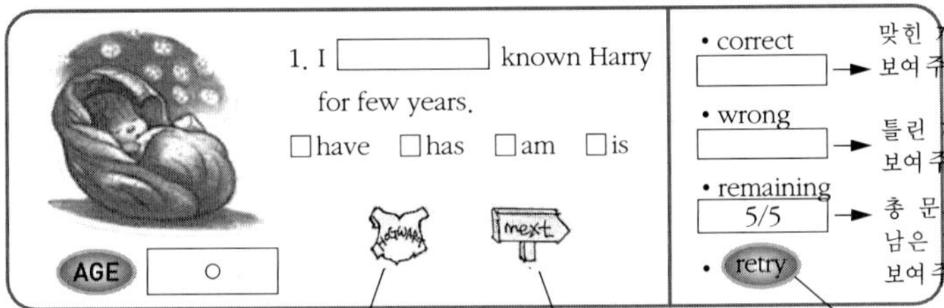

- 호그와트 문장 표시 아이콘
- 커서를 갖다 대면 'Check' 라는 글자가 뜬다.
- 위 사지선다 중 답을 선택한 후 이 문장을 클릭하면, 정답 여부를 [Correct] 와 [Wrong] 으로 알려 준다.

- 다음 문제로 이동하는 아이콘이 화면만 바뀐다.

5개 중 4개 이상을 맞히지 못할 경우 이 버튼을 눌러 다시 시도한다.

- 덤블도어 아이콘
- 커서를 갖다 대면 "Help me, Dumbledore."라는 문장이 보인다.
- 클릭하면 선행학습의 현재완료 구조에 대한 내용을 보여 준다.

- 단어장(마법책 모양)
- 클릭하면 문제에 등장했던 단어 중 모르는 단어를 체크해 볼 수 있다.

- GATE 2로 가는 아이콘
- 이 역시 5개 중 4개 이상을 알아맞혀야 한다.

Icon Notes:

- 문제 5개를 4개 이상 맞출 시 작동되는 아이콘
- 문제 5개의 예문은 모두 해리를 소개하는 글이다.
- 그 글로 엮어진 해리의 소개를 영어 E 또는 우리나라 말 K로 화면 감상을 할 수 있다(화면은 해리의 출생과 현재 거주하는 곳으로 이루어진 몇 개의 사진들로 구성된다.).
- 화면은 문제가 나오는 화면에서 볼 수 있다.

PROJECT: 현재완료 용법 익히기

LESSON: 6. Auto Safety

FRAME: 3-9

NOTES: '선행학습 확인을 위한 관문' 이자 '해리를 알아가는 시간' 이다.

- 화면 왼쪽 아기 그림: 해리포터가 갓 태어났을 때 상태다.
  총 5개의 선행학습 확인 문제 중 4개 이상을 맞히면 해리가 호그와트로 가는 11세로 성장한다. 하나씩 맞힐 때마다 아기가 자라는 모습으로 바뀐다. 문제를 맞히면 아기가 눈을 반짝 뜨며 "You're correct!"라는 버블이 뜬다. 다음 문제를 시도하면 아이는 3세로 자라나 있고 'AGE 3' 이라고 뜬다. 틀릴 경우 "Sorry! The correct answer is."라는 버블이 뜬다.
- 선행학습 문제: 현재완료형의 구조적 형태를 확인하는 문제다.
  - 1, 2인칭의 have p.p, 3인칭의 has p.p 확인
  - 부정문 have(has) not p.p의 확인
  - 의문문 Have(Has) S p.p~?의 확인

문제 2. Harry ( ) been and orphan since his parents died.

① am ② is ③ have ④ has

3. ( ) a happy life in his aunt' s home?

① Did he lived ② Is he lived

③ Have he lived ④ Has he lived

4. No, he ( ).

① haven't ② hasn't ③ isn't ④ didn't

5. His aunt' s family ( ) mistreated him.

① have ② has ③ is ④ are

[pop-up] 5개 중 4개 이상을 맞히면 "Congratulations! 아래의 동영상 아이콘을 클릭해 보세요."라는 말이 화면에 뜬다. 동영상 감상 후 GATE 2로 가는 팻말을 클릭한다.

[pop-up] 그렇지 않을 경우, "I'm sorry! 오른쪽의 return 버튼을 눌러 다시 시도해 주세요."가 뜬다.

PAGE: 4

GATE 2. *A Letter from Hogwart*

동영상을 클릭해서 내용을 학습하면 입학통지서를 받을 수 있습니다.

One day, a lot of letters flied to Harry. Harry became excited and shouted. "I have never received a letter before! I'm so glad."라는 내용이 커서를 갖다 대면 뜬다.

Help me, Dumbledore.

소리 아이콘

호그와트 입학통지서.
'관문 2를 통과하면 여러분이 갖게 됩니다.' 라는 내용이 커서를 갖다 대면 뜬다.

E K VOCA

• 단어장
• 클릭하면 이번 관문에 등장한 단어들을 볼 수 있다.

GATE 1. — GATE 1으로 돌아갈 수 있는 아이콘

GATE 3. — 모든 학습이 끝나고 입학통지서 획득 후 자동하게 되는 아이콘. 다음 관문으로 이동한다.

Icon Notes:

• 현재완료 경험 용법 학습이 끝나고 나면, 이 아이콘들이 작동 가능하다. 클릭하면 이번 관문의 내용을 한글 or 영어로 동영상을 볼 수 있다.

PROJECT: 현재완료 용법 익히기

LESSON: 6. Auto Safety

FRAME: 4-9

NOTES: 학습내용 제시 단계이자, 해리가 호그와트로부터 편지를 받는 대목이다.

• 이 페이지로 넘어오면 해리의 동영상 화면이 보인다. 동영상 하단 오른쪽에 '입학허가서'가 있다. 동영상을 클릭하면 오른쪽에 내용이 글을 읽는 속도로 뜨기 시작한다. 그러다 붉은 글자의 문장이 등장하면 동영상과 내용이 멈추고 아래에 '덤블도어' 아이콘이 뜬다(목소리를 듣고 싶으면 마이크를 클릭하면 된다.).
• 덤블도어 아이콘–클릭하면 현재완료의 첫 번째 학습내용이 pop-up 창을 통해 뜬다.

오호~, "I have never received a letter before!" 이 문장이 등장했군요. 해리는 고아죠? 학교에도 친구가 없어요. 아주머니 댁에서도 별로 환영받지 못한 존재죠. 그러니 해리는 태어나서 지금껏 편지를 받아 본 적이 한 번도 없답니다. 이렇게 '~한 적이 있다.'로 현재완료를 해석해야할 경우를 현재완료의 경험용법이라고 해요. 다른 예를 들어 볼까요?
• Have you ever seen UFO?
어떻게 해석하면 될까요? 네! 그렇죠! "UFO를 본 적이 있니?" 사는 동안 지금까지 단 한 번이라도 UFO를 본 경험이 있는지 묻는 문장이죠.
• I have been to Seoul three times.
나는 서울에 세 번 갔다 온 경험이 있다.

• 팝업창이 닫히고 나면 다음 내용이 저절로 작동된다.
Harry met the giant Hagrid, the keeper of Keys and Grounds at Hogwarts. He said, "I have seen you before. I came here to let you know that you are a wizard!"
그런 후, 똑같이 덤블도어가 등장, 클릭하면 현재완료 경험 용법을 다시 설명해 준다.
• 두 번째 팝업 설명을 끄고 나면 '입학통지서 아이콘'이 작동 가능하다. 클릭하면 학습자가 입학통지서를 가지게 되고 다음 관문부터 화면 상단에 가지고 있는 것으로 뜬다. 학습자들의 학습동기를 높일 수 있는 유용한 아이콘이다(다음 관문에도 이런 종류의 아이콘이 또 있다.).

PAGE: 5

GATE 3. At the 'Kings Cross Station'

나의 소지품

'호그와트 입학통지서 GATE 2로부터' 라는 내용이 커서를 갖다 대면 뜬다.

동영상을 클릭해서 내용을 학습하면 기차표를 얻을 수 있습니다.

Harry want to the 'Kings Cross' station. But he couldn' t find the 93/4 platform. So, he asked an officer. "Excuse me, where is the 9 3/4 platform?" "It is not here. I have worked here over 10years. But I' ve never heard about that platform."

런던 → 호그와트행 기차표
'관문 3을 통과하면 여러분이 갖게 됩니다.' 라는 내용이 커서를 갖다 대면 뜬다.

E K — 학습 이후 한글 or 영어로 동영상 감상

VOCA — • 단어장

GATE2. GATE4.

Icon Notes:

- 호그와트 입학 통지서 (상단 '나의 소지품' 에) → 커서를 갖다 대면 GATE 2로부터 얻어낸 것임을 알 수 있다.
- 호그와트행 기차표 (동영상 하단 오른쪽) → 수업을 끝내면 클릭이 가능해지고, 클릭하면 '나의 소지품' 으로 이동한다.
- 마침내 학습을 끝내면 호그와트행 기차표를 클릭할 수 있다. 클릭하면 기차표가 움직여 상단의 '나의 소지품' 으로 이동한다.
- 동영상 감사와 단어 학습 후 다음 관문으로 간다.

PROJECT: 현재완료 용법 익히기
LESSON: 6. Auto Safety
FRAME: 5-9

NOTES: 학습내용 제시 두 번째 내용이자, 해리가 9¾ 플랫폼을 찾는 장면이다.

- 해리의 동영상을 클릭하면 우측에 글을 읽는 속도로 내용이 뜨기 시작한다. 동영상 하단 오른쪽에는 이 학습을 끝낼 시 얻을 수 있는 '런던→호그와트행 기차표' 가 있다. 동기를 유발시키는 아이콘이다(동영상 위 나의 소지품은 이전 관문을 통과했다는 표시).
- 붉은 글자의 문장이 등장하면 내용과 화면이 정지되고 '덤블도어 아이콘' 이 뜬다. 클릭하면 pop-up 창과 함께 〈현재완료 계속 용법〉 설명이 뜬다. 육성을 들으려면 마이크를 클릭하면 된다.

> 오호~. "I have worked here over 10 years." 라는 문장이 등장했군요. 이 officer는 지금도 기차역에서 일하고 10년 전에도 기차역에서 일했어요. 그 때부터 지금가지 '계-속' 일해 오고 있다는 뜻이랍니다. 이렇게 과거 어느 시점부터 지금까지 행하고 있는 동작을 나타내는 현재완료를 현재완료 계속용법이라고 해요. 다른 예를 들어 볼까요?
> • The store has been here since 1988.
> (이 가게는 1988년부터 계속 있었단 말이에요. 물론 지금도 있다는 뜻이죠?)
> 그런데 해리는 무사히 9¾플랫폼을 찾을 수 있을까요?

- 창을 닫으면 다음 내용이 뜬다.

Finally, Harry found the platform by passing through a wall!
He sid to himself, "Wow, I have just forward the platform!"
이에 대한 pop-up 창도 덤블도어를 클릭하면 뜬다. 〈현재완료의 완료 용법〉 설명이다.

> 오호~. 마침내 해리가 플랫폼을 찾았군요. 이렇게 하고 있던 일이 마침내 끝나게 되었을 때 현재 완료의 완료 용법이 쓰이게 된답니다. '막 ~했다. 해냈다' 이런 의미를 갖게 되지요. 다른 예를 들어볼까요?
> • He has just arrived in Pusan. (부산에 막 도착했군요!)
> • I have already finished my homework. (숙제를 벌써 마쳤다. 끝냈다는 뜻이죠?)

PAGE: 6

GATE 4. *In the Hogwart Express*

호그와트 입학통지서 '관문 2로부터' 라는 내용이 커서를 갖다 대면 뜬다.

나의 소지품

호그와트행 기차표 관문 3으로부터

동영상을 클릭해서 내용을 학습하면 교복을 얻을 수 있습니다.

Harry took the 'Hogwart Express.' He met Ron, Hermione and Malfoy. "Nice to meet you, Harry. I'm Ron. My elder brothers have gone to Hogwarts. So, I'm going there to be a wizard, too." "Well, I have lost my family. I'm done. I think we can be good friend!" Harry said.

호그와트 교복. 관문 4를 통과하면 여러분이 갖게 됩니다.

E K VOCA GATE2. GATE4.

학습 이후 한글 or 영어로 동영상 감상

• 단어장

PROJECT: 현재완료 용법 익히기

LESSON: 6. Auto Safety

FRAME: 6-9

NOTES: 학습내용 제시 세 번째 순서다. 해리는 기차에서 친구들을 만난다.

- 동영상을 클릭하면 우측에 글을 읽는 속도로 내용이 뜨기 시작한다. 동영상 하단 우측에 '교복을 입은 삼총사' 가 있다. 학습이 끝나면 '교복' 을 얻게 된다. 동영상 위의 소지품들 은 관문 2, 3을 무사히 통과했다는 표시다.
- 다음 화면에서 '덤블도어 아이콘' 이 뜨고, 클릭하면 pop-up 창으로 〈현재완료의 결과용법〉 설명이 이어진다. 마이크를 클릭하면 육성을 들을 수 있다.

오호~ 드디어 해리가 삼총사와 말포이를 만나게 됐군요.
그런데 삼총사 중 Ron의 형들은 어디에 있나요? "My elder brothers have gone to Hogwarts."라고 말한 것은 형들은 벌써 호그와트에 갔고, 그 결과가 지금도 지속되고 있음을 뜻합니다. 론의 형들은 호그와트에서 지금 선배로서 공부하고 있지요. 그러자 해리는 "Well, I have lost my family."라고 말하면서 예전에 가족을 잃었고, 그 결과 지금도 혼자임을 강조합니다. 이렇게 과거에 일어난 동작의 결과가 현재에 나타나면 현재완료의 결과용법이 됩니다.
다른 예문들을 볼까요?

- Someone has broken the window.
  (누군가 이선에 창문을 깼고, 지금도 깨진 결과가 그대로 남아 있다는 얘기죠?)
- He has gone abroad.
  (그는 외국에 갔고, 그 결과 지금 국내에 없다는 뜻입니다.)
- Spring has come.(봄이 왔고, 지금도 역시 봄이군요!)
  자, 이제 무사히 기차를 탔고 여러분은 '교복' 도 곧 얻게 될 것입니다. 하지만 잊지 마세요! '교복에 달 호그와트 문장' 이 있어야만 마지막 입학절차에 통과할 수 있습니다!

Icon Notes:

나의 소지품

- 자신이 통과해 온 관문을 확인해 볼 수 있는 항목. 현재까지 입학통지서, 기차표를 얻은 상태다. 아이들의 흥미와 동기를 유발한다.
- 마침내 학습이 끝나면 '호그와트 교복' 을 클릭할 수 있다.
  클릭하면 교복이 움직여 상단의 '나의 소지품' 에 나타낸다.
- 동영상 감상과 단어학습 후 다음 관문으로 간다.

PAGE: 7

GATE 5. For Future Study

나의 소지품

"덤블도어 선생님의 도움으로 공부를 마치면 '교복에 달 문장'을 얻을 수 있습니다."

Help me, Dumbledore.

라는 말이 커서를 갖다 대면 뜬다. 클릭하면 '파란 칸' 내용이 뜬다.

클릭하면 '경험용법'이 있는 관문 2로 이동한다.

현재완료 경험용법

- I have never received a letter.
- I have seen you before.

예전부터 지금까지 경험해 본 일을 뜻합니다.
'~한 적이 있다'라는 의미로 해석이 됩니다.

클릭하면 계속용법의 관문 3으로 이동한다.

현재완료 계속용법

- I have worked here over 10 years.

예전부터 지금까지 행하고 있는 동작이다 사건을 뜻합니다.
'~해 오고 있다'라는 의미입니다.

현재완료 완료용법

Wow, I have just found the platform.

예전부터 하던 일을 막 끝냈음을 뜻합니다.
'막 ~했다. 해냈다'라는 의미가 자연스럽죠?

현재완료 결과용법

- My elder brothers have gone to Hogwart.
- Well, I have lost my family.

예전에 일어난 사건이나 행위의 결과가 지금도 지속되고 있음을 뜻합니다.
'~해서 지금도 그렇다'는 의미가 자연스럽죠?

E K GATE4. GATE6.

"교복에 달 문장입니다. 학습이 끝난 후 클릭하면 나의 소지품에 보관됩니다."

라는 내용이 커서를 갖다 대면 뜬다.

Icon Notes: 책 안의 네 가지 배너 '현재완료…용법'을 클릭하면, 각 내용이 포함되었던 이전 관문으로 바로 이동해 볼 수 있다.
현재완료 경험용법 ⇒ 제2관문
현재완료 계속용법 ⇒ 제3관문
현재완료 완료용법 ⇒ 제3관문
현재완료 결과용법 ⇒ 제4관문

E or K 덤블도어의 목소리로 영어 문장을 듣거나 우리말 해석을 들을 수 있다.

→ 책 속 중간에 위치한 덤블도어
→ 커서를 갖다 대면 "Help me, Dumbledare"가 뜨고 클릭하면 파란 구슬로부터 파란색 버블 4개가 뜬다.

PROJECT: 현재완료 용법 익히기

LESSON: 6. Auto Safety

FRAME: 7-9

NOTES: 심화학습을 위한 5관문

- 5관문 첫 화면은 왼쪽과 같이 생긴 커다란 책(마법책 모양)이 놓여져 있다. 학생 자유선택으로 easy와 difficult 둘 중 하나를 클릭하면 책이 저절로 펴지고 easy는 보충학습 내용이, difficult는 추가학습내용이 주어진다. 왼쪽 화면은 'easy'를 클릭한 후 책이 펴진 후 보충학습 내용을 보여 주는 화면이다. 예문은 이전 관문에서 사용한 예문을 사용해 어렵게 느끼지 않도록 한다.
- 책 상단에는 지금까지 통과해 얻은 소지품들이 놓여 있다.
- 책 안에는 네 가지 배너와 예문들, 그리고 '덤블도어의 신비스런 아이콘'이 놓여있다. 학생들은 각 제목별로 예문을 보다가 이해되지 않으면 덤블도어를 클릭한다. 그러면 파란색 구슬로부터 파란 버블들이 나와 설명해 준다. 또한 배너를 클릭하면, 연결된 이전 관문으로 바로 가 볼 수 있다.
- 학습이 끝나면 '교복에 달 문장'을 클릭해 획득할 수 있다.

difficult → 상위학습자를 위한 추가학습 내용은 아래와 같다.

have been to(in)/have gone to.

- I have been to America
- Once she has been in Japan
- He has gone to Korea

→ Have been to: ~에 갔다왔다(완료)
→ Have been in: ~에 있었던 적이 있다(가정)
→ Have gone to: ~에 가버렸다(완료 or 결과)

덤블도어 아이콘

현재완료와 함께 쓸 수 없는 어구

- 과거를 나타내는 부사구
- when으로 시작하는 의문문
- just now와 just의 구별

→ 현재완료는 과거 어느 때부터 현재까지 이어진 시제이므로, 과거만을 나타내는 부사구와는 쓰일 수 없다
→ when도 '언제'라는 특정시점을 묻기 때문에 현재완료와 쓰일 수 없다
→ just now는 at this moment 혹은 a moment ago 라는 뜻이므로 과거형이나 현재 진행과는 쓸 수 있으나 현재완료와는 쓰일 수 없다.

PAGE: 8

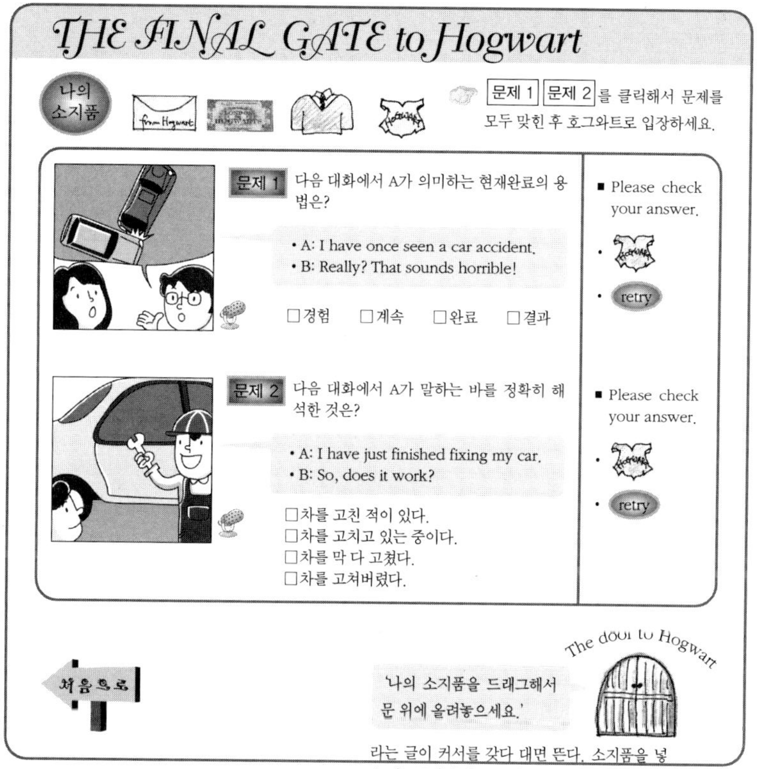

라는 글이 커서를 갖다 대면 뜬다. 소지품을 넣은 후 클릭하면 호그와트 성이 있는 배경이 pop-up으로 뜨며 "Welcome!! 드디어 호그와트에 도착! 다음 시간에 더욱 흥미로운 이야기가 펼쳐집니다."는 문구도 함께 뜬다(단, 클릭하기 전, '나의 소지품' 모두를 드래그해서 문 위에 넣어야 한다. 그러면 소지품들이 문 안으로 들어가고, 다 들어간 후 문이 클릭 가능해진다.).

Icon Notes:

PROJECT: 현재완료 용법 익히기

LESSON: 6. Auto Safety

FRAME: 8-9

NOTES: 형성평가를 위한 장면이다.

- 형성평가 문제는 교과서 내용의 문장을 바탕으로 한다.
- 학생들이 '문제 1'을 클릭하면 동영상에서 초록색 버블이 나온다.

'마이크 아이콘'으로 소리를 들을 수도 있다. 내용을 보고 정답에 체크한 후 오른쪽 항목에 호그와트 문장을 클릭하면 맞힌 경우와 틀린 경우의 창이 뜬다.

Excellent! (맞을 경우)	I'm sorry, please try agin. (틀릴 경우)

→ 자세한 피드백은 뒷장에

- 틀릴 경우 호그와트 문장 밑에 있는 'retry' 버튼을 누르면 버블이 다시 떠오르고 4지선다의 선택 칸은 깨끗해진다.
- 문제를 다 풀면 맨 밑에 있는 '문 모양의 아이콘'이 작동 가능해진다.

클릭하기 전 '나의 소지품'에 있는 입학허가서, 기차표, 교복, 문장을 각각 드래그해서 문에 가져다주면 문 속으로 소지품들이 사라지고, 하나라도 없을 시 (OO관문으로 가서 OO을 가져오세요. go)라는 말이 문 위에 뜨고 (go)를 클릭하면 다시 그 관문으로 가서 소지품을 챙기도록 학습을 다시 해야 한다.

- 소지품을 모두 드래그시켜 문으로 넣고 나면 문을 클릭할 수 있다. 붉은 문구와 Hogwart 성을 보며, 아이들은 다음 '문법수업 프로그램'을 흥미롭게 기대하게 될 것이다.

PAGE: 9

문제 1

답 \ 피드백 유형	WAR I	WAR II	CAR
1			excellent!
2	I'm sorry, please try again.	I'm sorry, after reading this, try again.	
3	I'm sorry, please try again.	I'm sorry, after reading this, try again.	
4	I'm sorry, please try again.	I'm sorry, after reading this, try again.	

문제 2

답 \ 피드백 유형	WAR I	WAR II	CAR
1	I'm sorry, please try again.	I'm sorry, please read this and try again.	
2	I'm sorry, please try again.	I'm sorry, please read this and try again.	
3			excellent!
4	I'm sorry, please try again.	I'm sorry, please read this and try again.	

Icon Notes:

PROJECT: 현재완료 용법 익히기

LESSON: 6. Auto Safety

FRAME: 9-9

NOTES: 상세 설명(왼쪽 피드백 칸 안의 반응과 함께 다음 설명이 같이 제공됨)

문제 1

(힌트만 준다) → • WAR I –A가 예전에 교통사고를 '한 번' 본 적이 있다고 말하고 있네요.

(자세한 설명) → • WAR II –A의 말은 '예전에 본 적이 있다'는 자신의 경험을 얘기하고 있네요. '~한 적이 있다'는 의미는 현재완료의 경험용법에서 쓰이죠?
예: I have heard about that. (그거 들은 적이 있다.)

(확인을 위한 내용 제공) → • CAR–A는 '차 사고 난 걸 한 번 본 적이 있다'는 의미를 전달하고 있습니다. 예전부터 지금까지 경험해 본 일을 뜻하는 것으로, 현재완료의 경험용법이 맞습니다.

문제 2

• WAR I –A가 차를 다 수리한 것 같네요.

• WAR II –B가 "그래서 작동하냐?"고 묻는 걸 보니 A가 차 수리를 끝낸 것이 확실하네요. 이런 경우를 현재완료의 완료용법이라고 하죠?
예: I have just arrived here.

• CAR–A는 '차 고치기를 방금 끝냈다.'라는 의미를 전달하고 있습니다. 예전부터 하던 일을 막 끝낸 경우를 표현하는 현재완료 용법을 완료용법이라고 하고, 뜻은 '막 ~했다. 해냈다'가 맞습니다.

3) 개발 단계

개발 단계에는 ① 멀티미디어 요소 제작 ② 프로그램 저작 ③ 보조 자료 개발 등 3개의 하위 단계가 포함되어 있다.

(1) 멀티미디어 요소 제작

'멀티미디어 요소 제작' 단계는 프로그램에 포함될 각종 멀티미디어 요소를 선정 · 제작하는 단계다. 멀티미디어 요소는 텍스트를 비롯하여 정지 화상, 애니메이션, 동영상, 음성, 차트 등으로서 각 요소별 전문 제작 프로그램들이 있다. 정지 화상을 제작 · 편집하는 프로그램으로는 포토샵(Photoshop)이 대표적으로 사용되고 있으며, 애니메이션을 제작하는 데는 툴북(Toolbook), 디렉터(Director)와 애니메이션 웍스(Animation Works)가 대표적으로 사용된다. 그 외 컴퓨터 화면을 캡처하거나 인터넷상의 그림 파일 등을 수정하는 데는 페인터샵프로(Paint Shop Pro)가 많이 사용되고 있다. 음성 정보의 제작에는 윈도우즈 프로그램에서 제공하는 '보조프로그램−멀티미디어−녹음기' 기능을 이용할 수 있으며, 음악은 하드웨어 장치인 라인−인(line-in) 장치를 통해 직접 입력할 수 있다. 그러나 고음질을 확보하기 위해서는 전문적인 오디오 장치와 사운드보드, 케이블, 마이크, 소음 방지 녹음실 등을 갖추어야 한다. 동영상의 제작은 비디오카메라, 비디오테이프, TV 등으로부터의 원자료를 영상 보드를 통해 입력받아 동영상 편집 프로그램을 통하여 편집할 수 있다. 이 경우 보다 고화질의 동영상 자료를 확보하기 위해서는 비디오 포착보드(video capture board)와 대용량의 자료를 저장하는 데 필요한 비디오 압축보드(video compression board)가 필요하다.

(2) 프로그램 저작

'프로그램 저작' 단계는 컴퓨터를 이용하여 스토리보드에 기록된 내용을 제3수준 흐름도의 순서에 따라 실제적으로 프로그램화하는 단계다. 이미 제작된 멀티미디어 요소 자료들은 툴북(Toolbook)이나 오소웨어(Authorware), 하이퍼카드(Hypercard) 등의 저작 도구를 통하여 문서자료와 함께 통합된다. 프로그램화될 구체적인 내용은 이미 스토리보드에 상세하게 명시되어 있기 때문에, 극단적인 의미에서 이 단계는 이미 설계된 내용을 기술적으로 얼마나 정확하게 컴퓨터를 통해 표현해 내느냐의 문제다. 스토리보드상에 구체적으로 제시되어 있는 내용이라 하더라도 실제 프로그램을 저작하여 작동시켜 보면서 예상대로 제 기능을 수행하는지를 확인해야 한다.

특히 프로그램 개발진은 각 멀티미디어 요소와 버튼이나 메뉴 등이 일관성 있게 작동하는지를 확인해야 하며, 학습자들이 쉽게 사용하고 그 사용방법을 직관적으로 쉽게 기억할 수 있도록 해야 한다. 특히 아이콘들은 마우스를 그 위로 옮겼을 때 그 기능을 설명하는 간략한 문자정보들이 나타나도록 개발하는 것이 오류를 방지하고 학습자의 기억 부담을 덜어 준다(Horton, 1994; Lai, 1994). 또 한 가지 중요한 것은 다용량의 멀티미디어 요소가 포함되어 있는 프로그램이 사용자의 학습환경에서도 의도한 속도로 작동되는지를 반드시 고려해야 한다. 아울러 사용자가 쉽게 자신의 컴퓨터에 개발된 멀티미디어 프로그램을 설치할 수 있도록 설치 프로그램도 개발해야 한다.

(3) 보조자료 개발

'보조자료 개발' 단계는 일종의 활용 매뉴얼을 제작하는 단계다. 우선 학습자가 개인적으로 프로그램을 설치하고, 필요한 하드웨어를 장착하는 데 필요한 정보를 그림과 함께 순서대로 제시하고 있는 매뉴얼이 제작되어야 한다. 여기에는 하드웨어와 소프트웨어의 설치와 운영상 발생할 수 있는 문제를 증상과 원인, 해결안 순으로 제시하는 고장 수리(trouble-shooting) 사례를 포함하고 있어야 한다. 혹시 학습자 기록 보관용 디스켓이나 개별 관리용 디스켓을 설치해야 할 경우에도 구체적으로 설치 방법을 명기해야 한다. 그 밖의 기술적인 문제에 대한 자문이나 도움이 필요할 경우 접촉할 수 있는 연락처와 프로그램 개발에 참여한 개발진에 대한 약력 소개(credit information)도 포함되어야 한다.

또 다른 종류의 매뉴얼은 프로그램을 구체적으로 학습에 활용하는 방법에 관련된 내용을 담고 있는 것이다. 기존 교육과정과의 통합 정보, 대상 학습자의 범위, 교사와 학습자에 대한 프로그램 사용상의 주의 사항 등을 포함하여, 성취목표 제시와 전체 학습내용의 구조도, 사전 학습자료의 내용과 출발점 행동 평가방법, 프로그램에 포함된 대화 부분의 대본(dialogue scenario), 그리고 프로그램 전반에 대한 태도 설문지와 프로그램 개선에 필요한 건의 사항 기록난도 아울러 필요하다.

4) 평가 단계

평가 단계는 ① 전문가 검토 ② 일대일 및 소집단 평가 ③ 현장 활용 검증 ④ 보급용 매체 개발 및 총괄평가의 4개 하위 단계가 포함되어 있다.

(1) 전문가 검토

'전문가 검토' 단계는 멀티미디어 프로그램의 설계 · 개발의 내용과 방법에 관한 전문가인 매체 전문가, 멀티미디어 전문가, 프로그램 전문가로부터 프로그램의 기능과 기술상의 질에 대한 부분을 검증받고, 교과 내용과 전달 방법에 관한 전문가인 교과 전문가와 교수설계 전문가로부터 학습내용의 정확성과 효과적인 내용 전달에 대한 부분을 검증받는 단계다(Flagg, 1990, pp. 132-135). 전문가의 선정에 있어 가능하면 여러 분야에 자질을 동시에 갖춘 전문가를 우선적으로 고려하는 것이 좋다. 전문가들로부터 수집된 정보는 선별하여 프로그램을 수정하는 데 사용해야 한다.

(2) 일대일 및 소집단 평가

'일대일 및 소집단 평가' 단계는 중간 수준의 학습자 2~3명을 선발하여 평가자와 일대일로 프로그램의 처음부터 끝까지를 실제로 사용하면서 실시하는 일대일 평가와, 대상 학습자 집단으로부터 30여 명 정도의 대표자들을 선발하여 실시하는 소집단 평가의 두 단계를 포함한 것이다. 우선 프로그램의 질과 학습효과를 평가하기 위한 목적을 가진 '일대일 평가'를 통하여 제시내용의 명료성, 프로그램의 난이도, 제시 정보의 양과 빈도의 적절성, 학습 시간의 적절성, 문자 · 소리 · 시각 정보의 정확성 등에 관한 평가 자료를 확보하게 된다. 전문가 검토 단계에서와 마찬가지로 이 단계에서 확보된 자료를 근거로 하여 프로그램을 수정 · 보완한 후 다음 단계인 소집단 평가 단계를 실시한다. 평가자나 프로그램 운영자와의 직접적인 접촉 없이 이루어지는 소집단 평가의 목적은 학습자가 교사나 프로그램 운영자의 도움 없이 실제와 유사한 개별학습 상황에서 프로그램을 효과적으로 활용할 수 있는지를 검토하는 데 있다. 따라서 정해진 시간에 별도의 도움 없이 프로그램을 효과적으로 사용하고 있는지에 대한 정보를 수집하는 데 필요한 다양한 측정 도구를 개발하여 활용해야 한다.

(3) 현장 활용 검증

'현장 활용 검증' 단계는 보조 자료를 포함한 모든 프로그램 요소들이 사용될 상황과 똑같은 상황에서 실제로 운영을 하면서 그 효과를 검토하는 단계다. 현장 활용 검증을 통해 얻을 수 있는 자료는 다음과 같다(김회수, 1995, pp. 296-297). 멀티미디어 프로그램이 사용 가능한가에 대한 정보, 개발된 멀티미디어 프로그램이 얼마나 오랫동안 지속적으로 이용될 수 있는가에 관한 자료, 멀티미디어 프로그램의 학습효과에 관한 정보, 사용자의 프로그램에 대한 태도에 관한 자료, 멀티미디어 프로그램이 사용자 환경에 적합한가에 관한 자료, 멀티미디어 프로그램에 포함된 검사와 보조

자료의 효과성에 대한 정보, 멀티미디어 프로그램이 프로그램 개발의 선행 요건인 요구를 충족시키는가에 관한 자료 등. 일반적으로 웹 기반의 교수 · 학습의 환경을 평가하기 위한 영역은 다음과 같다(백영균, 1999). 교수적 영역(목적, 내용, 설계, 방법 및 전략, 조직, 매체, 평가), 제도적 영역(학사, 등록 지원, 충원), 기술적 영역(인프라, 하드웨어, 소프트웨어), 윤리적 영역(문화적 다양성, 지리적 다양성, 학습자의 다양성, 에티켓, 법적 문제), 인터페이스 설계 영역(화면 설계, 항해), 온라인 지원 영역, 자원 지원 영역, 그리고 관리 영역(정보 및 의사소통의 배분, 평가를 위한 기제, 보안 장치).

(4) 보급용 매체 개발 및 총괄평가

'보급용 매체 개발 및 총괄평가' 단계는 멀티미디어 프로그램 개발 과정의 마지막 단계로서 직전단계에 이르기까지 지속적인 수정 · 보완을 거쳐 완성된 프로그램을 실제 현장과 학습자 개개인에게 전달하기 위한 보급용 매체를 개발하는 단계와 현장에서의 총괄적인 효과를 평가하는 단계를 의미한다. 보급용 매체의 종류로는 플로피디스크, 하드디스크, 디지털 테이프, 컴퓨터 네트워크, 비디오디스크, CD-ROM 등이 있다. 이 매체들은 각각 독특한 특징과 장단점을 가지고 있기 때문에 코스웨어 설계 · 개발자는 매체 자체의 특성, 사용자 환경의 특성, 프로그램의 용량, 예산 등을 고려하여 적합한 매체를 개발해야 한다(김회수, 1995, p. 300). 총괄평가는 계획, 준비, 수행 및 자료 수집, 결과의 분석과 요약, 결과의 보고 등의 절차를 거쳐 진행된다(Dick & Carey, 1996). 총괄평가의 대상은 학자에 따라 다양하게 거론되고 있으나, 미의회공학평가위원회(1988)가 비교적 포괄적으로 제시하고 있는 방안은 다음과 같다.

A. 교수의 질

- 일반적인 질
- 학습내용
- 프로그램의 적절성
- 질문기법
- 현장검사 결과
- 교수전략과 동기 유발
- 창의성
- 학습자 통제
- 학습목표, 목적 및 결과
- 피드백
- 모의실험

B. 교사의 프로그램 수정 가능성

C. 학습결과 평가와 성적 관리

D. 프로그램에 관한 기록과 보조자료

E. 기술적 질

- 일반적 질
- 명료성
- 프로그램의 설치와 운용
- 그래픽과 소리 정보

F. 소프트웨어 포장 내용물에 포함되어 있는 기구나 주변 장치들의 질

G. 하드웨어 및 판매 전략

기출문제(초등)

1. 딕과 캐리(W. Dick & L. Carey)의 체제적 교수설계 모형에서 (가), (나) 단계에 해당하는 것은?

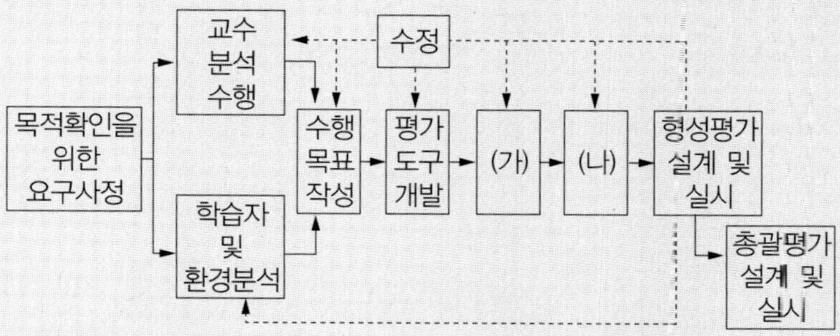

	(가)	(나)
①	교수전략 개발	관리전략 개발
②	교수전략 개발	교수자료 개발 및 선정
③	교수자료 개발 및 선정	조직전략 개발
④	교수자료 개발 및 선정	전달전략 개발

정답

1. ②

기출문제(중등)

1. 코스웨어를 개발할 때 컴퓨터 화면상에 제시될 내용, 그래픽, 버튼의 기능 등을 상세하게 구성한 것은?

① 흐름도 ② 개발지침서
③ 스토리보드 ④ 프로그래밍

2. 〈보기〉의 코스웨어 개발 순서를 바르게 나열한 것은?

〈 보기 〉

가. 시범 적용	나. 프로그래밍
다. 스토리보드 작성	라. 목표 및 내용 분석
마. 교수방법 및 전략 설계	바. 요구분석 및 주제 선정

① 라 → 바 → 마 → 다 → 나 → 가
② 바 → 라 → 마 → 나 → 다 → 가
③ 바 → 라 → 마 → 다 → 나 → 가
④ 바 → 마 → 라 → 나 → 다 → 가

정답

1. ③ 2. ③

제11장

수업 평가

이 장은 수업 전 · 중 · 후 활동의 효과성을 판단하는 수업평가의 정의 및 유형과 절차를 개관한다. 즉, 진단평가와 형성평가, 총괄평가를 비교하고, 규준지향평가와 준거지향평가의 특성을 분석한다. 수업을 평가하기 위한 체계적인 절차를 개관하고, 자신의 수업계획을 스스로 성찰해 볼 수 있는 자기성찰 도구를 소개한다. 이 장에서는 수업평가 활동이 수업개선을 위한 필수적인 활동임을 인식할 수 있기를 기대한다.

이 장을 학습한 후, 최소한 다음의 학습목표가 성취되기를 기대한다.

- 수업평가를 정의할 수 있다.
- 수업의 특성과 평가의 특성을 비교할 수 있다.
- 수업평가의 유형을 구별할 수 있다.
  - 진단평가와 형성평가, 총괄평가를 설명하고 특징을 비교할 수 있다.
  - 규준지향평가와 준거지향평가를 설명하고 특성을 비교할 수 있다.
- 수업평가의 체계적인 절차를 수행할 수 있다.
  - 준비 및 설계 단계를 수행할 수 있다.
  - 판단근거 수집 단계를 수행할 수 있다.
  - 판단 및 정리 단계를 수행할 수 있다.
- 수업계획 자기성찰 도구를 활용할 수 있다.
  - 객관주의 수업계획을 위한 자기성찰 도구의 평가 항목을 확인할 수 있다.
  - 객관주의 수업계획을 위한 자기성찰 도구를 활용할 수 있다.
  - 구성주의 수업계획을 위한 자기성찰 도구의 평가 항목을 확인할 수 있다.
  - 구성주의 수업계획을 위한 자기성찰 도구를 활용할 수 있다.

제11장

수업평가

1. 수업평가의 정의

평가활동은 평가를 받는 대상(evaluand)의 가치(value)를 끄집어내는 활동이다. 평가의 대상이 무엇이냐에 따라 평가의 기준과 방법 또한 다양하게 적용될 수 있다. 이 장에서는 교사의 수업활동과 학생의 성취도 그리고 수업 프로그램을 평가의 대상으로 한다. 이들 평가 대상의 가치를 판단하는 일은 개별적으로 이루어질 수 있으나, 전체적인 교수 · 학습활동을 하나의 체제(system)로 보고 총체적인 접근을 하는 것이 이상적이다. 왜냐하면, 이 요인들은 교사-학생-내용으로 상호 연계되어 있기 때문에 각각을 개별적으로 평가하는 일은 바람직하지 않다. 요컨대, 이 세 가지 평가 대상은 수업평가라는 큰 체제 속에서 이루어져야 한다.

Medley(1987)에 의하면, 교사가 제공하는 수업의 질, 수업과정에서의 교사의 행동, 수업에 따른 학습자의 경험에 근거하여 교사의 능력을 다각적인 측면에서 평가하는 것을 수업평가라고 정의한다. 배호순(1991, p. 17)

은 수업평가의 목적을 수업의 질을 개선하기 위한 목적, 수업목표의 달성 정도를 파악하기 위한 목적, 교육효과로서 수업효과를 탐색하기 위한 목적, 교육과정 및 교육과정 자료를 개선하기 위한 목적, 교원인사 행정에 필요한 자료를 수집하기 위한 목적, 학생지도를 위한 목적, 그리고 교육연구를 위한 목적으로 대별하여 제시하고 있다. 일반적으로 수업평가를 통해 교사의 교수 · 학습 수행 능력에 대한 정보를 수집하여 교사의 교수력을 제고시키고 임용이나 승진, 보상과 같은 인사행정상의 의사결정에 도움을 주기 위한 목적, 즉 교사의 전문성 신장 목적과, 국가의 중요한 사업으로 투입된 막대한 자원의 비용-효과적 가치와 의도한 교육목표를 만족스러운 수준으로 달성한 정도를 판단하는 정보를 확보하는 목적, 즉 교육의 책무성 보장 목적을 위해 수업을 평가한다고 할 수 있다.

2. 수업평가의 유형

1) 진단평가, 형성평가, 총괄평가

전통적으로 수업과 관련하여 실시된 평가의 관행으로서, 수업의 과정이 종결된 후에 학습자가 달성한 수업 결과만을 평가의 대상으로 삼아 왔다. 평가에 대한 이 같은 관행은, 수업과정과 평가과정을 명백히 구별되는 독립적인 활동으로 생각하게 했다. 이런 관점에서의 평가는 수업과정 중에 일어나는 다양한 현상에 대해서는 관심이 없고 오직 수업이 끝난 후의 학습성과만을 측정함으로써, 그런 학습성과를 가져다준 수업과정 자체에 대한 효과성과 효율성은 고려하지 않는 수업 외적인 판단활동이라고 할 수 있다. 그러나 이러한 관행은 형성적 개념의 평가가 등장함으로써 교육의 질 개선에 획기적인 전환을 가져다주었다.

형성적 평가의 개념은 평가라는 활동이 수업의 중요한 활동으로서 자리

매김하게 되는 계기가 되었고, 평가활동은 교수 · 학습과정 속에 자리 잡게 된다. 형성평가가 도입됨으로써, 수업이 의도하는 목표가 제대로 달성되었는지, 그 목표를 달성하는 데 가장 효과적이고 효율적이며 매력적이고 안정적인 방법을 선정하거나 개발하여 활용하였는지, 그리고 그러한 과정에 대해 객관적이고도 즉각적인 정보를 수업에 참여하고 있는 교사와 학생들에게 지속적으로 제공해 주고 있는지를 체계적으로 점검할 수 있는 방안이 마련되게 되었다. 교육평가의 이러한 기능은 수업과정의 효율성을 유지하기 위한 내재적인 질적 관리의 활동에 비유될 수 있다(김호권 외, 1990). 평가는 목적에 있어서나 방법에 있어서나 또는 사용하는 자료에 있어서도 수업과 하등의 다른 바가 없으며(Dressel, 1954), 다음과 같이 비교될 수 있다.

〈표 11-1〉 수업과 평가의 비교

수업	평가
• 학생들에게 기대하는 변화를 일으킬 때 효과적	• 학생들에게 일어나는 변화의 범위에 대한 증거를 제시할 때 효과적
• 현재 행동의 비적절성이 이해되고, 새로운 행동형의 가치가 분명히 되었을 때, 학생들은 새로운 행동형을 가장 잘 학습	• 자기평가가 허용되고 권장될 때, 평가는 학습을 위해 가장 큰 도움
• 개별 학생이 이미 지니고 있는 행동형과 그 원인을 교사가 잘 알 때, 교사는 새로운 행동형을 더욱 효과적으로 개발	• 평가에 의해 부적절한 행동의 주요 유형과 그 원인을 밝힐 수 있을 때에, 평가는 수업을 도움
• 개별 학생의 사고와 행동을 요구하는 문제나 활용이 주어질 때 학습은 활발해짐	• 평가가 개개인의 자발성을 허용하고 권장할 수 있을 때에, 그것은 학습을 위해서 가장 중요한 의미를 지님
• 특정행동의 지도와 학습에 있어 기본이 된 활동이 그러한 행동의 유발과 평가를 위한 활동으로서도 또한 가장 적절	• 특정행동의 평가를 위한 목적으로 개발한 활동이나 문제는 그러한 행동의 지도와 학습을 위해서도 가장 유용

(1) 진단적 평가

현재의 학습단원에 대한 학습지도가 시작되기 직전 단계에 실시하는 평가로서, 수업이 시작되기 전에 실시되는 예진적 활동과 학습실패의 교육외적 원인을 밝히기 위한 활동, 두 가지로 나누어 생각해 볼 수 있다. 예진적인 성격을 띤 평가활동에서 수집해야 할 가장 중요한 정보는 학습결손의 유무에 관한 것이다. 학습결손은 새로 학습해야 할 교과내용에 관련된 선수적인 학습요소의 불충분한 학습을 의미한다. 이런 학습 결손은 후속학습을 저해하는 소위 '누적된 학습실패의 악순환'을 야기할 가능성이 있다.

학습실패의 교육외적 원인으로서는 대체로 신체적 원인(시각 및 청각기관의 이상이나 장애, 운동기능의 장애, 언어장애, 영양관리의 이상, 일반적인 건강상태, 내분비 및 신경계통의 장애 등), 심리적 원인(자아개념, 가정불화 등으로 인한 장기적인 심리적 불안정, 신경증 등 정신적 질환), 환경적 원인(물질적 빈곤, 문화실조 등)의 세 가지를 들 수 있다. 이들은 일반적으로 밀접하게 관련되어 있는 경우가 많다. 대부분의 경우, 이 같은 원인들은 교사의 힘으로는 직접적으로 해결하기 어렵다. 따라서 전문가와 전문기관의 도움을 적극 강구해야 할 것이다.

진단평가의 중요한 목적은 적절한 수업전략을 선정하고 활용하기 위함이다. 즉, 수업목표의 선수요건이 되는 출발점 행동 및 기능을 소유하고 있는지를 확인하고, 적절한 교수방법이나 대안을 제공하기 위하여 학습자의 다양한 특성을 파악하는 것이 중요하다. 진단평가의 요소로는 앞서 제5장 개인차의 이해에서 언급한 학습자의 지적·정의적·심동적 영역의 특성뿐만 아니라, 학생의 환경적 요인도 그 대상이 된다.

(2) 형성적 평가

현재의 학습단원에 대한 수업이 한창 진행되고 있는 도상(on-line)에서 다시 이루어지는 평가로서, 그 기능은 다음과 같다. 학습 진행 속도의 조절, 진행 중인 학생들의 학습에 대한 보상 내지 강화 체제의 역할 수행, 학생들이 당면하는 학습곤란을 규명하는 데 큰 도움이 되며, 학습지도 방법의 개선에 크게 기여한다. 올바른 형성적 평가는 학습동기를 유지하는 기능뿐만 아니라 교사로 하여금 자신의 학습지도과정을 반성해 보게 하고 그 학습지도 과정 속에 내재되어 있는 허점이나 약점을 발견할 수 있게 하는 기능을 더욱 중요하게 강조한다.

형성평가는 일차적으로 교수·학습과정을 개선하는 데 그 목적이 있다. 따라서 형성평가를 통해 학생의 개별 학습능력에 맞추어 학습에 도움이 되는 정보를 제공해 주고, 학생에게 자신의 학습에 어떤 장점과 문제점이 있는지를 알려 주고, 특별히 학습곤란을 경험하고 있는 영역을 분석하여 학습실패의 원인을 밝혀 주는 역할을 해야 한다. 이렇게 함으로써, 결과적으로 학습자의 학습 흥미와 동기가 유발되는 효과를 기대할 수 있다.

특히, Gagné의 수업사상 중 정리부에서 실시하는 형성평가는 교사가 한 시간 동안 수행한 교수활동의 성과와 의도한 수업목표의 달성 정도를 판단하는 중요한 수업 활동으로서, 무엇보다도 교사 자신에게 이후에 보다 나은 수업을 설계하는 데 필요한 정보를 수집할 수 있는 기회가 된다. 따라서 교사는 학습자들로부터 형성평가의 결과를 반드시 확인하여 몇 명의 학생이 어느 정도의 목표를 달성했는지에 대한 정보를 수집해야 한다.

(3) 총괄적 평가

현재의 학습단원에 대한 학습지도가 끝난 시점(off-line)에서 실시하는 평가로서, 그 주요 기능은 다음과 같다. 일차적인 기능은 총괄평가를 통하여 학생들의 성적을 매겨 주는 일이다. 총괄평가의 결과는 학생들의 장래의 성적을 예측하는 근거로서 사용될 수 있다. 총괄평가의 결과를 통하여 집단성과를 비교할 수 있다. 뿐만 아니라, 학습지도의 장기적인 질적 관리를 위해서도 큰 도움을 준다. 총괄 평가의 결과를 교육적 목적에 가장 부합되게 사용하는 방안은 역시 그 결과를 교사의 차기 학습과정의 출발점으로 삼는 것이다. 즉, 지난 총괄평가의 결과를 바탕으로 하여, 이번에는 보다 향상된 학습 결과를 확보하기 위해 교수 · 학습과정의 개선 노력의 근거로서 지난 총괄평가의 결과를 활용하는 것이다(김호권 외, 1990).

교수 · 학습과정이 종결된 후에 실시하는 평가로서 일반적으로 교사보다는 평가전문가나 평가 전문 기관에서 제작된 검사도구인 표준화된 검사를 사용한다. 예를 들어, 전국 규모로 실시되는 학업성취도 검사는 총괄평가의 성격을 띤다. 총괄평가는 그 목적에 따라, 특정 집단 내에서의 상대적인 서열을 중요시하는 규준지향평가와 교육목표 달성 여부인 최저 기준의 통과 여부를 결정하는 준거지향평가로 나누어진다.

〈표 11-2〉은 진단평가와 형성평가, 총괄평가를 여러 내용에 따라 비교하고 있다(황정규, 1998; 성태제, 2005; 권대훈, 2008).

〈표 11-2〉 진단 · 형성 · 총괄평가의 비교

구분 내용	진단평가	형성평가	총괄평가
목적	• 적절한 교수 투입을 위한 사전 정보 확보	• 교수 · 학습 진행의 적절성 • 교수법 개선	• 교육목표 달성 • 교육 프로그램 선택 결정 • 책무성
기능	• 배치: 선수기능의 보유 유무의 결정 • 수업 전 성취수준의 결정 • 교수방법의 대안과 관련된 특성에 따른 학생의 분류 • 계속적 학습곤란의 원인 진단	• 학습단원 관련 진보 상황을 교사와 학생에게 피드백 • 학습과제의 구조에 따라 오류를 확인함으로써 교정 • 교수방법 대안 제시	• 학습단원, 학기, 학년의 종료 시점에 학생의 성적 판단 및 자격 부여
시기	• 수업시작: 수업 초, 학기, 학년의 시초에 배치를 위하여 • 수업도중: 정상수업으로는 지속적 도움을 받지 못할 때	• 수업 진행 중	• 일련의 학습과제 및 학기, 학년의 끝
평가 강조점	• 인지적, 정의적, 심동적 행동 • 신체적, 환경적, 심리적 요인	• 인지적 행동 • 정의적 특성	• 일반적으로 인지적 행동: 교과에 따라 정의적 특성과 심동적 행동

검사 도구의 형태	• 사전검사를 위하여 형성평가 도구 및 총괄평가 도구 • 표준화 학력 및 진단 검사 • 교사제작의 평가도구 • 관찰 및 체크리스트	• 학습목표에 맞게 특별히 제작된 형성평가 도구 • 교사가 제작하는 것이 원칙	• 총괄평가 도구
수업 목표의 표본 방법	• 선수기능 행동의 구체적 표본 • 교과목표의 비중별 표본 • 교수형태와 관련된 학생변인의 표본 • 신체, 정서, 환경에 관련된 행동의 표본	• 학습과제의 위계에 포함된 구체적 표본	• 비중을 고려한 교과목표의 표본
문항 난이도	• 선수기능 및 능력의 진단: 대부분 쉬운 문항 • 65% 이상의 난이도	• 미리 구체화할 수 없음	• 미리 구체화할 수 없음 • 다양한 수준의 난이도를 갖는 문항 표본
채점	• 규준지향 및 목표지향 채점 겸용	• 목표지향 채점	• 일반적으로 목표지향적 • 필요에 따라 규준지향 채점도 허용
방법	• 비형식적, 형식적 평가	• 수시 평가 • 형식적, 비형식적	• 형식적 평가
주체	• 교사 교육내용 전문가	• 교사	• 교육내용 전문가 • 평가전문가
기준	• 준거참조	• 준거참조	• 규준 혹은 준거 참조
유형	• 준거에 부합하는 문항	• 준거에 부합하는 문항	• 규준참조: 다양한 난이도 • 준거참조: 준거와의 부합도

2) 규준지향평가와 준거지향평가

(1) 규준지향평가

일반적으로 상대비교평가 또는 상대평가라고 알려진 규준지향평가(norm-referenced evaluation)는 개인의 점수가 자신이 속한 집단의 규준(norm)에 의해서 상대적으로 서열이 결정되는 평가다. 즉, 목표의 달성 여부보다는 자신이 속한 집단에서의 순위에 관심을 두는 평가다. 따라서 '규준' 은 집단의 '평균점수' 에 해당되기 때문에, 다른 말로 표현하면 평균기준평가라고 할 수 있다. 개인의 성적을 집단의 평균과 표준편차에 근거한 등급에 따라 수(A), 우(B), 미(C), 양(D), 가(F)로 상대적인 서열이 결정된다. 규준지향평가는 개개 학생들의 성취도를 최대한 정밀하게 변별하여 특정 교육 프로그램을 이수할 수 있는 학생을 선정한 다음 각자의 능력에 맞는 내용 또는 수준의 교육을 해야 한다는 선발적 교육관에 기초를 두고 있다(변창진 외, 1996).

규준지향평가의 장점으로는 객관적인 평가가 가능하며, 학생의 상대적인 서열을 명확하게 판단할 수 있고, 경쟁을 통한 외재적 학습동기의 형성에도 도움이 되며, 선의의 경쟁을 유도하여 집단의 전체적인 능력이 향상되는 효과를 기대할 수 있다. 반면에, 수업목표의 달성 여부와는 관계가 없기 때문에 진정한 의미의 학습효과를 판정하는 일이 어려우며 이런 문제는 암기위주의 교육을 조장할 가능성을 높이게 되는 부작용을 조장할 수도 있다. 또한 학생들은 무한 경쟁 상황에 놓이기 때문에 인성과 건강상의 문제 또한 야기될 수도 있다. 무엇보다도, 규준지향평가는 교수 · 학습의 개선, 즉 교육의 질을 개선하는 데에는 의미로운 효과를 주지 못한다.

(2) 준거지향평가

일반적으로 절대기준평가 또는 절대평가라고 알려진 준거지향평가(criterion-referenced evaluation)는 수업목표로 설정된 역량을 달성했는지의 여부에 의해 학생의 성적을 판단한다. 즉, 상대적인 서열을 결정하기 위한 것이라기보다는 설정된 수업목표의 달성 여부에 의해 학생의 능력이 판단된다. 따라서 '준거' 는 '수업목표' 에 해당되기 때문에, 다른 말로 표현하면 목표기준평가라고 할 수 있다. 개인의 성적은 목표의 달성 여부에 따라 통과와 탈락으로 결정된다. 준거지향평가에서 가장 중요한 요소는 측정의 대상이 되는 교육내용으로서 과제의 영역과 교육목표를 설정할 때 도달해야 하는 최저 기준인 준거라고 할 수 있다. 준거지향평가는 충분한 학습

시간과 학습조건만 제공하면 거의 모든 학습자가 주어진 수업목표에 도달할 수 있고 그것이 바로 교육의 목적이라는 발달적 교육관에 기초를 두고 있고 완전학습이론과 맥락을 같이 한다(변창진 외, 1996).

준거지향평가의 장점으로는 교육의 이상적인 성취 상태인 목표의 달성을 목적으로 하기 때문에 교수 · 학습이론과 일치하고, 이를 통해 교육목표와 내용과 방법을 개선시키는 데 크게 기여할 수 있는 정보를 제공해 주는 평가다. 교사가 설정한 목표가 학습자에게 도전적인 의욕을 촉발할 수 있기 때문에 그들의 탐구정신과 협동정신을 고양하고 그를 통해 지적인 성취감을 느끼게 해 준다. 뿐만 아니라, 교육의 이상적 상태로서 전인교육의 목적을 고려하고 있기 때문에 학습자의 정의적인 영역과 심동적인 영역의 발달을 촉진시킬 수 있는 이점이 있다. 반면에, 목표가 너무 쉽거나 너무 어려울 경우, 학습자 개개인의 능력을 변별하는 데 어려움이 있을 뿐만 아니라 학습자의 동기를 유발하는 데에도 어려움이 있다. 무엇보다도 준거지향평가는 그 목적에 충실하게 사용되어야 이상적인 결과를 기대할 수 있는데, 예를 들어, 내신 성적을 부풀리는 것과 같은 교육외적인 의도에서 평가도구를 너무 쉽게 또는 너무 어렵게 제작함으로써 객관적이고 타당한 평가의 준거를 설정하지 못하게 되어 충실한 교육적 기능을 발휘할 수 없는 경우가 있을 수 있다.

〈표 11-3〉은 규준지향평가와 준거지향평가를 비교하고 있다(황정규, 1998; 성태제, 2005; 권대훈, 2008).

〈표 11-3〉 규준지향평가와 준거지향평가의 비교

구분 / 내용	규준지향평가	준거지향평가
기본가정	• 선발적 교육관(개인차 극복 불능관)	• 발달적 교육관(개인차 극복 가능관)
평가목적	• 개인의 점수를 규준집단의 규준과 상대적으로 비교하여 서열 또는 순위 판정(개인차 변별)	• 구체적인 영역에 대한 개인의 수행수준 사정, 수업목표 도달 정도의 확인과 개인의 목표 도달-미달로 분류

특성	• 학생이 얼마나 성취했는가에 관심 • 성공하는 자와 실패하는 자가 존재 • 학생들 간의 상대적 위치가 최대의 관심 • 개인차는 극복 불가능 • 심리측정의 전통에 영향을 받음 • 상대적 위치에 관한 정보의 획득을 강조	• 학생이 무엇을 성취했느냐에 관심 • 대부분의 학생이 성취수준에 도달 가능 • 교육목표를 성취하였는가가 최대의 관심 • 개인차는 교육적 노력을 통해 극복 가능 • 물리적 측정의 전통에 영향을 받음 • 진단적, 형성적 기능을 강조
인간관	• 수동적인 자극-반응의 유기체로 봄	• 목적추구자로 봄
평가 기능	• 교수 · 학습과정과 관련시키지 않음	• 교수 · 학습과정과 관련하여 이해함
강조점	• 상대적인 서열	• 특정 영역의 성취
교육신념	• 개인차 인정	• 완전 학습
비교대상	• 개인과 개인	• 준거와 수행
개인차	• 극대화하려고 함	• 극대화하지 않으려고 함
측정도구	• 신뢰도, 문항곤란도 중시	• 내용타당도 중시
이용도	• 분류, 선별, 배치: 입학시험, 심리검사 • 행정적 기능 강조	• 자격 부여: 자격고사 • 교수적 기능 강조
장점	• 광범위한 영역의 평가 가능 • 개인차 변별	• 학습성과에 부합되는 평가가능 • 경쟁완화
단점	• 대적 위치정보만 제공하며 낮은 성적을 받은 학생들이 반드시 존재함	• 학습성과를 명료화하고 수행표준을 설정하기가 어려움

3. 수업평가의 절차

1) 수업의 구성요인

일반적으로 효과적인 수업은 다섯 가지 구성요인(또는 영역)으로 구성된다. 이 구성요인(construct, 구인, 심리학적 구성 개념이라고 할 수 있음)들은 수업진행 및 운영에 관한 절차(instructional events), 내용 설계 및 구조화(structure), 학습동기 유발(motivators), 학습기회 및 시간 부여(opportunity), 학습행동관리(classroom management) 등의 수업활동들로 구성된다. 수업의 구성요인으로서 5개 행동 영역은 수업의 주요 기능과 본질적인 영역을 반영하고 있는 것으로서, 여러 연구결과들에 근거하여 각 영역별로 효과적인 수업의 구성요인들을 정선한 결과는 다음과 같다(배호순, 1991). 즉, 교사의 수업효과에 관한 연구결과에 바탕을 두고 비교적 효과적인 수업의 결정요인으로 인정된 수업과정 변인은 총 5개 영역과 11개 수업과정으로 구성되어 있으며, 어느 수업에서나 필수적으로 요청되는 과정 행동들이라고 할 수 있다.

① 수업 진행 및 운영 절차에 관한 영역

- 내용의 명료한 제시: 교수 내용을 분명하고 체계적으로 제시하기
- 가용 자료의 활용: 이용 가능한 필요한 교수자료 및 설비를 준비하고 활용하기
- 타당한 등급 매기기: 학생의 실제적인 학습 정도를 정확히 반영하도록 등급을 판단하고 평가하기
- 교사의 열성: 학생을 가르치는 것을 즐기고 열심히 특정 내용을 수업하는 것에만 몰두하기

② 내용 설계 및 구조화 영역

- 수업진도 조정: 수업 내용과 범위를 다루는 진도를 학생들에게 맞도록 조정하기

③ 학습동기 유발 영역

- 질문 활용하기: 학생들의 학습활동을 자극하기 위하여 질문을 효과적이고 체계적으로 이용하기
- 학생 답변 수정: 학생들의 학습활동 결과의 질에 관한 정보를 제공하기(특히, 학생의 오류, 오해 및 착오를 교정)
- 학생과의 래포 형성: 원만한 수업진행을 위하여 교사 학생 간의 친밀

하고 온화한 관계 및 분위기를 조성하기

④ 학습기회 부여 영역

- **내용의 충분한 반복**: 수업한 내용을 정기적, 연속적으로 반복하고 재학습시키기
- **개인별 연습시간 할당**: 학생들이 학습한 내용과 기능을 각자 숙지할 기회를 제공하기

⑤ 학습행동 관리 영역

- **학습행동 관리 및 운영**: 학급 학생들의 학습 분위기 조성과 본질적인 학습활동을 진행할 수 있도록 그들의 학습행동을 관리하고 감독하기

2) 수업평가 활동 및 절차

체계적으로 수업을 평가하는 주요 절차로는 첫째, 준비 및 설계 단계(수업평가의 목적 및 근거 확인, 수업평가 활동의 기획 및 설계), 둘째, 판단근거 수집 단계(수업평가 준비의 설정, 수업평가 지표의 수집, 수업평가 기준의 결정), 셋째, 판단 및 정리 단계(평가적 판단의 실시, 수업평가 결과의 보고 및 활용)로 구성되어 있다. 앞서 언급한 효과적인 수업의 결정요인으로 인정된 수업과정 변인에 근거해서 수업을 평가하는 활동 및 절차를 체계화하면 다음과 같다(배호순, 1991, pp. 28-29).

>>> 준비 및 설계 단계

① 수업평가의 목적 및 근거 확인

- 평가의 필요성(이유), 방향, 강조점 확인
- 평가활동의 명분 설정
- 평가목적의 구체화

- 평가의 정당화 근거 확인

② 수업평가 활동의 기획 및 설계
- 평가목적 및 필요성의 구체화
- 수업목표와 내용 파악
- 평가관점 및 방법의 선정
- 수업평가 일정 및 활동의 설계

>>> 판단근거 수집 단계

③ 수업평가 준비의 설정
- 수업목표의 확인, 상세화, 과제분석
- 수업의 영역, 특성, 내용의 확인
- 수업평가 내용 및 대상의 확인
- 준거의 선정, 준거의 상세화 및 구체화

④ 수업평가 지표(자료)의 수집
- 자료의 출처 확인 및 선정
- 자료 및 증거의 적합성 판단
- 수집(측정)도구의 선정 및 개발
- 수집방법 및 절차 모색
- 체계적인 수집활동 전개
- 자료의 분석 및 처리
- 평가지표의 정리, 추출, 선정

⑤ 수업평가 기준의 결정
- 평가준거 및 지표에 적합한 기준 형태 선정

- 기준의 표현 형태 선정
- 기준의 적합성 판단 및 결정

>>> 판단 및 정리 단계

⑥ 평가적 판단의 실시

- 평가접근 방식을 고려한 판단
- 판단 근거의 종합 정리
- 준거별 비중의 결정
- 준거별 판단
- 종합적 판단

⑦ 수업평가 결과의 보고 및 활용

- 보고 대상자 확인
- 보고 형태, 내용, 일시, 방식의 결정
- 판단 결과의 종합 및 정리
- 평가목적에 부합한 활용:
  수업효과 탐색 및 확인, 수업목표 달성 정도 파악,
  교원인사행정 자료 수집, 수업의 질 개선,
  교육과정 및 관련 자료 개선, 학생지도 자료 수집,
  교육연구 목적 달성 등

4. 수업계획 자기성찰 도구

수업을 실시하기에 앞서 수업을 효과성을 보장해 주는 데 반드시 요구되는 기준을 설정하고, 그 기준에 근거하여 자신의 수업 계획을 스스로 성찰해 보고 그 결과에 따라 수업계획을 수정 · 보완하는 노력이 요구된다. 아래의 '수업계획 자기성찰 도구'는 이러한 노력을 효과적으로 수행할 수 있는 유용한 지침을 제공해 주고 있다. 이 도구에서 제공하고 있는 기준으로는 수업목적, 수업목표(학습자, 행동, 조건 준거), 수업자료의 준비, 학생들의 수준과 특성, 수업절차(동기부여, 목표전달, 선행학습 상기, 수업내용과 예시 제공, 연습과 피드백 제공, 수업요약), 수업평가 등이 있다. 계속해서 '구성주의 수업계획 자기성찰 도구'는 특별히 구성주의 교수 · 학습 전략을 활용한 수업을 계획하는 경우 활용할 수 있는 기준을 제시하고 있다.

1) 객관주의 수업계획을 위한 자기성찰 도구

교사의 수업계획 능력은 교실 수업의 효과성에 결정적인 역할을 한다. 수업계획 능력 또는 기능은 신중한 실천과 더불어 높은 자기주도성이 요구되므로, 예비교사들의 주도적인 수업계획 실천, 점검, 평가, 개선을 도와주는 전략적 도구가 필요하다. 수업계획 자기성찰 도구(IPSRT)는 자기조절학습에 관한 Zimmerman(1999)의 연구와 더불어 Reiser와 Dick(1996)의 수업계획모형을 토대로 개발되었다. 이 도구는 수업계획 과정을 통해 예비교사들의 자기 성찰적 사고를 촉진시킬 목적으로 고안되었으며, 교사가 설계한 수업을 스스로 평가할 수 있는 여러 수업설계 항목(목적, 목표, 수업활동, 평가, 실행, 개선)들로 구성되어 있다. 특히 본 수업계획 자기성찰 도구는 전통적인 수업체제설계 방법의 활용을 촉진시키기 위해 개발되었다.

수업계획 자기성찰 도구[1)]
(The instructional planning self-reflective tool)

지시문:
수업계획서를 작성한 다음, 아래의 각 질문들을 토대로 수업계획서 각각의 영역들을 검토한다. 수업계획서를 검토해 나가면서 '예' 또는 '아니요'에 체크한다. 만약 '아니요'에 체크하였다면, 해당되는 수업계획서 영역을 수정해야 한다는 것을 의미한다.

수업목적:
- 수업목적은 학생들이 성취해야 하는 것을 일반적이고 폭넓게 진술하였는가? □예 □아니요
- 수업목적은 교사 자신이 해야 할 일이 아니라, 학생들이 성취해야 하는 것으로 진술하였는가? □예 □아니요

수업목표:
- 각각의 수업목표들은 하나의 상위 수업목적에서 직접적이고 논리적으로 도출되었는가? □예 □아니요
- 각각의 수업목표들은 아래의 4가지 목표 구성요소들 모두를 포함하고 있는가? □예 □아니요

1. 학습자
    - 누가 학습 수행을 할 것이라는 점을 진술하였는가? □예 □아니요
    - 교사의 관점이 아닌 학생의 관점에서 진술하였는가? □예 □아니요
2. 행동
    - 학습행동은 구체적이고 명료한가? □예 □아니요
    - 학습행동은 관찰가능하고 측정 가능한가? □예 □아니요
    - 학습행동 진술은 수업이 진행되는 도중이 아닌 종료 후에 학습자들이 할 수 있는 것으로 진술되었는가? □예 □아니요
    - 학습행동 진술은 행위동사인가? □예 □아니요
3. 조건
    - 학습행동이 발생되는 맥락이 구체화되었는가? □예 □아니요
    - 학습행동이 발생되는 조건이 명료화되었는가? □예 □아니요
4. 준거
    - 학습행동이 어느 정도로 잘 이루어져야 하는지 명료화시켰는가? □예 □아니요
    - 학습행동의 성공 준거가 구체적이고 측정 가능한가? □예 □아니요

---

1) Baylor, A., Kitsantas, A., & Chung, H. (2001). The instructional planning self-reflective tool: A method for promoting effective lesson planning. *Educational Technology, 41*(1), 56-59.

수업계획 자기성찰 도구
(The instructional planning self-reflective tool)

수업자료의 준비:

- 수업활동에 필요한 모든 자료들이 준비되었는가? ☐ 예 ☐ 아니요

학생들의 수준과 특성:

- 각각의 수업목표들은 하나의 상위 수업목적에서 직접적이고 논리적으로 도출되었는가? ☐ 예 ☐ 아니요
- 학생들의 모든 관련 특성들(예: 일반적 특성, 인종, 성, 학년, 학습선호도 또는 학습스타일, 지각 선호도, 집단 크기 등)을 진단하였는가? ☐ 예 ☐ 아니요
- 수업목표들은 이러한 학생들의 독특한 특성들에 적합한가? ☐ 예 ☐ 아니요

수업절차:

〈동기 부여〉

- 학생들의 주의를 집중시키기 위한 전략이 있는가? ☐ 예 ☐ 아니요
- 학생들의 동기를 진작시키기 위한 전략이 있는가? ☐ 예 ☐ 아니요

〈목표 전달〉

- 학생들에게 수업의 과정이 끝난 후 무엇을 할 수 있는지를 중심으로 목표를 통지하는가? ☐ 예 ☐ 아니요

〈선행학습 상기〉

- 학생들에게 새로 배울 내용과 관련된 선수 지식을 회상하게 하는가? ☐ 예 ☐ 아니요

〈수업내용과 예시 제공〉

- 학생들이 목표를 수행할 수 있도록 수업내용과 관련된 필요한 모든 정보들을 제공하는가? ☐ 예 ☐ 아니요
- 학생들에게 충분한 예시를 제공하는가? ☐ 예 ☐ 아니요

〈연습과 피드백 제공〉

- 학생들에게 수업목표에 반영되어 있는 기능, 지식, 태도와 직접적으로 연관된 연습 기회를 제공하는가? ☐ 예 ☐ 아니요
- 학생들에게 피드백을 제공하는가? ☐ 예 ☐ 아니요

〈수업 요약〉

- 수업을 마칠 때 배운 내용을 요약 정리해 주는가? ☐ 예 ☐ 아니요
- 학생들이 수업시간에 배운 기능과 지식이 강화되도록 도와주는가? ☐ 예 ☐ 아니요

수업평가:

- 평가는 목표와 분명하게 정렬되어 있는가? ☐ 예 ☐ 아니요
- 검사문항의 행위동사는 목표의 행위동사와 일치하는가? ☐ 예 ☐ 아니요

전반적 사항:

• 각각의 수업목표들은 효과적으로 가르치고 평가할 수 있는가?	□예	□아니요
• 수업은 목적에서 평가에 이르기까지 논리적이고 쉽게 진행되는가?	□예	□아니요
• 수업을 진행하는 각각의 절차에 교육적 의도가 있는가?	□예	□아니요
• 수업자료는 학생들에게 적절한가?	□예	□아니요
• 수업진행 활동에 필요한 모든 자료들을 준비하였는가?	□예	□아니요
• 선택한 수업 매체는 각각의 수업활동에 적합한가?	□예	□아니요
• 평가문항은 학생들이 반드시 학습해야 하는 것이 반영되어 있는가?	□예	□아니요

2) 구성주의 수업계획을 위한 자기성찰 도구

CPSRT는 자기주도학습(Zimmerman, 2000)과 구성주의(Jonassen, 1999)의 원리를 토대로 개발되었다. 자기주도적 측면에서, CPSRT는 예비교사들에게 수업계획안을 개발할 때 포함되는 요소들을 스스로 점검하고 성찰할 수 있도록 촉진시켜 주는 과정 목적(process goals)들을 제공한다. 구성주의 측면에서, CPSRT는 예비교사들의 유연한 사고와 아이디어 생성을 촉진시킬 목적으로 고안되었다. 즉, 구성주의 학습환경을 설계하는 일은 실천을 위한 아이디어를 만들어 내고, 다양한 소스에서 정보들을 수집하고 통합하며, 이 과정에서 성찰하는 능력을 필요로 한다.

CPSRT는 수업 전, 중, 후 3가지 국면 또는 단계(phase)로 범주화된 질문들로 구성되어 있다. 수업 전 단계는 수업활동을 실행하기 전에 해야 할 일들인 수업목적 결정, 학습활동 정의를 포함한다. 수업 중 단계는 교사와 학생의 관점에서 수업이 진행되는 동안 영향을 미치는 결정적 요소들을 다룬다. 수업 후 단계는 수업 전에 정의한 학습성과를 토대로 수업계획을 평가하는 것이다. 전반적으로, CPSRT는 수업계획에 포함되어야 할 것들을 정확하게 처방하는 것이 아니라, 예비교사들이 고려해야 하는 수업계획의 이슈들과 요소들을 다룬다. CPSRT는 전통적인 수업계획보다는 '학습지원계획' 을 지원하기 위해 고안되었다.

구성주의 수업계획 자기성찰 도구[2)]
(The constructivist planning self-reflective tool)

수업전	**수업목적** ■ 수업목적에는 아래와 같은 한두 가지의 학습 성과 유형이 기술되어 있는가? • 추론 기능 □ 예 • 비판적 사고 □ 예 • 파지 □ 예 • 다양한 관점의 이해 □ 예 • 인지적 유연성 □ 예 • 자기조절 능력 □ 예 • 성찰과 자기인식 능력 □ 예 • 적용능력 □ 예 ■ 학습성과는 유용한 개인적 지식을 지향하고 있는가? □ 예 □ 아니요 **학습활동의 정의: 요구되는 특성들** ■ 학습활동들은 • 수업목적들을 충족시키는가? □ 예 □ 아니요 • 학생들에게 적극적인 지적 활동들을 요구하는가? □ 예 □ 아니요 • 구체적인 지식보다는 학습과정에 더 초점을 맞추는가? □ 예 □ 아니요 • 학생들의 개인적 관심을 촉진시키는가? □ 예 □ 아니요 • 수업내용을 학생들의 사전 지식과 통합시키는가? □ 예 □ 아니요 ■ 학습활동들은 • 적절한가? □ 예 □ 아니요 • 의미가 있는가? □ 예 □ 아니요 • 복잡한 실생활 맥락과 적합한가? □ 예 □ 아니요 **학습활동의 정의: 바람직한 특성들** ■ 학습활동들은 • 비구조화된 과제들인가? □ 예 • 복잡한가? □ 예 • 다학문적인가? □ 예 • 가정적인 질문들을 포함하는가? □ 예

2) Baylor, A., Kitsantas, A., & Haihong, H. (2001). The constructivist planning self-reflective tool(CPSRT): Facilitating a constructivist instructional planning approach. *Educational Technology, 41*(4), 39-43.

	• 다양한 관점들을 촉진시키는가? ☐ 예 • 인지적 갈등에 관여하게 하는가? ☐ 예 • 토론과 협력을 포함하는가? ☐ 예 • 부분적으로 학생에 의해 정의되는가? ☐ 예 ■ 학습활동을 위한 사회적 환경은 • 사회적 협상과 소통을 포함하는가? ☐ 예 • 정보와 문화의 공유를 포함하는가? ☐ 예
수업중	학생들의 역할 ■ 학생들은 • 적극적인 참여와 지적 활동을 하는가? ☐ 예 ☐ 아니요 • 학습에 책임을 지는가? ☐ 예 ☐ 아니요 • 적절한 학습전략들을 선택하는가? ☐ 예 ☐ 아니요 • 자신의 발전과정을 모니터링하는가? ☐ 예 ☐ 아니요 • 자기 평가를 하는가? ☐ 예 ☐ 아니요 • 자신의 학습수행을 성찰하는가? ☐ 예 ☐ 아니요 교사의 역할 ■ 교사는 • 학생들이 적절한 사전 지식을 인지하도록 도와주는가? ☐ 예 ☐ 아니요 • 직접 수업을 하기보다 학생들의 학습행위를 촉진시키는가? ☐ 예 ☐ 아니요 • 학생들이 과제를 독자적으로 성취하도록 도와주는가? ☐ 예 ☐ 아니요 • 학생들이 원리 · 이론 그리고 실생활 간의 연결 관계를 형성하도록 도와주는가? ☐ 예 ☐ 아니요 • 학생들이 학습과정의 주인의식을 가지도록 촉진시키는가? ☐ 예 ☐ 아니요 • 적절한 시기에 학생들이 가지고 있는 아이디어들을 활성화시키는가? ☐ 예 ☐ 아니요 • 학생들이 자신의 사고를 모니터하도록 촉진시키는가? ☐ 예 ☐ 아니요 • 수업과정을 통해 학생들의 학습행위를 촉진시키는가? ☐ 예 ☐ 아니요 ■ 학생들이 협력적 집단에서 공부할 때, 집단 학습과 상호작용을 촉진시키는가? ☐ 예 ☐ 아니요 ■ 학생들이 개인적으로 공부할 때, 학생들이 활동 완성에 필요한 정보에 접근하도록 도와주는가? ☐ 예 ☐ 아니요 • 다양한 관점들을 촉진시키는가? ☐ 예 • 인지적 갈등에 관여하게 하는가? ☐ 예 • 토론과 협력을 포함하는가? ☐ 예 • 부분적으로 학생에 의해 정의되는가? ☐ 예

	■ 학습활동을 위한 사회적 환경은 • 사회적 협상과 소통을 포함하는가? □ 예 • 정보와 문화의 공유를 포함하는가? □ 예
수업후	**평가** ■ 평가는 직접적으로 수업목적과 연계되어 있는가? □ 예 □ 아니요 ■ 평가는 학생들의 학습수행의 유형들을 포함하는가? □ 예 □ 아니요 ■ 무엇을 평가하는가? • 추론 기능? □ 예 • 비판적 사고? □ 예 • 파지? □ 예 • 다양한 관점의 이해? □ 예 • 인지적 유연성? □ 예 • 자기조절 능력? □ 예 • 성찰과 자기인식 능력? □ 예 • 적용능력? □ 예

기출문제(초등)

1. 김 교사는 학생들에게 약수와 배수에 대해 가르치려고 한다. 가르치기에 앞서 김 교사는 덧셈, 뺄셈, 곱셈, 나눗셈 등에 관한 문제로 구성된 간단한 시험을 실시하였다. 시험을 실시한 이유로 가장 적절한 것은?
   ① 시험 보는 기술을 훈련시키기 위해서다.
   ② 수학에 관한 흥미를 유발하기 위해서다.
   ③ 학생들의 선수학습 정도를 파악해 보기 위해서다.
   ④ 약수와 배수에 관한 그릇된 개념을 교정하기 위해서다.

2. 형성평가에 대한 설명으로 맞게 묶인 것은?

〈 보기 〉
(가) 평가의 주요 목적은 교수 · 학습방법의 개선에 있다.
(나) 일련의 교수 · 학습과정이 종료되는 시점에 실시한다.
(다) 평가도구 제작 시 최소 성취기준에 근거하여 문항을 출제한다.
(라) 평가전문가가 개발한 표준화검사를 평가도구로 활용한다.

① (가), (나) ② (가), (다)
③ (나), (다) ④ (다), (라)

3. 교수 · 학습과정에서 활용되는 평가에 대한 설명으로 옳지 않은 것은?
   ① 진단평가는 학생의 출발점 행동을 알아보기 위해 실시된다.
   ② 형성평가는 교수 · 학습활동을 개선하기 위한 정보를 제공해 준다.
   ③ 형성평가에서는 교사가 제작한 검사보다는 표준화 검사가 사용된다.
   ④ 총괄평가는 학습목표 달성 여부를 판정하여 성적을 산출하는 데 활용된다.

4. 다음 〈보기〉에서 절대기준평가와 관련된 특성을 바르게 묶은 것은?

〈 보기 〉
(가) 학생들 사이의 지나친 경쟁을 방지할 수 있다.
(나) 평가결과로 얻은 점수의 의미는 중요하지 않다.
(다) 변별도나 곤란도보다는 타당도의 개념이 더욱 강조된다.
(라) 학생의 학습능력 개선을 위해 지도 · 조언하는 것을 중시한다.

① (가), (나), (다) ② (가), (나), (라)
③ (가), (다), (라) ④ (나), (다), (라)

5. 준거지향평가(criterion-referenced evaluation)로 학생들의 학업성취도를 평가하고자 할 때 평가기준의 근거가 되는 것은?

① 학습동기　　② 성취목표
③ 학생의 요구　　④ 전체 집단의 성적 분포

6. A학교에서는 수학과 학기말 고사를 실시하여 최저 성취수준에 미달되는 학생들을 대상으로 특별보충학습을 하려고 한다. 이러한 목적을 지닌 검사도구를 제작할 때 유의해야 할 점이 아닌 것은?

① 검사문항의 대표성
② 교육목표의 재확인 및 상세화
③ 서열을 산출하기 위한 규준의 작성
④ 최저 성취수준을 판단하기 위한 준거의 설정

7. 〈보기〉의 대화에서 학부모가 원하는 정보를 제공하는 데 가장 적합한 평가 유형은?

〈 보기 〉

학부모: 우리 주현이 수학시험 성적은 어떤가요?
최 교사: 반에서 10등쯤 합니다.
학부모: 그런가요? 그런데 저는 등수보다 우리 아이가 무엇을 할 줄 아는지를 더 알고 싶어요. 두 자릿수 뺄셈을 제대로 할 줄 아는지 그런 것들을 좀 알고 싶어요.

① 규준지향평가(norm-referenced evaluation)
② 준거지향평가(criterion-referenced evaluation)
③ 능력지향평가(ability-referenced evaluation)
④ 성장지향평가(growth-referenced evaluation)

8. 〈보기〉 중 규준참조평가(norm-referenced evaluation)와 준거참조평가(criterion-referenced evaluation)의 차이에 대한 올바른 진술로 짝지은 것은?

〈 보기 〉

(가) 규준참조평가는 발달적 교육관에 근거하지만, 준거참조평가는 선발적 교육관에 근거한다.
(나) 규준참조평가에서는 변별도보다 타당도가 중시되지만, 준거참조평가에서는 타당도보다 변별도가 중시된다.

> (다) 규준참조평가에서는 다른 학생들보다 높은 점수를 얻기 위해 노력해야 하지만, 준거참조평가에서는 목표에 도달하고자 노력해야 한다.
> (라) 규준참조평가에서는 원점수는 규준에 따라 상대적으로 해석되지만, 준거참조평가에서의 원점수는 설정된 기준에 따라 일정 의미를 지닌다.

① (가), (나)　　② (가), (다)
③ (나), (다)　　④ (다), (라)

9. 능력참조평가(ability-referenced evaluation)와 성장참조평가(growth-referenced evaluation)의 특징을 〈보기〉의 내용과 옳게 짝지은 것은?

〈 보기 〉

> (ㄱ) 학생들의 상대적 서열에 초점을 맞춰 능력의 변별에 관심을 둔 평가다.
> (ㄴ) 학생들의 성장단계를 고려해 학년별 성취목표의 달성 여부에 관심을 둔 평가다.
> (ㄷ) 학생들이 자신의 능력수준에서 그 능력을 얼마나 발휘하느냐에 관심을 둔 평가다.
> (ㄹ) 교수 · 학습과정을 통한 변화에 관심을 두며 초기 능력수준에 비해 얼마만큼 능력의 향상을 보였느냐를 강조하는 평가다.

	〈능력참조평가〉	〈성장참조평가〉
①	(ㄱ)	(ㄴ)
②	(ㄱ)	(ㄹ)
③	(ㄷ)	(ㄴ)
④	(ㄷ)	(ㄹ)
⑤	(ㄹ)	(ㄴ)

정답

1. ③　2. ②　3. ③　4. ③　5. ②　6. ③　7. ②　8. ④　9. ④

기출문제(중등)

1. 형성평가의 기능으로 볼 수 없는 것은?
   ① 학습방향의 명시
   ② 학습곤란도의 진단
   ③ 학습진행 속도의 조절
   ④ 집단 간의 학력수준 비교

2. 형성평가의 특징을 바르게 나타낸 것은?
   ① 결과 해석 및 활용에 상대평가 기준의 원칙을 적용한다.
   ② 학습 학업성취의 종합적인 진전도와 달성도를 확인하는 과정이다.
   ③ 과제의 해결능력을 미리 알아보기 위한 사전평가의 기능을 한다.
   ④ 학습곤란이나 학습결손을 교수 · 학습 진행과정에서 발견 · 해소하는 데 목적이 있다.

3. 다음은 형성평가를 실시한 교사들의 행동을 기술한 것이다. 형성평가의 의의를 가장 바르게 이해하고 있는 사례는?
   ① 변별도가 높은 검사를 만드는 것에 중점을 두었다.
   ② 집단 전체의 평균적인 수행 정도를 파악하는 데 주목하였다.
   ③ 형성평가의 결과를 기말시험을 치른 후 한꺼번에 채점하였다.
   ④ 학생 개인의 점수는 각자의 오류반응들과 그 원인을 분석하였다.

4. 다음과 같은 평가방식은?

〈 보기 〉

- 수업 도중에 실시한다.
- 학습단위에 관련된 학생의 진보상태를 교사와 학생에게 피드백한다.
- 학습단위의 구조에 따라 오류를 확인함으로써 교수방법을 수정 · 보완하는 데 필요한 정보를 수집하기 위해 실시한다.

   ① 총괄평가　　② 형성평가
   ③ 사후평가　　④ 진단평가

5. 〈보기〉의 교사 행동을 진단평가, 형성평가, 종합평가와 가장 적절하게 짝지은 것은?

〈 보기 〉

(ㄱ) 수업 중에 학습오류 수정을 위하여 쪽지시험을 실시하였다.
(ㄴ) 수업계획을 수립하기 위해 학생의 기초학습능력과 선수학습 정도를 파악하였다.
(ㄷ) 기말고사를 실시하여 성적을 부여하였다.

	진단평가	형성평가	종합평가
①	(ㄱ)	(ㄴ)	(ㄷ)
②	(ㄴ)	(ㄱ)	(ㄷ)
③	(ㄴ)	(ㄷ)	(ㄱ)
④	(ㄷ)	(ㄴ)	(ㄱ)

6. 다음은 형성평가를 위해 선택형 문항을 작성할 때 고려해야 할 사항이다. 이중 학생들의 학습곤란이나 학습결손을 파악하려는 교사의 의도가 가장 잘 반영된 것은?

① 답지가 서로 다른 차원의 내용을 포함하지 않도록 한다.
② 정답이 분명히 드러나지 않도록 오답지의 매력도를 높인다.
③ 추측에 의해 정답을 선택할 가능성이 높아지지 않도록 답지의 수를 늘린다.
④ 학생들이 자주 범할 수 있는 오류의 유형을 확인할 수 있도록 답지를 구성한다.

7. 상대평가와 절대평가의 비교로서 옳은 것은?

	〈상대평가〉		〈절대평가〉
①	선발적 교육관	————	발달적 교육관
②	정적 분포	————	부적 편포
③	운전면허시험	————	대학입학학력고사
④	목표지향평가	————	규준지향평가

8. 〈보기〉에서 상대평가(규준지향평가)의 방법 대신 절대평가(준거지향평가)의 방법을 도입함으로써 개선될 수 있는 문제점만을 모두 고른 것은?

〈 보기 〉

(가) 지나친 경쟁이 조장되어 상호 협력학습이 이루어지기 힘들다.
(나) 수업목표의 성취 여부를 확인하기 어렵다.
(다) 학생들이 시험 위주로 공부를 한다.
(라) 정의적 특성이 평가의 영역에서 제외된다.

① (가) ② (가), (나)
③ (가), (나), (다) ④ (가), (나), (다), (라)

9. 절대기준평가와 상대기준평가를 비교한 것으로 잘못된 것은?

〈비교기준〉	〈절대기준평가〉	〈상대기준평가〉
① 이론적 모형의 예:	학업성취모형	심리검사모형
② 이상적 분포:	부적 편포	정상분포
③ 검사도구의 예:	표준화 검사	자격시험
④ 원점수 해석 기준:	준거(criteria)	규준(norm)

10. '준거지향검사(Criterion-referenced test)'의 특성을 가장 잘 설명하고 있는 것은?

① 개인차를 변별하는 데 기본 목적을 둔다.
② 학습자의 구체적인 성취행동에 초점을 맞춘다.
③ 일반적으로 50% 정도의 난이도를 유지한다.
④ 개인 간 점수의 분산이 클수록 우수한 검사다.

11. 다음 준 규준지향평가의 특징으로 볼 수 없는 것은?

① 개인차 범위의 극대화를 통해 엄밀하고 정확한 측적을 시도한다.
② 이 평가로 얻은 원점수를 바르게 해석하기 위해서는 비교척도가 필요하다.
③ 적절한 환경과 노력이 있다면 모두 다 기대수준에 도달할 수 있다는 믿음을 가지고 있다.
④ 목표달성 여부보다는 학생 가능 상호비교에 몰두하게 하여 교수 · 학습과정의 개선에 의미하는 시사를 주기 어렵다.

12. 절대기준평가(준거지향평가)에서 평가기준의 근거가 되는 것은?
① 성취목표 ② 교사의 판단
③ 학생들의 성적 분포 ④ 학부모와 학생의 요구

13. 규준지향평가와 준거지향평가를 비교한 것으로 적절한 것은?

	〈규준지향평가〉	〈준거지향평가〉
①	절대평가	상대평가
②	타당도 강조	변별도 강조
③	선발적 교육관	발달적 교육관
④	부적 편포 기대	정상분포 기대

14. 규준참조평가(norm-referenced evaluation)에 관한 진술로 가장 거리가 먼 것은?
① 규준이란 교과에서 설정한 학습목표다.
② 학생 상호 간의 점수 경쟁을 조장할 수 있다.
③ 개인의 집단 내 상대적 위치에 대한 정보 파악이 용이하다.
④ '수 · 우 · 미 · 양 · 가'의 평어를 부여할 때는 미리 정해 놓은 각 등급의 배당 비율을 따른다.

정답

1. ④ 2. ④ 3. ④ 4. ② 5. ② 6. ④ 7. ① 8. ③ 9. ③ 10. ②
11. ③ 12. ① 13. ③ 14. ①

제12장

미래의 전망

이 장은 급속도록 변하고 있는 사회 · 문화적 환경에서 교육의 미래 모습을 예측해 보고 그 실현 가능성을 모색해 본다. 미래학자들의 교육에 대한 예측을 소개하고, 그 예측을 실현하는 데 문제가 되는 한국교육의 현실을 분석해 본다. 미래의 학교상으로 부각되고 있는 J-스쿨 모델 관련 연구를 소개한다. 이 장에서는 미래 학교로서 J-스쿨의 특성을 이해하고, 그 가능성을 건설적인 관점과 비판적인 관점에서 분석해 볼 수 있기를 기대한다.

이 장을 학습한 후, 최소한 다음의 학습목표가 성취되기를 기대한다.

- 미래 학교교육에 대한 전문가의 예측을 평가할 수 있다.
  - Caldwell의 미래 학교 시나리오를 평가할 수 있다.
  - Toffler의 미래 학교 시나리오를 평가할 수 있다.
  - Young의 미래 학교 교육과정에 대한 주장을 평가할 수 있다.
  - Kress의 미래 학교 교육과정에 대한 주장을 평가할 수 있다.
- 미래 학교교육 변화에 비추어 본 한국교육의 문제점을 분석할 수 있다.
- u-스쿨을 정의할 수 있다.
- u-스쿨의 인적 구성을 구안할 수 있다.
- u-스쿨의 행정조직을 구안할 수 있다.
- u-스쿨의 교육과정 편성과 운영 방안을 구안할 수 있다.
- u-스쿨 교사의 역량을 예측할 수 있다.

제12장

미래의 전망

1. 미래 학교교육에 대한 예측[1)]

u-스쿨은 미래 학교의 한 형태이기 때문에, 전 세계적으로 추진되고 있는 미래 학교 프로젝트 및 미래 학교에 대한 전문가의 견해를 분석해 봄으로써 u-스쿨에 대한 의미 있는 시사를 얻을 수 있다고 본다. 따라서 이 장에서는 미래 사회의 변화요인들을 예측하고, 이를 토대로 미래 학교에 대한 몇 가지 시나리오들을 제시하는 학자들의 견해를 먼저 살펴본다.

1) Caldwell의 미래 학교 시나리오

Caldwell(2000)은 공교육에 대한 공급자로서의 정부 역할이 미래사회에 교육 요구 변화에 따라 다음과 같은 세 가지 형태의 공교육 변화를 예측하

1) 이 장의 내용은 강이철, 김회수, 엄우용, 최현종(2007). 유비쿼터스 기반의 학교모델 개발 연구. 교육학술정보원 연구보고 KR 2007-15에서 발췌 수록.

고 있다.

(1) 시나리오 1

전 세계적으로 노동시장이 통합되고 노동력을 양성하여 공급하는 교육기관간의 경쟁이 그 어느 때 보다도 심화되리라고 하는 것이 글로벌 사회에 대한 이론가들의 예측이었다. 이러한 관점에서 보면 공교육 기관(공립학교)은 사립교육 기관에 비해 국제적인 경쟁을 할 수 있는 체제를 갖추지 못하고 있다는 것이 일반적인 지적이고, 학부모들은 공교육 기관이 자녀들을 미래 사회에 대비시키지 못하고 있다는 불만을 갖기 시작하고 있다. 따라서 학부모들은 보다 나은 자녀교육을 위해 공립학교보다는 사립학교를 선호하게 될 것이고 결과적으로 공립학교는 통폐합되거나 그 역할이 약화될 것이다.

(2) 시나리오 2

ICT의 인터넷을 중심으로 한 ICT의 발전과 확산에 따라 홈스쿨링이 확대될 것이고, 이것은 기존의 학교교육을 쇠퇴하게 하는 주요 요인으로 작용할 것이다. 학교교육의 기존 기능이 홈스쿨링으로 이양되기 시작하면 기존의 학교는 교육 대상자를 아동에서 성인까지로 확대하여 지역사회의 평생교육센터로서 기능하는 것을 선택하게 될 것이다.

(3) 시나리오 3

공교육에 역할과 책무성이 약화되고 학부모들이 사교육 기관이나 홈스쿨링과 같은 원격교육을 선호하게 되면, 정부가 지속적으로 공공재원을 학교교육에 투자하는 것이 정치적 부담으로 작용하게 된다. 왜냐하면 공교육을 담당하는 학교가 더 이상 공공재로서의 기능을 할 수 없기 때문이다. 그래서 정부는 교육 공급자의 역할을 포기하게 될 것이고, 국민의 교육적 요구를 충족하는 어떠한 형태의 교육 공급자에게라도 재정을 지원하는 정책적 선택을 하게 될 것이다.

2) Toffler의 미래 학교 시나리오

A. Toffler(2000)는 ICT의 발전 및 글로벌화를 전제로 다음과 같이 미래 교육에 대한 예측을 하고 있다. 학교는 하루 24시간 운영체제로 이루어지며, 학습자 개인별 맞춤형 교육경험을 제공하고, 학생별로 등하교 시간이 맞춤형으로 실시되면, 공식적 교육 시작 연령이 학생별로 차별화되고, 통합교육과정이 전반적으로 운영되며, 일반인이 교사와 함께 협력하여 가르치는 일에 참여하고, 교사가 학교와 학교 밖의 직업세계를 번갈아 가며 근무하고, 지역기업들이 학교 내에 사무실 운영하여 긴밀한 협력체계가 구축되며, 정관학교(charter schools)가 증가될 것이다.

3) Young의 미래 학교 교육과정에 대한 주장

M. Young(1999)은 미래 사회가 근대 사회가 현대 사회와는 다르게 불확실성을 특징으로 하는 사회가 될 것이라고 예측한다. 이러한 사회에서는 현재 운영되고 있는 교육과정이 학생들을 미래 사회에 대비시키는 데 심각한 문제를 야기시킬 수 있다고 보고, 미래 학교 교육과정을 다음과 같이 제안한다.

(1) 현행 학교 교육과정의 특징

현행 학교 교육과정은 지식과 학습이 다른 목적을 위해서가 아니라 그 자체가 가치 있다고 자체를 정당화하고 있기 때문에, 지식의 삶의 세계와의 관계 또는 실제 과제에 대한 활용보다는 기존 지식의 전달에 초점을 둔다. 현행 교육과정은 한 교과와 다른 교과가 어떻게 관련이 되어 있는가를 강조하기보다는 해당 교과의 체계적인 지식을 더 가치 있는 것으로 본다. 현행 교육과정에서 가르쳐지는 학교지식은 일상 삶 속에서 획득되는 지식에 비해 우월한 것으로 간주되고 있다. 각 교과별로 체계적인 지식의 전달에 초점을 두기 때문에 현행 교육과정에서는 개별적으로 획득한 지식을 협동적으로 획득한 지식보다 우위에 가치 있는 것으로 간주한다.

(2) 미래 학교 교육과정의 특징

미래 학교교육에서 가르쳐야 하는 지식은 학습자가 삶의 세계에서 어떻게 행동해야 하는가를 깨닫게 하는 것이어야 한다. 기존의 지식 전달만이 아니라 학습자가 새로운 지식을 창조할 수 있도록 교육되어야 한다. 미래 학교 교육과정에서는 지식 영역 간의 상호 의존성과, 학교지식과 일상 삶 간의 관련성이 강조되어야 한다.

4) Kress의 미래 학교 교육과정에 대한 주장

Kress(2000)는 미래 사회의 불확정성(uncertainty)이 학교교육에 대한 주요 변화요인으로 작용할 것이라고 보고, 이에 대비한 학교 교육과정의 특징을 다음과 같이 제안한다. 미래 학교에서는 고정된 것으로의 교과지식을 가르치는 것이 아니라 '대상과 과정을 설계할 수 있는 능력'을 가진 사람을 육성해야 한다. 후기산업사회에는 어떠한 결과물(생산품)이나 생산의 과정(경영, 교육, 오락 등의 과정)을 설계할 수 있는 능력이 필요하다. 이러한 설계의 과정에서 개인은 어떤 자원이 이용 가능한가에 관한 충분한 지식이 있어야 하고, 특정 요구에 대해 이러한 자원을 조합하여 자신의 의도나 관심을 표현할 수 있는 설계로 바꿀 수 있는 능력이 필요하다. 이러한 일을 할 수 있는 인재를 기르기 위한 학교 교육과정은 창조성, 변환성 및 혁신성을 기르기 위한 것으로 전환되어야 한다.

2. 미래 학교교육 변화에 비추어 본 한국교육의 문제점

위에서 살펴본 미래 학교교육에 대한 이론가들의 분석을 토대로 볼 때 현재의 학교교육으로는 미래 사회에 적응하고 미래 사회를 이끌어 갈 인재를 육성할 수 없다는 것은 분명한 것으로 보인다. 뒤에서 언급하겠지만 u-스쿨이 미래 사회에 대비하는 새로운 학교교육 체제라고 한다면, u-스쿨은 앞에서 지적한 미래 학교의 특성을 담보해야 할 것이다. u-스쿨이 갖추어야 할 특징을 분석하기 위해서는, 먼저 미래 학교의 예측에 비추어 본 한국 교육의 문제점을 도출하고, 이러한 문제점을 u-스쿨 설립 운영을 통해 어떻게 해소할 것인지를 살펴보아야 한다. 현행 학교교육을 앞에서 지적한 미래 학교 패러다임에 비추어 비판적으로 검토해 보면, 다음과 같은 문제점들이 드러난다.

- 학습자 개인별 맞춤형 교육경험을 제공하지 못한다.
- 삶의 공간, 학교 공간 및 사이버 공간이 유리되어 교육활동이 이루어지기 때문에 지속적(continuous)인 학습이 이루어지지 못한다.
- 삶과 유리된 교육과정 운영으로 일상생활의 문제해결력을 기르지 못한다.
- 대학의 학문 분과적 교육과정 편성 및 운영으로 실제적인 문제나 과제를 총체적 관점에서 분석하고 해결하지 못하며, 분절된 지식의 습득, 통합교육과정이 운영되고 있지 못하다.
- 지역공동체 등의 외부자원 활용이 저조하고, 협력체제가 구축되어 있지 못하며, 개별적으로 획득한 지식을 협동적으로 획득한 지식보다 우위에 두고 있다.
- 기존 지식의 전달을 강조할 뿐, 새로운 지식의 창조를 도외시 한다.
- 학생들에게 창조성, 변환성 및 혁신성을 길러지지 못한다.

- 삶의 과정을 설계할 수 있는 능력을 함양해 주지 못한다.
- 교육과정 운영 중심의 학교환경이 되지 못한다.
- 융통성 있고 지속 가능한 학습환경이 제공되지 못한다.
- 대학, 연구기관 등의 학교교육에 대한 R&D 결과가 학교에서 활용되지 못한다.
- 미래 학교교육을 위한 전문적 리더십이 미흡하다.

3. u-스쿨의 정의

u-스쿨은 학습자(Right person)가 필요로 하는 때(Right time)에 원하는 장소(Right place)에서 적합한 방식(Right way)으로 필요한 지식과 기능(Right contents)을 학습할 수 있도록 교육시설(Hardware), 관리체제(Manageware), 교육내용(Courseware) 및 인적 자원(Humanware)을 구축

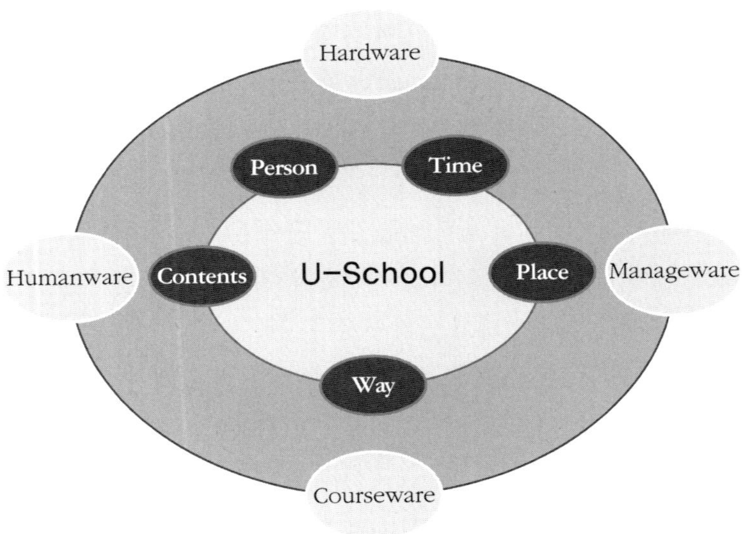

[그림 12-1] u-스쿨의 정의 및 구성요소

하고 있는 학습공동체를 의미한다. 즉, 유비쿼터스 컴퓨팅 자원과 시설을 구비하고, 지역사회와 공동으로 학습인을 양성하는 학습공동체라는 점이 부각된다.

4. u-스쿨의 인적 구성

u-스쿨의 성공적인 운영은 다양한 인적 자원의 참여와 협력을 통해 가장 이상적으로 실현될 수 있다. 교육이 이루어지는 데 절대적으로 필요한 인적 자원으로서 교사와 학생의 참여는 물론이고, 학무모와 지역사회 교육자원 인사의 참여 또한 중요한 요인으로 고려되어야 한다. 교사는 교과교육을 전담하는 전통적인 역할을 수행하면서, 학내외에 구성된 다양한 학습조직의 일원으로서 u-스쿨의 운영에 필요한 다양한 기능을 수행할 것이 기대된다. 교사는 물리적으로 한정된 교실 공간에서뿐만 아니라 전 세계의 모든 공간이 활용 가능한 교실임을 주지할 필요가 있다. 그렇다고 해서, 세상에서 일어나는 모든 일들에 대해 해답을 가지고 있을 필요는 없다. 다만 한 개인으로서 교사의 의견을 학생들에게 개진하면 된다. 따라서 u-스쿨 체제에서 교사는 기존의 일방적인 정보제공자적 입장을 벗어나, 학습경험 촉진자, 학습 장애물과 장벽 제거자, 친절한 학습 안내자, 잠재적 가능성 제언자, 학생의 개별 목적 달성 조력자로서의 역할로 전환되어야 할 필요가 있다.

학부모와 지역사회 교육자원 인사들은 특별활동, 재량활동 및 방과후 활동에 교사의 교수·학습 업무를 지원하는 인사로 참여하여 삶의 공간에서 발생하는 여러 모양의 현실 상황을 학생들과 공유할 수 있을 것이다. 학부모는 가르치는 일에 깊이 관여하면서 교사팀의 일원으로 활동하게 될 것이며, 가정의 중요성이 크게 부각되면서 가정이 곧 학교라는 개념이 등장하게 된다. 뿐만 아니라, 학부모는 선발달자이고 선경험자로서 학습의 모범이 되어야 한다. 지역사회 인사는 학교교육을 위한 중요한 지원 자원으로서 중요한 역할을 수행해야 할 것이며, 특히 삶의 맥락에 기반한 다양한 경험을 공유하는 내용 전문가로서의 역할을 수행하기를 기대한다. 지역사회 구성원으로서 특별히 전문직에 종사하는 전문가들 또한 중요한 자원인사로서의 역할을 수행하게 된다.

예를 들어, 기술공학자는 교육 기반 설비를 설계하고 개발하여 학교에서 효율적으로 활용할 수 있도록 기술적인 지원을 해 주어야 한다. 전문연구

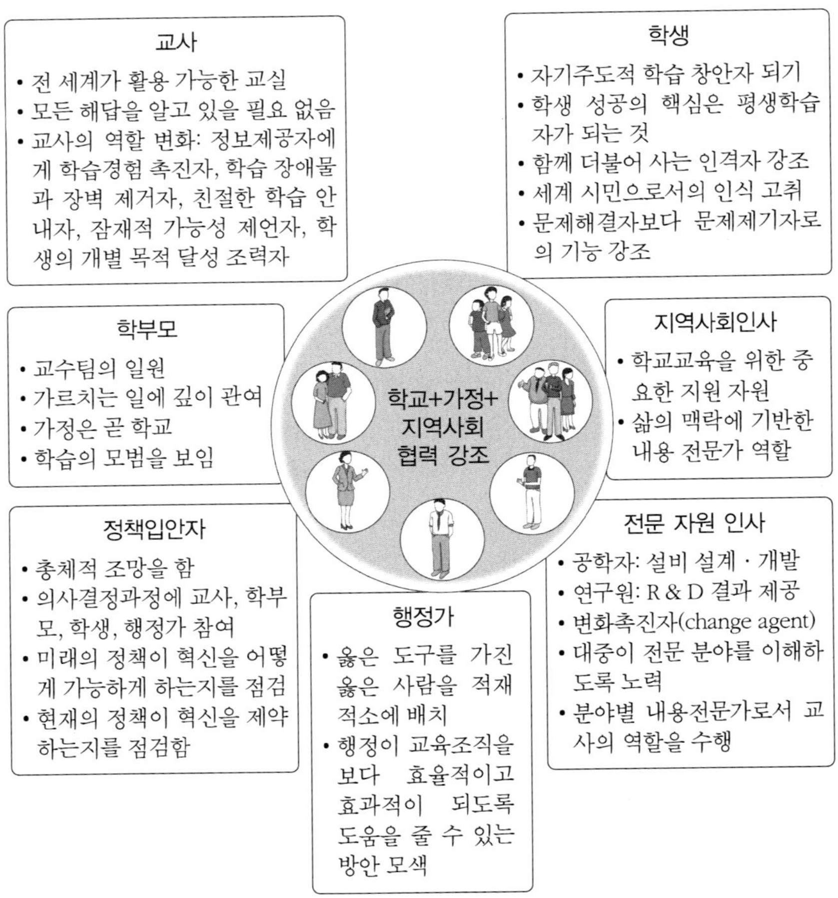

[그림 12-2] u-스쿨의 인적 구성

소의 연구원들은 R&D 결과를 즉각 학교에 제공하여 신기술이 학교에 소개되어 현장의 전문 분야에서 이루어지는 첨단 연구 결과를 학생들이 접할 수 있도록 해 주어야 한다. 이들은 사회 변화의 촉진자(change agent)로서의 역할이 기대되며 학생을 비롯한 대중이 전문 분야를 이해할 수 있도록 노력하면서, 자신의 전문 분야에 대한 내용전문가로서 그리고 교사로서의 역할을 수행하게 된다.

그밖에 교육관여자로서 정책입안자는 u-스쿨 운영 및 교육에 대한 총체적 조망을 하면서 중요한 의사결정과정에 교사, 학부모, 학생, 행정가들의 참여를 유도하는 역할을 한다. 뿐만 아니라, 이들은 미래에 대해 수립한 정책이 어떻게 혁신을 가능하게 하는지, 현재의 정책이 혁신을 제약하고 있는지를 점검하는 역할을 하면서 학교교육을 지속적으로 지원한다. 끝으로, 행정가는 옳은 도구를 가진 옳은 사람을 적재적소에 배치하도록 노력하고, 교육조직을 보다 효율적이고 효과적이 되도록 하기 위하여, 행정이 관리하고 지원할 수 있는 다양한 방안을 모색하는 역할을 수행해야 할 것이다.

5. u-스쿨의 인적(행정) 조직

u-스쿨체제의 학교는 기존의 관료체제 학교의 인적(행정) 조직과는 별도의 부서들이 요구된다. 기존의 학교 조직에서 중요한 기능을 수행하고 있는 '교무부'와 '연구부' '과학부' '교육정보부' '학생진로 상담부'는 여전히 학교라는 조직을 운영하는 데 중요한 기능을 하기 때문에 그 명칭은 유지하되, 그 하부 조직에는 u-러닝이나 u-스쿨의 중요한 기능을 수행하는 데 필요한 업무를 담당할 기능이 포함되어야 할 것이다. 교무부의 경우, 기존의 업무에 추가하여 학습조직 담당 업무가 중요하게 요구된다. 학생의 개별적 특성과 흥미에 따라 즉발적 교육과정(emergent curriculum)

을 편성해야 하기 때문에 교육과정은 사전에 확정되어 모든 학생에게 일률적으로 적용되는 것이 아니라 학생의 성취 수준과 성취 속도에 따라 개별적으로 수시로 변해야 하기 때문에 불확정적인 성격이 강하게 된다. 즉, 불확정 교육과정(uncertain curriculum)에 대한 업무가 중요하게 부각될 것이다. 이러한 교육과정을 편성하고 운영하는 업무뿐만 아니라, 그에 따르는 학사일정 및 평가 방안 등과 관련된 업무가 상시적으로 이루어져야 하기 때문에 학교 내에 다양한 '학습조직'이 구성되어야 하고, 그 업무를 교무부가 체계적으로 담당해야 할 것이다.

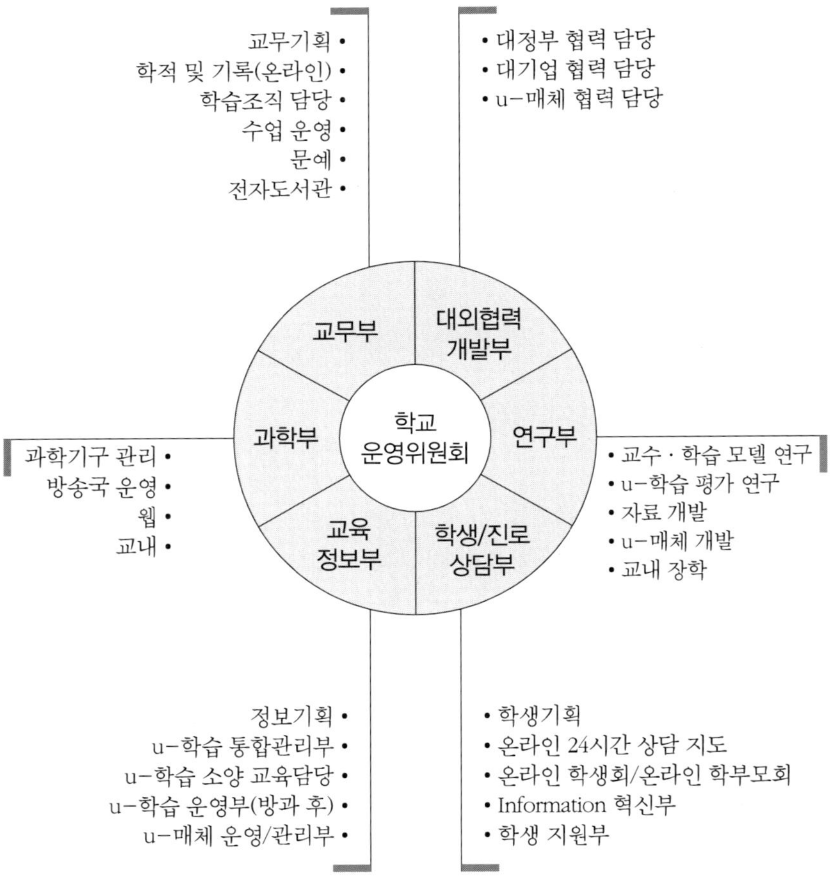

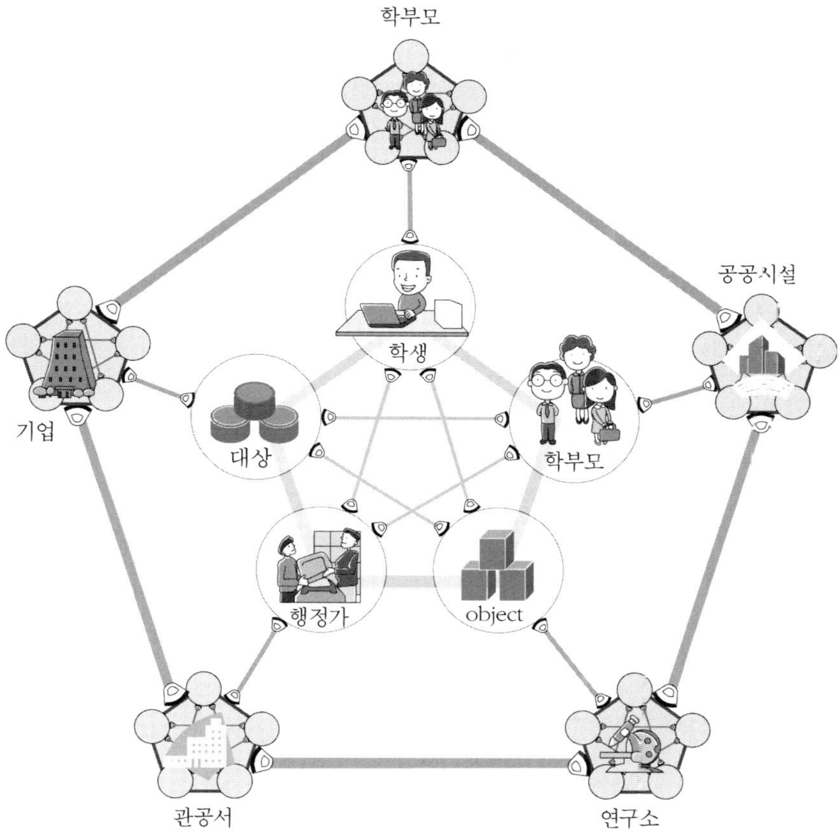

[그림 12-3] u-스쿨의 스마트 지식 환경

연구부의 경우, u-학습을 지원하기 위해 다양한 교수법과 교수 · 학습 매체를 개발하고, 그 실행가능성을 검증하고 학습촉진 효과를 평가하는 역할을 수행하는 부서가 필요하게 될 것이다. 학생진로 상담부의 경우, 24시간 학생 상담지도 업무와 그 밖에 온라인상의 다양한 공적 · 사적 모임을 지원하는 업무가 발생할 것이고, 이를 지원하는 조직이 필요할 것이다. 교육정보부의 경우, u-학습 및 u-매체에 관한 관리 및 운영과 u-학습과 관련된 각종 교육을 담당하는 업무가 추가로 이루어질 것이다. 과학부의 경우, 학내에 설치 운영되고 있는 각종 설비 및 기자재를 비롯하여 과학 교과의 실험 기구 등을 관리하고, 교내 방송국을 운영하는 업무를 담당해야 할 것이다.

u-스쿨 체제에서 새롭게 부각되는 업무로서 대외 협력 개발 관련 업무가 요구된다. 학교는 지역사회의 여러 관공서와 사기업, 그리고 지역의 유관인사들과 지속적인 관계망을 형성하고 지원을 받아야 한다. 따라서 학교 내에 대외협력을 위한 부서가 상시로 운영되어서 학교 밖의 여러 정보원천들과의 협력체제를 구축해야 할 필요가 있다. 이상의 모든 부서는 학교운영위원회라는 조직을 중심으로 편재되어 있다. 학교운영위원회는 교장, 교감, 교사 대표들, 그리고 학부모 대표와 지역사회 유관인사들, 지역교육청 담당 전문직들로 구성되어 운영되며, 학생 대표들도 포함시키는 방안을 고려해 볼 필요가 있다.

6. u-스쿨의 교육과정 구성과 운영

이 장에서 제안하는 u-스쿨의 교육과정은 우선, 미래 유비쿼터스 사회에 필요한 학습능력 또는 핵심 역량을 규명함으로써 구성된다. 유비쿼터스 환경은 단지 인간 학습과 교육을 위한 보조도구 기능을 넘어서서, 인간이 학습하고 일하며 살아가는, 즉 삶의 방식과 양식을 전반적으로 변화시킨다. 따라서 변화된 삶의 양식을 요구하는 유비쿼터스 환경에서 성공적인 삶을 살아가는 데 필요한 지식과 기능 그리고 태도는 그 이전의 사회와는 차별화될 수밖에 없다.

둘째, u-스쿨의 교육과정은 "유비쿼터스 사회에 필요한 핵심 역량 개발을 위해 학교에서 구체적으로 무엇을 어떻게 가르쳐야 하는가"에 초점을 두고 구성 조직된다. 유비쿼터스 사회가 요구하는 핵심 역량은 미래교육의 특성과 결합하여 u-스쿨의 비전과 목표에 근거하여 한층 더 구체화된다.

핵심 역량을 어떻게 u-스쿨이 비전잉(visioning)하고 목표화하느냐에 따라서 세부적인 교육과정이 만들어진다.

마지막으로, u-스쿨의 교육과정은 유비쿼터스 컴퓨팅 인프라의 토대 하에서 학습자 개인의 다차원적인 특성과 수준 그리고 요구에 적합한 개별화된 교육 프로그램을 적재적소에 제공함으로써 구현된다.

1) u-Society에서 성공적 삶과 일 그리고 학습을 위한 핵심 역량

유비쿼터스로 대변되는 혁신적 정보통신공학의 지속적인 발전은 개인과 조직의 사고와 행위의 방식, 지식을 학습하고 활용하는 방식의 변화를 요구한다. 지식중심사회, 평생학습사회의 특성을 가지는 미래 유비쿼터스 사회는 인간 삶의 방식 그 자체의 변화를 요구한다. 특히 유비쿼터스 사회에서는 일과 학습이 분리되어 작동되는 것이 아니라, 일을 효과적이고 효율적으로 수행하기 위해 요구되는 여러 지식과 지원 시스템 또는 학습이 적재적소에서 정확한 방식으로 제공된다.

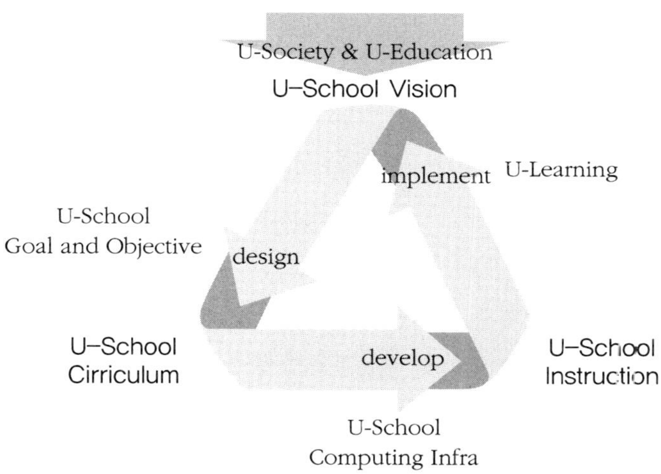

[그림 12-4] u-스쿨의 교육과정 구성과 운영의 기본 구조

일과 학습 그리고 삶과 학습은 동시 병행적으로 발생된다. 학습은 일과 삶의 맥락에서 발생되고 습득된 지식은 다시 일을 수행하면서 적용, 공유, 재창조된다. 일의 수행을 위해 적용된 지식은 다시 그 일을 통해 변형, 발전, 생성된다. 일과 지식 그리고 학습은 끊임없이 순환하는 역동적 관계를 가지며, 모든 지식은 맥락에서 상황적으로 구성→창조→학습→적용→공유→재구성→재창조된다. 일의 수행을 위해 적용하는 지식은 명시적 지식뿐 아니라 암묵적 지식도 필요하며, 명시지와 암묵지는 일과 학습의 과정을 통해 지속적으로 교환 및 순환된다. 이처럼 유비쿼터스 사회에서 지식을 습득하고 활용하는 방식 그리고 지식 그 자체에 대한 인식은 과거의 방식과는 확연히 구분된다. 따라서 유비쿼터스 사회에서 유능한 학습자(지식창조자)는 일의 맥락에서 지식을 적극적으로 습득, 학습하고, 다시 일의 맥락에서 지식을 창조적으로 적용함으로써 기존 지식의 변형, 생성, 창조할 수 있어야 한다. 특히 학습자는 일과 학습의 과정에서 타인 및 조직과 협력하는 상생적 관점을 지녀야 한다.

이처럼 유비쿼터스 사회에 적합한 핵심적 학습 역량은 평생학습사회와 지식사회가 강조하는 학습 역량 또는 인간상과도 부합된다고 할 수 있다. 2007년 대통령 자문 교육혁신위원회의 「학습사회 실현을 위한 미래교육 비전과 전략(안)」에는 미래교육의 비전을 〈희망과 신뢰의 학습사회 실현〉으로 설정하였으며, 이 비전을 실현할 인간상을 〈자율, 창조, 상생의 인간〉으로 정리하였다. 첫째, 〈자율적으로 행동하며 학습하는 인간〉: 사회변화에 능동적으로 대체하고 인생을 주체적으로 살아가기 위해서는 자율적으로 행동하며 학습하는 인간이 되어야 한다. 둘째, 〈새로운 가치를 창조하는 인간〉: 변화가 일상화되는 유동적 미래 환경에서 진취적으로 상황을 주도하기 위해서는 기존 자원을 독창적으로 활용하여 새로운 가치를 창조하는 능력과 인성이 요구된다. 셋째, 〈더불어 살아가며 소통하는 인간〉: 사람들 간의 교류와 협력이 지구촌으로 점차 확대되므로 공동체 의식을 가지고 타인과 더불어 살아가려는 태도를 함양할 필요가 있다.

또한 학습자의 흥미와 선택을 존중하는 질 높은 교육과정과 적시 맞춤형 학습이 가능한 교육환경을 조성해야 하는 요구가 증대되는 가운데 미래 인재가 갖추어야 할 핵심 능력과 자질이 새롭게 규정되고 있다. OECD와 주요 국가에서는 교과중심의 학교 교육과정을 미래 핵심 역량(key competence), 핵심 학습요소 중심으로 개편하기 위한 연구가 추진 중이지만, 우리나라에서는 미래 사회에서 필요로 하는 핵심 역량, 교육을 통해 길러야 할 인재상 등에 대한 대비는 매우 취약하다. 2002년부터 시작된 한국교육개발원의 보고서에 따르면 생애능력이란 '한 개인의 성공적인 수행을 예측하기 위해서 일상적 삶의 다양한 국면(개인적, 경제적, 사회적)에서 요구되는 최소한의 기본 능력 수준으로, 생애 발달 단계별 특성을 지니며, 지식, 기술, 태도를 포함하는 복합적, 종합적 능력'으로 규정하였다. 4가지 생애능력은 기초문해력(3R), 핵심 역량(의사소통능력, 문제해결능력, 자기주도적 학습능력, 지도력), 시민의식(국가정체성, 신뢰 및 가치공유, 권리와 책임의식, 정치 및 사회참여, 민주적 절차법), 직업특수능력(산업별, 직종별 업무수행능력)으로 범주화하여 제시하고 있다.

이상 유비쿼터스 환경, 평생학습, 지식사회로 대표되는 미래사회가 요구하는 핵심 역량은 다음과 같이 정리해 볼 수 있다.

- 자율적/자기주도적 학습 역량
- 현실 맥락의 문제를 해결하는 과정을 통해 지식을 습득하고 응용하는 역량
- 새로운 지식과 가치의 창조 역량
- 지식습득과 창조의 과정에서 타인 및 조직과 의사소통하고 협력하는 능력

2) 미래교육과 미래 학교의 특징

M. Young(1999)은 'Knowledge, Learning and Curriculum of the Future' 에서 현행 교육과정의 특징을 지적하며 변화하는 미래 사회에 적합한 미래 학교 교육과정에 대한 방향성을 제시하였다. Young이 비판한 현행 학교 교육과정의 특징은 다음과 같다. 현행 학교 교육과정은 지식과 학습이 다른 목적을 위해서 존재하는 것이 아니라 그 자체가 의미를 가진다는 관점을 강조함으로써 기존 지식의 전달에 초점을 두고 있다. 교과간의 관계에 관한 지식보다는 해당 특정 교과 지식을 더 가치 있는 것으로 고려하며, 학교 지식과 일상 지식 간에는 위계 관계가 있고 양자 간을 구분한다. 일상 지식은 가치가 낮은 것으로 평가되며, 개별적으로 획득한 지식을 협동적으로 획득한 지식보다 우위에 두고 있다. 이에 반해 Young은 미래 학교는 학생들에게 기존 지식의 전달만이 아니라 새로운 지식을 창조하도록 해야 하며, 지식영역들 간의 상호연관성과 더불어 지식과 일상 삶의 문제를 관련지어야 함을 강조하였다. 즉, 지식은 학생들이 처해 있는 삶의 세계 속에서 학습되어야 하며, 학습된 지식은 어떤 방식으로든 각 개인의 삶의 방향에 영향력을 미쳐야 한다는 것으로 정리할 수 있다.

Gunther Kress(2000) 역시 'A Curriculum for the Future' 에서 미래 교육과정의 특징을 다음과 같이 언급했다. 첫째, 고정된 것으로서의 교과 지식을 가르치는 것이 아니라 '대상과 과정을 설계할 수 있는 능력' 을 가진 인간을 육성해야 한다. 둘째, 이러한 설계의 과정에서 개인은 어떤 자원이 이용 가능한가에 관한 충분한 지식이 있어야 하고 특정 요구에 대해 이러한 자원을 조합하여 자신의 의도나 관심을 표현할 수 있는 설계로 바꿀 수 있는 능력이 필요하다. 셋째, 이러한 일을 할 수 있는 인재를 기르기 위해 학교 교육과정은 창조성, 변환성 및 혁신성을 기르기 위한 것으로 전환되어야 한다.

마이크로 소프트 사의 〈The School of the Future〉 프로젝트에서 미래 학교가 강조하는 지식과 학습 그리고 이러한 학습의 성공을 가능하게 하는 몇 가지 요인들이 규명되었다. 첫째, 미래 학교는 지속적인(continuous) 학습, 삶과 연계된(relevant) 학습, 적응적(adaptive) 학습이 이루어질 수 있는 학습공동체를 강조한다. 교실을 넘어서서 언제 어디서나 학습이 계속 이루어질 수 있도록 디지털 시대의 학습도구를 모든 개인 학습자에게 제공함으로써 지속적인 학습을 가능하게 하고, 교육과 삶을 연결하기 위해 지역사회의 상호작용을 활용하고 연계를 강화하기 위해 최신의 교수도구를 활용하는 삶과 연계된 학습을 가능하게 한다. 모든 학생의 특성에 맞는 맞춤형 교육을 제공하기 위해 공학기술과 적응적 교수방법 모형들을 활용하여 적응적인 학습을 가능하게 한다. 둘째, 미래 학교의 성공요인으로서 ① 학교 학습 공동체에 모든 구성들이 참여해야 하며, ② 교육과정에 따라 학교환경이 적응적으로 구성되어야 하며, ③ 융통성 있고 지속 가능한 학습 환경이어야 하며, ④ 연구와 개발 결과를 통합교육과정에 적용해야 함을 강조한다.

이상 미래 학교와 교육의 특징에 관한 내용들을 정리하면, 일차적으로 지식과 삶 그리고 맥락과의 연관성을 강조한다. 단순히 외부에서 결정된 지식 습득보다는 맥락적 상황에서 다양한 문제해결이나 특정한 대상이나 과정 설계를 통해 지식을 습득, 적용, 창조하는 것을 강조한다. 이러한 학습의 성공을 위해 학교의 교육과정과 환경은 모든 구성원들이 소통하고 협력할 수 있는 학습공동체 형성을 지향해야 하며, 다차원적인 연구개발을 통해 양질의 교육 프로그램을 개발하고 이를 학교 및 사회 그리고 학습자의 특성에 맞게 탄력적이고 융통성 있게 제공해야 한다.

3) u-스쿨 교육과정 구성과 운영

u-스쿨의 교육과정 구성과 운영은 u-스쿨의 비전과 목표 달성을 위해 학생들에게 언제, 어디서나 가장 적합한 형태와 수준의 맞춤식 교육프로그램을 유비쿼터스 컴퓨팅 인프라의 토대 하에서 적재적소에 정확하고 융통

성 있게 제공해야 한다는 원칙에 입각한다. 유비쿼터스 컴퓨팅은 "실세계의 각종 물품들과 환경 전반에 걸쳐 컴퓨터들이 존재하게 하되, 이들이 사용자에게는 컴퓨터로서의 겉모습을 드러내지 않도록 환경 내에 효과적으로 통합하는 기술"을 의미한다. 즉, 사용자들이 컴퓨터라는 거부감을 느끼지 않고 실제로는 수많은 컴퓨터들을 편리하게 이용할 수 있게 하자는 것이고, 컴퓨터는 인간의 활동을 효율화하기 위한 도구가 아닌 생활 그 자체가 되는 것이다. 따라서 유비쿼터스는 우선 네트워크로 연결되어 있으되, 사용자의 인터페이스에는 눈에 띄지 않아야 하며, 현실 장면의 어디서나 컴퓨터의 활용이 가능해야 한다. 무엇보다 가장 중요한 기능은 사용자의 모든 상황에 따라 서비스가 변한다는 점이다.

u-스쿨의 교육과정은 탈맥락화되고 고정적이며 명시적인 지식의 형태로 구성·조직하여 일방적으로 학생들에게 전달되는 것이 아니다. 우선, 학생이나 학습조직의 특정한 상황과 요구를 즉각적으로 확인하고 분석한 다음 그 결과를 토대로 추론하고 판단하여 그 결과에 최적인 교육내용을 지원한다. 계속해서, 제공된 교육내용들을 학생과 학습조직이 어떻게 학습하고 성취했는가를 확인하고 평가한 후 그에 따른 지속적인 추가 교육내용들을 제공하는 맞춤식 교육 프로그램들이 지속적으로 제공된다. 특히, 제공되는 교육내용은 학습자들의 실제적 문제나 과제해결에 도움이 되는 명시적 지식뿐 아니라 암묵적 지식 모두가 포함된다. 따라서 모든 맥락과 상황에 대처할 수 있는 상당히 포괄적이고 다양화된 교육내용을 지역사회 구성원 모두가 참여하여 연구, 개발, 구성하는 것도 가능하지만, 유비쿼터스 네트워킹으로 연계된 지역사회의 각 분야 전문가들로부터 실질적인 교육내용과 정보를 지원받을 수 있다. 이러한 환경에서 학습자들은 주도적으로 현실 맥락에 적합한 실제적인 학습경험과 활동을 통해 지식을 습득하고 응용하며 활용하게 된다.

이상 u-스쿨의 교육과정 구성과 운영에 관한 대강이 OECD 미래 학교교육 시나리오 중 ① 관료적 체제로서의 학교, ② 핵심적 사회교류 센터로서의 학교, ③ 네트워크 학교에서 어떻게 실현될 수 있는가를 교육의 목적, 내용, 방법, 평가 측면에서 살펴볼 수 있다.

(1) 관료적 체제로서의 학교에서 유비쿼터스 교육

변화를 거부하는 강력한 관료적 체제로서의 학교는 의사결정이 위계적이고 교육계 내부(정부, 시도교육청, 학교)의 논리에 의해서만 학교체제가 운영되므로, 외부에서 학교교육에 영향을 미치지 못한다. 면대면 공식적인 교실수업이 규범으로 통하고, 비형식적인 학습이나 공동체와의 상호작용에 여지가 없다. 이러한 학교체제에서는 원칙적으로는 유비쿼터스 학습 환경이 지향하는 지식관, 학습관, 교육관이 실현되기는 어렵다. 교육현장에서 가르치고 배우는 교사와 학생에 의해 교육의 목적과 내용이 현실 맥락에 맞게 구성 조정되는 것이 아니라 정부와 시·도교육청의 논리에 의해 사전 결정된 교육목적과 내용은 교사에 의해 학생에게 전달되고, 학생은 결정된 교육내용을 반복적 연습을 통해 습득하고 평가받는다. 교육의 과정이 폐쇄적인 선형적인 과정과 절차를 통해 운영된다.

이 관료적 학교 체제하에서 단위 학교나 특히 교사가 할 수 있는 유일한 일은 사전에 결정된 내용을 효율적인 교수법으로 가르쳐서 소기의 목적을 달성하는 것이다. 따라서 이 관료적 학교 체제하에서 유비쿼터스 환경은 오로지 결정된 내용의 효율적인 전달과 숙달에 초점을 두는 방법적 측면에서만 제한적으로 활용할 수 있다. 따라서 학교 내에 물리적인 유비쿼터스 컴퓨팅 환경을 구축하는 일에 모든 예산과 자원이 집중될 것이며, 이러한 환경이 교육의 효율성을 적극적으로 보장해 주리라는 기대를 할 것이다. 가르쳐야 할 내용을 디지털 형태로 변환시키고 이 디지털 정보를 교내 무선 네트워킹을 통해 학생들에게 제공하고 다시 학습된 결과는 네트워킹에 의해 교사에게 전달되어 평가되는 순환 사이클은 유비쿼터스의 기본 환경과 동일하지만, 교육내용이 지역사회의 다양한 전문가들과 학교 구성원들 간의 협력을 통해 편성되는 것이 아니라 외부의 특정 교육내부 조직에 의해 사전에 결정된다는 점에서는 매우 다르다.

더욱 다른 것은 학생들이 배워야 할 지식의 속성과 이러한 지식을 습득하는 맥락과 방법적 측면이다. 배울 내용이 사전 결정되어 학생들에게 제시되어 학습된다는 사실은 애초부터 학습이라는 것은 학습자 자신의 삶이나 사회 맥락과 구분된다는 점을 내포한다. 지식이 학생의 삶과 탈맥락화되어 있다. 따라서 학습이 학생 자신의 삶과 사회에 어떠한 영향을 주고 받는지 이해할 방법이 없으며, 오로지 결정된 내용만을 숙달하는 일에 모든 관심이 집중된다.

그러므로 관료적 학교 체제 하에서 유비쿼터스 환경의 실질적인 구현을 위해서는 우선 학교에서 가르쳐야하는 지식의 속성을 다가올 미래사회와 교육의 특성에 비추어 재규정함으로써 교육의 방향성과 목적성을 변화시키고 그에 따라 교육내용과 방법을 재구조화시키는 절차가 반드시 수반되어야 한다. 이러한 학교교육의 근본적인 재구조화 노력이 없는 단순히 방법적 측면으로서의 유비쿼터스 환경을 적용하게 되면, 과거 새로운 매체의 교육적 적용을 위해 시도했던 결과가 그랬듯 단지 새로운 매체가 가지는 신기성 효과에만 그쳐버릴 것이다.

(2) 핵심적 사회교류 센터로서의 학교에서 유비쿼터스 교육

핵심적 사회교류 센터인 학교는 학교의 물리적 벽은 허물어지지만 여러 사회 공동체와 책임을 공유하는 강력한 조직으로 남게 된다. 학교에서는 비형식적인 학습, 구성원들의 집합 활동, 세대 간 활동 등이 강조된다. 학교에 대한 공공 투자가 높아져 질 좋은 학교환경이 보장되고, 교사의 자긍심이 높아진다.

핵심적 사회교류 센터로서의 학교는 우선 교육의 방향성과 목적성, 그에 따른 교육내용을 그 지역사회가 가지는 독특한 현안 문제와 아젠다에 따라 지역사회 구성원들의 소통과 합의에 따른 자율적인 방식에 따라 결정된다. 교육계 내부의 특정 조직에 의한 중앙 집중적 교육방식에서 벗어나 지역사회의 가치와 특성에 부합되는 자율적이고 탄력적인 목적과 내용이 선정 운영됨으로써 사회적 맥락을 가진 지식이 강조되고 맥락 중심의 학습 구현이 가능해진다. 학습은 특정 연령에만 해당되는 제한적인 행위가 아니라 평생에 걸쳐 인간 학습자 자신의 삶을 지속적으로 발전시키는 것으로 인식되므로, 모든 지역사회 구성원이 학습자의 신분을 가지고 학교에 진입할 수 있다. 학교 교육과정은 형식적이고 비형식적인 교육과정 모두를 구성하고 운영한다. 즉, 과거 사회적 맥락과는 분리된 형식적 학습에만 국한된 내용들이 확대되어 광범위한 사회적 가치들을 포함하는 비형식적인 학습으로 확대된다.

u-환경은 물리적으로는 학교 내에 구축되어 다양한 요구를 가진 여러 계층의 학습자들에게 다차원적인 방법으로 제공할 수 있다. 특정 지역사회의 제반 분야의 발전과 교류를 위한 다양한 교육프로그램들이 센터로서의 학교에서 개발되어 운영되며, 이 학교공간에 마련된 유비쿼터스 컴퓨팅 환경의 토대에서 다채로운 학습활동이 가능해지게 된다.

(3) 네트워크 학교에서의 유비쿼터스 교육

고도화된 네트워크 사회에서는 학습 네트워크가 현행 학교를 대체하게 된다. 정보통신공학을 학습에 광범위하게 활용하여 다양한 문화적, 종교적, 공동체적 이해에 따른 형식적, 비형식적 학습활동이 이루어진다.

네트워크 학교에서는 그야말로 u-학습환경이 가지는 지식관, 학습관, 교육관이 최대한으로 구현될 수 있다. 물리적 공간으로서의 학교 개념은 사라지게 되고 유비쿼터스 가상공간과 현실에서 가르치고 배우는 과정이 구현된다. 세상의 모든 인공물은 유비쿼터스 컴퓨팅 환경으로 구축되어 인간과 사회의 삶 그 자체에서 작동된다. 공식적 직업으로서 교사는 사라지고 전 세계의 모든 분야의 전문가(지식 및 가치 창조자와 공유자)가 교사가 되며 자신의 삶을 발전시키고자 하는 모든 사람이 학습자가 된다. 모든 학습자에게 공통되는 보편적이고 천편일률적인 학습이나 교육의 목적, 내용,

방법, 평가 자체가 존재할 수 없으며, 오로지 개별 학생이나 조직의 요구에 따라 모든 교육 프로그램들은 맞춤화된다. 학습자의 요구에서부터 학습의 진전과정 그리고 그 성취에 이르는 학습의 전 과정을 총체적으로 서비스하는 교육프로그램만이 경쟁 우위를 확보하고 세상에 살아남게 된다.

사전 결정된 교육의 목적과 내용이 존재할 수 없고, 전 세계의 광범위한 교육 프로그램이 네트워킹되어 있어서 사용자(학습자)는 필요하다면 언제, 어디서나 자신의 요구에 맞게 학습프로그램에 접속하여 필요한 정보와 학습을 진행하며, 자신의 학습이나 생활 그리고 일에 응용할 수 있게 된다. 일상적 삶과 학습이 시공간적으로 분리되지 않으며, 학습과 삶은 하나의 통합체로서 동시에 작동된다. 따라서 네트워크 학교에서 우수한 학습자는 자기주도적으로 자신의 삶의 맥락에서 특정 과제나 문제를 해결하고 창조하기 위해 세상의 여러 교육 프로그램을 통해 지식을 습득하고 응용하고 활용하며, 궁극적으로는 자신만의 새로운 지식을 창조한다. 이러한 학습과 창조의 과정을 더욱 촉발시키기 위하여 우수한 학습자는 전 세계의 사람들과 상호교류하고 협력하는 활동을 유지한다.

7. u-스쿨 교사의 역량 영역

u-시대 교실에서 교사의 활동은 지식 정보화 사회 또는 e-러닝 시대에 교사에게 기대하는 역할에서 추정할 수 있다. 대부분의 문헌에서 e-러닝 시대에 요구되는 교사의 역할로는 다음의 6가지가 언급되고 있다(박인우 외, 2006).

- 강단 위의 전문가보다는 옆에서 보조하는 안내자
- 생각하고, 학습하고, 이전에 생각할 수 없는 새로운 연계를 만들도록 교육하기

- 문제해결, 분석, 종합 등의 활동에 참여토록 독려하기
- 지식 진척 정도보다는 동기를 촉진하기
- 개별적인 진척 정도 평가, 피드백 제공, 학습전략에 대한 조언하기
- 긍정적 집단 상호작용 촉진하기

그간 추진되어 온 교원 정보화 연수는 교원의 직급별, 경력별 특성을 반영한 차별화된 연수과정이 미흡하고, 시대적 변화에 따른 학교경영 및 리더십 관련 내용이 부족하다는 문제점이 제기되었다. 이에 2006년부터는 학교 관리자의 리더십 강화, 교수 · 학습방법 개선을 위한 교사의 전문성 제고 중심의 연수과정 개발, 교원 역량에 따른 단계별 연수과정의 체계화 및 수요자 중심의 연수과정 개설, 국내외 선진 연수과정의 도입을 통한 연수 내용과 방법의 혁신, 민간 연수 기관과의 연계 등을 추진하고 있다(한국교육학술정보원, 2006, p. 27).

유비쿼터스 도입을 통한 미래 교육 혁신 해외 연구 동향(2006, p. 9)에 따르면, 이전 어느 때보다 교사들이 활용할 수 있는 테크놀로지와 관련 자료들이 많은 상황이지만, 충분한 교육의 미비로 제대로 활용되고 있지 못하다는 현실 판단에 근거하여, 교원 연수를 개선하기 위해 첫째, 예비교사들의 테크놀로지 활용을 개선/증대하고, 둘째, 모든 교사들이 온라인 학습 프로그램을 이수하도록 장려하며, 측정/평가와 책무성을 강화하고, 테크놀로지 관련 자료를 증대시킴으로써 교원연수의 질과 일관성을 향상시키도록 노력하여, 모든 교사들이 자신만의 수업을 개발하는 데에 테크놀로지를 어떻게 활용해야 하는지 알도록 해야 한다고 한다.

새로운 교육체제인 u-스쿨에서 교사의 역할은 앞서 언급한 역량을 포함하여 크게 4가지 영역으로 구조화해 볼 수 있다. Hardware 역량은 교사가 교수 · 학습과정을 지원하기 위해 활용하는 각종 교육매체와 학교의 첨단 통신 · 방범 · 방재 · 방화 시설 및 설비 그리고 정보 인프라 등에 대한 지식과 기능 역량을 의미한다. Manageware 역량은 학교의 운영과 관리의

효율성과 체계성을 지원하는 데 필요한 각종 법규 · 규정 · 제도, 학사관리 및 행정지원시스템, NEIS 등에 대한 지식과 기능, 그리고 변화와 혁신의 수용과 확산에 관한 역량과 교수 · 학습과정 및 절차의 효율성을 극대화하기 위한 평가 및 측정에 대한 지식과 기능, 교수 · 학습자료의 효율적인 활용을 위한 개인용 데이터베이스를 구축할 수 있는 역량 등을 의미한다.

Courseware 역량은 교수 · 학습과제를 분석하고 교수설계를 수행할 수 있으며, 다양한 교수 · 학습방법을 설계하고 활용할 수 있는 역량과 교수 · 학습자료 및 내용, 즉 전자 교과서 및 참고자료, 교육용 소프트웨어, 멀티미디어 자료, 인터넷 학습자료, 웹북 등을 선정 · 제작 · 활용할 수 있는 역량을 의미한다. Humanware 역량은 학교 조직을 구성하고 있거나, 학교 운영에 영향을 끼치는 유관인사들 간의 상호관계성을 효율적이고 매력적으로 유지하고 향상시키기 위하여 학생 및 동료 교사와의 상호작용 기술과 면접 · 상담 기술을 포함하여 학내외 자원인사와의 원활한 협상을 도출하기 위한 커뮤니케이션 기술 등과 학교라는 조직의 발전을 위해 전문가로서 기여할 수 있는 방안을 모색하고 헌신하고자 하는 정의적인 역량 등이 포함된다.

참고문헌

강이철(1996a). 교육공학에 있어 감응시스템의 역할: 응용과학인가? 실무기능인가? 교육공학연구, 12(1), 143-172.

강이철(1996b). 멀티미디어 제작을 위한 지식, 기능 및 원리. 교육방송연구, 1(1), 209-245.

강이철(1997). 구조적 의사교류법의 교육공학적 활용방안. 교육공학연구, 13(2), 287-313.

강이철(2001). 코스웨어 설계를 위한 교육공학의 이론과 실제. 서울: 학지사.

교육공학 용어사전 편찬위원회(2005). 교육공학 용어사전. 경기: 교육과학사.

권대훈(2008). 교육평가(2판). 서울: 학지사.

권성호(1998). 교육공학의 탐구. 경기: 양서원.

김민수(1997). 21세기 디자인 문화 탐사. 서울: 솔.

김상환 외(1998). 매체의 철학(나남신서 607). 서울: 나남출판.

김순택(1982). 목표별 수업. 경기: 교육과학사.

김신자, 이인숙, 양영선(1999). 교육공학의 이론과 실제. 서울: 문음사.

김영수, 한정선, 강명희, 정재삼 공역(1995). 교수공학: 정의와 영역. 경기: 교육과학사.

김종량(1992). 교육공학. 서울: 문음사.

김호권, 임인재, 변창진, 김영채(1994). 현대교육평가론. 서울: 교육출판사.

김회수(1995). **멀티미디어 설계와 개발**. 경기: 교육과학사.

나일주 편저(1999). **웹기반 교육**. 경기: 교육과학사.

노석준, 오선아, 오정은, 이순덕 공역(2008). **교수 · 학습을 위한 교육공학**. 서울: 학지사.

류완영(1999). 가상수업 학습자 성취도 평가 방안. 한국가상대학연합 발표 자료.

미의회공학평가위원회(1988). *Power On!: New Tools for Teaching and Learning*, OTA-SET-379. Washington, DC: U. S. Government Printing Office.

박성익, 임철일, 이재경, 최정임(1999). **교육방법의 교육공학적 이해**. 경기: 교육과학사.

배호순(1991). **교육평가**. 경기: 양서원.

백영균(1999). **웹 기반 학습의 설계**. 경기: 양서원.

변영계, 김영환, 손미(2007). **교육방법 및 교육공학(3판)**. 서울: 학지사.

변창진, 최진승, 문수백, 김진규, 권대훈(1996). **교육평가**. 서울: 학지사.

서울대학교 교육연구소(1981). **교육학용어사전**. 서울: 배영사.

성태제(2005). **현대교육평가(개정판)**. 서울: 학지사.

송상호(1999). 웹기반 교육에서의 동기연구. **웹기반 교육**(나일주 편저). 경기: 교육과학사.

이성호(1999). **교수방법론**. 서울: 학지사.

이홍우 (1997). **교육의 개념**. 서울: 문음사.

이화여자대학교 교육공학과(1998). **교육방법 및 교육공학**. 경기: 교육과학사.

이환기(1995). **헤르바르트의 교수이론**. 경기: 교육과학사.

전성복 역(1997). **21세기를 향한 디자인**. 서울: 미진사.

정범모(1976). **교육과 교육학**(신교육학 전서 1). 서울: 배영사.

정진곤, 황규호, 조동섭(2004). **교원양성체제 개편 종합방안 연구**. 교육인적자원부.

조영남(1991). 인지양식과 수업 전 · 후 방략으로서의 목표에 따른 학습성과 분석. **교육학연**, **29**(4), 142-156.

진성록 역(2007). **당신의 고정관념을 깨뜨릴 심리실험 45가지**. 서울: 부글북스.

최동근, 양용칠, 박인우(1997). **교육방법의 공학적 접근**. 경기: 교육과학사.

켈러, J. M., & 송상호(1999). **매력적인 수업설계**. 경기: 교육과학사.

한국교육학술정보원(2005). **교육정보화 백서**. 서울: 한국교육학술정보원.

한국심리학회 편(1997). **현대 심리학의 이해**. 서울: 학문사.

허운나(1986). **교육방법과 교육공학**. 서울: 정민사.

황정규(1998). **학교학습과 교육평가**. 경기: 교육과학사.

Alessi, S. M., & Trollip, S. R. (1985). *Computer-based instruction: Methods and Development*. Englewood Cliffs, NJ: Prentice-Hall Inc.

Alessi, S. M., & Trollip, S. R. (1991). *Computer-based instruction: Methods and Development* (2nd ed.). Englewood Cliffs, NJ: Prentice-Hall Inc.

Allen, M. W. (1993). Toward ideal authoring systems. In G. M. Piskurich (Ed.). *The ASTD handbook of instructional technology*. New York: McGraw-Hill.

Apple-NewMedia Series (1994). *Multimedia Demystified: A guide to the world of multimedia from Apple computer Inc.* NY: Random House/NewMedia Series.

Apps, J. (1973). *Toward a working philosophy of adult education*. Syracuse, NY: Publications in Continuing Education.

Aronson, D. T., & Briggs, L. J. (1983). Contributions of Gagné and Briggs to a prescriptive models of instruction. In C. M. Reigeluth (Ed.), *Instructional-design theories and models: An overview of their current status*. Hillsdale, NJ: Lawrence Erlbaum Associates, Publishers.

Atkin, J. M. (1969). Behavioral objectives in curriculum design, a cautionary note. In R. C. Anderson, G. W. Faust, D. J. Cunningham, & T. Andre (Eds.), *Current research on instruction*. Englewood Cliffs, NJ: Prentice-Hall.

Ausubel, D. P., Novak, D. J., & Hanesian, H. (1978). *Educational psychology: A cognitive view* (2nd ed.). New york: Holt, Rinehart and Winston.

Baylor, A., Kitsantas, A., & Chung, H. (2001). The instructional planning self-reflective tool: A method for promoting effective lesson planning. *Educational Technology, 41*(1), 56-59.

Baylor, A., Kitsantas, A., & Haihong, H. (2001). The constructivist planning self-reflective tool (CPSRT): Facilitating a constructivist instructional planning approach. *Educational Technology, 41*(4), 39-43.

Bednar, A. K., Cunningham, D., Duffy, T. M., & Perry, J. D. (1991). Theory into practice: How do we link? In G. Aglin (Ed.), *Instructional technology: Past, present, and future*. Denver, CO: Libraries Unlimited.

Bell-Gredler, B. (1986). *Learning and Instructions: Theory into Practice*. New York: Macmillan Publishing Company.

Bloom, B. S. (1956). *Taxonomy of educational objectives, Handbook Ⅰ: Cognitive domain*. New York: David McKay Company.

Bloom, B. S. (1976). *Human characteristics and school learning*. New York, NY: McGraw-Hill Book Company.

Bower, G. H., & Hilgard, E. R. (1981). *Theories of learning*. Englewood Cliffs, NJ: Prentice-Hall.

Bradshaw, J. (1974). The concept of social need. *Ekistics, 220*, 184-187.

Briggs, L. J., & Wager, W. W. (1981). *Handbook of procedures for the designing of instruction* (2nd ed.). Englewood Cliffs, NJ: Educational Technology Publications.

Brightman, H. (1980). *Problem solving: A logical and creative approach*. Georgia State University.

Broudy, H. S. (1979). Tacit knowing as a rationale for liberal education. *Teachers College Record, 80*, 446-462.

Broudy, H. S. (1988). *The uses of schooling*. New York: Routledge.

Brown, J. S., Collins, A., & Duguid, P. (1989a). Situated cognition and the culture of learning. *Educational Researcher, 18*(1), 32-42.

Brown, J. S., Collins, A., & Duguid, P. (1989b). Debating the situation: A rejoinder to Palincsar and Wineburg. *Educational Researcher, 18*(1), 32-42.

Bugelski, B. R. (1964). *The psychology of learning applied to teaching*. NY: Bobbs-Merrill.

Burton, J. K., & Merrill, P. F. (1977). Needs assessment: Goals, needs, and priorities. In L. J. Briggs (Ed.), *Instructional design: Principles and applications*. Englewood Cliffs, NJ: Educational Technology Publications.

Candy, P. C. (1990). How people learn to learn. In R. Smith & Associates (Eds.), *Learning to learn across the life span*, 30-63. San Francisco, CA: Jossey-Bass.

Carver, Jr. C. A., & Gregory, J. E. (1995). Networked hypermedia in an undergraduate curriculum. In H. Maurer (Ed.), *Educational multimedia and hypermedia*. Proceedings of the World Conference on Educational Multimedia and Hypermedia, Graz, AUSTRIA, 139-144, AACE.

Cervero, R. M. (1988). *Effective continuing education for professionals*. San Francisco: Jossey-Bass.

Clarke, J. H. (1991). Using visual organizers to focus on thinking. *Journal of Reading, 34*(7), 526-534.

Collins, A. (1994). Goal-based scenarios and the problem of situated learning: A commentary on Andersen Consulting's design of goal-based scenarios. *Educational Technology, 34*(9), 30-32.

Collins, A., & Stevens, A. L. (1983). A cognitive theory of inquiry teaching. In C. M. Reigeluth (Ed.), *Instructional-design theories and models: An overview of their current status*. Hillsdale, NJ: Lawrence Erlbaum Associates, Publishers.

Collins, A., Brown, J. S., & Holum, A. (1991). Cognitive apprenticeship: Making thinking visible. *American Educator, 15*(3), 6-11, 38-46.

Collins, A., Brown, J. S., & Newman, S. E. (1989). Cognitive apprenticeship: Teaching the crafts of reading, writing, and mathematics. In L. B. Resnick (Ed.), *Knowing, learning, and instruction: Essays in honor of Robert Glaser*, 453-494. Hillsdale, NJ: Lawrence Erlbaum Associates.

Corey, S. M. (1971). The nature of instruction. In M. D. Merrill (Ed.), *Instructional design: Readings*. Englewood Cliffs, NJ: Prentice-Hall.

Craik, F. I. M., & Lockhart, R. S. (1972). Levels of processing: A framework for memory research. *Journal of Verbal Learning and Verbal Behavior, 11,* 671-684.

Cunningham, D. J. (1991). Assessing constructions and constructing assessments: A dialogue. *Educational Technology, 31*(5), 13-17.

Dansereau, D. F. (1988). Cooperative learning strategies. In C. E. Weinstein, E. T. Goetz, & P. A. Alexander (Eds.), *Learning and study strategies: Issues in assessment, instruction, and evaluation*, 103-120. New York: Academic Press.

Davis, G. A. (1973). *Psychology of problem solving-Theory and practice.* New York: Basic Books.

Denton, C. (1991). *Graphics for visual communication.* Dubuque, IA: Wm. C. Brown Publishers.

Dick, H. S., & Carey, L. M. (1985). *The systematic design of instruction* (2nd ed.). Glenview, IL: Scott, Foresman.

Dick, W., & Carey, L. (1996). *The systematic design of instruction* (4th ed.). Glenview, IL: Harper Collins.

Driscoll, M. (1998). *Web-based training: Using technology to design adult learning experiences.* San Francisco, CA: Jossey-Bass Pfeiffer.

Drucker, P. F. (1967). *The effective executive.* New York: Haper & Row.

Durkheim, E. (1956). *Education and Sociology.* Free Press.

Dwyer, F. M. (1978). *Strategies for improving visual learning.* State College, PA: Learning Services.

Dwyer, F. M. (1987). *Enhancing visualized instruction: Recommendations for practitioners.* State College, PA: Learning Services.

Elshout, J. J. (1987). Problem-solving and education. In DeCorte, H. Ludewijks, R. Parmentien, & P. Span (Eds.), *Learning and instruction-European research in an international context* (Vol. 1). Oxford: Leuven University Press and Pergamon Press.

Eraut, M. (1985). Knowledge creation and knowledge use in professional contexts. *Studies in Higher Education, 10*, 117-133.

Faiola, T. (1990). Principles and guidelines for a screen display interface. *The Videodisc Monitor, 8*(2), 27-29.

Faiola, T., & DeBloois, M. L. (1988). Designing a visual factors-based screen display interface: The new role of the graphic technologist. *Educational Technology, 28*(8), 12-21.

Fantuzzo, J. W., King, J. A., & Heller, L. R. (1992). Effects of reciprocal peer tutoring on mathematics and school adjustment: A component analysis. *Journal of Educational Psychology, 84*(3), 331-339.

Farmer, J. A., Buckmaster, A., & LeGrand, B. (1988). Situational-specific approaches. *Lifelong Learning: An Omnibus of practice and Research, 12,* 8-13.

Flagg, B. N. (1990). *Formative evaluation for educational technologies.* Hillsdale, NJ: Lawrence Erlbaum Associates, Publishers.

Foley, R., & Smilansky, J. (1980). *Teaching techniques: A handbook for health professionals.* New York: McGraw.

Fosnot, C. (1992). Constructing constructivism. In T. Duffy & D. Jonassen (Eds.), *Constructivism and the technology of instruction.* Hillsdale, NJ: Erlbaum.

Gagné, R. M. (1975). *Essentials of learning for instruction* (Expanded Ed.), Hinsdale, IL: The Dryden Press.

Gagné, R. M. (1985). *The conditions of learning* (4th ed.). NY: Holt, Rinehart & Winston.

Gagné, R. M., & Briggs, L. J. (1979). *Principles of instructional design.* NY: Holt, Rinehart & Winston.

Gagné, R. M., Briggs, L. J., & Wager, W. W. (1988). *Principles of instructional design* (3rd ed.). NY: Holt, Rinehart, & Winston.

Gaines, B. R. (1981). The technology of interaction-dialogue programming rules. *International Journal of Man-Machine Studies, 14*, 133-150.

Gayeski, D. M. (Ed.) (1993). *Multimedia for learning.* Englewood Cliffs, New Jersey: Educational Technology Publications, Inc.

Gentry, C. G. (1994). *Introduction to instructional development: process and technique*. Belmont, CA: Wadsworth Publishing Company.

Glaser, R. (1984). Education and thinking: The role of knowledge. *American Psychologist*, *39*(1), 93-104.

Goldschmidt, G. (1999). Design. In M. Runco, & S. Pritzker (eds.). *Encyclopedia of creativity*, *1*, 525-535.

Good, C. V. (1959). *Dictionary of Education* (9th ed.). New York: McGraw-Hill.

Gordon, W. J. (1961). *Synectics*, New York: Haper & Row.

Gropper, G. L. (1983). A behavioral approach to instructional prescription. In C. M. Reigeluth (Ed.), *Instructional-design theories and models: An overview of their current status*. Hillsdale, NJ: Lawrence Erlbaum Associates.

Hall, B. (1997). *Web-base training cookbook*. New York, NY: John Wiley & Sons, Inc.

Hannafin, M. J., & Peck, K. L. (1988). *The design, development, and evaluation of instructional software*. New York: Macmillan Publishing Company.

Harrow, A. J. (1972). *A taxonomy of the pschomotor domain*. New York: David McKay Company.

Havelock, R. (1973). *The change agent's guide to innovation in education*. Englewood Cliffs, NJ: Educational Technology Publications.

Heinich, R., Molenda, M., & Russell, J. D. (1993). *Instructional Media and the new technologies of learning*. NY: Macmillan Publishing Company.

HLRC (1996). 어린이의 발달 특성에 적합한 전자미디어 컨셉을 위한 기초 연구.

Hoekema, J. (1983). Interactive videodisc: A new architecture. *Performance and Instruction*, *22*(9), 6-9.

Horn, R. E. (1989). *Mapping hypertext: Analysis, linkage, and display of knowledge for the next generation of on-line text and graphics*. Lexinton, MA: The Lexington Institute.

Horton, W. (1994). *The Icon book: Visual symbols for computer systems and documentation*. New York: John Wiley & Sons, Inc.

Howell, J. J., & Silvey, L. O. (1996). Interactive multimedia training systems. In R. L. Craig (Ed.), *The ASTD training & development handbook: A guide to human resource development* (4th ed.). New York, NY: MaGraw-Hill, 534-553.

Jona, M., Bell, B., & Birnbaum, L. (1991). *Button Theory: A taxonomic framework for student-teacher interaction in computer-based learning environments*. Technical Report #12. Evanston, IL: The Institute for the Learning Sciences, Northwestern University.

Jonassen, D. H. (1990a). Thinking technology: Context is everything. *Educational Technology, 30*(6), 35-37.

Jonassen, D. H. (1990b). Thinking technology: Toward a constructivist view of instructional design. *Educational Technology, 30*(9), 32-34.

Jonassen, D. H. (1991a). Objectivism versus constructivism: Do we need a new philosophical paradigm? *Educational Technology Research and Development, 39*(3), 5-14.

Jonassen, D. H. (1991b). Evaluating constructivistic learning. *Educational Technology, 31*(9), 28-33.

Jonassen, D. H., & Grabowski, B. L. (1993). *Handbook of individual differences, learning, and instruction*. Hillsdale, New Jersey: Lawrence Erlbaum Associates, Publishers.

Jones, B. F., Pierce, J., & Hunter, B. (1988/1989). Teaching students to construct graphic representations. *Educational Leadership*, December/January, 20-25.

Joyce, B., & Weil, M. (2000). *Models of teaching* (6th ed.). Needham Heights, MA: Allyn & Bacon.

Katz, D., & Kahn, R. L. (1978). *The social psychology of organizations* (2nd ed.). New York: Wily.

Keller, J. (1999). Motivation in Cyber Learning Environments. 1999년도 한국교

육공학회 춘계학술대회(1-20) 발표 자료집. 서울: 이화여자대학교.

Keller, J. M. (1983). Motivational design of instruction. In C. M. Reigeluth (Ed.), *Instructional design theories and models: An overview of their current status*. Hillsdale, NJ: Lawrence Erlbaum Associates.

Keller, J. M., & Suzuki, K. (1988). Use of the ARCS model of courseware design. In D. H. Jonassen (Ed.), *Instructional design for microcomputer courseware*. Hillsdale, NJ: Lawrence Erlbaum Associates, 409-434.

Kemp, J. P. (1985). *The instructional design process*. New York: Harper & Row.

Khan, B. H. (1997). *Web-based instruction*. Englewood Cliffs, NJ: Educational Technology Publications.

Khan, B. H. (1997). Web-based instruction(WBI): What is it and why is it?. In B. H. Khan (Ed.), *Web-based instruction* (pp. 5-18). Englewood Cliffs, NJ: Educational Technology Publications.

Kiber, R. J., & Bassett, R. E. (1977). Writing performance objectives. In L. J. Briggs (Ed.), *Instructional design: Principles and applications*. Englewood Cliffs, NJ: Educational Technology Publications.

Kirby, J. R., & Briggs, J. B. (1980). *Cognition, development, and instruction*. New York: Academic Press.

Kolb, D. A., Rubin, I. M., & McIntyre, J. M. (1971). *Organizational psychology, an experimental approach*. Englewood Cliffs, NJ: Prentice-Hall.

Krathwohl, D. R., Bloom, B. S., & Masia, B. B. (1964). *Taxonomy of educational objectives, Handbook II: Cognitive domain*, New York: David McKay Company.

Kulhavy, R. W., Lee, J. B., & Caterino, L. C. (1985). Conjoint retention of maps and related discourse. *Contemporary Educational Psychology, 10*, 28-37.

Lai, D. A. (1994). *Icons for masses*. Berkeley, CA: Peachpit Press, Inc.

Landa, L. N. (1983). The algo-heuristic theory of instruction. In C. M.

Reigeluth (Ed.), *Instructional-design theories and models: An overview of their current status.* Hillsdale, NJ: Lawrence Erlbaum Associates.

Lave, J., & Wenger, E. (1991). *Situated learning: Legitimate peripheral participation.* Cambridge, UK: Cambridge University Press

Lawson, M. J. (1980). Metamemory: Making decisions about strategies. In J. R. Kirby & J. B. (Eds.), *Cognition, development, and instruction.* New York: Academic Press.

Lippert, F. G., & Farmer, J. A. (1984). *Psychomoter skills in orthopedic surgery.* Baltimore: Williams & Wilkins.

Lippert, F. G., Farmer, J. A., & Schafer, M. F. (1989). *Handbook for orthopaedic* educators, (11th ed.). Chicago: Committee on Graduate Education, American Academy of Orthopaedic Surgeons.

Looi, C., Chay, J., Chew, L., & Chan, K. (1994). A study of button theory in structuring human-computer interaction in a multimedia system. In T. Ottmann & I. Temek (Eds.), *Educational multimedia and hypermedia,* 1994: Proceedings of educational media '94, AACE, 349-354. Vancouver, BC, Canada, June 25-30, 1994.

Lynch, P. J., & Horton, S. (1999). *Web style guide: Basic design principles for creating web sites.* Yale University Press.

Mager, R. F. (1975). *Preparing instructional objectives* (2nd ed.). Belmont, CA: Fearon.

Maier, N. R. F. (1970). *Problem solving and creativity in individuals and groups.* Belmont, CA: Brooks/Cole.

Martin, B. L., & Clemente, R. (1990). Instructional systems design and public schools. *ETR&D, 38*(2), 61-76.

McCormack, C., & Jones, D. (1998). *Building a web-based education system.* New York, NY: John Wiley & Sons, Inc.

Melton, R. F. (1978). Resolution of conflicting claims concerning the effect of behavioral objectives on student learning. *Review of Educational Research, 48,* 291-302.

Merrill, M. D. (1983). Component display theory. In C. M. Reigeluth (Ed.), *Instructional-design theories and models: An overview of their current status*, 279-333. Hillsdale, NJ: Lawrence Erlbaum Associates, Publishers.

Merrill, M. D. (1991). Constructivism and instructional design. *Educational Technology, 31*(5), 45-53.

Merrill, M. D. (2002). First principles of instruction. *ETR&D, 50*(3), 43-59.

Morgan, C. T., King, R. A., & Robinson, N. M. (1979). *Introduction to psychology* (6th ed.). NY: McGraw-Hill.

Morris, M., & Hinrichs, R. (1996). *Web page design: A different mulyimedia.* Upper Saddle River, NJ: Prentice Hall PTR.

NBPTS (2001). http://www.nbpts.org/the_standards/the_five_core_propositio 2008년 8월 검색.

Paivio, A. (1971). *Imagery and verbal process.* New York: Holt, Rinehart and Winston.

Paivio, A. (1978). The relationship between verbal and perceptual codes. In E. C. Carterette and M. P. Friedman (Eds.), *Handbook of perception, Vol. VIII.* New York: Academic Press, 375-397.

Paivio, A. (1983). The empirical case for dual coding. In J. C. Yuille (Ed.), *Imagery, memory and cognition.* Hillsdale, NJ: Lawrence Erlbaum Associates, 310-332.

Paivio, A. (1986). *Mental representations: A dual coding approach.* New York: Oxford University Press.

Patel, V. L. (1991). Causal explanation of complex physiological concepts by medial students. *International Journal of Science Education, 13*(2), 171-186.

Peters, R. S. (1966). *Ethics and education.* London: George Allen & Unwin Ltd.

Pett, D., & Wilson, T. (1996). Color research and its application to the design of instructional materials. *ETR&D, 44*(3), 19-35.

Pettersson, R. (1989). *Visuals for information: research and practice.*

Englewood Cliffs, New Jersey: Educational Technology Publications, Inc.

Pettersson, R. (1991). *The color-project.* A paper summarizing a project carried out within CLEA. University of Stockholm, Sweden, Department of Information Processing and Computer Science.

Rambally, G. K., & Rambally, R. S. (1987). Human factors in CAI design. *Computers and Education, 11*(2), 149-153.

Reigeluth, C. M. (Ed.). (1983). *Instructional-design theories and models: An overview of their current status.* Hillsdale, NJ: Lawrence Erlbaum Associates.

Reigeluth, C. M., & Stein, F. S. (1983). The elaboration theory of instruction. In C. M. Reigeluth (Ed.), *Instructional-design theories and models: An overview of their current status.* Hillsdale, NJ: Lawrence Erlbaum Associates.

Resnick, L. (1987b). Learning in school and out. *Educational Researcher, 16,* 13-20.

Resnick, L. (1989). Introduction. In L. Resnick (Ed.), *Knowing, learning, and instruction: Essays in honor of Robert Glaser,* 1-24. Hillsdale, NJ: Erlbaum.

Resnick, L. B. (1987a). Instruction and the cultivation of thinking. In DeCorte, H. Ludewijks, R. Parmentien, & P. Span (Eds.), *Learning and instruction-European research in an international context* (Vol. 1). Oxford: Leuven University Press and Pergamon Press.

Robertson, B. (1988). *How to draw charts & diagrams.* Cincinnati, OH: North Light Books.

Roerden, L. P. (1997). *Net lessons: Web-based projects for your classroom.* Sebastopol, CA: Songline Studio, Inc. and O'Reilly & Associates, Inc.

Rogers, E. M. (1983). *Diffusion of innovations* (3rd ed.). New York: The Free Press.

Roth, R. A. (2008). Standards for certification, licensure, and accreditation. 청주교육대학교 초등교육연구소 홈페이지 자료 (http://www.chongju-e.ac.kr/

~chodgy/5_13.htm). 2008년 8월 검색.

Rothkopf, E. Z. (1970). The concept of mathemagenic activities. *Review of Educational Research*, *40*, 325-336.

Ruesch, J. (1975). *Knowledge in action: Communication, social operations and management*. New York: Jason Aronson.

Rumelhart, D. E., & Norman, D. A. (1978). Accretion, tuning and restructuring: Three modes of learning. In J. Cotton & R. L. Kalatzky (Eds.), *Semantic factors in cognition*. New York: Wiley.

Schank R. C., & Birnbaum, L. (1995). ILS interface design: Principles and design guidelines. Technical Report #62. Evanston, IL: The Institute for the Learning Sciences, Northwestern University.

Schank, R. C., & Cleary, C. (1995). *Engines for education*. Hillsdale, NJ: Lawrence Erlbaum Associates.

Schank, R. C. (1993/1994). Goal-based scenarios: A radical look at education. *Journal of the learning sciences*, *3*(4), 429-453.

Schank, R. C. (1994). Active learning through multimedia. *IEEE Multimedia,* *1*(1), 69-78.

Schank, R. C., & Birnbaum, L. (1995). *ILS interface design: Principles and design guidelines*. Technical Report # 62. Institute for the Learning Sciences, Northwestern University.

Schank, R. C., & Cleary, C. (1995). *Engines for education*. Hillsdale, NJ: Lawrence Erlbaum Associates, Publishers.

Schank, R. C., & Jona, M. Y. (1991). Empowering the student: New perspectives on the design of teaching systems. *The Journal of the Learning Sciences,* *1*(1), 7-35.

Schimmel, B. J. (1988). Providing meaningful feedback in courseware. In D. H. Jonassen (Ed.), *Instructional design for microcomputer courseware*. Hillsdale, NJ: Lawrence Erlbaum Associates, Publishers, 183-195.

Schön, D. A. (1983). *The reflective practitioner*. New York: Basic books.

Schön, D. A. (1987). *Educational the reflective practitioner: Toward a new design for teaching and learning in the professions*. San Francisco: Jossey-Bass.

Schwartz, D. (1987). *Training for situational awareness*. Paper presented to The Flight Safety Foundation, Fortieth International Air Safety Seminar, Tokyo, Japan, October, 28, 1987.

Schwartz, N. H. (1988). Cognitive processing characteristics of maps: Implications for instruction. *Educational and Psychological Research 7*, 113-128.

Schwier, R. A., & Misanchuk, E. R. (1993). *Interactive multimedia instruction*. Englewood Cliffs, NJ: Educational Technology Publications, Inc.

Scott, P. (1987). *A constructivist view of learning and teaching in science*. Leeds University (England). Centre for Studies in Science and Mathematics Education. (ERIC Document Reproduction Service No. ED 287 706)

Seels, B. B., & Richey, R. C. (1994). *Instructional technology: The definition and domains of the field*. Washington, DC: Association for Educational Communications and Technology.

Shepard, R. N. (1967). Recognition memory for words, sentences and pictures. *Journal of Verbal Learning and Verbal Behavior, 6,* 156-163.

Shneiderman, B. (1987). *Designing the user interface: Strategies for effective human-computer interaction*. Reading, MA: Addison-Wesley Publishing Company.

Simons, P. R. (1993). Constructive learning: The role of the learner. In T. Duffy, J. Lowyck, & D. Jonassen (Eds.), *Designing Environments for constructive learning*, Heidelberg: Springer-Verlag, 291-313.

Simpson, E. J. (1966). The classification of educational objectives, psychomoter domain. *Illinois Teacher of Home Economics, 10*, 110-144.

Snellen, J. E., & Murray, S. L. (1985). MALOS-OPS: *Computer based combat enginer simulation system*. Prepared for the U.S. Army Engineer School.

Snellen, J. E., & Murray, S. L. (1988). MALOS-QUX: *Computer based maneuver simulation system*. Prepared for the U.S. Army Engineer School.

Song, L., Hannafin, M. J., & Hill, J. R. (2007). Reconciling beliefs and practices in teaching and learning. *ETR&D, 55*, 27-50.

Sosinsky, B., & Parker, E. (1996). *The web page recipe book*. Upper Saddle River, NJ: Prentice Hall PTR.

Spiro, R. J., Feltovich P. J., Coulson R. L., & Anderson, D. K. (1989). Multiple analogies for complex concepts: Antidotes for analogy-induced misconception in advanced knowledge acquisition. In S. Vosniadou, & A. Ortony (Eds.), *Similarity and Analogical Reasoning*. Cambridge, England: Cambridge University Press.

Spiro, R. J., Feltovich, P. J., Jacobson, M. J., & Coulson, R. L. (1991). Cognitive flexibility, constructivism, and hypertext: Random access instruction for advanced knowledge acquisition in ill-structured domains. *Educational Technology, 31*(5), 24-33.

Standing, L. (1973). Learning 10,000 pictures. *Quarterly Journal of Experimental Psychology, 25*(2), 207-222.

Sternberg, R. J. (1996). *Cognitive psychology*. Fort Worth, TX: Harcourt Brace College Publishers.

Strickland, R. M., & Poe, S. E. (1989). Developing a CAI graphics simulating model: Guidelines. *T. H. E. Journal, 16*(7), 88-92.

Thompson, A. D., Simonson, M. R., & Hargrave, C. P. (1992). *Educational technology: A review of the research*. Washington, DC: AECT.

Tripp, S., & Bichelmeyer, B. (1990). Rapid prototyping: An alternative instructional design strategy. *Educational Technology Research & Development, 38*(1), 31-44.

Tufte, E. R. (1983). *The visual display of quantitative information*. Cheshire, CT: Graphics Press.

Tufte, E. R. (1990). *Envisioning information*. Cheshire, Conn: Graphics Press.

Tufte, E. R. (1997). *Visual explanations: Images and quantities, evidence and narrative*. Cheshire, CT: Graphics Press.

Von Glasersfeld, E. (1977). *A radical constructivism view of knowledge. Symposium on constructivism and cognition development.* AERA, NY, April.

Vygotsky, L. S. (1978). *Mind in society: The development of higher psychological processes.* NY: Harvard University Press.

Weinert, F. E. (1987). Developmental processes and instruction. In DeCorte, H. Ludewijks, R. Parmentien, & P. Span (Eds.), *Learning and instruction-European research in an international context* (Vol. 1). Oxford: Leuven University Press and Pergamon Press.

West, C. K., Farmer, J. A., & Wolff, P. M. (1991). *Instructional design: Implications from cognitive science.* Englewood Cliffs, NJ: Prentice Hall.

Winn, W. (1993). Perception principles. In M. Fleming & W. H. Levie (Eds.), *Instructional Message Design: Principles for the behavioral and cognitive sciences* (2nd ed.). Englewood Cliffs, NJ: Educational Technology Publications, 55-126.

찾아보기

인 명

내 용

저자 소개

강이철

〈약력〉

경북대학교 사범대학 교육학과 학사
경북대학교 대학원 교육방법 석사
미국 Syracuse 대학교(교수설계 · 개발 · 평가 전공) 철학 박사
삼성인력개발원 컨설팅팀, 멀티미디어팀, 열린교육팀 담당과장
안동대학교 사범대학 교육공학과 학과장
현 경북대학교 사범대학 교육학과 교수

〈주요 저술〉

Vygotsky의 중재전략을 반영한 수업사상별 비계활용 방안(논문, 교육공학연구, 2004)
우연적 발견 능력의 신장을 위한 교수-학습 방안(논문, 교육공학연구, 2006)
학교 · 기업교육을 위한 멀티미디어 설계의 원리와 기법(공저, 문음사, 1998)
코스웨어 설계를 위한 교육공학의 이론과 실제(학지사, 2001)
최신교육학개론(공저, 학지사, 2007)

교육방법 및 공학의 이론과 적용

2009년 3월 10일 1판 1쇄 발행
2011년 8월 25일 1판 4쇄 발행

지은이 • 강 이 철
펴낸이 • 김 진 환
펴낸곳 • ㈜ 학지사
121-837 서울시 마포구 서교동 352-29 마인드월드빌딩 5층
대표전화 • 02) 330-5114 팩스 • 02) 324-2345
등록번호 • 제313-2006-000265호
홈페이지 • http://www.hakjisa.co.kr
커뮤니티 • http://cafe.naver.com/hakjisa

ISBN 978-89-6330-054-2 93370

정가 18,000원